Vegetarisches Kochbuch

von Elvira Glöckner/Inge Schedlbauer

900 Rezepte aus Gemüse,
Getreide und Obst,
Milch- und Sojaprodukten

Divyanand Verlags-GmbH

Sägestr. 37
7881 Herrischried
West Germany

3. Auflage 1992

ISBN 3-926696-19-2

Inhalt

VORWORT

Die Zahl der Menschen, die bereit sind, ihre alten überkommenen Eßgewohnheiten neu zu überdenken, ist in den letzten zehn Jahren ständig gewachsen, und diese Entwicklung scheint Teil eines umfassenden Umdenkungsprozesses zu sein, der in jüngster Zeit in Gang gekommen ist und sich rasch beschleunigt. Er läßt sich vielleicht auf die einfache Formel bringen: Besinnen auf die Werte des Lebens.
Nicht nur die Natur präsentiert uns ihre Rechnung, wenn wir gegen ihre Gesetze verstoßen, sondern auch der Mensch bleibt auf der Strecke. Für die Befriedigung seiner unnatürlich gesteigerten materiellen Bedürfnisse zahlt er mit dem Verlust an menschlicher Wärme und Liebe und verkümmert so buchstäblich.

Die Medien führen uns vor Augen, daß trotz aller Fortschritte 30 - 40 % der Erdbevölkerung unterernährt sind. Dieses krasse Mißverhältnis gerät vollends zum Zerrbild der Menschheit, wenn man an die Milliardenbeträge denkt, die Jahr um Jahr für die Zerstörung von Mensch und Umwelt ausgegeben werden. Vor diesem Hintergrund wird der Ruf nach Verzicht auf Gewalt und die Achtung vor den Mitmenschen wie auch den anderen Geschöpfen und der Natur immer lauter und dringlicher.

Ernährungswissenschaftler machen in diesem Zusammenhang auf folgenden Tatbestand aufmerksam: Der Hunger in der Welt, so sagen sie, könnte weitgehend überwunden werden, wenn allgemein auf Fleischspeisen verzichtet würde und die Menschen sich stattdessen vorwiegend von vegetabiler Kost ernährten: Solange nämlich der pflanzliche Ertrag der Böden an das Vieh verfüttert wird, verbrauchen die Tiere etwa 85 - 90 % des Proteins (Eiweißes) in der Pfanzennahrung für ihr eigenes Wachstum, während sie an jene, die ihr Fleisch essen, nur 10 - 15 % davon weitergeben. Nahezu 90 % des Proteinpotentials werden also vergeudet! Francis Moore Lappe‘ fordert in seinem Buch “Diet for a small Planet” den Leser auf, folgenden Gedanken nachzuvollziehen:“ Sie essen gerade ein 200g großes Steak. Und dann stellen Sie sich einen

Raum mit 45 bis 50 Menschen mit leeren Tellern vor. Mit der Getreidemenge, die für die Produktion Ihres Steaks verfüttert wurde, könnten alle Teller mit einer Portion Getreidebrei gefüllt werden."– Wer könnte unter diesem Gesichtspunkt noch das alte Vorurteil aufrecht erhalten, Vegetarier setzten falsche Prioritäten, weil ihnen die Tiere wichtiger seien als die Menschen?

Vielmehr wird immer deutlicher, daß der starke Fleischverzehr zu dem Luxus gezählt werden muß, den wir uns auf Kosten der Armen leisten. Den humanistischen Aspekt der vegetarischen Ernährung rückte ein berühmter Vegetarier – der englische Dichter P.B. Shelley – bereits zu Beginn des 19. Jahrhunderts ins Blickfeld, sah er doch im Fleischverzehr wie auch im Alkoholgenuß nicht nur krankmachende Übel, sondern auch einen Aspekt der Ausnutzung der Armen: "Der Wandel, den einfachere Lebensgewohnheiten in der Volkswirtschaft hervorrufen würden, ist in sich schon überzeugend genug. Der bisherige Fleischesser würde nicht länger seine Gesundheit zerstören, indem er einen ganzen Acker pro Mahlzeit verschlingt (d.h. das Weideland, das dem von ihm verzehrten Vieh die Nahrung gibt) und viele Laibe Brot würden nicht mehr wie bisher in Gestalt von Gin und Schnaps zu Gicht, Geisteskrankheit und Schlaganfall beitragen, wenn sie stattdessen den schon so lange währenden Hunger unter den Kindern der hart arbeitenden Bauern stillten. Die Menge an Pflanzennahrung, die zur Mast eines Ochsen benötigt wird, würde, ohne krank zu machen, die zehnfache Menge liefern, wenn man sie unmittelbar vom Busen der Natur nähme. Die fruchtbarsten Landstriche der bewohnbaren Erde werden heute in der Tat vom Menschen für Tiere kultiviert, bei einer Verzögerung und Vergeudung der Natur in einem absolut unkalkulierbarem Ausmaß. Auch heute noch sind es die Reichen, die sich – in einem nennenswerten Rahmen – das unnatürliche Verlangen nach totem Fleisch leisten können, und sie zahlen für dieses Vorrecht mit ungezählten Krankheiten..."

Der regelmäßige Fleischverzehr war noch bis ins 19. Jahrhundert hinein ein Privileg einer kleinen Oberschicht, die sich daran satt aß, während es der Bevölkerungsmehrheit zum Teil selbst am täglichen Brot fehlte. Noch heute kennt die Bevölkerung in vielen Ländern so gut wie kein Fleisch. Solange sie ihr bescheidenes, aber ausreichendes Einkommen hat und nicht Hunger leidet, lebt sie gesund und zufrieden. Wenn aber nicht einmal die täglichen zwei Reismahlzeiten (oder entsprechendes Getreide) gewährleistet sind, ist der Mensch aufgerufen, seine Lebens- und Eßgewohnheiten grundsätzlich zu überdenken.

Wenn diese Gesichtspunkte erst in letzter Zeit wieder verstärkt ins Bewußtsein vieler Menschen gedrungen sind, so gibt es doch grundsätzliche Überlegungen hinsichtlich der Ethik des Vegetarismus, die von zeitloser Gültigkeit sind:

Die Schöpfung ist eine Einheit – in ihr existiert alles in allem. Alles steht in engster Beziehung zueinander: In komplizierten ökologischen Systemen ist alles Leben auf der Erde voneinander abhängig. Solange der Mensch nicht störend eingreift, besteht ein vollkommenes Gleichgewicht nach einem offenbar universellen Plan. Dieses Wissen sollte dazu führen, daß wir mehr Ehrfurcht vor unseren Mitgeschöpfen und vor der Schöpfung insgesamt haben. Viele Naturwissenschaftler, die einen höheren Einblick in die Zusammenhänge allen Lebens auf der Erde haben, sind auf Grund ihrer Forschungsarbeit zu dem Schluß gelangt, daß dieselbe Kraft in allen Lebensformen wirkt:

Gott ruht im Stein,
Er webt in der Pflanze,
Er erwacht im Tier
Und ist bewußt im Menschen.

Wenn der Mensch das höchste Wesen der Schöpfung darstellt, dann hat er auch die höchste Verantwortung gegenüber allen seinen Mitgeschöpfen und der Natur. Je größer seine Macht, desto größer ist seine Verantwortung, diese Macht nicht zu mißbrauchen.

Zu allen Zeiten haben große Persönlichkeiten eine fleischlose Kost vertreten – von Philosophen und Autoren der Antike (Sokrates, Platon, Pythagoras, Plutarch) bis heute: Denker, Schriftsteller und Dichter wie Rousseau, Voltaire, Tolstoi, Morgenstern, Bernard Shaw, Aldous Huxley, Mahatma Gandhi; oder Ärzte wie Albert Schweitzer, Mikkel Hindhede, Bircher-Benner, Ragnar Berg u.a.

Und natürlich haben immer wieder die Weisen die ethischen Grundlagen des Vegetarismus dem Menschen nahe gebracht. Sie betonen die untrennbare Einheit und Wechselwirkung von Geist und Körper. Die Seele beeinflußt den Körper und umgekehrt der Körper die Seele. Daher wird dem Menschen empfohlen, von vegetarischen Nahrungsmitteln zu leben wie z.B. Milch, Butter, Käse, Reis, Linsen und anderen Hülsenfrüchten, Getreide, Gemüse, Früchten, Nüssen.

Nur der Mensch ist mit Erkenntnisvermögen, Unterscheidungskraft und Vernunft ausgestattet. Damit ist er seiner Bestimmung und eigentlichen Natur nach das höchste Wesen, die Krone der Schöpfung. Ist nicht in der Bibel sogar vom "Ebenbild Gottes" die Rede? Wie will der Mensch seinen besonderen Rang in der Schöpfung Gottes rechtfertigen, wenn er nicht anders als die wilden Tiere harmlose Geschöpfe wie Rinder, Wild, Schweine und Hühner tötet und ißt?

Viele Menschen haben ein so inniges Verhältnis zu ihren Haustieren entwickelt, daß sie diese ohne viel nachzudenken tatsächlich wie "jüngere Geschwister" behandeln und mit ihnen sprechen, ihnen helfen und sie trösten, wenn sie krank sind. Und die Tiere erwidern unsere Liebe ganz offensichtlich.

Umso unverständlicher ist es dann, daß dieselben Menschen, die sich an all dem freuen, keinerlei Hemmung empfinden, im Fleischerladen oder Supermarkt die für das Auge zurechtgeschnittenen Fleischstücke, Würste usw. in die Einkaufstasche stecken, die zum Teil eben von jenen Tieren stammen – den Rindern, Kälbern, Schweinen, Lämmern, dem Geflügel, dem Wild. – Sicher ist das einzig damit zu erklären, daß wir ihnen nicht selbst die Kehle durchzuschneiden und auch nicht zuzusehen brauchten, wie es andere für uns taten. Wieviele Menschen würden vermutlich kein Stück Fleisch mehr anrühren, wenn sie die Tiere eigenhändig töten müßten?

Einige zeitgenössische Autoren – vor allem Norman Mailer und Upton Sinclair – haben jeweils ihre Eindrücke in den Schlachthöfen von Chikago, den größten der Welt, mit sachlicher Genauigkeit geschildert und ein Bild des Grauens gezeichnet – grauenvoll vor allem in seiner kalten Perfektion des Tötens am Fließband. Wer das in voller Länge ließt, wird wohl nie wieder so leichtfertig die Idee des Vegetarismus als sentimental abtun. Mailer, ein hartgesottener Journalist, der durch eine Dokumentation des Indochinakrieges berühmt wurde, schreibt, daß das Schlachten zehntausender von Tieren, das hier jeden Morgen und jeden Nachmittag stattfindet, sich mit dem Schrecken des Krieges messen könne: Kilometerlang ziehen sich die Ställe hin, in denen das Vieh einzeln in winzigen Pferchen zur völligen Bewegungsunfähigkeit verurteilt wartet – panisch vor Angst vom Blutgeruch, der die Luft erfüllt... Mit großen Holzhämmern werden die wehrlosen Tiere nur soweit betäubt, daß sie sich nicht dagegen wehren, an den Hinterbeinen – Kopf nach unten – an einem Förderband aufgehängt zu werden, das sie dicht an dicht, eins nach dem anderen ihrem Tod entgegenbringt. Die Schlächter, die nackten Oberkörper blutüberströmt und mit den Füßen zentimetertief im Blut watend, das zu reichlich strömt, um abfließen zu können, schneiden den brüllenden und kreischenden Tieren die Kehlen durch, und der Todesschrei des gerade sterbenden Tieres steigert die Todesangst des unmittelbar folgenden ins Unermeßliche und setzt sich in einem einzigen infernalischen Brüllen die ganze endlose Kette nach hinten fort, bis hinaus zu den Pferchen und Ställen, ja bis zu den Gleisen mit den Boxwaggons, bis hinaus – wer will wissen, wie weit die psychische "Stromstärke" der mit dem Kopf nach unten hängenden Tiere reicht – zu dem Bauernhof, wo die unschuldigen Tiere in den Lastwagen geschoben werden, der sie zu den Eisenbahnwaggons bringt. Am anderen Ende dieser traurigen "Produktionskette" stehen tiefgekühlte, säuberlich in Ölpapier und Plastikfolie gewickelte Fleischportionen. Bereits 1927 schrieb Upton Sinclair, diese Schlachthäuser von Chicago mit ihren gesamten Nebenindustrien, die jedes Gramm des Tierkadavers verwerten, seien die größte Konzentration von Kapital und Arbeitskraft, die es je an einem einzigen Ort gegeben hat. Bereits damals hatte die Gesellschaft im Verlauf von nur einer Generation eine viertel Milliarde "verarbeitet". Und Mailer beschließt seine grausige Schilderung mit der Bemerkung, wer je die Ströme von Blut gesehen, das ohrenbetäubende Gebrüll der Tiere gehört und den unerträglichen Gestank aus Angst, Blut, Eingeweiden und Exkrementen gerochen habe, wisse, daß der Mensch, soweit er sich auch den Engeln zu nähern vermöchte, auch zum Schlächter fähig sei (Miami and the Siege of Chicago, 1968).

Auch der Weise Sant Kirpal Singh sagt hierzu:
"Der Mensch hat sich in bezug auf seine Ernährung die wilden Tiere des

Dschungels zum Vorbild genommen und tut es ihnen gleich. Er erfreut sich nicht nur am Fleisch so harmloser Tiere wie Kuh und Ziege, Rotwild und Schaf, an dem der unschuldigen Vögel in der Luft und der Fische im Wasser, sondern vergreift sich auch an Menschenfleisch und Menschenblut, um seinen unersättlichen Hunger nach Geld und Reichtum zu befriedigen. Er ist seinen Weg der Selbstvergötzung, den er stolz Fortschritt nennt, noch nicht zuende gegangen. Möge er gut über die fundamentalen Wahrheiten nachdenken, aufgrund derer die Weisen vegetarische Ernährung empfehlen und vorschreiben!"

Bei vielen Menschen, die die ethischen Grundlagen der fleisch-, fisch- und eilosen Ernährung anerkennen, scheitert die eigene praktische Verwirklichung noch immer an längst überholten Vorstellungen hinsichtlich ihrer Vollwertigkeit.

Das am häufigsten gegen den Vegetarismus vorgebrachte Argument ist der angeblich unzureichende Eiweißgehalt der laktovegetabilen Nahrungsmittel. Proteine (Eiweiße) sind die wichtigsten Elemente im Zellaufbau des Körpers und bilden mit 15 - 17 % des gesammten Körpergewichts (nach dem Wasser mit 66 %) schon rein mengenmäßig den bedeutendsten Bestandteil. Man unterscheidet zwischen hochwertigen und niedrigwertigen Eiweißen, entsprechend der Menge des Proteins, die für den Zellaufbau benötigt wird. Nun sind mittlerweile im Zuge der Welthungerhilfe pflanzliche Eiweiße eingehend untersucht worden, mit dem Ergebnis, daß ein Teil von ihnen sogar weit hochwertiger ist als die im Fleisch enthaltenen. Das gilt insbesondere für die im Vollgetreide, in bestimmten Hülsenfrüchten (wie vor allem der Sojabohne) sowie in Nüssen und Mandeln vorkommenden Proteine. Selbst eine rein vegetabile Kost ist daher ausreichend für die Eiweißversorgung des Körpers. Der ergänzende Milchgenuß führt dem Körper zusätzlich wertvolles tierisches Eiweiß (und außerdem Kalzium und andere Mineralien sowie Vitamine) zu, ohne daß dabei die Lebenssubstanz der Tiere angetastet wird, wie es beim Fleisch – und in latenter Form beim Eiverzehr der Fall ist.

Vor allem aber ist längst aufgrund zahlreicher breit angelegter Versuche an Mensch und Tier wissenschaftlich erwiesen, daß die bisher angenommenen

Werte für den täglichen Mindesteiweißbedarf von 0,6 bis 1,0 g pro kg Körpergewicht völlig überhöht waren. Studien an Naturvölkern, die bei einer sehr einfachen, rein pflanzlichen Kost eine außerordentlich gute Gesundheit und Leistungsfähigkeit an den Tag legten, ergaben nur Werte von ca. 0,2 g pro kg Körpergewicht oder gar weniger.

Eine jüngere amerikanische Untersuchung befaßt sich mit der Ernährung der Tarahumara-Indios in Nordwestmexiko. Dieser Stamm ist zu solch "übermenschlichen" körperlichen Dauerhöchstleistungen fähig (z.B. Dauerlauf über Gebirgspfade von 65 km in 7 Stunden und ähnliches), daß er Physiologen auf den Plan rief. Wovon ernähren sich diese Gesundheitswunder? – Zu 70 % von Mais und Bohnen, nur selten von bescheidenen Fleischmengen und völlig ohne Molkereiprodukte.*

Eine andere Untersuchung widmet sich den Bantu-Negern in Südafrika, deren allgemeine körperliche Gesundheit besser war als die ihrer weißen Nachbarn. Die Eiweißzufuhr betrug bei erwachsenen Männern bei harter körperlicher Arbeit nicht mehr als 1 g pro Tag und pro 70 kg Körpergewicht, und auch die viel zu geringe Fett-, Kalzium- und Vatamin-C-Zufuhr ließ nach geltenden wissenschaftlichen Maßstäben eine Reihe von Mangelkrankheiten erwarten, von denen aber keine einzige festzustellen war. Messungen sowohl bei Erwachsenen als auch bei Kindern ergaben sogar bei den "mangelhaft zugeführten " Elementen ausgesprochen gute Werte im Körper. Die Muttermilch der Bantu-Mütter hatte sogar einen etwas höheren Eiweißgehalt als die amerikanischer Mütter.

Verschiedene Studien in Amerika und Westeuropa haben längst bestätigt, daß die Vollwertigkeit der vegetarischen Kost auch für die Zivilisations-Menschen als gesichert betrachtet werden kann. So hat beispielsweise ein Versuch mit Sportstudenten, die von einem Tag auf den anderen von einer fleischintensiven Mischkost auf eine rein vegetabile Rohkost gesetzt wurden (mit 50 % weniger

*Dieses und weitere Beispiele sind dem 1980 erschienenen Buch **Geheimarchiv der Ernährungslehre** von Dr. Ralph Bircher entnommen, das eine Fülle von wenig bekannten, faszinierenden Forschungsergebnissen zur vegetarischen Ernährung zugänglich macht.

Eiweißgehalt bei gleicher Kalorienmenge) erbracht, daß nach nur 1-3 tägiger Unpäßlichkeit ihr Wohlbefinden und ihre sportliche Leistung nicht nur gleich blieben, sondern sich zum Teil ein wenig steigerten. Zahlreiche Naturheilkliniken in Deutschland und im Ausland verzeichnen ebenfalls gute Erfolge mit ähnlich drastischen Diätumstellungen bei Kranken.

Umgekehrt weiß man inzwischen, daß die Fleischnahrung eindeutige gesundheitliche Schädigungen mit sich bringt. So liegt die Zahl der Magen- und Darmerkrankungen bei Vegetariern prozentual gesehen deutlich niedriger als bei Gemischtköstlern, was insbesondere für Krebserkrankungen gilt. Das Protein im Fleisch und das weitgehende Fehlen von Ballaststoffen (d.h. faserreicher Kost) führen leicht zu Fäulnisprozessen im Verdauungsapparat. Es hat sich gezeigt, daß der Dickdarmbazillus (Coli) nur dann säurebildend ist, wenn er mit Kohlehydraten versorgt wird, d.h. mit den Nahrungsresten von Getreide, Obst und Gemüse, vor allem der Kartoffel. Werden ihm aber fäulniserzeugende Nahrungsreste zugeführt, so verwandelt er sich in einen wirksamen Gifterzeuger.

Fleisch, Fisch und Ei haben das eine gemeinsam, daß sie schnell verderben und in Fäulnis übergehen, wobei starke und gefährliche Gifte erzeugt werden. Solche Fäulnisprozesse finden bei der Fleisch-, Fisch- und Eierdiät auch im Darmkanal des Menschen statt, und sie tragen die Hauptverantwortung für viele Krankheiten. Dies hat seinen Grund in den enormen Mengen von Fäulnisbazillen, die die animalische Kost enthält, wobei Fisch, Fleisch und noch mehr das Ei die meisten Fäulnisbazillen enthalten.

Der menschliche Körper ist nicht dafür geschaffen, tierisches Fleisch zu essen und zu verdauen, das fault und im Körper Gifte erzeugt. Fleisch enthält die Schlackenstoffe des getöteten Tieres, die den Stoffwechsel des fleischessenden Menschen noch mehr belasten und zwar mit den Abfall- und Stoffwechselprodukten des getöteten Tieres, die immer giftig sind und wie Gifte im menschlichen Organismus wirken. Hinzu kommen die Gifte, die das Wesen des Tieres überschwemmen, wenn es ins Schlachthaus geführt und vom Menschen verfolgt wird. Tiere reagieren, ebenso wie der Mensch, auf den Impuls der Furcht. Sie erzeugt eines der ärgsten Gifte.

Auch bei der Arteriosklerose und beim Herzinfarkt, wie ganz allgemein bei Herz- und Kreislauferkrankungen, spielt Fleisch eine zentrale Rolle. Fleischesser sterben – bei ansonsten gleicher Lebensweise – dreimal so häufig an koronaren Herzleiden wie Vegetarier *. Der Hauptfaktor bei Herz-Kreislauf-Erkrankungen, soweit es die Ernährung betrifft, ist die im Fleisch wie in keiner anderen Nahrung enthaltene Harnsäure, die überdies mit die Hauptursache für alle Rheumaerkrankungen darstellt.

Als letztes, aber bei weitem nicht unwichtigstes Risiko der Fleischkost (und im selben Maße der Eierspeisen) soll das Problem der Hormonbehandlung erwähnt werden, das bislang vor allem im Zusammenhang mit der Hühnerzucht gesehen wurde, aber auch einen "Kalbfleisch-Skandal" heraufbeschwor, über den alle bundesdeutschen Medien berichteten. Allgemein sprachen sich verantwortungsbewußte Kräfte für eine härtere Bestrafung des Mißbrauchs von Medikamenten in Lebensmitteln aus.

Wer Bedenken hat, eine vegetarische Kost könne ihn krank machen, der mag sich vielleicht von folgender "Geschichte" überzeugen lassen. Es handelt sich um eine Art Massenversuchsreihe, der sich in den Jahren des ersten Weltkrieges mehr unfreiwillig als aus freien Stücken ein ganzes Volk unterzog:

In der Zeit der Hungersnot 1916 erhielt der dänische Arzt und Ernährungsforscher Hindhede den Auftrag, ein nationales Not-Ernährungsprogramm zu erstellen und durchzuführen. Er ließ 80 % der Schweine an die Nachbarländer verkaufen, das Bierbrauen halbieren und das Schnapsbrennen ganz einstellen (um Korn und Kartoffeln als Nahrungsmittel zu erhalten) und verminderte die Zahl der Milchkühe auf zwei Drittel. Fleisch wurde auf bescheidenste Pro-Kopf-Rationen eingeschränkt. Dafür wurden alle Kräfte mobilisiert, um die Bevölkerung mit einem derben Vollkorn-Fladenbrot und Kartoffeln zu versorgen sowie mit Gemüse, Obst und bescheidenen Frischmilchmengen. Das Ergebnis war eine Widerstandfähigkeit, die die Menschen weitgehend von den Schrecken der großen Grippe-Epedemie von 1918 verschonte, welche in jenem Jahr in Europa mehr Opfer forderte als der Krieg. Dänemark war damals

---

* s. Praxis-Kurier 16, 1981

das einzige Land, dessen Sterbeziffer nicht in die Höhe schnellte, sondern etwa konstant blieb. Dem "dänischen Wunder", wie es genannt wurde, lag ein schlichtes Rezept zugrunde: Eine knappe, aber ausreichende Kost, die reich an Vital- und Schutzstoffen und arm an tierischem Eiweiß sowie Zucker- und Weißmehlspeisen war.

Was damals – der Not gehorchend – ein ganzes Volk am Leben erhielt, sollte sich heute jeder einzelne aus freien Stücken zu eigen machen, um sich seine kostbare Gesundheit zu bewahren. Die vielen Beispiele von Menschen in aller Welt, die von Vollgetreide und oft nur geringen Mengen weniger Obst- und Gemüsesorten sowie Milch leben, zeigen, daß die Natur die Nahrung, die sie bietet, besser auf die physiologischen Bedürfnisse des Menschen abgestimmt hat, als es die klügsten ernährungswissenschaftlichen Untersuchungen je erforschen können. Unser Körper vermag offenbar aus einer noch so bescheidenen – aber weitgehend naturbelassenen – Nahrung alles herauszuholen, was er braucht. Daraus kann wohl nur ein Schluß gezogen werden: denaturierte (d.h. industriell stark veränderte) durch naturbelassene Lebensmittel zu ersetzen.

Wenn man nach seinem eigenen Geschmack und seinen individuellen Möglichkeiten eine ausgewogene und abwechslungsreiche Mischung der Grundnahrungsmittel Getreide, Nüsse, Obst, Gemüse und Milch auf schonende Weise zubereitet und auf den Tisch bringt, dann kann man getrost alles vergessen, was man von Eiweiß, Vitaminen und Mineralien je gehört hat – und es sich einfach schmecken lassen. Statt Kalorien zu zählen, sollte man es mit den Weisen halten, die rieten, drei Viertel des Magens mit Speise zu füllen und stets ein Viertel für Gott freizuhalten. Wenn man natürliche, vitalstoffreiche Nahrung zu sich nimmt, dann braucht man viel weniger zu essen, um den Körper mit allen lebenswichtigen Stoffen zu versorgen. Um solche hochwertigen Produkte zu bekommen, wird man ein bißchen Mühe aufwenden und häufiger einen Gang ins Reformhaus oder den Bioladen machen müssen, die eine große Vielfalt an Rohprodukten anbieten. Wer anfängt, sich auf gesunde Weise zu ernähren, wird schnell Spaß daran finden. Er wird feststellen, daß seine Geschmacksnerven sich von selbst umstellen und die den natürlichen Produkten eigenen Aromastoffe viel besser wahrnehmen. Er wird auch bemerken, daß er – einmal zum Nachdenken gekommen – insgesamt zu einer gesünderen Lebensweise übergeht, mit mehr Bewegung in frischer Luft, weniger Hetze, mehr Muße und vor allem – einem verfeinertem Gefühl der Achtung vor allem Leben.

Wer nun reumütig, aber mißgestimmt einer Zukunft von Kartoffeln, Reis und Linsen entgegenzublicken glaubt, den hoffen wir auf den folgenden Seiten zu überzeugen, daß seine Zukunft rosiger denn je ist! Wenn er sich dann jemals vor die mitfühlende Frage von Freunden und Kollegen gestellt sieht: "Ja was ißt du denn nun überhaupt noch?", dann mag er Ihnen gelassen entgegnen: "Am Montag Sellerie Amandina, am Dienstag Hoummous, am Mittwoch Broccoli au gratin, am Donnerstag Choucroute alsacienne, am Freitag Chilli con soja, am Samstag Ratatouille, am Sonntag Auberginen Parmiganina." Und falls irgend ein ganz Unbelehrbarer dann immer noch beharrlich an dem Vorurteil festhält, daß sich die vegetarische Küche vor allem durch ihre Fadheit auszeichne, sollten Sie ihn bei nächstbester Gelegenheit zum Essen einladen und, wenn Sie ihm als Dessert Frucht-Ambrosia servieren, mit bescheidener Liebenswürdigkeit erwähnen – frei nach dem Motto "An ihren Früchten sollt ihr sie erkennen" – daß eine jede Küche so fade oder einfallsreich ist, wie ihr Koch...

Der geistige Aspekt der vegetarischen Ernährung

Bei der schwierigen Frage, wie wir unser Leben gestalten sollen, spielt die Ernährung naturgemäß eine zentrale Rolle. Das Gesetz von Ursache und Wirkung ist die unsichtbare Methode der Natur, die Welt im ewigen Wechselspiel von Werden und Vergehen in Gang zu halten. Um so notwendiger ist es deshalb, sich vor gedankenlosen und wahllosen Handlungen in acht zu nehmen. Auf die Ernährung bezogen bedeutet dies: Da wir ohne Nahrung nicht existieren können, müssen wir wenigstens solche Nahrungsmittel wählen, die sich für unser geistiges Streben als möglichst unschädlich erweisen.
Das moralische und geistige Gesetz gestattet es dem Menschen nicht, in das Leben irgendeines Tieres der Schöpfung einzugreifen. Es verkündet vielmehr eine Lebensweise, die auf dem Grundsatz der Gewaltlosigkeit gegenüber allen Geschöpfen beruht und daher im Gegensatz zur animalischen Kost eine vegetarische Ernährungsweise bedingt.

Der Mensch ist, was er ißt. Unser Befinden und Verhalten wird von der Nahrung beeinflußt, die wir zu uns nehmen. Reine Nahrung führt zu jenem Zustand heiterer Ausgeglichenheit, der die Weisen auszeichnet. Sie verlängert das Leben und heilt eine ganze Reihe von Krankheiten und Leiden. Ihre Vorzüge sind auch von medizinischer Seite anerkannt. Die zahlreichen Medikamente, die heute aus Kräutern, Früchten und Körnern hergestellt werden, haben sich jedenfalls als sehr wirksam erwiesen.

Reine Nahrung läßt sich einteilen in Getreide, Gemüse und Obst – Dinge, mit denen die Natur den Menschen seinem Bedarf entsprechend versorgt. Energiespendende Nahrung schließt außer diesen vegetabilen Produkten auch Milch und Milcherzeugnisse (wie Sahne, Butter usw.) ein. Abstumpfende Nahrung besteht aus Fleisch, Alkohol usw. Tatsächlich umfaßt sie alle nicht-reinen Speisen, seien sie natürlichen Ursprungs oder künstlich erzeugt, alt oder frisch.

Reine Nahrung und eine einfache Lebensweise sind der kulturellen Entwicklung im höchsten Maße förderlich. Wir müssen uns bewußt sein, daß die Nahrung für den Menschen geschaffen ist und nicht der Mensch für die Nahrung. "Essen, um zu leben", nicht "Leben, um zu essen" sollte unser Grundsatz sein. Wenn wir ihm folgen, entwickeln wir Empfänglichkeit für die höheren ethischen und geistigen Werte des Lebens, was uns allmählich zur Selbst- und Gotterkenntnis führt.

Anders derjenige, der hemmungslos und uneingeschränkt alles ißt. Sein Lebensziel ist allein der Genuß, und sein Motto lautet: "Iß, trink und sei vergnügt." Solche Menschen stürzen sich kopfüber in die Freuden des Lebens, wie sie es nennen. Wenn sie mit ein wenig Konzentrationsfähigkeit begabt sind, lenken sie ihre ganze Kraft auf die Verherrlichung ihres kleinen Ichs, des egozentrischen Gemüts. Diese Handlungsweise wird dann gern als "kultureller Fortschritt" gerühmt.

Wir müssen aber wissen, daß diese materielle Welt dem Gesetz der Evolution untersteht. Es sieht vor, daß alle Lebewesen sich Stufe um Stufe aufwärtsentwickeln. Das bedeutet, daß jedem Wesen innerhalb der Schöpfungsordnung ein besonderer Wert zukommt. Die Grundlage, auf der sich der äußere und innere Wert eines Lebewesens bestimmt, ist seine materielle Beschaffenheit und seine Intelligenz. Je wertvoller die materiellen Bestandteile sind, aus denen es sich vorrangig zusammensetzt, desto größer ist seine Intelligenz und damit sein Wert. Dieses Gesetz gilt auch für den Menschen. Aus diesem Grunde ist er gehalten, seine Ernährung so umzustellen, daß er so weit wie irgend möglich negativen Rückwirkungen entgeht.

Der menschliche Körper, der sämtliche fünf schöpferischen Elemente (Erde, Wasser, Luft, Feuer und Äther) enthält, gilt als die höchste Schöpfungsform. Dann folgen Geschöpfe mit vier, drei und zwei aktiven Elementen. Der geringste Wert wird den Wurzeln, Gemüsen und Früchten zuerkannt, in denen allein das Element des Wassers aktiv und vorherrschend ist, während sich die restlichen vier Elemente in einem latenten Zustand befinden. Die vegetarische, früchtereiche Kost ist somit **die** Nahrung, die das geringste Leid verursacht; wer sich davon ernährt, bleibt von negativen Rückwirkungen bewahrt.

Für viele drängt sich an dieser Stelle die Frage auf: Was sagen die Religionen zum Vegetarismus?
Unter den heute bestehenden Religionen sind es vor allem die in Asien beheimateten, die ihre Anhänger auf unblutige Kost verpflichten – allen voran der Hinduismus. Der Grund dafür liegt in der hinduistischen Lehre von der Einheit der Schöpfung und – damit verbunden – der Lehre von der Reinkarnation: Wenn die Seele ein Teil Gottes ist und sich auf dem Rad der Wiedergeburt entsprechend ihren Taten auf und ab bewegt – dann ergibt sich daraus von selbst das Gesetz von "leben und leben lassen". Der Verzicht auf das Töten von Tieren ist dabei ein unlösbarer Bestandteil des Prinzips der Gewaltlosigkeit oder des Nicht-Verletzens in Gedanken, Worten und Taten.

In anderen großen Religionen, wie beispielsweise im Islam und im Judentum, gibt es ein eingeschränktes Fleischverbot, woraus man sicher schließen kann, daß das Gefühl für die Unrechtmäßigkeit des Tötens von Tieren grundsätzlich in den Menschen verschiedener Kulturen verwurzelt ist, wenn es auch im Laufe der Entwicklung von immer größeren Zugeständnissen an den Gaumen untergraben wurde.

Im Kirchen-Christentum ist dieser Aspekt des "Du sollst nicht töten", wie es scheint, gänzlich getilgt worden. Nur vereinzelte Orden und neuere christliche Glaubensgemeinschaften kennen eine Beschränkung des Fleischverzehrs. Die 1947 am Toten Meer gefundenen Schriftrollen des sogenannten Essener-Evangeliums brachten indes neues Licht in die ursprünglichen Lehren Christi, und hier finden sich in der Tat ausführliche Hinweise darauf, daß Jesus seinen Schülern eine streng vegetarische Ernährung anempfahl:

"Aber sie (die Jünger) antworteten ihm: 'Wohin sollen wir gehen, Herr, denn mit dir sind die Worte des ewigen Lebens? Sag uns, welches sind die Sünden, die wir meiden müssen?'
Jesus antwortete: 'Es geschehe nach eurem Glauben', und er setzte sich in ihre Mitte und sprach: 'Es ward den Alten gesagt: Ehre deinen himmlischen Vater und deine irdische Mutter und erfülle ihre Gebote, damit du lange lebest auf Erden. Und danach wurde dieses Gebot gegeben: 'Du sollst nicht töten', denn das Leben ist allen von Gott gegeben, und was Gott gegeben hat, soll der

Mensch nicht wegnehmen, denn ich sage euch, wahrlich, von einer Mutter stammt alles, was auf der Erde lebt. Wer also tötet, der tötet seinen Bruder. Und von ihm wird die irdische Mutter sich abwenden und ihre erquickenden Brüste von ihm wegnehmen. Und er wird von ihren Engeln gemieden werden, und der Satan wird in seinem Körper Wohnung nehmen. Und das Fleisch der geschlachteten Tiere in seinem Körper wird zu seinem eigenen Grab. Denn, wahrlich, ich sage euch, der, welcher tötet, der tötet sich selbst, und wer das Fleisch der geschlachteten Tiere ißt, ißt vom Körper des Todes... Und ihr Tod wird zu seinem Tode... Denn der Sünde Sold ist der Tod. Tötet nicht, noch eßt das Fleisch eurer unschuldigen Beute, damit ihr nicht Sklaven des Satans werdet. Denn das ist der Pfad des Leidens und führt zum Tod. Aber tut den Willen Gottes, damit seine Engel euch dienen mögen auf dem Weg des Lebens. Befolgt daher die Worte Gottes: Seht, ich habe euch gegeben jegliches Kraut, welches Samen trägt, das sich überall auf der Erde befindet, und jeden Baum, in dessen Frucht der Samen eines Baumes steckt. Auch die Milch von allem Getier, das sich bewegt und lebt auf der Erde, soll für eure Speise sein; ebenso wie ich das grüne Kraut ihnen gegeben habe, so gebe ich euch ihre Milch. Aber Fleisch und Blut, welches ihnen Leben gibt, sollt ihr nicht essen...
So esset immer von der Tafel Gottes: Die Früchte der Bäume, das Korn und die Gräser des Feldes, die Milch der Tiere und den Honig der Bienen. Denn alles darüber hinaus ist Satan und führt auf dem Weg der Sünde zum Tode. Aber die Speise, die ihr von der überreichen Tafel Gottes nehmt, gibt eurem Körper Kraft und Jugend, und ihr werdet niemals Krankheiten sehen...' "

Dieses ausführliche Zitat mag genügen, um anzuzeigen, daß Jesus sehr wohl den Gedanken der vegetarischen Diät wie auch den des Gesetzes von Ursache und Wirkung lehrte und die Menschen seiner Zeit darauf hinwies, daß sie zu ernten hätten, was sie säten.
Folgende Bibelstellen deuten ebenfalls auf eine vegetarische Lebensweise hin:

Genesis 1, 29-30:
"Und Gott sprach: Sehet da, ich habe euch gegeben allerlei fruchtbare Bäume, die sich besamen, zu eurer Speise, und allem Getier auf Erden und allen Vögeln unter dem Himmel und allem Gewürm, daß da lebt auf Erden, daß sie allerlei grünes Kraut essen. Und es geschah also."

Genesis 2, Moses 20, 13:
"Du sollst nicht töten."

Genesis 9, 4:
"Allein esset das Fleisch nicht, das noch lebt in seinem Blut."

Römer 14, 21:
"Es ist besser, du issest kein Fleisch und trinkest keinen Wein und tust nichts, daran sich dein Bruder stößt."

Dise Anweisungen tragen der Tatsache Rechnung, daß der menschliche Körper für eine animalische Kost von Grund auf ungeeignet ist. Er ist von Natur aus ein Pflanzenesser, der für sein Kraftpotential und daher für sein Wohlbefinden eine vegetabile Kost benötigt, so wie sie uns vom Schöpfer vorgegeben und in allen alten Schriften beschrieben ist.

Die Schriften lehren uns auch, daß wir kein Recht haben, nach Gutdünken über Tiere zu verfügen. Wir sollen nicht töten, auch Tiere nicht, noch dürfen wir ihnen in irgeneiner Form etwas zuleide tun. Aus der Sicht der Evolutionskette sind die Tiere unsere jüngeren Brüder und Schwestern. Vom rein geistigen Standpunkt aus gesehen, bilden wir alle in der Schöpfung eine Einheit, denn das Geistige ist in allem und durchpulst als Lebensstrom alles Seiende. Wenn wir einem anderen Wesen ein Leid zufügen, so müssen wir für unser Verhalten Leid ertragen, weil wir Unrecht getan haben.

Um aus dieser Verkettung herauszukommen, müssen wir uns unseres Handelns bewußt werden und uns da entsetzen, wo wir selbst im Großen oder Kleinen noch grausam handeln. Da es leichter ist, das Kleine zu vollbringen als das Große, sollten wir versuchen, unserer kleinen gedankenlosen Grausamkeiten Herr zu werden, sie zu vermeiden oder besser noch, sie zu unterlassen. Dann wird es uns eines Tages nicht schwer fallen, auch unsere großen Herzlosigkeiten zu bekämpfen und zu besiegen.

Wenn wir diesen Gedankengängen nachgehen und sie uns zu eigen machen, wird sich mit der Zeit auch unser Handeln verändern. Denn: Wie Du denkst, so wirst Du. Damit nähern wir uns der Gesetzmäßigkeit, die wir für all unser Tun vom Schöpfer erhalten haben und fangen an, sie zu befolgen. Und wenn wir uns bemühen, nach dieser Gesetzmäßigkeit unser Leben zu gestalten, so gereicht uns unser Erdenleben eines Tages zum Segen.

Der Herausgeber

Zutaten - Einmaleins

Im folgenden finden Sie nähere Hinweise zu Produkten, die in diesem Kochbuch häufig verwendet werden, nicht überall erhältlich oder für den gesundheitsbewußten Vollvegetarier von besonderer Bedeutung sind.

Agar-Agar
Agar-Agar ist ein rein pflanzliches Geliermittel mit vier- bis fünfmal soviel Gelierkraft wie tierische Gelatine. Es wird aus einer Algenart gewonnen und enthält viele Vitamine und Mineralstoffe. Verwendet wird es zum Festigen von Gelees, für Nachspeisen, Tortengüsse und Marmeladen.

Ahornsirup
Ahornsirup ist ein Süßungsmittel, das aus dem Saft des Zuckerahornbaums gewonnen wird und in Fachgeschäften* erhältlich ist.

Apfeldicksaft
Sirupähnliches Süßungsmittel aus Äpfeln. Vereinzelt in Lebensmittelgeschäften oder Supermärkten, sonst aber in Fachgeschäften erhältlich.

Backpulver
In Fachgeschäften finden Sie Weinsteinbackpulver, das im Gegensatz zur handelsüblichen Ware keine chemischen Triebmittel enthält. Das "Goldene Backbuch" (von A. Görgens, erschienen im Param-Verlag) gibt darüberhinaus ein Rezept für eine "natriumfreie Backpulvermischung" an, die aus Kaliumbikarbonat, Maisstärke, Weinsäure und weinsteinsaurem Kalium besteht. Sie ist allerdings etwas weniger ergiebig als normales Backpulver. Man kann sie sich in Apotheken mischen lassen.

Birnendicksaft
Fruchtiges Süßungsmittel, das in Fachgeschäften angeboten wird.

---

* Fachgeschäfte = Bioläden, Naturkostläden, Reformhäuser

Brotaufstriche (pflanzlich)
Viele selbst hergestellte Brotaufstriche (vgl. Kapitel “Brotaufstriche und Toasts”) können sich im Geschmack durchaus mit handelsüblichen Produkten messen, wie sie in Fachgeschäften angeboten werden.

Carobpulver
Ein Süßungsmittel, hergestellt aus den Früchten des Johannisbrotbaumes. Verwendbar als Ersatz für Kakao und Schokolade.

Chili
Ist meistens unter der Bezeichnung “Cayennepfeffer” im Handel erhältlich. Daneben gibt es den südamerikanischen Chili, der leicht süßlich schmeckt und besonders gut zu Bohnengerichten paßt.

Eier
Da Eier Keimzellen tierischen Lebens sind, werden sie in diesem Kochbuch nicht verwendet und durch das vollwertigere Sojamehl (s. dort) ersetzt. Auch herkömmliche Rezepte lassen sich auf diese Weise problemlos abwandeln, bzw. aufwerten, wobei man pro Ei 1 gehäuften Eßlöffel Sojamehl rechnet, das man mit kalter Flüssigkeit verrührt.

Essig
Der in diesem Kochbuch häufig verwendete Obstessig wird aus Äpfeln hergestellt und wirkt belebend auf den gesamten Organismus. Er ist reich an Mineralstoffen und auch äußerlich z.B. als Badezusatz, verwendbar.
Weinessig wird zwar aus Wein gewonnen, enthält aber selbst keinen Alkohol mehr, da dieser bei der Essiggewinnung mit Hilfe von Essigsäure-Bakterien vollkommen zu Essig vergoren wird.

Pflanzliche Fertigsoßen und -suppen
Es gibt sie in den verschiedensten Geschmacksrichtungen und von verschiedenen Firmen in den Fachgeschäften.

Gelatine
Da Gelatine ein tierisches Produkt ist, wird sie in diesem Kochbuch nicht verwendet. Gelatine ist ein farb-, geruch- und geschmackloser Eiweißstoff, der aus tierischem Bindegewebe hergestellt wird. Als pflanzlichen Ersatz können Vegetarier Speisestärke, Agar-Agar oder andere in Fachgeschäften erhältliche pflanzliche Geliermittel verwenden.

Gemüsebrühe
Pflanzliche Gemüsebrühe in Form von Würfeln oder Instant-Pulver enthält keinen Fleischextrakt und ist in den Fachgeschäften erhältlich. Instant-Brühe eignet sich auch vorzüglich zum Würzen verschiedener Gerichte.

Hefe-Extrakt
Hefe-Extrakt ist eine würzige Paste, die zum Kochen (anstelle von Salz oder Brühwürfeln) oder auch als Brotaufstrich verwendet wird. In Fachgeschäften erhältlich.

Hefeflocken
Hefeflocken sind ein natriumfreies Würzmittel, das sie in Fachgeschäften erhalten. Sie werden wie Salz verwendet, sollten aber nicht mitgekocht werden, da sie sonst an Nährwert verlieren. Sie sind reich an Vitamin B (Nerven- und Hautvitamin).

Hefewürze
Hefehaltige Würze in flüssiger und Pulver-Form. In Fachgeschäften erhältlich.

Kartoffeln
Der gesundheitliche Wert der Kartoffel hat sie inzwischen als vollwertiges "Gemüse" rehabilitiert. Sie enthält wichtige Mineralstoffe, hochwertiges Eiweiß, wenig Fett und viele Vitamine. Außerdem ist sie – im Gegensatz zu bisherigen Auffassungen – kalorienarm. 100 g Kartoffeln enthalten nur 68 Kalorien. Am gesündesten sind Pellkartoffeln. Sonst sollten Kartoffeln erst kurz vor dem Kochen geschält werden, da sie in kurzer Zeit einen großen Vitaminverlust aufweisen.

Keime und Sprossen
Sie enthalten wichtige Vitamine, Mineral-, Eiweiß- und Ballaststoffe und haben wenig Kalorien. Man bekommt sie in Fachgeschäften, aber auch schon in vielen Supermärkten. Problemlos kann man sie selbst in speziellen Keimgeräten (im Fachhandel erhältlich) ziehen.

Malzextrakt
Malzextrakt wird aus Gerste gewonnen und ist Balsam für die Nerven. Er wird in flüssiger oder Pulver-Form angeboten und wird in Milch oder Müsli aufgelöst. Malzextrakt ist von milder Süße und kann generell als Süßungsmittel verwendet werden.

Margarine
Handelsübliche Margarine kann tierische Fette (z.B. Fischöl) enthalten und ist daher für den Vollvegetarier nicht geeignet. Beachten Sie den Zutaten-Nachweis des Herstellers! Garantiert ohne tierische Fette sind nur Reformmargarinen.

Mehl- und andere Vollkornprodukte
Die mit dem überwiegenden Verzehr von Weißmehlprodukten verbundenen gesundheitlichen Nachteile dürften im Zuge der allgemeinen "Rückkehr zur Natur" inzwischen vielen Leuten bekannt sein, so daß es genügt, wenn hier nur noch die gravierendsten angesprochen werden.
Handelsübliches Mehl, das die Typenbezeichnung 405 trägt und nur schwach ausgemahlen ist, ist nicht nur gebleicht, damit es "schön" aussieht, es besitzt außerdem so gut wie keine Mineral- und Ballaststoffe und Vitamine mehr, die sich in den Randschichten des Korns befinden. Ein Mangel an Ballaststoffen führt aber zu Darmträgheit und Fäulnisprozessen im Darm.
Die Randschichten des vollen Korns sind darüberhinaus auch reich an Vitamin B, das für den Kohlehydratstoffwechsel von großer Bedeutung ist. Werden die Randschichten entfernt, wird die zur Verdauung des Korns benötigte Menge an Vitamin B dem Körper entzogen – dabei enthält jedes Korn von Natur aus so viel Vitamin B, wie zu seiner Aufspaltung nötig ist!
Beim Kauf von Mehl sollte darauf geachtet werden, daß es aus biologischem Anbau stammt. Schadstoffe reichern sich gewöhnlich in den Randschichten des Korns

an, so daß Vollkornmehl aus nicht-biologischem Anbau weniger empfehlenswert ist. Biologisch angebautes Getreide wird in Fachgeschäften angeboten. Meistens können Sie es dort auch zu Mehl mahlen lassen, sofern Sie nicht fertig verpacktes Mehl kaufen oder selbst eine Getreidemühle besitzen. Wichtig ist, daß Sie Vollkornmehl nicht zu lange aufbewahren, da das darin enthaltene Fett sonst leicht ranzig wird bzw. an Nährstoffen verliert.
Eine Hilfe bei der Unterscheidung der verschiedenen Mehlsorten ist die auf den Packungen angegebene Typenzahl. Daran erkennt man, wie dunkel, bzw. wie vollwertig die jeweilige Mehlsorte ist. Dabei ist das Mehl umso dunkler, je höher die Typenzahl ist. Das dunkelste im Handel erhältliche Mehl trägt die Typenzahl 1700.

Hier eine Aufstellung der gebräuchlichen Mehltypen
Weizenmehl: Type 550 – 1050 – 1700
Roggenmehl: Type 1150 – 1370 – 1800
In den meisten Rezepten haben wir auf eine Typenangabe des Mehls verzichtet. Sie sollten nach eigenen Gesichtspunkten und Geschmacksvorstellungen die Auswahl selbst treffen.

Im Fach- und Einzelhandel werden auch **Vollweizengrieß** sowie **Vollkorn-Paniermehl** angeboten.
Getreideflocken sind gepreßte Getreidekörner und daher Vollkornprodukte. Auch hier sollte biologischen Produkten der Vorzug gegeben werden.

Öl

Hochwertige, naturbelassene kalt geschlagene Öle sind reich an ungesättigten Fettsäuren. Empfehlenswert sind z.B. Sonnenblumenöl und Maiskeimöl; besonders wertvoll und reich an hochungesättigten Fettsäuren sind Distelöl und Leinöl.

Nudeln

Ei-freie Nudeln finden Sie in Fachgeschäften, sie werden aber auch in Lebensmittelgeschäften und Supermärkten angeboten. Es gibt sie aus Vollmehl oder mit Zusatz von Weizenkeimen, Hirse oder Sojamehl. Auch Nudeln aus Hartweizengrieß (z.B. italienische) Produkte enthalten in der Regel keine Eier.

Sago
Sago ist ein stärkehaltiges, körniges pflanzliches Bindemittel, das besonders zur Zubereitung von Fruchtspeisen verwendet wird. Es ist in allen größeren Lebensmittelläden erhältlich.

Salz
Neben dem herkömmlichen Haushaltssalz (mit und ohne Jod-Zusatz) gibt es Meersalz, das reich an meereseigenen Spurenelementen ist und Kräutersalz, das aufgrund der darin enthaltenen Kräutermischung biologisch wertvoller und geschmacklich feiner ist als das übliche Salz. Zudem kann es wegen seines intensiven Geschmacks Salz sparen helfen.

Sauermilch
Sauermilch ist bekömmlich, leicht verdaulich, pflegt die Darmflora, schmeckt gut, und besitzt alle Vorzüge der Milch. Am besten schmeckt Sauermilch, wenn Sie sie selbst herstellen. Rezepte dazu finden Sie im Kapitel "Milch, Sojamilch und andere Getränke". (Wußten Sie, daß Sauermilch auch ein wahres Schönheitselexier ist? Joghurt kann z.B. als milde Reinigungsmilch "zweckentfremdet" werden.)

Sanddorndicksaft
Sanddorndicksaft wird aus den Vitamin-C-haltigen Sanddornbeeren hergestellt. Es gibt ihn mit Zucker-, Honig oder Fruchtzuckerzusatz. Er schmeckt angenehm säuerlich und wird gern für Müslis und Fruchtsalate verwendet.

Senfkörner
Senfkörner sind nicht nur gut für Leber, Galle und Verdauung, sondern verleihen auch vielen Gerichten eine herb-charakteristische Note. Sie erhalten sie in Fachgeschäften, Drogerien und Apotheken.

Sojabohnen
Sojabohnen sind Hülsenfrüchte, die reich an wertvollem Eiweiß und hochwertigem Fett, aber arm an Kohlehydraten sind. Sie werden wie Hülsenfrüchte verwendet, haben aber eine wesentlich längere Kochzeit, so daß es sich empfiehlt, sie im Schnellkochtopf zu kochen.

Sojabohnen sind auch in Form von Schrot erhältlich, der wesentlich geringere Kochzeiten erfordert.
Sie erhalten Sojaprodukte in den Fachgeschäften.

Sojafleisch
Sojafleisch ist trotz des Namens ein Vollsoja-Produkt und daher rein pflanzlich. Nach dem Kochen oder Einweichen (siehe jeweils Packungsbeilage) ähnelt es in Struktur und Aussehen echtem Fleisch. Es wird in Form von Würfeln oder Granulat in den Fachgeschäften angeboten und läßt sich unter anderem zu Gulasch, Frikadellen oder Hackbraten verarbeiten, besitzt alle Vorzüge der Sojabohne und ist weit billiger als Fleisch. Da es völlig geschmacksneutral ist, muß es gut gewürzt werden.

Sojaflocken
Ein Sojaprodukt in Flockenform, das hauptsächlich zur qualitativen Aufwertung von Speisen verwendet wird. Sie eignen sich zum Binden von Soßen und Suppen.

Sojamehl
Sojamehl ist ein Vollsojaprodukt, das Brot, Gebäck, Pfannkuchen usw. beigegeben werden kann sowie zur Herstellung von Sojamilch und Sojamilchprodukten und Brotaufstrichen verwendet wird.

Sojamilch
Sojamilch gibt es auch fertig zu kaufen. Außerdem wird sie als Instant-Produkt angeboten. Sojamilch ist ein vollwertiger Milchersatz, der genau wie Milch verwendet wird. Sojamilchpulver schmeckt auch sehr gut in Müslis. (Selbstherstellung von Sojamilch siehe Kapitel "Milch, Sojamilch und andere Getränke".)

Tahin
Tahin ist ein Mus aus geröstetem oder ungeröstetem Sesam, das Sie in türkischen Läden kaufen können. Es kann als Brotaufstrich zusammen mit Honig oder Käse verwendet werden; es schmeckt auch, wenn man es nur leicht salzt. Tahin wertet darüber hinaus alle Getreidegerichte auf, und kann daher gut un-

ter Grützen oder Breie gemischt werden. Sesamöl (es setzt sich meist auf dem Mus ab) macht außerdem Kuchen besonders locker.

Tofu
Tofu ist eine geschmacksneutrale, quarkähnliche Masse, die aus der Sojabohne hergestellt wird. Er ist reich an hochwertigem pflanzlichem Eiweiß, leicht verdaulich und kalorienarm. Er kann roh im Salat verwendet oder gebacken, fritiert, gebraten und gedämpft werden.

Vollkornprodukte
Siehe "Mehl".

Unbehandelte Zitrusfrüchte
Sie werden praktisch das ganze Jahr über in den Fachgeschäften angeboten. Wenn Sie frisch geriebene Zitronen- oder Orangenschale mit etwas Zucker vermischen, können Sie sie in einem Schraubglas einige Zeit im Gefrierfach Ihres Kühlschranks aufbewahren.

Zucker
Unter Fabrikzucker versteht man alle Zuckerarten, die aus zuckerhaltigen Lebensmitteln durch Raffinationsprozesse künstlich hergestellt werden. Außer dem handelsüblichen weißen Zucker gehören dazu auch der Traubenzucker, Malzzucker, Fruchtzucker und Milchzucker und auch der braune Zucker, der zu 99% aus Rohrzucker besteht und nur geringe Mengen von Mineralien aufweist. Wie Weißmehl werden auch weißem Zucker während des Verfeinerungsprozesses fast sämtliche Vitalstoffe – wie Vitamine und Mineralien entzogen, die in Zuckerrohr und Zuckerrübe noch enthalten sind. Damit ist Fabrikzucker ein rein isoliertes Konzentrat. Damit er im Verdauungstrakt aufgeschlossen und verwertet werden kann, badarf es bestimmter Mengen an Vitamin B, die aber im Zucker nicht mehr enthalten sind und daher dem Körper entzogen werden müssen – als Folge davon kann sich Vitamin B-Mangel einstellen, was wiederum zur Entstehung zahlloser Krankheiten beitragen kann (Gebißverfall, Stoffwechselstörungen, Erkrankungen des Verdauungstraktes, Zuckerkrankheit, Gefäßerkrankungen usw.).
Zucker sättigt bekanntlich sehr schnell – doch keineswegs anhaltend. Im Ge-

genteil, Zuckerzufuhr führt zwar zu einem raschen Anstieg des Insulin-Spiegels, wodurch ein rascher Sättigungseffekt erzielt wird. Deshalb wird Zucker auch häufig als Energiespender gepriesen, was aber durchaus nicht den Tatsachen entspricht. Der Insulinspiegel sinkt ebenso schnell ab, wie er zuvor angestiegen war. Die Folge ist erneutes, stärkeres Hungergefühl. Als Energiespender eignen sich daher weit besser als Zucker (Trocken-)Obst oder Fruchtsäfte oder auch ein Löffelchen Honig.
Welche Süßungsmittel stehen Ihnen aber zur Verfügung, wenn Sie auf Zucker weitgehend verzichten wollen? Grundsätzlich sollte sparsam gesüßt werden – was sicher eine Frage der Gewöhnung ist. Wir haben in unseren Rezepten als Süßungsmittel auf Vollrohrzucker oder Honig verwiesen.
Vollrohrzucker ist gepreßter und getrockneter Zuckerrohrsaft, in dem die ursprünglichen Vitamine und Mineralstoffe erhalten geblieben sind. Im Gegensatz zum raffinierten weißen Zucker werden hier die Begleitstoffe der Pflanzenzelle nicht herausgelöst, so daß es nicht zu der oben beschriebenen Stoffwechselbelastung kommt. Erhältlich im Fachhandel.
Honig ist sicherlich ein wertvolles Süßungsmittel. Allerdings ist zu beachten, daß selbst "reiner" oder "naturreiner" oder "echter" oder "Imker"-Honig mit bis zu 40-50 % Zuckerlösung versetzt werden darf! Dies gilt vor allem für preiswerten "Supermarkt-Honig". Am besten kaufen Sie Ihren Honig in den Fachgeschäften oder direkt bei einem vertrauenwürdigen Imker in Ihrer Umgebung. Wenn Sie Honig zum Backen oder Kochen verwenden wollen, sollten Sie bedenken, daß er bei Temperaturen ab etwa 40 Grad viele seiner wertvollen Inhaltsstoffe einbüßt (z.B. Fermente).

Nicht unerwähnt bleiben sollte als Süßungsmittel die **Melasse**. Sie wird aus Zuckerrüben oder Zuckerrohr gewonnen, d.h. sie ist Zucker in unraffiniertem flüssigem oder kristallinem Zustand. Nachteil: Melasse besitzt einen ausgeprägten Eigengeschmack.
Im übrigen verweisen wir Sie auf die bereits eingangs genannten flüssigen Süßungsmittel Ahornsirup, Apfel- und Birnendicksaft.

Vorbemerkungen

Zur leichteren Orientierung für den Anfänger wurden in den meisten Kapiteln die leichteren Rezepte mit dem Symbol des kleinen Kochs gekennzeichnet. Ebenso wurden die Rezepte, die für 1 Person berechnet sind, mit dem folgenden Symbol versehen:

Alle anderen Gerichte enthalten Mengenangaben für vier Personen.

Darüberhinaus wurde den Kapiteln "Suppen", "Reis- und Getreidegerichte", "Gemüse und Hülsenfrüchte", "Soßen" sowie "Kuchen und Gebäck" ein ausführlicher Koch- (bzw. Back-) Kurs vorangestellt. Die übrigen Kapitel dürften selbst dem Anfänger kaum Schwierigkeiten bereiten.

*

Für zeit- und energiesparendes Kochen ist es vorteilhaft, sich eines oder mehrere der folgenden Geräte anzuschaffen:

- einen Schnellkochtopf, in dem Sie viele Gerichte (z.T. sogar mehrere gleichzeitig schnell und schonend zubereiten können und der sich auch zur Herstellung von Puddings (aus Gemüse, Nudeln oder Getreide) sowie zum Einkochen eignet;
- eine Getreidemühle, die es Ihnen leicht macht, immer ein frisches Getreidegericht auf den Tisch zu bringen oder köstliche Vollkornkuchen zu backen;
- einen elektrischen Universalzerkleinerer (z.B. eine Moulinette), der nicht nur in Sekundenschnelle Obst und Gemüse hackt oder püriert, sondern auch Nüsse, Trockenobst und Käse zerkleinert;
- ein elektrisches Rührgerät, mit dem Sie in kürzester Zeit Sahne schlagen oder Teig rühren können.

Wir haben uns jedoch bemüht, alle Gerichte so auszuwählen oder zu beschreiben, daß Sie sie auch ohne großen Materialaufwand zubereiten können.

Grundsätzlich sind die bei den Rezepten angegebenen Backtemperaturen für Elektrobacköfen gedacht. Bei Gasöfen sind folgende Reglereinstellungen zu beachten:

schwache Hitze	150-180 Grad	Gas 1-2
mittlere Hitze	190-220 Grad	Gas 3-4
mittlere bis starke Hitze	230-260 Grad	Gas 4-5
starke Hitze	270-300 Grad	Gas 7-8

Bei diesen Angaben handelt es sich um Erfahrungswerte. Halten Sie sich im Zweifelsfall an das zu Ihrem Herd gehörige Informationsheft.

Müslis

Spezial Müsli

250 g Haferflocken
50 g ungeschälter Sesam
50 g Sonnenblumenkerne oder Kürbiskerne
50 g geschroteter Leinsamen
30 g Kokosflocken
100 g Rosinen
50 g gehackte (Wal-) Nüsse
einige EL Joghurt oder (Sauer-) Milch
Honig nach Geschmack

Alle trockenen Zutaten mischen und in einem geschlossenen Gefäß aufbewahren. Zum Verzehr jeweils ein paar EL dieser Mischung mit Honig, Joghurt und zerkleinertem Obst nach Wahl vermischen.
Die trockene Müslimischung kann mehrere Wochen in einem geschlossenen Glas aufbewahrt werden.

Müsli mit Trockenfrüchten

250 g Haferflocken
75 g gehackte Mandeln, Nüsse oder ganze Sonnenblumenkerne
100 g Rosinen
je 50 g Trockenpflaumen und -aprikosen oder je 50 g Trockenbananen und Feigen oder Datteln
evtl. etwas Honig

Trockenobst zerkleinern, mit den übrigen Zutaten vermischen, in einer gut verschließbaren Dose aufbewahren. Vor Gebrauch einige Stunden oder über Nacht in Joghurt, Milch oder Obstsaft einweichen.
Vor dem Verzehr nach Geschmack mit Honig süßen.

Schlankheitsmüsli

40 g Haferflocken
2 Becher Magerjoghurt
2 EL Zitronensaft
2 EL Honig
500 g Früchte je nach Jahreszeit
4 EL Rosinen
4 EL geriebene oder gehackte Haselnüsse oder Mandeln

Den Joghurt mit dem Zitronensaft glattrühren und mit dem Honig abschmecken. Die Früchte waschen, putzen und kleinschneiden. Die Rosinen waschen und abtropfen lassen. Die Haferflocken mit den vorbereiteten Fruchtstücken und den Rosinen mischen. Die Joghurtsauce darunterziehen. Das Müsli in Schälchen verteilen und mit Nüssen oder Mandeln verziert servieren.

Hirsemüsli

4 EL Hirseflocken
4 EL Haferflocken
1 Apfel
1 kleine Banane
1 EL Rosinen oder getrocknete Aprikosen (in Wasser eingeweicht)
1 EL Mandelstifte
Milch

Die Hirseflocken mit Milch bedecken und 1/2-3/4 Stunden quellen lassen. Dann die Haferflocken, den feingeraffelten Apfel, die kleingeschnittene Banane und die abgetropften Rosinen unter die Hirseflocken heben. Mit den Mandelstiften bestreuen.

Variante:
Man kann fertig gegarten Hirsebrei vom Abend vorher mit 1-2 zerdrückten Bananen oder geriebenem Apfel, 40 g gewaschenen Rosinen, evtl. etwas Zitronensaft und 1 gehäuften EL Honig und etwas Sahne vermischen. Mit geriebenen Nüssen bestreuen.

Frischkornmüsli

8 EL Getreide (Weizen, Hafer, Gerste oder Sechskorn)
8 EL Wasser zum Einweichen
2-3 Äpfel
1 EL Honig
evtl. etwas Zitronensaft
50 g gemahlene Nüsse oder Mandeln
1/2 Becher Sahne

Das Getreide in der Getreidemühle grob schroten, mit kaltem Wasser vermengen, so daß ein dicker Brei entsteht. Das Ganze mindestens 4 Stunden, höchstens aber 12 Stunden quellen lassen. Vor dem Servieren gibt man den Zitronensaft, das kleingeschnittene oder geraspelte Obst, den Honig und die Sahne dazu. Mit den Nüssen bestreuen. Statt Sahne kann man auch Mandel- oder Sojamilch verwenden.

Knuspermüsli

400 g Haferflocken
100 g Sonnenblumenkerne
50 g Kokosflocken
80 g geschälten Sesam
250 g Honig
100 g Öl
1/2 TL Vanillepulver
1 Prise Salz
etwas Milch

Haferflocken auf einem Backblech etwa 10 Minuten bei Mittelhitze rösten, herausnehmen und die trockenen Zutaten unterrühren. Die anderen Zutaten cremig rühren und unter die trockene Mischung heben. Die Masse auf ein Backblech verteilen und im Backofen bei 100 Grad ca. 30-40 Minuten hellgelb backen, dabei öfters umrühren, bis alles gleichmäßig gebräunt ist. Die Masse darf nicht zu dunkel werden, da sonst alles bitter wird.
Man kann beliebig frisches Obst, Datteln, Rosinen oder Feigen beifügen. Knuspermüsli läßt sich gut zum Bestreuen von Nachtischen verwenden.

Schweizer Müsli

(Für 1 Person)

3 EL Hafer- oder Weizenflocken
1/2 Apfel
1/2 Banane oder Orange
1 TL Rosinen
2-3 TL gehackte Nüsse oder Mandeln
1 Becher Joghurt oder eine Tasse Milch
1-2 EL Honig

Apfel reiben, Flocken und Nüsse in der trockenen Pfanne rösten, Banane oder Orange kleinschneiden. Mit den übrigen Zutaten mischen, gut umrühren. Sofort servieren.

Varianten:
Statt der Nüsse oder Mandeln kann man auch ungeschälten Sesam oder Kokosflocken oder Weizenkeime oder -kleie oder geschroteteten Leinsamen oder eine Mischung aus allem nehmen. Im Winter kann man statt frischer Früchte auch Trockenobst verwenden, wie z.B. getrocknete Apfelringe, Pflaumen, Bananen, Feigen, Datteln oder Aprikosen. (Auf ungeschwefelte Früchte achten!)
Die Hafer- oder Weizenflocken können durch 3 EL Vollkornmischung (Hafer-, Weizen- oder Roggenschrot) ersetzt werden, die man über Nacht einweicht oder durch 3 EL ganze Getreidekörner (Hafer, Weizen, Roggen), die man 3-4 Tage in einem flachen Gefäß eingeweicht hat, bis sie zu sprießen beginnen (dabei das Wasser täglich wechseln). (Siehe auch Kapitel Keime und Sprossen.)

Vitalmüsli

(Für 1 Person)

2 EL frisch geschroteter(s) Weizen oder Mehrkorn
1 TL Sesam
1 TL geschrotete Sonnenblumenkerne
1 TL ganzen Leinsamen
1 TL Weizenkeime
2-3 EL kaltes Wasser zum Einweichen
1 TL Rosinen
1 kleiner geriebener Apfel
1 TL gemahlene Nüsse oder Mandeln
2 EL Sahne oder Vollmilch
nach Belieben geriebene Zitronenschale und Zitronensaft
Honig
Sanddornsaft

Weizenschrot, Sesam und Sonnenblumenschrot werden am Abend vorher eingeweicht (mindestens 4 Stunden, nicht länger als 12 Stunden).
Man verwendet nur soviel Wasser, daß der Schrot eben bedeckt ist. Zugedeckt stehen lassen. Rosinen getrennt einweichen. Die übrigen Zutaten und die abgetropften Rosinen werden am Morgen zu dem eingeweichten Schrot gegeben und gut verrührt.

Müsli-Mus

(Für 1 Person)

1 großer geriebener Apfel
1 fein zerdrückte Banane
1-2 TL Honig
1 TL gemahlene Mandeln
2 EL frisch geschroteter Leinsamen
2 EL Quark
1 EL Sahne

Alle Zutaten mit dem Schneebesen zu einer glatten Masse verschlagen.

Möhren-Müsli

(Für 2 Personen)

2 große Karotten oder 1 große Karotte und 1 mittelgroßer Apfel
2 EL Zitronensaft
2 EL Honig
1 Tasse flüssige Sahne oder Joghurt oder eine Mischung daraus
100 g grobe Haferflocken

Karotten putzen, fein raspeln. Ebenso Apfel mit Schale reiben. Sofort mit Zitronensaft übergießen, damit er nicht braun wird. Mit allen übrigen Zutaten mischen.

Weizenkeim-Müsli

(Für 1 Person)

1 Tasse Weizenkeimlinge
40 g Feigen oder Rosinen
1-2 EL gehackte Nüsse
1 kleiner Apfel und 1 Banane
evtl. 1 EL geschlagene Sahne

Gewaschene Keimlinge (siehe Kapitel Keime und Sprossen) mit zerkleinerten Trockenfrüchten, Nüssen und kleingeschnittenem Obst vermischen. Evtl. mit 1 EL geschlagener Sahne servieren.

Hafermüsli

100 g Sprießkornhafer
2 EL gewaschene Rosinen
ca. 1/4 l Wasser
1 Becher Sahnejoghurt
etwas Zitronensaft
2 EL Honig
1 EL gehackte Nüsse
1 Banane
1 Apfel

Den Hafer schroten und mit den Rosinen über Nacht in Wasser einweichen. Sahnejoghurt mit Zitronensaft und Honig verrühren. Nüsse und kleingeschnittene Banane dazugeben, mit dem Haferbrei vermischen. Den Apfel direkt hineinreiben, gut verrühren und sofort servieren.

Frischkornbrei

100 g Getreideschrot
100 g Wasser
1/2 l Milch
50 g gemahlene Nüsse
1 Prise Salz
1/2 TL Zimt

Getreideschrot in Wasser kurz einweichen. Milch zum Kochen bringen, den eingeweichten Schrot hineingeben und auf warmer Platte ausquellen lassen. Nüsse und Gewürze zugeben. Evtl. mit etwas flüssiger Sahne servieren.

Honig-Müsli
(Für 1 Person)

1 EL Haferflocken
1 Becher Joghurt
2 TL Honig
1/2 kleingeschnittene Banane
1 TL Leinsamen

Haferflocken in Joghurt kurz quellen lassen. Dann den Honig und die Banane dazugeben. Das Ganze mit 1 TL Leinsamen überstreuen.

Quarkmüsli
(Für 1 Person)

100-150 g Magerquark
einige EL Leinöl o.ä.
etwas Wasser
1-2 Orangen
2 EL geschroteter Leinsamen

Quark, etwas Öl und Wasser cremig rühren. Die geschälten Orangen in kleine Würfel schneiden, unter den Quark ziehen.
Mit Leinsamen bestreuen.

Brote
und
Brötchen

Da Brotbacken keine geringe Kunst ist, finden Sie im folgenden hauptsächlich einfache Brot- und Brötchenrezepte. Sollten Sie aber auf den Geschmack kommen, empfehlen wir Ihnen spezielle Brotbackbücher.
Hier einige Tips:

Brot oder Brötchen sollten vor dem Backen stets mit kaltem Wasser bepinselt werden, wenn die Oberfläche glänzen soll.
Außerdem ist es empfehlenswert, auf den Boden des Backofens ein feuerfestes Gefäß mit heißem Wasser zu stellen, damit die Brotkruste nicht zu hart wird.
Vollkornschrot oder Roggenmehlbrote stets mit Sauerteig backen, da Hefe allein als Treibmittel nicht ausreicht.
Roggenmehl hat einen geringen Klebeanteil, deshalb immer mit Weizenmehl mischen.

Schnelle Brote und Brötchen

Minutenbrot

500 g Vollweizenmehl (Type 1700)
1 TL Kräutersalz
1 Päckchen Backpulver
ca. 350 g Butter- oder andere Sauermilch
Gewürze nach Wahl (Kümmel, Fenchel, Koriander)

Die trockenen Zutaten in eine Schüssel sieben. Evtl. Gewürze hinzufügen. In die Mitte mit einem Löffel eine Vertiefung machen, etwas von der Sauermilch hineingeben, mit ein wenig Mehl verrühren; wieder etwas Sauermilch in die Mitte geben usw. Dabei immer von innen nach außen rühren, bis ein weicher Teig entsteht, der sich von den Wänden der Schüssel lösen sollte. Den Teig auf eine bemehlte Fläche geben, leicht durchkneten. Zu einem runden oder länglichen Laib formen, auf ein gefettetes Blech setzen, die Oberfläche mit einem

scharfen Messer 3 x quer einritzen.
Auf der mittleren Schiene bei 220 Grad bzw. bei Gas Stufe 4 ca. 35 Minuten backen.
Garprobe machen: Wenn man auf die Unterseite des Brotes klopft, sollte es hohl klingen.
Auskühlen lassen oder am besten warm mit Butter servieren. Wenn man es warm verzehrt, ist das Brot einschließlich Zubereitungszeit in ca. 60 Minuten verzehrfertig.

Minutenbrötchen

500 g Vollweizenmehl (Type 1050)
1 Päckchen Backpulver
1 gestrichener TL Kräutersalz
0,2 l Milch oder Sauermilch
3 EL Margarine
Kümmel, Koriander, Fenchel Anis (wahlweise)
evtl. etwas Speisestärke und 0,1 l Milch zum Bestreichen

Mehl und Backpulver sieben, Gewürze dazugeben.
Milch mit Salz erwärmen, Fett darin weich werden, aber nicht zergehen lassen, ans Mehl geben, alles zu einem geschmeidigen Teig glatt kneten. Etwa eigroße Brötchen formen, auf ein gefettetes Backblech setzten. Bei 200 Grad (Gas 3-4) ca. 1/2-3/4 Stunden backen.
Wenn Sie die Brötchen vor dem Backen mit etwas in kalter Milch angerührter Speisestärke bestreichen, erhalten Sie eine mattglänzende Oberseite.
Sie können auch die Brötchen vor dem Backen kurz mit der Oberseite in Sesam, Mohn oder Kümmel drücken.

Amerikanisches Maisbrot

100 g Vollweizenmehl (Type 1700)
1 Päckchen Backpulver
75 g Vollrohrzucker oder Honig
2-3 TL Kräuter- oder Meersalz
500 g Maisgrieß oder -mehl
2 EL Sojamehl, mit etwas kalter Milch angerührt
60 g Butter
ca. 1/2 l lauwarme Milch

Mehl, Backpulver, Zucker, Salz und Maisgrieß vermengen. Butter zergehen lassen, mit den übrigen Zutaten gut verrühren und mit dem angerührten Sojamehl vermischen. Nach und nach die Milch hinzufügen, dabei den Teig gut durchkneten.
Den Teig in eine gefettete Kastenform geben, mit einem angefeuchteten Löffel glattstreichen. Im vorgeheizten Backofen bei 200 Grad (Gas Stufe 3-4) ca. 30 Minuten backen.
Danach die Garprobe machen: Mit einem Holzstäbchen einstechen; ist das Holzstäbchen nach dem Herausziehen trocken, ist das Brot gar. Kann noch warm mit Butter bestrichen serviert werden.

Maisbrötchen

175 g Maisgrieß
150 g Vollweizenmehl
50 g Honig
1 Päckchen Backpulver
1 EL Sojamehl
1/4 l Milch
7 EL Öl

Grieß, Mehl, Sojamehl, Honig und Backpulver mischen, Milch und Öl verrühren. Trockene Zutaten untermengen und zu einem glatten Teig verkneten.
Mit einem Eßlöffel etwa eigroße Teighäufchen auf ein gefettetes Backblech setzen. Dazwischen ausreichend Abstand lassen, da die Brötchen noch etwas verlaufen können. Bei 200 Grad (Gas Stufe 3-4) ca. 1/2-3/4 Stunde backen.

Kleiebrötchen

1/8 l Milch
1/8 l kaltes Wasser
2 EL Öl
1 TL Vollrohrzucker
1 TL Kräutersalz
350 g Vollweizenmehl (Type 1050)
1 Tasse Weizenkleie
1 Päckchen Backpulver

Milch, Wasser, Öl, Zucker und Salz verrühren. Kleie, Mehl und Backpulver unterrühren. Flüssigkeit nach und nach dazugeben, bis ein nicht zu feuchter Teig entsteht. Evtl. mehr Mehl zugeben. Brötchen formen, auf ein gefettetes Backblech setzen. Bei 180 Grad (Gas Stufe 3) ca. 30-40 Minuten backen.

Variante:

Kleiebrötchen mit Rosinen

2 EL Honig und 50 g Rosinen in den Teig geben. Weiter wie oben.

Quark-Quick-Brot

500 g Weizenmehl (Type 1700)
1 TL Kräutersalz
2 EL Sojamehl, angerührt mit etwas Milch
500 g Magerquark
1 Päckchen Backpulver
1/2 TL Vollrohrzucker
Gewürze nach Wunsch (Kümmel, Koriander, Fenchel, Anis)
evtl. ca. 100 g Sonnenblumenkerne, Leinsamen

Trockene Zutaten mischen. Quark und angerührtes Sojamehl dazugeben, unterkneten. Teig zu einem Laib formen, auf ein gefettetes Blech setzen oder in eine eingefettete Kastenform geben. Mit einem scharfen Messer 3 x quer einritzen. Bei Mittelhitze ca. 60 Minuten backen.

Quark-Quick-Brötchen

Wie Quark-Quick-Brot, (siehe oben) nur den Teig zu Brötchen formen. Oberfläche kreuzweise einritzen, ergibt etwa 15 Stück.
Nach Wunsch vor dem Backen mit der Oberfläche in Mohn oder Sesam drücken. Backzeit 20-25 Minuten bei Mittelhitze.

Kräuterbrötchen

2-3 Handvoll frische oder getrocknete Kräuter nach Wahl
500 g Weizenschrot
1 Päckchen Backpulver
1 1/2 TL Salz
frisch gemahlener Pfeffer
100 g Margarine
2 EL Sojamehl, angerührt mit etwas kalter Milch
1/4 l Buttermilch
Speisestärke

Kräuter waschen, grob hacken. Weizenschrot, Backpulver, Salz, Pfeffer, Fett und Sojamehlpaste in eine Schüssel geben. Buttermilch nach und nach dazugießen und alles zu einem Teig verkneten. Zuletzt die Kräuter untermischen.
Teig zur Rolle formen, Stücke abschneiden, zu Brötchen formen und auf ein gefettetes Blech setzen. Speisestärke mit etwas Wasser verschlagen. Brötchen damit bestreichen. Im Backofen bei 250 Grad (Gas Stufe 5) ca. 1/4 Stunde backen.

Hefebrötchen und Hefebrote

Dinkelbrötchen

450 g Dinkelmehl
1 Päckchen Trockenhefe
1/4 l lauwarme Milch
1 TL Kräutersalz
Kümmel und Sesam zum Bestreuen

Dinkelmehl, Salz, Hefe und Milch vermengen und zu einem glatten Teig gut verkneten. An einem warmen Ort zugedeckt ca. 30 Minuten gehen lassen. Aus dem Teig Stücke schneiden und zu Brötchen formen. Auf ein gefettetes Backblech setzen, oben kreuzweise einschneiden, mit etwas warmer Milch bestreichen und mit Kümmel und/oder Sesam bestreuen. Nochmals etwa 20 Minuten gehen lassen und dann bei 200 Grad (Gas Stufe 3-4) etwa 25 Minuten backen.

Nuß-Rosinen-Brötchen

900 g Vollweizenmehl
3 TL Salz
200 g gewaschene Rosinen
1 1/2 Päckchen Hefe
1-2 EL Sojamehl
ca. 3/4 l Wasser
200 g gemahlene Nüsse
200 g gehackte Mandeln
50 g zerlassene Butter

Man bereitet aus Hefe, Sojamehl und etwas warmen Wasser einen Vorteig, den man ca. 20 Minuten gehen läßt. Mehl, Rosinen, Salz, Vorteig und warmes Wasser in eine Schüssel geben und daraus einen Teig kneten. Dann die Nüsse und die Butter zugeben und nochmals 5-6 Minuten gut durchkneten. An einem warmen Ort mindestens 1 Stunde gut aufgehen lassen. Den Teig nochmals durchkneten und kleine Teigstücke zu Brötchen formen und auf ein gefettetes Backblech setzen. Im vorgeheizten Backofen bei 200 Grad (Gas Stufe 3-4) ca. 20-30 Minuten backen.

Vollkornbrötchen

150 g sehr fein gemahlener Weizenschrot
300 g Vollweizenmehl
1 Päckchen Hefe
2-3 Tassen lauwarme Milch
1 TL Honig
2 TL Salz
50 g Margarine
Kümmel nach Geschmack
warme Milch zum Bepinseln
evtl. Kümmel, Mohn oder Sesam zum Bestreuen

Mehl in eine Schüssel geben, in die Mitte eine Vertiefung machen. Hefe in lauwarmer, mit Honig verrührter Milch auflösen. Hefe in die Vertiefung geben, ca. 1/4 Stunde an einem warmen Ort gehen lassen. Salz, Margarine, Kümmel und soviel warme Milch dazugeben, bis man einen zähen, nicht zu weichen Teig erhält. Gut durchkneten. Ca. 1/2 Stunde bedeckt an einem warmen Ort gehen lassen. Mit angefeuchteten Händen Brötchen formen, auf ein gefettetes Blech setzen und nochmals gehen lassen. Im Backofen bei 200 Grad (Gas Stufe 3-4) 30-40 Minuten backen. Zuletzt mit zerlassener Margarine oder Wasser bestreichen.
Man kann die Brötchen vor dem Backen auch mit Kümmel, Mohn, oder Sesam bestreuen.

Rosinenbrötchen

300 g Vollweizenmehl
1/2 Päckchen Hefe
1 Prise Salz
1-2 EL Honig
1/2-1 Tasse gewaschene Rosinen
1/2 -1 Tasse grob gemahlene Haselnüsse
knapp 200 ml lauwarme Milch
1/2 EL Sesam- oder Sonnenblumenöl

Hefe mit 1 TL Honig, knapp 100 ml Milch und etwas Mehl verrühren, ca. 10 Minuten an einem warmen Ort zugedeckt gehen lassen. Mehl und Salz in eine Schüssel geben, die aufgegangene Hefe hinzufügen, gut unterrühren, mit den restlichen Zutaten vermengen und zu einem geschmeidigen Teig verkneten. Ca. 3/4 Stunde zugedeckt an einem warmen Ort gehen lassen. Nochmals durchkneten, Brötchen formen, auf ein gefettetes Backblech setzen und nochmals ca. 15 Minuten gehen lassen. Bei 200 Grad (Gas Stufe 3-4) ca. 1/2 Stunde backen. Danach mit zerlassener Butter bestreichen.

Brezeln

500 g Vollweizenmehl (Type 1050)
20 g Margarine
1 TL Kräutersalz
1/2 Würfel Hefe
1 TL Vollrohrzucker
1/8 l lauwarmes Wasser
1/8 l lauwarme Milch
reichlich Salzwasser
1/2 TL Natron
grobes Salz zum Bestreuen

Mehl in eine Schüssel sieben, in die Mitte eine Vertiefung drücken, Hefe mit Zucker und etwas lauwarmer Milch glattrühren, in die Mehlmulde gießen, mit etwas Mehl vermischen, an einem warmen Ort ca. 1/2 Stunde gehen lassen. Hefe unter das Mehl rühren, Flüssigkeit nach und nach dazugießen, Salz und Margarine unterkneten. So lange kneten, bis sich der Teig vom Schüsselrand löst. 1/4 Stunde gehen lassen. Mit einem Holzlöffel blasig schlagen, eine weitere viertel Stunde gehen lassen. Etwa eigroße Stücke vom Teig abnehmen, mit den Handflächen zu langen "Würsten" rollen, zu Brezeln formen.
In einem großen Topf Salzwasser und Natron zum Kochen bringen, mehrere Brezeln hineingeben, ziehen lassen, bis sie an die Oberfläche steigen, mit einem Schaumlöffel herausnehmen. Auf Küchenkrepp legen, damit die überschüssige Flüssigkeit aufgesogen wird. Auf ein gefettetes Backblech legen, mit grobem Salz bestreuen. Bei 200-225 Grad (Gas Stufe 4) ca. 1/2 Stunde backen.

Weizenbrot mit Sonnenblumenkernen

750 g Vollweizenmehl (Type 1050)
1 Würfel Hefe
1 EL Honig
0,4 l warmes Wasser
2 TL Salz
100 g Sonnenblumenkerne
Milch zum Bestreichen

Hefe in einer Tasse mit Honig und etwas lauwarmen Wasser vermischen. An einem warmen Ort aufgehen lassen. 75 g Sonnenblumenkerne, Mehl, Salz und das restliche Wasser miteinander verrühren, die Hefelösung zugeben und alles zu einem glatten Teig verkneten bis er sich vom Schüsselrand löst. Dann den Teig ca. 40-50 Minuten gut gehen lassen. Nochmals kurz durchkneten, zu einem Laib formen, mit Milch bestreichen, mit den restlichen Sonnenblumenkernen bestreuen, auf ein gefettetes Backblech setzen und nochmals ca. 30 Minuten gehen lassen. Im vorgeheizten Backofen bei 200 Grad (Gas Stufe 3-4) ca. 50 Minuten backen.

Kräuterbrot

500 g Weizenschrot (Type 1700)
1 EL Vollrohrzucker
1 Päckchen Trockenhefe
0,5 l warmes Wasser
2 gestrichene TL Salz
1 EL Butter
1 TL gemahlener Koriander
1 TL getrockneter Dill
1 TL getrockneter Rosmarin
Butter zum Bestreichen

In einer großen Schüssel alle Zutaten zusammen gut verkneten, bis der Teig sich als Kloß vom Schüsselrand löst. Mit einem Tuch die Schüssel abdecken und an einem warmen Ort den Teig ca. 50 Minuten gehen lassen. Danach nochmals kurz durchkneten, zu einem Laib formen, auf ein gefettetes Backblech setzen und nochmals ca. 10 Minuten gehen lassen. Die Oberfläche rautenförmig einschneiden und mit zerlassener Butter bestreichen. Im vorgeheizten Backofen bei 180 Grad (Gas Stufe 3) etwa 50 Minuten backen.

Haferflockenbrot

1/2 l Buttermilch oder andere Sauermilch
1/8 l Wasser
400 g grobe Haferflocken
350 g Vollweizenmehl (Type 1050)
1 EL Salz
nach Geschmack gemahlenen Kümmel, Koriander, Anis, Fenchel
1 1/2 Päckchen Trockenhefe

Die lauwarme Buttermilch und das Wasser in eine Rührschüssel geben; Mehl, Flocken, Salz, Zucker, Hefe und Gewürze hinzufügen und gut durchkneten. Den Teig 60 Minuten gehen lassen. Nochmals etwas kneten. Einen Laib formen und auf ein gefettetes Blech setzen. Eine weitere Stunde gehen lassen. Den Laib mit Wasser besprengen und mit Haferflocken bestreuen. Im vorgeheizten Backofen bei 200-225 Grad (Gas Stufe 3-4) ca. 55 Minuten backen.

Kräuter-Kranz-Brot

400 g Vollweizenmehl (Type 1700)
300 g Roggenmehl (Type 1150)
1 1/2 Päckchen Trockenhefe
1 TL Vollrohrzucker
ca. 400 ml lauwarme Buttermilch
1 1/2 TL Salz
je ein TL Petersilie, Basilikum, Majoran, Thymian

Alle Zutaten miteinander vermischen und zu einem glatten Teig verkneten, so lange, bis er sich vom Schüsselrand löst. An einem warmen Ort zugedeckt etwa 30 Minuten gehen lassen, dann nochmals durchkneten und zu einem runden Laib formen. Mit einem Holzlöffel in die Mitte ein Loch bohren und mit den Händen das Loch so vergrößern, daß ein Ring entsteht. Auf ein gefettetes Backblech legen und nochmals 1/2 Stunde gehen lassen. Die Oberfläche im Zick-Zack einschneiden, mit Milch bestreichen und im vorgeheizten Backofen bei 220 Grad (Gas Stufe 4) ca. 30 Minuten backen.

Haselnußbrot

450 g feiner Weizenschrot
1 Päckchen Trockenhefe
ca. 0,3 l lauwarme Milch
1 EL Honig
125 g ganze Haselnüsse
2 TL Salz
1 TL Brotgewürz
Wasser zum Bestreichen

Haselnüsse im Backofen bei 200 Grad leicht anrösten. Die übrigen Zutaten in einer großen Schüssel verrühren. Dann die gerösteten Haselnüsse, deren Schalen man vorher durch Reiben in einem Küchentuch entfernt hat, zugeben und alles zusammen solange kneten, bis sich der Teig vom Schüsselrand löst. Mit einem Tuch abdecken und an einem warmen Ort ca. 40-50 Minuten gehen lassen. Nochmals kurz durchkneten, einen Laib formen, auf ein gefettetes Backblech setzen und nochmals ca. 20 Minuten gehen lassen. Die Oberfläche schräg einschneiden und mit Wasser bestreichen. Im vorgeheizten Backofen bei 200 Grad (Gas Stufe 3-4) ca. 50 Minuten backen.

Schweden-Brot

450 g Roggenschrot (Type 1800)
350 g Roggenmehl (Type 1150)
100 g Hefe
3/4 l Wasser
2 EL Butter
4 TL Salz
2 EL Sirup
350 g Vollweizenmehl (Type 1050)

Hefe mit etwas lauwarmen Wasser verrühren und an warmer Stelle aufgehen lassen. Roggenschrot und Roggenmehl, Salz, Sirup und gut die Hälfte des Weizenmehls in eine Schüssel geben und mit der aufgegangenen Hefe gut verkneten. Dabei nach und nach das restliche Mehl einarbeiten. Danach den Teig zugedeckt an einem warmen Ort ca. 1/2 Stunde gehen lassen. Nochmals kurz durchkneten und zwei Brotlaibe formen, die in gefettete Backformen gelegt werden. Nochmals ca. 50 Minuten gehen lassen. Bei ca. 175 Grad (Gas Stufe 3) im vorgeheizten Backofen etwa 1-1 1/4 Stunden backen. Danach mehrmals mit Wasser bepinseln. Man kann das Brot in Folie verpackt gut aufbewahren.

Sauerteigbrote

Mischbrot

600 g Vollroggenmehl (Type 1370)
400 g Vollweizenmehl (Type 1050)
1 Beutel Fertig-Sauerteig
1 Päckchen Trockenhefe
3 TL Salz oder Kräutersalz
0,7 l lauwarmes Wasser

Alle Zutaten zu einem glatten Teig verkneten. Er sollte sich vom Schüsselrand lösen. Bedecken, ca. 1-2 Stunden an einem warmen Ort gehen lassen, bis sich die Teigmenge etwa verdoppelt hat. Einen Laib formen, der Länge nach quer einritzen. Erneut 1/2 Stunde gehen lassen. Bei 220 Grad (Gas Stufe 4) ca. 15 Minuten backen, dann bei niedriger Temperatur noch ca. 60 Minuten.

Sojabrot

600 g Vollweizenmehl
200 g Sojaschrot (Fachgeschäfte)
1 Päckchen Hefe
1 TL Vollrohrzucker
2 TL Kräutersalz
knapp 1/2 l lauwarmes Wasser
150 g Fertig-Sauerteig

Mehl und Schrot in eine Schüssel geben, in die Mitte eine Vertiefung machen. In etwas lauwarmen Wasser, das von der Gesamtmenge abgenommen wird, die Hefe und den Zucker auflösen, in die Vertiefung gießen, mit etwas Mehl verrühren, zudecken, an einem warmen Ort etwa 1/2 Stunde gehen lassen. Übriges Wasser, Sauerteig und Salz unterrühren, dann kneten, gut mit den Händen durchwalken. Erneut bedecken, und etwa 1/2 Stunde an einem warmen Ort gehen lassen. Wieder durchkneten, Teig zu einem Laib formen oder in eine gefettete Kastenform drücken, nochmals 1/2-1 Stunde gehen lassen, bis sich das Volumen etwa verdoppelt hat. Mit einem in kaltes Wasser getauchten spitzen Messer einmal längs in der Mitte oder einige Male schräg einritzen. Bei 220-225 Grad (Gas Stufe 3-4) etwa 1 Stunde backen.

Variationen für alle Weizen-, Roggen- oder Mischbrote:

Buttermilchbrot

Statt Wasser die in den Rezepten angegebene Menge lauwarme Butter- oder andere Sauermilch verwenden oder halb Sauermilch, halb Wasser.

Leinsamen-, Sonnenblumen- oder Sesambrot

Pro 500 g Mehl 100 g Leinsamen, Sonnenblumenkerne oder ungeschälten Sesam unter den Teig kneten.

Parmesan- oder Goudabrot

Pro 500 g Mehl 50 g geriebenen Parmesan oder 200 g geriebenen Gouda in den Teig kneten.

Würzbrot

Nach Geschmack Kümmel, Koriander, Fenchel, Anis o. a. Gewürze ganz oder gemahlen an den Teig geben, pro 500 g Mehl ca. je 1 TL.

Flachbrote

Knäckebrot

500 g Vollweizenmehl (Type 1700)
500 g Vollroggenmehl oder
Hafermehl
1 EL Kräutersalz
2 EL Vollrohrzucker
150 g Margarine oder Butter
ca. 1/2 l Milch

Mehl, Salz, Zucker mischen, zuerst die Butter unterkneten, dann die lauwarme Milch einarbeiten. Teig auf einer bemehlten Fläche möglichst dünn ausrollen. Mit einem Messer rechteckige Stücke ausschneiden, mehrmals mit einer Gabel einstechen. Auf ein gefettetes Backblech legen. Backofen vorheizen. Bei 200 Grad (Gas Stufe 3-4) eine 3/4 Stunde backen. Erkalten lassen. Luftdicht verpackt aufbewahren.

Hafer-Matzen

(ungesäuertes israelisches Fladenbrot)

500 g feine Haferflocken
2 Becher Joghurt
Kümmel nach Wahl
1/2-1 TL Kräutersalz

Flocken in Joghurt einweichen. 10 Minuten stehen lassen. Danach Gewürze zugeben. Dünn auf ein gefettetes Blech streichen. Bei 200 Grad (Gas Stufe 3) ca. 15-20 Minuten hellbraun backen. Sofort servieren.

Grünkernfladen

(3 Fladen)

675 g Vollweizenmehl (Type 550)
400 g Grünkernflocken
1 Beutel Fertig-Sauerteig
2 Päckchen Trockenhefe
1 EL Salz
600 ml lauwarmes Wasser
Milch zum Bestreichen
Mohn zum Bestreuen

Die Zutaten in angegebener Reihenfolge mit den Knethaken des Handrührgerätes vermengen. 600 ml lauwarmes Wasser zugießen, gut durchkneten bis ein glatter Teig entstanden ist. Zugedeckt an einem warmen Ort 30 Minuten gehen lassen. Nochmals durchkneten, den Teig zu flachen, ovalen Fladen formen und weitere 30 Minuten auf einem gefetteten Backblech gehen lassen. Die Oberfläche mit Milch bestreichen, Mohn darauf streuen, mit einem Messer rautenförmig einschneiden. Im Backofen bei 200 Grad (Gas Stufe 3-4) 20-25 Minuten backen.

Süße Brote und Brötchen

Süßes Quarkbrot

50 g Margarine
2-3 EL Honig
1 Prise Kräutersalz
250 g Quark (Topfen), Magerstufe
500 g Vollweizenmehl (Type 1700)
1 Päckchen Backpulver
1/8 l Milch
Milch zum Bestreichen
wahlweise abgeriebene Schale einer ungespritzten Zitrone oder ein paar Tropfen Zitronenaroma

Die Margarine, die Zimmertemperatur haben sollte, mit einem Schneebesen glattrühren. Nach und nach Honig, Kräutersalz und Quark unterrühren. Backpulver dazutun, ca. 200 g Mehl und die Milch abwechselnd einrühren. Teig auf eine bemehlte Fläche geben, das restliche Mehl unterkneten, bis ein fester Teig entsteht. In eine gut eingefettete Kastenform füllen, der Länge nach ca. 1 cm tief einschneiden. Im vorgeheizten Backofen ca. 50 Minuten bei mittlerer Hitze backen.
Das Brot schmeckt leicht süß und paßt besonders gut zu Honig und Marmelade. Man reicht es zum Frühstück oder zum Nachmittagskaffee.

Süßes Milchbrot

ca. 200 ml Milch
8 EL Honig
50 g Butter
2 EL Sojamehl, mit etwas Milch verschlagen
150 g Vollweizenmehl (Type 1050)
100 g Vollweizenmehl (Type 550)
1 TL Salz
2 gestrichene TL Backpulver
50 g geröstete Weizenkeime
100 g gehackte Nüsse oder Mandel

Milch und Honig zusammen erhitzen, bis der Honig geschmolzen ist, dann die Butter einrühren. Wenn die Mischung etwas abgekühlt ist, das mit Milch verschlagene Sojamehl hinzufügen. Die beiden Mehlsorten zusammen sieben und mit dem Backpulver und dem Salz vermischen. Die Weizenkeime hinzufügen und nach und nach die trockene Mischung in die Flüssigkeit einrühren. Zuletzt die Nüsse beifügen, gut untermischen und in eine mit Butter gefettete Kastenform geben. Bei 170 Grad (Gas Stufe 2) 1 Stunde lang backen.

Sahne-Scones

(engl. Teegebäck)

200 ml Buttermilch
1 EL Sojamehl, mit etwas Milch verrührt
2 EL Vollrohrzucker
350 g Vollweizenmehl (Type 550)
2 TL Backpulver
1/2 TL Salz
100 g zerlassene Butter
40 g Korinthen

Buttermilch, Zucker und angerührtes Sojamehl miteinander verschlagen. Mehl mit Backpulver und Salz sieben. Ungefähr 2/3 des Mehls (2 1/2 Tassen) in die Buttermilch rühren. Nach und nach Butter hinzufügen und gründlich einarbeiten. Restliches 1/3 Mehl und Korinthen miteinander verrühren. Den Buttermilchteig auf ein leicht bemehltes Brett geben. Mehl-Korinthen-Mischung gut darunterkneten. Evtl. etwas mehr Mehl als angegeben verwenden, damit man einen festen Teig erhält. Teig in drei gleiche Teile teilen. Aus jedem Teil einen dicken Kranz von ungefähr 10-12 cm Durchmesser formen. Die Kränze mit einem scharfen Messer vierteln und die so entstandenen Scones auf ein mit Butter eingefettetes Backblech setzen. Bei 200 Grad 20-25 Minuten backen oder so lange, bis sie hellbraun sind. Warm mit Butter, Marmelade, Honig oder Käse aber vor allem zum Tee servieren. Sie schmecken auch kalt sehr gut. Das Rezept ergibt 12 Scones.

Ingwerbrot

200 g Vollweizenmehl (Type 1050)
1 TL Backpulver
1 Prise Salz
1 TL Ingwerpulver
1 TL Zimt
6 EL Öl
80 g Ahornsirup oder Melasse
80 g Honig
1/2 Becher Joghurt
2 EL Sojamehl
1/8 l Milch

Mehl, Backpulver, Salz, Ingwer, Zimt, Sojamehl miteinander vermischen und getrennt davon Öl, Sirup, Honig, Joghurt und Milch miteinander verrühren. Dann die Flüssigkeit über die trockene Mischung gießen und alles gut verrühren. Den Teig in eine gut eingefettete Kastenform geben und im vorgeheizten Backofen bei 180 Grad (Gas Stufe 3) 30-35 Minuten lang backen.
Schmeckt gut, wenn es noch frisch ist und man es mit Butter bestreicht.

Brot-aufstriche und Toasts

Buttermischungen

Bunte Butter

100 g weiche Butter
1-2 TL Curry
1/2-1 TL Zwiebelpulver
2-3 TL Hefeflocken
1/4 TL Kräutersalz
1/2-1 TL Oregano, Thymian oder Dill

Alle Zutaten gut miteinander verrühren.

Französische Gewürzbutter

100 g weiche Butter
je 1 kräftige Prise Cayennepfeffer, Pfeffer, Kräutersalz, Curry, Knoblauchpulver, Rosenpaprika, Ingwerpulver, Zwiebelpulver Estragon, Majoran, Dill, Thymian oder Herbes de Provence
gehackte Petersilie
gehackter Schnittlauch
2 TL Tomatenketchup
1 EL Zitronensaft
1 TL Obstessig
1 TL Senf
abgeriebene Schale 1/4 ungespritzten Orange
1-2 TL Sojasoße

Alle Zutaten außer Butter gut mischen, vorsichtig mit dem Schneebesen oder dem Mixer unter die Butter rühren. Kaltstellen. Möglichst erst am folgenden Tag verzehren, wenn die Butter gut durchgezogen ist.

Käsebutter

1 Teil weicher Camembert oder Frischkäse oder geriebener Käse oder Schmelzkäse oder Edelpilzkäse
2 Teile weiche Butter
etwas Milch oder Sahne

Käse mit einer Gabel fein zerdrücken, etwas Milch oder Sahne dazugeben, damit eine geschmeidige Paste entsteht. Mit der Butter verrühren.

Meerrettichbutter

100 g weiche Butter
2-3 EL geriebener Meerrettich (frisch oder aus dem Glas)

Butter und Meerrettich gut miteinander verrühren.

Käsebutter mit Nüssen

150 g geriebener alter Gouda
100 g weiche Butter
1 TL scharfer Senf
100 g gehackte Nüsse oder Mandeln

Alle Zutaten miteinander vermischen. Schmeckt besonders gut zu Knäckebrot.

Kräuterbutter

125 g weiche Butter
Kräutersalz
40 g frische gehackte Kräuter:
Thymian, Majoran, Basilikum
oder Borretsch, Petersilie, Dill,
Schnittlauch, Zitronenmelisse
oder fertiges Kräuterbutter-
gewürz

Butter, Salz und Kräuter gut vermischen. Butter evtl. in kleines, mit kaltem Wasser ausgespültes (Pudding-) Förmchen geben, kaltstellen. Salatblatt auf einen Teller legen, Butter daraufstürzen. Paßt auch gut zu Pellkartoffeln.

Nußbutter

100 g weiche Butter
100 g gemahlene Nüsse oder
Nußmus

Zutaten vermischen. Kaltstellen.
Paßt sowohl zu Käse (und als letzter "Schliff" zu Gemüse) wie auch zu Honig und Marmelade.

Varianten:
Nußbutter mit Hefeflocken oder wenig Hefeextrakt abschmecken. Diese Nußbutter paßt natürlich nur zu pikanten Brotbelägen.
Statt Nüsse oder Nußmus kann man auch Mandeln oder Mandelmus oder Erdnußmus nehmen.

Quarkbutter mit Nüssen, Mandeln, Sonnenblumenkernen, Sesam oder Mohn

(Für 1 Person)

2 EL weiche Butter
2 EL Quark
etwas Kräutersalz

3 EL gemahlene Nüsse oder Mandeln oder gehackte Sonnenblumenkerne oder ganzer Sesam oder gemahlener Mohn

Alle Zutaten vermischen.
Paßt gut zu Käse, aber auch zu Honig und Marmelade.

Rote Butter

(Für 1 Person)

50 g weiche Butter
1 TL fein geriebene Zwiebeln
25 g geriebener Käse

1-2 TL Tomatenmark
evtl. etwas Kräutersalz

Alle Zutaten gut mischen.

Quark-Aufstriche

Grundrezept

250 g Magerquark oder Schicht-käse
5 EL Sahne, Joghurt oder Kondensmilch
Kräutersalz

Alle Zutaten verrühren.

Zubereitungsmöglichkeiten

Apfel-Meerrettich-Quark

2 EL Quark
1 kleiner, fein geriebener Apfel
etwas Salz
1 TL geriebener Meerrettich (frisch oder aus dem Glas)
1/2 Becher Joghurt

Alle Zutaten miteinander gut vermischen.

Blauer Quark

Quarkzubereitung nach Grundrezept
150 g fein zerdrückter Edelpilzkäse (Bavaria Blue, Roquefort, Gorgonzola)
60 g weiche Butter

Alle Zutaten gut verrühren.

Butter-Quark mit Kräutern

100 g Magerquark
100 g weiche Butter oder Margarine
1 TL Zitronensaft
1/2 TL Zwiebelsalz
fein gehackte Petersilie
fein gehackter Schnittlauch
frischer, feingewiegter Dill
Kräutersalz

Alle Zutaten miteinander verrühren.

Quarkaufstrich Delikata

(Für 1 Person)

2 EL Quark
1/2 Becher Sahne
50 g Gorgonzola oder Roquefort
etwas Zitronensaft
1 kleine reife Birne

Den Käse fein zerdrücken und mit Quark und Sahne glattrühren. Die Birne in ganz kleine Würfel schneiden, mit Zitronensaft beträufeln und unter die Quarkmasse rühren.

Gewürzquark

Grundrezept (s.o.) mit Gewürzen nach Wahl vermischen, z.B. mit ganzem oder gemahlenem Kümmel (ca. 1 EL) oder mit Rosenpaprika oder Curry (ca. 1 gehäufter TL) oder mit Muskat, Koriander und Knoblauch (je ca. 1/4-1/2 TL).

Champignonquark

Quarkzubereitung nach Grundrezept
5 EL süße oder saure Sahne
ca. 250 g Champignons (frisch oder aus der Dose)
1 EL Kapern
frische, fein gehackte Petersilie
frischer, feingewiegter Dill
1/2 TL schwarzer Pfeffer
1 TL Basilikum

Champignons und Kapern sehr fein hacken oder im Mixer pürieren. Mit den übrigen Zutaten vermengen und unter den Quark rühren.

Gewürzquark mit Kräutern

Quarkzubereitung nach Grundrezept
1-2 EL Öl
1-2 EL Majoran
1/4 TL Curry
1 TL Kräutergewürz

Alle Zutaten gut verrühren.

Gurkenquark

Quarkzubereitung nach Grundrezept
1 fein geraspelte mittelgroße Gurke

Alle Zutaten gut vermischen.

Käsequark

Quarkzubereitung nach Grundrezept
2-3 EL geriebener Emmentaler, Gouda, Chester oder Edamer
oder: 75 g fein zerdrückter Frischkäse
2 EL gehackte Walnüsse
1 TL Zitronensaft oder:
2 Ecken Schmelzkäse, fein zerdrückt mit etwas Sahne oder Dosenmilch glattgerührt
1 kleine geriebene Zwiebel oder 1/2 TL Zwiebelpulver
1 TL ganzer Kümmel
1/2 TL (Rosen-) Paprika
1/2 TL schwarzer Pfeffer

Gewählte Zutaten mit Quarkzubereitung nach Grundrezept vermischen.

Kräuterquark

Grundrezept (s.o.) mit vielen frischen Kräutern nach Wahl vermischen, z.B. mit gehackter Petersilie, frischem Dill. Besonders gut schmeckt der Quark, wenn Sie ihn mit Kresse mischen.

Meerrettichquark

2-3 TL geriebener Meerrettich (frisch oder aus dem Glas)
1 kleiner geriebener Apfel

Meerrettich und Apfel unter den angerührten Quark (Grundrezept) mischen.

Paprikaquark

Quarkzubereitung nach Grundrezept
1 EL gehackter Schnittlauch
1 rote Paprikaschote
1 1/2 TL Rosenpaprika
etwas Pfeffer und Kräutersalz

Die gewaschene Paprikaschote in kleine Würfel schneiden und mit allen anderen Zutaten gut verrühren.

Pikanter Quark

1 kleines Glas fein gehackter Mixed Pickles oder 3-4 geriebene Gewürzgurken
1 kleine geriebene Zwiebel
1 feingehackte Paprikaschote aus dem Glas

Alle Zutaten mit der Quarkmischung (Grundrezept) vermengen.

Quarkaufstrich Pikanta

1 EL weiche Butter
1 EL Quark
1 EL Sojamehl
1 TL Hefeflocken
1 EL geriebener Meerrettich
1 kleine, fein gehackte Zwiebel
1 EL Tomatenmark
Paprika, Majoran, Kräutersalz
etwas Essig

Alle Zutaten zu einer geschmeidigen Paste verrühren.

Rettich- oder Radieschenquark

Quarkzubereitung nach Grundrezept
1 mittelgroßer fein geraspelter Rettich oder 1 Bund fein geraspelte Radieschen
fein gehackte Petersilie zum Verzieren

Alle Zutaten vermengen.

Rübenquark

1 kleine fein geraspelte Rote Rübe
2 große fein geraspelte Möhren
1 TL feingewiegte frische Kräuter nach Wahl (Dill, Petersilie)
1/2-1 TL geriebener Meerrettich (frisch oder aus dem Glas)

Alle Zutaten mit dem nach Grundrezept zubereiteten Quark vermischen.

Sandwichpaste

125 g Sandwichcreme (Fachgeschäfte)
2-3 EL Magerquark
etwas Tomatenketchup
Kräutersalz
1 geriebene Essiggurke

Sandwichcreme, Quark und Essiggurke miteinander vermengen. Mit Ketchup und Kräutersalz abschmecken.

Selleriequark

Quarkzubereitung nach Grundrezept
ca. 5 EL flüssige oder geschlagene Sahne oder Crème fraîche
50 g fein geriebener Käse
1/4 mittelgroße, fein geraspelte Sellerieknolle
1-2 TL Zitronensaft

Alle Zutaten gründlich vermischen.

Tomatenquark

Quarkzubereitung nach Grundrezept
1-2 EL Tomatenmark oder 3-4 EL Tomatenketchup (evtl. mehr)
1/2 TL Zwiebelpulver
1/2 TL weißer Pfeffer

Alle Zutaten gut verrühren.

Käse- und andere Cremes

Bananencreme

150 g Bananen (gewogen ohne Schale)
50 g geriebener Käse
Kräutersalz und Pfeffer
1 Prise Muskat

Bananen fein zerdrücken und durch ein Sieb passieren bzw. im Mixer pürieren. Mit Käse vermengen. Mit Salz und Gewürzen abschmecken.

Butter-Käse-Creme

1 Tasse geriebener Käse
2 EL zerlassene Butter
Salz und Pfeffer nach Geschmack
1/2 TL gemahlener Paprika oder 2-3 TL Kräuter nach Geschmack

Käse und Butter zu einer glatten Paste verrühren. Mit Gewürzen und Kräutern abschmecken. Schmeckt besonders gut zu frischem Brot.

Camembertcreme mit Sonnenblumenkernen
(Für 1 Person)

1/2 Camembert
1 TL Butter
1 kleine Zwiebel
1 Msp. Knoblauch
1 EL Basilikum
1 EL Sonnenblumenkerne

Der Camembert wird mit der Gabel fein zerdrückt, die Butter, sehr fein geschnittene Zwiebel, Knoblauch, fein gewiegtes Basilikum und die Sonnenblumenkerne zugegeben und alles gut vermischt.

Crème Américaine

1 mittelgroße, fein zerdrückte Banane
1 gehäufter EL Tomatenmark (evtl. mehr)
100 g Frischkäse oder Sahnequark
etwas Kräutersalz und Pfeffer
1/4 TL Curry
1 EL Sojamehl zum Binden
etwas Milch oder Sahne

Bananenmus mit Tomatenmark verrühren. Frischkäse mit einer Gabel und etwas Milch oder Sahne zerdrücken, unter die Bananen-Tomaten-Paste rühren. Sojamehl untermengen, alles mit Salz und Gewürzen abschmecken. Paßt besonders gut zu Toast.

Crème Noisette

100 g geriebener Käse
2 EL gehackte (Wal-) Nüsse
2 geraspelte Äpfel
1/8 l geschlagene Sahne
1 EL Tomatenketchup
evtl. einige Paprikastückchen zum Garnieren

Alle Zutaten außer Paprikastückchen vorsichtig unter die Sahne mischen. Paßt gut zu frischem Weißbrot oder Toast. Evtl. die Brotscheiben mit Paprikastückchen verzieren.

Crème aux Tomates

1 kleine Dose Tomatenmark (70 g)
1 EL Mayonnaise (s. Kapitel Salatsoßen ...)
50 g Frischkäse
1-2 EL Sahne oder Milch
1 EL Zitronensaft
Kräutersalz
gehackte(r) Petersilie und Schnittlauch

Frischkäse mit Milch und Sahne cremig rühren. Mit den übrigen Zutaten verrühren und abschmecken.

"Dreikäsehoch"

100 g Frischkäse
3 EL geriebener Käse
1 EL Sauerrahm
200 g Hüttenkäse

Frischkäse mit der Gabel fein zerdrücken, mit Sauerrahm zu einer geschmeidigen Paste verrühren. Mit den übrigen Zutaten mischen.

Variante:
Evtl. mit Kräutersalz und Gewürzen (Paprika, Pfeffer, Kümmel) oder Kräutern pikant abschmecken.

Erdnuß-Creme
(Für 1 Person)

Erdnüsse von Schale und Haut befreien, in der trockenen Pfanne goldgelb rösten. In der Küchenmaschine zu einer festen Paste zermahlen. Mit Salz vermischen. In einem Schraubglas im Kühlschrank aufbewahren (nicht zu lange, damit das in den Nüssen enthaltene Fett nicht ranzig wird). Schmeckt sehr gut zu frischem Brot.

Variante:
Das Erdnußmus nicht salzen. Brotscheiben damit bestreichen, darüber Honig oder Marmelade verteilen.

Gervais-Paste

2 Gervais-Ecken
50 g Butter
1 TL Leinöl
125 g Tomatenmark
1 geriebene Knoblauchzehe
1 EL saurer Rahm
etwas Salz

Alle Zutaten gut vermischen. Mit Schnittlauch verzieren.

Hefe-Creme

100 g Butter oder Margarine
1 fein gehackte Zwiebel oder 1 TL Zwiebelpulver
1/8 l Sahne oder Milch
80 g Hefeflocken
5 EL Getreideflocken nach Wahl
frische oder getrocknete Kräuter (z.B. Dill, Majoran, Basilikum)
Kräutersalz

Zwiebel in Fett weich dünsten oder Zwiebelpulver kurz darin schmoren. Hefeflocken und Flüssigkeit hineinrühren und Getreideflocken dazugeben, so daß eine streichfähige Masse entsteht; dabei ständig rühren. Kräuter hinzufügen, mit Salz abschmecken, alles noch einmal kurz aufkochen lassen. Abkühlen lassen. In ein Schraubglas füllen und im Kühlschrank aufbewahren.

Gurken-Creme

1/2 mittelgroße Salatgurke
1 EL Tomatenmark
50 g Haferflocken
1 EL gehackte Nüsse
1 EL Mayonnaise (s. Kapitel Salatsoßen ...) oder 2 TL Quark, verrührt mit 1 TL Öl
gehackte(r) Petersilie und Schnittlauch
2-3 EL Milch
1 EL Zitronensaft

Gurke fein raffeln, etwas abtropfen lassen. Saft aber nicht wegschütten, sondern vermischt mit Tomaten- oder Karottensaft oder Sauermilch trinken.
Milch und Flocken unterrühren, ca. 1/4 Stunde stehenlassen. Mit den anderen Zutaten vermengen. Die Paste sollte nicht zu dünn sein. Evtl. mit mehr Flocken oder 1-2 TL Sojamehl andicken.

Käse-Crunch

125 g Frischkäse
einige EL Milch, Sahne oder Kondensmilch
je 25 g gehackte, in der trockenen Pfanne geröstete Haselnüsse und Mandeln
2 EL Cornflakes oder 1-2 EL geröstete Semmelbrösel
ca. 1 TL Hefeflocken
evtl. etwas Kräutersalz

Käse mit der Gabel zerdrücken, mit Milch oder Sahne glattrühren, mit Mandeln und Nüssen vermengen. Die übrigen Zutaten außer Cornflakes bzw. Semmelbröseln unterrühren. Brotscheiben mit der Käsecreme bestreichen, mit Cornflakes oder Semmelbrösel bestreuen.

Variante:
Sollten Sie weder Semmelbrösel noch Cornflakes zu Hause haben, können Sie auch Knäckebrot in kleine Stückchen brechen (in ein sauberes Küchentuch einbinden, mit dem Nudelholz mehrmals darüber rollen) und die Brote damit bestreuen.

"Obatzter"
(Bayerische Käsepezialität)

1/2 weicher Camembert (62,5 g)
35 g weiche Butter
einige EL saure Sahne oder Joghurt
1/2 fein gehackte oder geriebene Zwiebel oder 1/2 TL Zwiebelpulver
1/2-1 TL edelsüßer Paprika
1/2 TL Rosenpaprika
etwas Kräutersalz
frisch gemahlener Pfeffer
1 Sträußchen Petersilie

Camembert mit der Gabel zerdrücken, mit Butter verrühren. Mit Zwiebeln oder Zwiebelpulver, Salz und Gewürzen abschmecken. Auf einen Teller häufen (evtl. auf den Teller ein Salatblatt legen), mit einem Petersiliensträußchen garnieren.

Variante:
Statt Camembert=Frischkäse und statt Butter=100 g Hüttenkäse verwenden.

Gewürzte Käse-Creme

200 g Frischkäse
1 Zwiebel
1 TL Butter
1 Essiggurke
einige fein gewiegte Kapern
etwas Zitronensaft
1 TL Curry

Den Frischkäse mit der Gabel zerdrücken, die Butter gut unterrühren. Die sehr fein geschnittene Zwiebel, die klein gewürfelte Essiggurke und die übrigen Zutaten sorgfältig miteinander vermischen.

Liptauer

200 g Frischkäse
2 EL weiche Butter
1 EL Senf
1 1/2 TL ganzer Kümmel
1-2 EL ganze oder gehackte Kapern
Kräutersalz
schwarzer Pfeffer
1 gestrichener TL Rosenpaprika

Frischkäse mit der Gabel fein zerdrücken, mit den übrigen Zutaten verrühren.

Nuß-Käse-Creme

(Für 1 Person)

1 Teil gehackte (Wal-) Nüsse
1 Teil geriebener Käse
etwas Kräutersalz
einige EL flüssige oder geschlagene Sahne

Nüsse, Käse und Salz vermengen, mit Sahne zu einer streichfähigen Masse verrühren. Frisches Brot oder Knäckebrot damit bestreichen.

Tomaten-Creme

60 g Butter oder Margarine
60 g Vollweizenmehl
1/8 l Milch
1/2 Gemüsebrühwürfel
1-2 kleine Dosen Tomatenmark (je 70 g)
1 EL Weizenkeime
1/2-1 TL Zwiebelpulver

Butter oder Margarine zerlassen, Mehl einrühren, kurz anschwitzen (vgl. Kapitel "Soßen"), unter Rühren mit einem Schneebesen mit Milch aufgießen. Unter Rühren zum Kochen bringen, Brühwürfel in der Soße auflösen. Tomatenmark hinzufügen. Soße zu einer dicken Masse kochen lassen. Dabei ständig rühren. Vom Feuer nehmen, Zwiebelpulver und Weizenkeime unterrühren. Abkühlen lassen, dann kaltstellen.

Waldorf-Creme

Wie Crème Noisette, nur statt 2 Äpfel gleiche Mengen Äpfel und Sellerie verwenden.

Brotaufstriche aus Sojaprodukten

Brotaufstrich "Old Firehand"

1 kleine Zwiebel
1 EL Margarine
etwas Knoblauchpulver
3 EL Sojamehl
etwas Wasser
1 TL Öl
Pfeffer
Paprika
Curry
Majoran
Muskat
Salz

Die kleine fein geschnittene Zwiebel in Fett goldgelb andünsten, etwas Knoblauchpulver zufügen. 3 EL Sojamehl zugeben und mit Wasser aufkochen, so daß eine cremige Masse entsteht. Etwas Öl sowie Pfeffer, Paprika, Curry, Majoran, Muskat und Salz unterrühren.

Soja-Paste aus Soja-Bratlingsmasse

100 g Sojabratlingsmasse
125 ml heiße Gemüsebrühe (Würfel)
2 EL Öl
Knoblauch- und Zwiebelpulver
2-3 TL Sojaflocken zum Binden
etwas Curry oder Senf

Sojabratlingsmasse nach Grundrezept zubereiten. Mit den übrigen Zutaten vermischen. Abkühlen lassen.

Sojaschmalz

100 g Sojamehl
175 ml Wasser
1 TL Kräutersalz
1/8 l Öl
4-5 EL Sojaflocken oder Hefeflocken

Sojamehl mit dem Schneebesen in Wasser einrühren, auf kleiner Flamme unter ständigem Rühren 15-20 Minuten köcheln lassen (setzt leicht an!).
Etwas abkühlen lassen. Öl nach und nach mit dem Schneebesen darunterschlagen.
Sojaflocken oder angeröstete Hefeflocken zum Andicken unterrühren.
Schmeckt sehr gut auf Vollkornbrot.

Soja-Wurst

1/4 l Wasser
1 gehäufter EL Speisestärke
1-2 Tassen Sojamehl
1 Gemüsebrühwürfel oder 2 TL Salz oder Kräutersalz oder Sojasoße
Gewürze (Majoran, Dill, Kerbel, Paprika, Curry, Thymian ...)
3-4 gehäufte EL Butter
2-3 EL Hefeflocken (wahlweise)

Wasser mit dem Brühwürfel kochen lassen, Speisestärke mit etwas kaltem Wasser glattrühren und in das kochende Wasser einrühren. Aufkochen und andicken lassen. Sofort die Butter einrühren. Danach die anderern Zutaten und soviel Sojamehl unterziehen, bis eine feste Paste entsteht, die zu einer Wurst geformt werden kann.

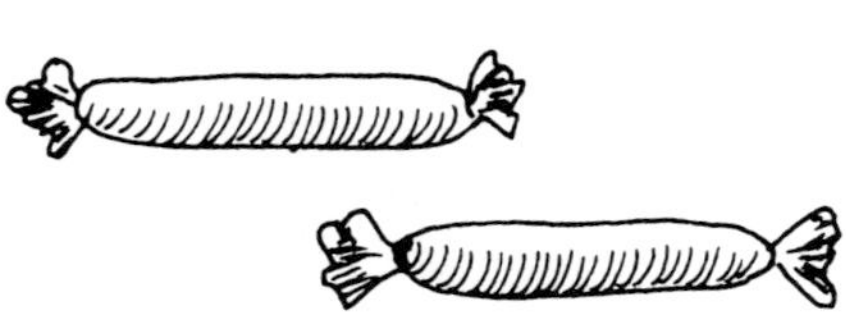

Soja-Currywurst
(Auch für 1 Person)

1 gehäufter EL Butter oder Margarine
1 gehäufter EL Sojamehl
1/4 TL Curry
1/2 TL Dill
1 TL Oregano oder Majoran
1/4 TL Kräutersalz
2 TL Hefeflocken
etwas Milch zum Glattrühren

Alle Zutaten zu einer festen Paste verrühren. Milch immer nur teelöffelweise dazugeben, damit die Paste nicht zu dünn wird.
Paste zu einer Wurst rollen. In Klarsicht- oder Alufolie oder in gut verschließbaren Behältern aufbewahren.

Soja-Weißwurst
(Auch für 1 Person)

1 gehäufter EL Quark
2 gehäufte EL Sojamehl
1-2 EL Öl
1 Msp. abgeriebene Muskatnuß
1/4 TL gemahlener Koriander
evtl. 1 Msp. Knoblauchpulver
evtl. 1/4 TL Zwiebelpulver
1/4 TL Kräutersalz
2 TL Hefeflocken
1/4 TL Majoran oder Oregano
1/4 TL Dill
etwas Milch zum Glattrühren

Wie Soja-Currywurst zubereiten.

Soja-Landleberwurst

4 Teile Sojamasse "Okara"
(s. Kapitel Milch, Sojamilch...)
2 Teile Weizenschrot
1 Teil Weizenkeime
1/4-1/2 Teil Margarine
1 Teil Milch
1 Teil Hefeflocken
1/4 Teil Sojasoße

ganze Fenchelkörner
schwarzer Pfeffer
Oregano
Kräutersalz
Knoblauchpulver
Senf
Herbes de Provence (oder Thymian, Oregano, Basilikum)

Alle Zutaten mischen. In eine eingefettete feuerfeste Form geben, mit Alufolie oder Deckel abdecken. Ca. 45 Minuten bei Mittelhitze backen oder ca. 1 Stunde in einer Puddingform im Wasserbad garen.

Variante:
Statt Sojamasse gekochte pürierte Sojabohnen nehmen.

Soja-Erdnußcreme

2 Teile gut weich gekochte Sojabohnen
1 Teil Erdnußbutter

Kräutersalz
evtl. Hefeflocken

Sojabohnen fein zerdrücken oder pürieren. Mit Erdnußbutter verrühren, mit den übrigen Zutaten abschmecken.

Soja-Erdnußcreme mit Kräutern

Wie oben, nur die Paste mit Kräutern und Gewürzen abschmecken, z.B. mit Majoran, Dill, etwas Curry, Endoferm oder gemahlenem Koriander.

Soja-Spread

200 g gut weich gekochte Sojabohnen
50-75 g weiche Butter oder Margarine
100 g Quark oder Frischkäse
1/2 TL Kräutersalz
2-3 TL Hefeflocken
1/4 TL Curry
1/4-1/2 TL (Rosen-) Paprika
etwas Chilipulver (wahlweise)

Sojabohnen fein zerdrücken oder pürieren. Mit Butter und Quark oder Käse verrühren. Mit Salz und Gewürzen abschmecken.

Variante:
Statt Sojabohnen andere Hülsenfrüchte nehmen (Weiße Bohnen, Linsen, Erbsen).

Brotaufstriche aus Getreide

Cerealer Brotaufstrich

125 g fein gemahlener 6-Kornschrot (Weizen, Roggen, Hafer, Hirse, Buchweizen, Reis)
ca. 3/8 l Gemüsebrühe
3 EL Öl
2 EL Hefeflocken
etwas Salz
1 Spur geriebener Knoblauch
Gewürze nach Geschmack (z.B. Majoran, Thymian, Paprika, Muskat, Curry)

In die kochende Gemüsebrühe den Schrot langsam einrühren, aufkochen und bei geringer Hitze ausquellen lassen. Dann das Öl und die Hefeflocken unterrühren und zuletzt die Gewürze dazugeben. Pikant abschmecken. Kalt stellen.

Buchweizen-Brotaufstrich

4 EL Öl
100-150 g vegetarische Paste
1 Tasse gekochte Buchweizengrütze
2 EL Haferflocken
Hefe-Würze oder Soja-Soße
Kräutersalz
frisch gehackte Kräuter
3 Knoblauchzehen

Öl und vegetarische Paste schaumig rühren und den Buchweizen dazugeben. Die Haferflocken unterrühren, so daß eine streichfähige Paste entsteht. Mit den Gewürzen abschmecken.

Variante:
Statt Buchweizen eignet sich auch sehr gut geschroteter, gekochter Grünkern.

Möhren-Schrot-Paste

125 g fein gemahlener Weizenschrot
3 Möhren
3/8 l Gemüsebrühe
1 EL Tomatenmark
1 Prise Vollrohrzucker
1 Msp. Muskat
1 Msp. Pfeffer
1 Msp. Paprika

In die kochende Gemüsebrühe den Weizenschrot und die fein geriebenen Möhren einkochen, langsam weichdünsten lassen. Zum Schluß die übrigen Zutaten zufügen, pikant abschmecken und erkalten lassen. In Scheiben geschnitten servieren.

Weizenpaste

25 g Butter
Zwiebelpulver oder 1 kleine, fein gehackte Zwiebel
25 g Weizenschrot
1/2 Tasse Milch
4 EL Hefeflocken
frische gehackte Petersilie
1/2 TL Hefewürze oder ca. 1 Msp. Curry
Kräutersalz

Zwiebel(pulver) in Fett andünsten. Weizenschrot unter Rühren dazugeben; unter kräftigem Schlagen mit dem Schneebesen die kalte Milch einrühren. Unter Rühren auf kleiner Flamme zu einer dicken Masse kochen. Etwas abkühlen lassen, mit den übrigen Zutaten abschmecken. Kalt stellen.

Grünkern-Aufstrich

125 g Grünkernschrot
3/8 l Gemüsebrühe
1 Zwiebel
1 Knoblauchzehe
1 EL Margarine oder Öl
Majoran
Oregano
frische Kräuter (Petersilie, Dill)

Gemüsebrühe aufkochen, Grünkernschrot einstreuen, auf kleiner Flamme ausquellen lassen. Zuletzt die übrigen Zutaten dazugeben. Die Zwiebel kleinschneiden und in Fett leicht bräunen, ebenfalls unter die Paste rühren, abschmecken und erkalten lassen.

Andere Aufstriche

Mandoliven-Paste

1/2 Tasse fein gehackte Mandeln
1 Tasse fein gehackte grüne Oliven
Saft 1/2 Zitrone
1 EL Butter
Kräutersalz nach Geschmack

Mandeln in der Pfanne ohne Fett rösten. Zu den Oliven geben. Butter und Zitronensaft unterrühren, mit Salz abschmecken.

Apfelschmalz

250 g Butter oder Margarine
250 g fein gehackte Äpfel
250 g fein gehackte Zwiebeln

Äpfel und Zwiebeln ca. 20 Minuten in Fett bräunen. Abkühlen lassen. Kalt stellen.

Süße Brotaufstriche

Honigbutter mit Trockenfrüchten

100 g weiche Butter oder Margarine
50-100 g flüssiger Honig
50 g fein gehacktes Trockenobst nach Wahl (z.B. Datteln, Feigen, getrocknete Bananen, Pflaumen, Aprikosen)
1 winzige Prise Salz

Fett schaumig rühren, nach und nach soviel von dem Honig unterrühren, daß eine gleichmäßige cremige Masse entsteht. Zum Schluß Trockenobst darunter mischen. Kalt stellen. Schmeckt besonders gut zu frischem Brot und Zwieback.

Honig-Nuß-Creme

100 g flüssiger Honig
1-2 TL Zitronen- oder Orangensaft
gehackte Nüsse

Honig und Zitronen- oder Orangensaft mischen. Soviel Nüsse unterrühren, bis eine streichfähige, cremige Masse entsteht.

Frucht-Mandel-Paste

50 g Trockenobst (Bananen, Feigen, Datteln)
50 g Rosinen
50 g gemahlene Mandeln oder Nüsse
ca. 1/2 Tasse Orangensaft

Trockenobst und Rosinen durch die Mohnmühle drehen oder im Mixer zu einer Paste zerkleinern. Mit den übrigen Zutaten mischen. Saft erst zum Schluß nach und nach dazugeben, so daß eine streichfähige, glatte Paste entsteht.

Dattel-Paste

150 g Datteln (ohne Steine gewogen)
50 g (Wal-) Nußkerne oder Mandeln
50 g Sonnenblumenkerne
1-2 EL Zitronensaft
2-3 EL flüssige Sahne
1/2 TL abgeriebene Zitronenschale

Datteln durch die Mohnmühle drehen oder im Mixer zerkleinern. Nußkerne oder Mandeln und Sonnenblumenkerne fein mahlen. Alles gut mischen und mit den übrigen Zutaten zu einer streichfähigen Paste verrühren.

Pflaumen-Creme

1 Tasse Pflaumenmus
1 TL Zitronensaft
1/2 Tasse gehackte Nüsse
2 Tropfen Mandelaroma

Alle Zutaten in einer Schüssel vermengen. Frisches Weizenknäcke- oder Vollweizen- oder Roggenbrot damit bestreichen.

Ricotta Aranciata

100 g Frischkäse
3-4 EL Orangenmarmelade
3-4 EL gemahlene Nüsse

Frischkäse zerdrücken, mit den übrigen Zutaten verrühren.

Varianten:
Statt Orangenmarmelade Pflaumenmus oder Preiselbeeren verwenden. Statt der Nüsse können auch Kokosraspeln genommen werden.

Apfel-Erdnuß-Creme

Erdnußbutter mit Apfelmus cremig rühren.

Nuß-Kokos-Creme

(Für 1 Person)

ca. 25 g Kokosraspeln
ca. 50 g Haselnüsse
1 EL Sesam
1 EL Honig
ca. 100 g Butter

Haselnüsse in der Pfanne kurz anrösten, fein mahlen. Sesam ebenso rösten. Die Butter schaumig rühren, Honig, Nüsse, Sesam und Kokosraspeln untermengen. Kalt stellen.

Toasts

Spargel-Käse-Toast

1 kleine Dose Spargel
250 g geriebener Käse
4 Scheiben warmer, gebutterter Toast

Spargelwasser abgießen. Einen Eßlöffel davon in einen Topf geben (den Rest für Suppe verwenden), Käse dazugeben und auf kleiner Flamme schmelzen. Spargel hinzugeben. Diese Masse auf den warmen Toast verteilen und überbacken, bis der Käse goldbraun ist und Blasen wirft. Sofort servieren. Dazu paßt gut grüner Salat.

Ananas-Käse-Toast

1 kleine Dose Ananas in Stücken
250 g geriebener Käse
4 Scheiben warmer gebutterter Toast

Wie Spargel-Käse-Toast zubereiten.

Tomaten-Käse-Toast

6 Tomaten
etwas Kräutersalz
250 g geriebener Käse
4 Scheiben warmer gebutterter Toast

Tomaten in Scheiben schneiden, die Toastscheiben damit belegen, salzen, mit Käse bestreuen und überbacken.

Pilz-Käse-Toast

250 g Pilze
30 g Butter
250 g geriebener Käse
4 Scheiben warmer gebutterter Toast

Pilze waschen, in Scheiben schneiden. In Butter auf kleiner Flamme weichdünsten. Käse dazugeben, auf kleiner Flamme schmelzen. Auf die Toastscheiben häufen und goldbraun überbacken.

Toast à l'Anglaise

(Welsh Rarebit)

4 Scheiben Toastbrot
150 g geriebener Käse
30 g Butter
1 TL Senf
3 EL Milch
Paprika

Butter in einem Topf zergehen lassen. 125 g Käse, Milch, Senf und Paprika einrühren. Unter ständigem Rühren auf kleiner Flamme eindicken lassen.
Auf die Toastscheiben streichen, restlichen Käse darauf verteilen. Im Backofen (oberste Schiene) oder unter dem Grill zu goldbrauner Farbe überbacken.

Pfirsich-Toast
(Für 1 Person)

1 frischer Pfirsich
2 Scheiben Käse (Edamer oder Rahmkäse)
2 Scheiben warmer, gebutterter Toast

Pfirsich kurz in heißes Wasser tauchen, enthäuten. In Scheiben schneiden, auf den Toast verteilen, mit Käse belegen und ca. 15 Minuten bei 200 Grad überbacken.

Camembert-Toast

1 Camembert
2 Tomaten
etwas Kräutersalz
2 TL Butter
2 EL Schnittlauchröllchen
4 Scheiben warmer, gebutterter Toast

Camembert und Tomaten in Scheiben schneiden. Toastscheiben mit Camembert und Tomaten belegen, salzen, Butterflöckchen aufsetzen und ca. 15 Minuten bei 200 Grad überbacken.
Mit Schnittlauchröllchen bestreuen.

Soja-Toast

100g Soja-Bratlingsmischung
etwas Pfeffer
etwas Paprika
4 Scheiben Käse
4 Scheiben warmer, gebutterter Toast

Bratlingsmasse nach Grundrezept vorbereiten, auf die Toastscheiben aufstreichen, mit Käse belegen, mit Pfeffer und Paprika bestreuen und ca. 15 Minuten bei 200 Grad überbacken.

Salate

Arabischer Salat

100 g gekochte weiße Bohnen
3 Tomaten
125 g Weizenschrot
1 l kochendes Wasser
1 Bund gehackte Petersilie
feingehackte Pfefferminzblätter (wahlweise)
1 gehackte Schalotte oder Zwiebelpulver
Saft von 2 Zitronen
5 EL Obstessig
6 EL Olivenöl
1-2 TL Salz
Pfeffer
Salatblätter zum Anrichten

Schrot mit Wasser übergießen, 2 Stunden quellen lassen. Überschüssiges Wasser abgießen. Mit den übrigen Zutaten mischen. Auf Salatblättern anrichten.

Argentinischer Salat

1 Dose Gemüsemais
1 kleine Dose Brechbohnen
1 kleine geschälte Salatgurke
2 Tomaten

Für die Soße:
2 TL Senf
5 EL Öl
3 EL Essig
Salz
Pfeffer
etwas Zucker
2 geschälte, fein geschnittene Zwiebeln
2 gewürfelte Gewürzgurken
2 fein gewiegte Peperoni
1 Bund Petersilie
1 Bund Schnittlauch

Salatgurke und Tomaten in kleine Stücke schneiden und mit Bohnen und Mais vermischen. Die übrigen Zutaten zu einer Soße gut verrühren, zuletzt den geschnittenen Schnittlauch untermischen und über das Gemüse gießen. Gut verrühren. Mit Petersilie bestreuen.

Avocado Salat

2 Fleischtomaten
2 Avocados
1 Mozzarellakäse
2 Thymianzweige
2 EL Essig
grob gemahlener schwarzer Pfeffer
1 Becher Sauerrahm
Salz
1 fein geschnittene kleine Zwiebel

Die gewaschenen Tomaten in 2 cm große Würfel, die geschälten, halbierten und entkernten Avocados in 1 cm dicke Scheiben schneiden. Mozzarellakäse würfeln. Diese Zutaten mischen. Thymianblätter fein wiegen, mit Sauerrahm, Essig, Pfeffer, Salz und Zwiebel zu einer Soße rühren und mit den anderen Zutaten gut vermischen.

Avocado-Grapefruit-Salat

2 Grapefruits
2 Orangen
2 Avocados
1/2 Kopfsalat
1 EL gehackte Pfefferminzblätter
1 Prise frisch gemahlener Pfeffer

Grapefruits und Orangen schälen, weiße Haut entfernen, in Spalten zerteilen. Avocados dünn abschälen, entkernen und in Scheiben schneiden. Grapefruits, Orangen und Avocados vermischen. Auf Salatblätter häufen. Gut gekühlt mit Pfefferminze und Pfeffer bestreut servieren.

Variante:
Grapefruit halbieren, Fruchtfleisch herauslösen, Hälften mit Fruchtmischung gefüllt servieren. Nach Geschmack etwas Zucker dazugeben.

Bananensalat mit Hüttenkäse

4 Bananen
Salz
Paprika
(Kümmel)
gemahlener Kardamom
Nelken
Pfeffer
Zimt
1 Becher Hüttenkäse
gehackte Petersilie (wahlweise)

Bananen schälen und in Scheiben schneiden. Gewürze unter den Hüttenkäse mischen. Hüttenkäse auf die Bananen schichten. Mit gehackter Petersilie bestreuen.

Balkansalat

1 Salatgurke
1 Zwiebel
2 Tomaten
100 g Ziegenkäse
1/2 Dose Gemüsemais
8 schwarze Oliven

Für die Soße:
2 EL Zitronensaft
2 EL Öl
Salz
Paprika
Basilikum
Koriander
etwas Petersilie

Gurke, Tomaten und Käse in Würfel, die Zwiebel in Ringe schneiden. Mais und Oliven untermischen. Die Zutaten für die Soße gut verrühren und über den Salat gießen. Gut abschmecken und etwas durchziehen lassen.

Blumenkohlrohkost

1 kleiner Blumenkohl

Für die Soße:
1 Becher saure Sahne
1 EL Haselnußmus
Saft einer Zitrone
1/2 TL Honig
Salz
geschnittene frische Ingwerwurzel

Blumenkohl gut waschen und grob raspeln oder in kleine Röschen zerteilen. Aus Zitronensaft, Honig, Salz und einigen Ingwerstückchen eine Soße herstellen. Mit dem Blumenkohl vermengen und mit Petersilie garnieren.

Brunnenkressesalat mit Walnüssen

etwa 300 g Brunnenkresse
etwa 150 g Walnußhälften

Für die Soße:
3 EL Öl
2 EL Essig
etwas Senf
Salz
1 Prise Zucker
weißer Pfeffer
frischer Koriander (evtl. auch getrocknet)

Brunnenkresse waschen, Stiele entfernen. Die Soßenzutaten gut verquirlen (am besten im Mixer) und die Brunnenkresse damit anrühren. Mit Walnußhälften garnieren.

Blaukrautsalat

1/2 Kopf Blaukraut (Rotkraut)
100 g gemahlene Nüsse
1 TL Vollrohrzucker
1/2 TL Salz
2 EL Obstessig
flüssige Sahne

Kraut fein hobeln, mit Zucker, Salz und Essig abschmecken, mit Nüssen vermischen, mit reichlich Sahne verrühren.

Bohnensalat

500 g grüne Bohnen
1/2 Tasse Mayonnaise oder Naturjoghurt oder French dressing (s. Kapitel Salatsoßen ...)
Zitronenscheiben
1 EL gehackte Petersilie
1 Kopf grüner Salat
Zitronensaft
Salz
Pfeffer
60 g geröstete Mandeln

Bohnen weichkochen, abgießen und sofort in Mayonnaise, Joghurt oder French dressing wenden. Abkühlen lassen, Petersilie und grob in Stücke zerteilte Salatblätter daruntermischen. Mit Zitronenscheiben und Mandeln garnieren. Zu einfachen, pikanten Vorspeisen oder einem Imbiß servieren.

Bohnensalat, süß-sauer

0,1 l Obstessig
1 TL Senf
1 TL Vollrohrzucker
150 g kalte, gekochte weiße Bohnen
2 EL Pflanzenöl
1/2 in Ringe geschnittene Zwiebel
1/2 in Ringe geschnittene grüne oder rote Paprikaschote
Petersiliesträußchen zum Garnieren

Essig, Senf, Salz und Zucker mit Salatöl vermischen. Bohnen gut in dieser Marinade wenden. Zwiebelringe daraufgeben. Mit Petersilie und Paprikaringen garniert servieren.

Champignonsalat

250 g frische oder Dosenchampignons
4 EL schwarze entsteinte Oliven
4 EL Mandarinorangen (Dose)
Salz
Pfeffer
2 EL Öl

Pilze putzen, evtl. schneiden, mit Oliven und Früchten mischen, mit Marinade anmachen. Gut gekühlt auf Salatblättern anrichten.

Frischer Champignonsalat

200 g frische Champignons
2 Kiwis
2 Scheiben Ananas
1 rote Peperonischote
etwas Petersilie oder Kerbel
Salz
3 EL Öl

Pilze putzen, waschen, abtropfen lassen und in Scheiben schneiden. Geschälte Kiwis in Scheiben, Ananas in kleine Stücke schneiden. Peperoni längs halbieren, entkernen, in dünne Streifen schneiden. Peperoni mit heißen Wasser überbrausen. Petersilie oder Kerbel waschen und fein schneiden. Aus den restlichen Zutaten eine Marinade bereiten. Vorbereitete Salatzutaten damit anmachen.

Pikanter Chicorée-Salat

4 Kolben Chicorée
2-3 frische Mandarinen
50 g gehackte Walnüsse

Für die Soße:
1 Becher Joghurt
1 TL Honig
Saft einer Zitrone
Salz
schwarzer Pfeffer
6 EL Salatöl
etwas Streuwürze
1 Prise gemahlener Koriander

Chicorée waschen und gut abtropfen lassen. Am unteren Ende den bitteren Keil herausschneiden. Dann in etwa 1/2 cm breite Ringe schneiden. Mandarinen schälen und in kleine Stücke schneiden. Alles in eine Schüssel geben und mit den gehackten Walnußkernen bestreuen. Aus den übrigen Zutaten eine Soße herstellen, über den Salat gießen und alles gut durchmengen. Kurze Zeit durchziehen lassen.

Chinakohl mit Roggenkörnern

1 Staude Chinakohl
2-3 EL Weinessig oder Zitronensaft
4 EL Salatöl
1 zerdrückte Knoblauchzehe
1 TL Senf
etwas Salz
Paprikapulver
2-3 EL gekochte Roggenkörner

Die Roggenkörner kurz ankochen und auf kleiner Flamme etwa eine 3/4 Stunde ausquellen lassen. Die äußeren Blätter vom Chinakohl entfernen. Kohl waschen und kleinschneiden. Aus Essig, Öl, Knoblauch, Senf, Salz und Paprikapulver eine Soße herstellen. Chinakohl, Roggenkörner und Salatsoße vermischen.

Endiviensalat

1 Kopf Endiviensalat

Marinade:
1-2 EL Öl
3-4 EL Joghurt
1/4-1/2 TL Vollrohrzucker
1/2 TL Kräutersalz
2-3 TL Senf

Salat waschen und in feine Streifen schneiden. Marinade bereiten, über den Salat gießen, untermischen.

Endiviensalat mit Nüssen

1 Kopf Endiviensalat

Für die Soße:

1 EL Senf
4 EL Essig
100 g gemahlene (Wal-) Nüsse
Salz
1 Prise Cayenne-Pfeffer
3 EL Öl

Salat waschen, abtropfen lassen, in feine Streifen schneiden. Senf, Essig und 1 EL Nüsse verrühren, mit Salz und Cayenne-Pfeffer würzen. Öl untermischen. Soße über den Salat gießen. Salat mit restlichen Nüssen bestreuen.

Endiviensalat mit Käse und Tomate

1 Kopf Endiviensalat
100 g Gouda oder anderer Schnittkäse
1 rote Paprikaschote
1 Tomate

Für die Soße:

2 EL Essig oder Zitronensaft
1 TL Senf
Salz
Pfeffer
Paprikapulver
3-4 EL Salatöl

Endiviensalat waschen, äußere Blätter, wenn nötig, entfernen, Salat, Käse, Paprika und Tomate in feine Streifen schneiden. Mit der Soße vermischen.

Eisberg Salat

1 Eisbergsalat
1 mittelgroße Zwiebel
2-3 EL Essig
Salz
schwarzer Pfeffer
2 zerdrückte Knoblauchzehen
2-3 EL Salatöl
frischer oder getrockneter Thymian
1-2 EL Käseraspel

Den Salat gut waschen und zerkleinern, abtropfen lassen. Zwiebel schälen und in feine Ringe schneiden. Aus den übrigen Zutaten eine Salatsoße herstellen und Salat damit übergießen. Mit Käseraspeln bestreuen.

Erbsensalat

750 g junge Zuckererbsen (in der Schote)
Sahne-Marinade (s. Kapitel Salatsoßen ...)

Erbsen aus der Schote entfernen. Mit Marinade anmachen.

Feldsalat

300 g Feldsalat
1/2 Fenchelknolle
1 Bund Radieschen
1 Bund Schnittlauch
3 EL Essig
5 EL Öl
Salz
Pfeffer
4 EL saure Sahne

Die Salatzutaten waschen und abtropfen lassen. Fenchelknolle halbieren und in feine Streifen schneiden. Radieschen in Scheiben schneiden, Schnittlauch grob hacken. Alles gut vermengen. Essig, Öl und saure Sahne mit Salz und Pfeffer verrühren und unter den Salat mischen.

Fenchel-Frisch-Salat mit Avocado

2-3 Fenchelknollen
1-2 gelbe oder grüne Paprikaschoten
1-2 Tomaten

Für die Soße:
1 Avocado
Saft von 1/2 Zitrone
1 kleine Zwiebel
1/2 Becher Joghurt
etwas gemahlener Koriander
etwas schwarzer Pfeffer
2 EL Sonnenblumenkerne

Den Fenchel putzen, Stiele abschneiden und Fenchelgrün aufbewahren. Den Fenchel in feine Streifen schneiden. Paprika waschen, halbieren, Kerne entfernen und ebenfalls in feine Streifen schneiden. Tomate fein würfeln, alles zusammen in einer Schüssel mischen. Für die Soße die Avocado halbieren, Kern entfernen und das Fruchtfleisch aus der Schale lösen. Avocado mit Zitronensaft, der klein geschnittenen Zwiebel, dem Joghurt und den übrigen Gewürzen pürieren und über den Salat gießen. Gut untermischen und vor dem Anrichten mit den Sonnenblumenkernen bestreuen.

Italienischer Fenchelsalat

4 große Fenchelknollen
1 Knoblauchzehe
2-3 EL Essig
1 TL Senf
Salz
Pfeffer
4 EL Olivenöl
1 Apfel
1 große Orange

Die Fenchelknollen putzen, waschen und der Länge nach in dünne Scheiben schneiden. Die Knoblauchzehe durchpressen, mit Essig, Salz, Senf, Pfeffer und Öl zu einer Soße verrühren. Die Soße über den Fenchel gießen. Apfel und Orange schälen, erst in Scheiben, dann in Würfel schneiden. Obst über den Fenchel streuen und kurz vor dem Servieren untermischen.

Frisée Salat

1-2 Köpfe Friséesalat
1/2 Kästchen Kresse

Für die Soße:
3-4 EL Zitronensaft
1 EL Sahne
3 EL Sonnenblumemöl
etwas geriebener Meerrettich
1 kleine Zwiebel
evtl. 1 zerdrückte Knoblauchzehe
1 TL Sojasoße o.ä.
Kräutersalz
Basilikum

Den Friséesalat putzen, waschen, gut abtropfen lassen, in schmale Streifen schneiden. Alle Zutaten für die Salatsoße gut verrühren, über den Salat gießen. Mit Kresse bestreut sofort servieren.

Griechischer Salat

3 Fleischtomaten oder 5 mittelgroße Tomaten
2 grüne Paprika
1 kleine Zwiebel
1 Gurke
Oliven
Salz
Pfeffer
Öl
Zitronensaft
Schnittlauch
2 dicke Scheiben Schafskäse

Tomaten in Stücke schneiden, ebenso Gurke und Paprika. Zwiebel würfeln und alles zusammen mit den Oliven vermischen. Salz, Pfeffer, Öl und Zitronensaft dazugeben und abschmecken. In einer Schüssel anrichten, den Käse darüberlegen und mit Schnittlauch bestreuen.

Grünkernsalat mit Kresse

250 g Grünkern
300-400 g Salatgurke
300-400 g Tomaten
250 g frische Champignons
50-100 g frische Kresse

Soße:
Kräuter-Vinaigrette (s. Kapitel Salatsoßen ...)

Grünkern über Nacht einweichen und am anderen Tage ca. 45 Minuten leicht kochen oder quellen lassen. Gurke und Tomaten in kleine Würfel schneiden, Pilze in feine Scheiben, Kresse fein hacken. Erkalteten Grünkern mit zerkleinertem Gemüse vermischen und die Salatsoße unterziehen. Vor dem Servieren nochmals abschmecken.

Grüner Salat mit Zucchini

1 kleiner Salatkopf
1 großer Krachsalat
4 kleine Zucchini
ca. 1/8 l einfache Vinaigrette-Soße (s. Kapitel Salatsoßen ...)
etwas Knoblauch
etwas Pfeffer

Salat und Zucchini waschen. Salat abtropfen lassen. Zucchini in ganz feine Scheiben schneiden. Salatschüssel mit Knoblauch ausreiben. Grünen Salat hineingeben, Zucchinischeiben dazutun. Kurz vor dem Servieren mit Marinade übergießen und alles durchmischen. Etwas Pfeffer dazumahlen. Reicht für etwa 6 Personen.

Gurken in saurer Sahne

1-2 mittelgroße Gurken
1/2 Becher saure Sahne
2 EL Obstessig
1/2 TL Salz
1 EL gehackter Schnittlauch
2 EL frisch gehackter Dill
frisch gemahlener schwarzer Pfeffer

Gurken schälen, der Länge nach vierteln. Gurkenstreifen in Stücke schneiden, so daß gleichmäßige Würfelchen entstehen. Saure Sahne, Essig, Schnittlauch, Dill, gemahlenen Pfeffer und Salz unterrühren. Etwas durchziehen lassen, nochmals umrühren und servieren.

Variante:
Gurken mit Quark-Marinade (s. Kapitel Salatsoßen ...).

Gurken-Orangen-Salat

1 frischer Salatkopf
4 große, saftige Orangen
1 Gurke
einige Pfefferminzblätter
Sahne-Marinade 2 (s. Kapitel Salatsoßen ...)

Salat waschen, Herzblätter zurückbehalten, die anderen in Stücke zerteilen. Orange schälen, weiße Haut entfernen, in Spalten zerlegen. Gurke grob raspeln, Pfefferminze hacken. Gurke und Orangen mit Salatblättern vermischen, mit Herzblättern umgeben, auf einer Servierplatte anrichten. Mit Marinade servieren.

Gurkensalat Surprise

1 mittelgroße Salatgurke
500 g Tomaten
2 grüne, säuerliche Äpfel
Quark- oder Sahne-Marinade (s. Kapitel Salatsoßen ...)
Pfeffer
Curry

Gurke würfeln, Tomaten achteln, Äpfel mit Schale und Kerngehäuse in Stücke schneiden. Marinade bereiten, Gurken-, Tomaten- und Apfelstückchen damit anmachen, mit Pfeffer und Curry abschmecken.

Haferkörner-Salat

200 g Haferkörner
1 mittlere Zwiebel
3 Stangen Staudensellerie
1 Möhre
3-4 EL Essig
1/2 TL Senf
Salz
Pfeffer
Curry
1/2 TL Honig
4 EL Öl
2 EL Schnittlauchröllchen

Haferkörner über Nacht einweichen. Im Einweichwasser ankochen und ca. 45 Minuten ausquellen lassen. Abgießen. Zwiebel schälen und würfeln. Möhren sehr grob raspeln. Staudensellerie säubern und in feine Streifen schneiden. Aus Essig, Senf, Salz, Pfeffer, Curry, Honig und Öl eine Soße herstellen und mit den übrigen Zutaten vermischen. 1 Stunde durchziehen lassen und mit Schnittlauch bestreuen.

Herbstlicher Salat

2 Äpfel
2 Birnen
100 g Zwetschgen
1 kleine Sellerieknolle
1 kleine Karotte
1 EL Rosinen

Rosinen in etwas Wasser einweichen. Äpfel und Birnen in Stückchen schneiden, Zwetschgen halbieren, entkernen und vierteln. Sellerie und Karotte grob raffeln, Rosinenwasser abgießen, alle Zutaten mischen, mit folgender Soße anmachen:

2 EL Mayonnaise (s. Kapitel Salatsoßen...)
4 EL geschlagene Sahne
1 TL Zitronensaft
1/2 TL Zucker
1/4 TL Salz

Indischer Reissalat I

1 Tasse Langkornreis
Salz
2 EL Öl
1 Zwiebel
1 EL Curry
2 Bananen
1 Apfel
3 Ananasringe (Dose)
1 kleine Fenchelknolle
1 Becher saure Sahne
3 EL Crème fraîche
Streuwürze
2 EL Currysoße oder Sojasoße

Reis in Salzwasser ca. 20 Minuten kochen, abgießen, abtropfen lassen. Zwiebel schälen, würfeln. In erhitztem Öl anschwitzen, Curry und Reis zugeben und vermischen. Reis erkalten lassen. Bananen und Äpfel schälen. Äpfel entkernen. Obst klein würfeln. Ananas in kleine Stücke schneiden. Fenchel putzen, waschen und in Scheiben, danach in Würfel schneiden. Vorbereitete Zutaten mit Sahne und Cr'eme fraîche mischen und mit übrigen Zutaten pikant abschmecken.

Kartoffelsalat auf Elsässische Art

500 g Kartoffeln
2 mittelgroße Rote Rüben
200 g Emmentaler
Mayonnaise (s. Kapitel Salatsoßen ...)
gehackte(r) Petersilie und Schnittlauch

Kartoffeln waschen, kochen, schälen, in Scheiben schneiden, abkühlen lassen. Rote Rüben schälen, würfeln, garkochen, abkühlen lassen. Käse würfeln. Kartoffeln, Rote Rüben und Käse vermengen, Mayonnaise bereiten, Salat damit anmachen, 1/2-1 Stunde ziehen lassen. Mit Petersilie und Schnittlauch bestreuen.

Kartoffelsalat "Schöne Gärtnerin"

250 g Kartoffeln
250 g Karotten
250 g Lauch
einfache Salatsoße (s. Kapitel Salatsoßen ...)

Kartoffeln waschen, kochen, schälen und in Scheiben oder Würfel schneiden. Karotten putzen, in Scheiben schneiden, kochen. Lauch putzen, gründlich waschen, in Stücke schneiden, kochen. (Alle Gemüsearten in Gemüsebrühe kochen.) Abkühlen lassen, vermengen, mit Salatsoße anmachen, 1/2-1 Stunde ziehen lassen.

Kartoffelsalat-Ring

750 g Kartoffeln
4 EL Mayonnaise (s. Kapitel Salatsoßen ...)
1/2 TL Knoblauchpulver (wahlweise)
einige Salatblätter
1/2 Gurke
1/2 Tasse gekochte Erbsen
gehackte Pfefferminzblätter
1/2 rote Paprikaschote
4 Tomaten
1/2 zerkleinerte Frühlingszwiebel

Kartoffeln gut bürsten, in der Schale weichkochen. Schälen, würfeln, noch heiß in der Mayonnaise wenden. Mit Knoblauch abschmecken. Fest in eine mit Öl eingefettete Ringform drücken. Abkühlen lassen. Auf eine mit Salatblättern belegte Platte stürzen. Gurke würfeln, mit Erbsen und etwas Pfefferminze vermischen und in die Mitte des Kartoffelrings häufen. Paprikaschote in Streifen schneiden, Ring damit garnieren. Tomaten in Scheiben schneiden, außen um den Ring legen und mit Frühlingszwiebeln verzieren.

Gallischer Kartoffelsalat

500 g Kartoffeln
1/2 mittelgroße Sellerieknolle
1/2 Kopf Endiviensalat
einfache Salatsoße (s. Kapitel Salatsoßen...)

Kartoffeln waschen, kochen, schälen und in Scheiben schneiden. Sellerie schälen, würfeln und garkochen. Abkühlen lassen, mit Kartoffeln vermischen. Salat waschen, in breite Streifen schneiden, unter die Kartoffel-Sellerie-Mischung mengen. Mit Salatsoße anmachen. 30 Minuten ziehen lassen.

Bunter Kartoffelsalat

500 g Kartoffeln
4 mittelgroße Möhren
3 Zucchini
3-4 mittelgroße, gewürfelte Essiggurken
4 EL Essig
1 TL Senf
1 Knoblauchzehe
4 EL Öl
Salz
weißer Pfeffer
etwas Petersilie

Frisch gekochte Pellkartoffeln in nicht zu dünne Scheiben schneiden. Möhren putzen, Zucchini waschen und in dünne Scheiben bzw. Streifen schneiden. Aus Essig, Senf, zerdrückter Knoblauchzehe, Öl und Gewürzen eine Soße bereiten und mit den übrigen Zutaten mischen. Mit Petersilie garnieren.

Einfacher Kartoffelsalat

500-1000 g Kartoffeln
einfache Salatsoße (s. Kapitel Salatsoßen...)
reichlich schwarzer Pfeffer
Zwiebelpulver
evtl. frische Kräuter

Kartoffeln waschen, kochen, schälen, in Scheiben schneiden. Die lauwarmen Kartoffeln mit Marinade anmachen. Mit Zwiebelpulver abschmecken, mit Pfeffer bestreuen, 1/2-1 Stunde ziehen lassen. Evtl. mit gehackten frischen Kräutern bestreuen.

Kartoffelsalat Margarita

400 g Salatkartoffeln
Salz
100 g frische Möhren
150 g Zuckererbsen
1/4 gekochter Blumenkohl, in Röschen zerlegt
100 g Frühlingszwiebeln oder Schalotten
3 EL Öl
4 EL Essig
1 Tasse Gemüsebrühe
1 Msp. weißer Pfeffer
1 gehäufter EL feingehackte Pimpinelle oder Petersilie

Kartoffeln in der Schale etwa 20 Minuten kochen. Geputzte, gewürfelte Möhren und Blumenkohl in Salzwasser bißfest kochen. Zuckererbsen in gesalzenem Wasser nur kurz blanchieren. Geputzte Frühlingszwiebeln oder Schalotten in dünne Scheiben schneiden, in eine Schüssel geben, dazu Öl, Essig, Gemüsebrühe, 1/2 TL Salz, frisch gemahlener Pfeffer und die Pimpinelle oder Petersilie. Marinade daraus rühren. Abschmecken. Abgezogene, noch warme Kartoffeln in Scheiben schneiden. Möhren, Blumenkohl und Zuckererbsen zugeben. Ca. 1/2 Stunde durchziehen lassen.

Kartoffelsalat mit Äpfeln und Kapern

500 g gekochte Kartoffeln
2 Äpfel
1-2 EL Kapern
Saft 1/2 Zitrone
einfache Salatsoße (s. Kapitel Salatsoßen ...)
Pfeffer

Kartoffeln schälen, abkühlen lassen. Äpfel in feine Scheiben schneiden, zusammen mit Kapern, Pfeffer, Zitronensaft und Salatsoße zu den lauwarmen Kartoffeln geben. Gut durchmischen, ca. 1/2 Stunde ziehen lassen.

Käsesalat

150 g Schweizer Emmentaler-Käse
150 g Edamer Käse
2 Gewürzgurken
1 Bund Radieschen

Für die Soße:
5-6 EL Salatöl
4 EL Zitronensaft
1-2 TL geriebener Meerrettich
1 gestrichener EL Dill
Kräutersalz
Basilikum

Käse und Gewürzgurken in feine Streifen schneiden, Radieschen putzen, waschen, in Scheiben schneiden. Für die Salatsoße alle Zutaten verrühren, gut durchziehen lassen und evtl. nochmals abschmecken.

Käsesalat mit Birnen

300-400 g Emmentaler- oder Gouda-Käse
2 mittelgroße reife Birnen
6 EL Zitronensaft
2 TL milden Senf
1 TL Honig
Salz
weißer Pfeffer
Paprikapulver
etwas gemahlener Koriander
5-6 EL Öl
evtl. 2 EL gehackte Nüsse

Käse und Birnen in Streifen oder Würfel schneiden, mit Zitronensaft beträufeln. Für die Soße die anderen Zutaten gut verrühren und mit Käse und Birnen vermischen.

Englischer Krautsalat

(Coleslaw)

250 g Weißkohl
4 mittelgroße Karotten
2 kleine Zwiebeln
4 TL Tomatenmark (wahlweise)
einfache Salatsoße oder Soße Vinaigrette oder Mayonnaise (s. Kapitel Salatsoße ...)

Kraut, Karotten und Zwiebeln raffeln, mischen, Tomatenmark unterrühren, mit Salatsoße oder Mayonnaise marinieren. Kurz durchziehen lassen.

Krautsalat mit Äpfeln

500 g Weißkohl
4 rotbackige Äpfel
60 g Sultaninen
Honigsoße (s. Kapitel Soßen)
Chicorée oder grüner Salat

Kohl waschen und fein schnitzeln. Äpfel waschen, ungeschält zerkleinern, zum Kohl geben. Sultaninen 10 Minuten in kochendes Wasser geben, abgießen, unter den Kohl mischen. Alle Zutaten gut in der Marinade wenden. Auf Chicorée oder grünem Salat anrichten, evtl. mit geriebenem Käse bestreut servieren.

Krautsalat mit Nüssen

250 g Weißkohl
2 mittelgroße Orangen
2 mittelgroße Äpfel
50 g gesalzene Erdnüsse

Für die Soße:
2 EL Öl
1 EL Zitronensaft
Salz
Pfeffer

Kohl fein reiben. Orangen schälen, in Spalten zerlegen (Saft auf den Kohl tropfen lassen), Spalten halbieren. Äpfel ungeschält in Würfel schneiden, mit Orangen und Kohl vermengen, mit der Marinade anmachen, zum Schluß mit Erdnüssen bestreuen.

Kürbissalat

250 g Kürbis
1 großer Apfel
3 EL gemahlene Haselnüsse
50 g Sultaninen
evtl. 1 TL Honig
Saft 1 Zitrone oder Apfelsine

Kürbis und ungeschälten Apfel grob raffeln, mit den übrigen Zutaten vermengen. Kalt servieren.

Kürbis-Sellerie-Salat

1 mittelgroße Sellerieknolle
gleiche Menge Kürbis
2 EL Öl
1 TL Tomatenmark
1/4 TL Senf
2 EL saure Sahne oder Joghurt
1 EL Zitronensaft
Kräutersalz

Sellerie und Kürbis schälen, Kürbis grob, Sellerie fein raffeln. Gut mischen. Aus den übrigen Zutaten eine Salatsoße bereiten, unter den Salat mischen.

Variante:
Statt Sellerie die gleiche Menge Kürbis und Gurken in feine Streifen hobeln und mit der Salatsoße wie oben vermischen.

Kürbis-Salat, süß

250 g Kürbis
250 g Äpfel
1-2 Bananen
3 EL gemahlene Mandeln oder Haselnüsse
1 EL Honig
Vanillezucker
eine Spur Anis
etwas Zimt
Saft einer Zitrone

Kürbis und Äpfel raspeln, die Bananenscheiben untermischen und sofort mit Zitronensaft beträufeln. Mandeln zugeben und mit den Gewürzen abschmecken.

Lauchsalat

2 mitteldicke Stangen Lauch
2-3 mittelgroße rotbackige, säuerliche Äpfel
French Dressing (s. Kapitel Salatsoßen)
Zwiebelpulver

Lauch in feine Ringe schneiden (auch die grünen Teile verwenden), Äpfel ungeschält vierteln, dann die Viertel quer in Stückchen schneiden. Mit der Marinade anmachen, mit etwas Zwiebelpulver bestäuben.

Linsensalat

250 g Linsen
1 Lorbeerblatt
Salz
Thymian
frisches Bohnenkraut (evtl. getrocknet)
1 Zwiebel

Für die Soße:
2-3 EL Essig
1/2 TL Senf
Salz
Pfeffer
5 EL Öl

Linsen mit Lorbeerblatt, Thymian und einem Teil Bohnenkraut weichkochen, zuletzt salzen. Nicht zu weich kochen! Abtropfen lassen, mit der fein gehackten Zwiebel und dem restlichen Bohnenkraut vermischen. Aus den anderen Zutaten eine Soße bereiten und unter die Linsen rühren. Gut durchziehen lassen.

Maissalat

340 g Zuckermais (TK oder Dose)
2 EL Joghurt
2 EL Crème fraîche
1/2 TL Meerrettich
1/2 TL Streuwürze
1/2 TL gerebbeltes Basilikum
etwas Zitronensaft
fein gehackter Schnittlauch
evtl. Salz und Senf

Abgetropften Mais mit den anderen Zutaten vermischen. Pikant abschmecken und mit frischem Schnittlauch bestreuen.

Melonensalat

2 reife Honigmelonen
1 Handvoll Himbeeren
250 g reife Aprikosen
1 Banane
1 EL Honig
1 Spur Vanille
1/4 l Kirschsaft
Minze oder Zitronenmelisse zum Garnieren

Melonen quer in der Mitte durchschneiden und das Kerngehäuse auskratzen. Den Saft auffangen. Das Fruchtfleisch in Würfel schneiden. Aprikosen vierteln, Banane in Scheiben schneiden und mit den Himbeeren unter die Melonenwürfel mischen. Aus Honig, Vanille, dem ausgelaufenen Melonensaft und Kirschsaft eine Marinade bereiten und über die Früchte gießen. Mit Minze oder Zitronenmelisse garnieren und kühl servieren.

Möhren-Kohlrabi Salat

2 mittelgroße Kohlrabi
2-3 mittelgroße Möhren
Saft einer Zitrone
3-4 EL Öl
1 TL Honig
1 TL Senf
Salz
1 EL grüne Pfefferkörner

Kohlrabi und Möhren waschen und schälen, in dünne Streifen raspeln. Aus Zitronensaft, Öl, Senf, Salz und fein geschnittenem Kohlrabigrün eine Soße herstellen. Kohlrabi und Möhren zugeben und vermengen. Mit grünen Pfefferkörnern bestreuen.

Möhrensalat mit Mandeln

500 g Möhren
1 kleiner Apfel
1/2 grüne Paprikaschote (nach Geschmack)
Quarkmarinade oder Mayonnaise (s. Kapitel Salatsoßen ...)
1 Kopfsalat
geröstete Mandeln
1 Tomate
frische Petersilie
1 unbehandelte Zitrone

Möhren und Apfel schälen und fein raspeln. Paprikaschote zerkleinern. In Mayonnaise oder Quarkmarinade oder einer Mischung aus beidem wenden. Salat auf knackigen Salatblättern anrichten, mit reichlich gerösteten Mandeln bestreuen, mit Tomaten- und Zitronenscheiben und Petersiliesträußchen garnieren.

Möhrenrohkost mit Nüssen

500 g Möhren
Saft 1 Zitrone
5 EL süße Sahne
1/2 TL Honig
weißer Pfeffer
frischer geriebener Ingwer oder Ingwerpulver

Möhren waschen, schälen und fein raspeln. Mit Zitronensaft, Sahne, Honig und Ingwer vermischen und mit gehackten Nüssen bestreuen.

Nudelsalat I

250-500 g Vollkorn-Hörnchennudeln ohne Ei
1 mittelgroße Dose Erbsen (ca. 250 g) oder Erbsen und Möhrchen
1 mittelgroße Dose Champignons (ca. 250 g)
2-3 mittelgroße Essiggurken
1 Glas eingelegte rote Paprika
200 g Emmentaler-, Gouda- oder Edamer-Käse (wahlweise)
1 Glas grüne Oliven
Quarkmarinade oder Mayonnaise (s. Kapitel Salatsoßen ...)

Nudeln nach Packungsvorschrift weichkochen, abschrecken, abtropfen lassen. Erbsen, Champignons und Paprika ebenfalls abtropfen lassen, unter die Nudeln mischen. Essiggurken vierteln (dabei aber nicht ganz durchschneiden). Scheiben davon abschneiden. Käse in Würfel schneiden. Oliven halbieren, zusammen mit den Gurken unter die Nudeln mengen. Marinade oder Mayonnaise bereiten, den Salat damit anmachen. Am besten 1-2 Stunden im Kühlschrank ziehen lassen.

Variante:
Sie können auch beliebige kalte Gemüsereste unter die Nudeln mischen.

Nudelsalat II

250 g gekochte Vollkornnudeln ohne Ei
200 g Quark
2 EL Senf
1/2-1 Becher Joghurt
60 g gehackte Oliven
2 gehackte Schalotten
2 EL gehackte Petersilie
Dill
Basilikum
scharfer Paprika
Salz
Pfeffer

Alle Zutaten vermischen.

Obstsalat

1 kleine Honigmelone
2 mittelgroße Birnen
2 mittelgroße Sommeräpfel
500 g Erdbeeren
2 mittelgroße Pfirsiche
Saft von 2 Zitronen
2 EL Mandelsplitter
1-2 EL Ahornsirup oder Honig

Melone schälen, Kerne entfernen und würfeln. Birnen und Äpfel waschen, Kerngehäuse entfernen, ebenfalls würfeln. Erdbeeren waschen. Stiele entfernen und halbieren. Pfirsiche kurz in heißes Wasser tauchen, enthäuten und würfeln. Alles sofort mit Zitronensaft beträufeln, mit Mandeln und Ahornsirup oder Honig vermengen.

Paprika-Radieschen-Salat

2 Paprikaschoten
1 Bund Radieschen

Für die Soße:
1 EL Öl
1/2 Knoblauchzehe oder Knoblauchpulver nach Geschmack
1/2 Zwiebel oder Zwiebelpulver nach Geschmack
Paprikapulver
1 EL Hefeflocken
1/2 TL Vollrohrzucker
evtl. noch Kräutersalz

Paprika zerkleinern, Radieschen in Scheiben schneiden, beides vermengen. Mit der Soße vermischen.

Radicchio mit Cocktailsoße

ca. 3 kleine Büschel Radicchio
2 Mandarinen
1 Apfel

Für die Soße:
1 Becher saure Sahne
1 TL Honig
1 EL Tomatenmark
Saft einer Zitrone
Salz
weißer Pfeffer
etwas Sojasoße

Radicchio gut waschen, den Wurzelansatz entfernen, abtropfen lassen. Mandarinen schälen. Die weiße Innenhaut entfernen und in Würfel schneiden. Apfel kleinschneiden. Die Soße verrühren und mit dem Salat, den Mandarinen- und Apfelstückchen vermengen.
Man kann den bitteren Geschmack des Radicchio durch Vermischen mit grünem Salat mildern.

Reissalat

Zubereitung wie Nudelsalat (s. o.), nur statt Nudeln gewaschenen, gekochten Vollreis verwenden.

Indischer Reissalat II

250 g Vollreis
4-5 Tomaten
1 Dose Mangofrüchte
Zwiebelpulver
einige EL Zitronensaft
reichlich Curry
einige EL Ketchup
Mayonnaise (s. Kapitel Salatsoßen ...)

Reis waschen und garen. Abkühlen lassen. Tomaten achteln und halbieren. Mangos abtropfen lassen und zerkleinern, mit Reis und Tomaten vermengen. Mayonnaise bereiten, mit Gewürzen, Zitronensaft und Ketchup abschmecken. Salat damit anmachen, evtl. nochmals abschmecken.

Rettich-Apfel-Salat

2 mittelgroße Rettiche
2 mittelgroße Äpfel
2 EL gehackte Nüsse
1-2 EL Öl
3-4 EL Joghurt oder saure Sahne
1 EL Zitronensaft
Kräutersalz
etwas Vollrohrzucker

Rettiche putzen und schälen oder schrappen, fein reiben. Äpfel ungeschält und mit Kerngehäuse ebenfalls fein reiben. Rettiche, Äpfel und Nüsse vermengen. Aus den übrigen Zutaten eine Marinade bereiten, den Salat damit anmachen.

Römischer Salat

400 g grüne Paprika
300 g Zwiebeln
300 g Tomaten
4 EL Olivenöl
1/2 TL Kräutersalz
etwas Basilikum
2-3 EL Zitronensaft

Die geputzten Paprikaschoten in Streifen schneiden. Die Zwiebeln in feine Ringe. Die Tomaten achteln. Öl und Gewürze verrühren und über das zerkleinerte Gemüse geben und vermischen. Gut durchziehen lassen.

Rosenkohlsalat

500 g Rosenkohl
Sahne-Marinade 1 (s. Kapitel Salatsoßen ...)
1-2 EL Nuß- oder Mandelmus
evtl. etwas Honig

Röschen waschen, putzen, fein schneiden. Sahne-Marinade mit Mus vermischen, evtl. mit Honig abschmecken. Alles gut vermischen.

Rote Rübensalat mit Bananensoße

2-3 fein geriebene Rote Rüben
2 fein geriebene Äpfel
einige große Salatblätter
evtl. geriebene Nüsse

Für die Soße:
1 Banane
2-3 EL Sanddornsaft
einige EL Zitronensaft
1 Prise Vollrohrzucker
etwas Salz

Bananen fein zerdrücken, mit Sanddorn-, Zitronensaft, Zucker und Salz verrühren, unter Rüben und Äpfel mischen. Auf Salatblättern anrichten.

Rote Bete-Walnuß-Salat

350 g Rote Bete
150 g säuerliche Äpfel
100 g Walnüsse
2-3 EL Zitronensaft
2-4 EL Öl
etwas geriebener Meerrettich
etwas Salz
etwas gerebbeltes Basilikum

Die Rote Bete und Äpfel fein raffeln. Mit den grob gehackten Walnüssen mischen. Für die Marinade Zitronensaft mit Öl und Gewürzen abschmecken. Über den Salat gießen, gut mischen und ca. 20. Minuten ziehen lassen.

Rote-Bete-Salat "Milano"

2 mittelgroße gekochte Rote Bete-Knollen
2 Pellkartoffeln
1 säuerlicher Apfel
2 Dillgurken
1 Zwiebel
Sahne-Marinade 2 (s. Kapitel Salatsoßen...)

Rote Bete, Pellkartoffeln und Apfel schälen und in dünne Scheiben, Zwiebel in kleine Würfel schneiden. Mit Sahne-Marinade vermischen und gut durchziehen lassen.

Rotkohl-Apfel-Chicoréesalat

500 g Rotkohl
2 säuerliche Äpfel
2 Stauden Chicorée
6 EL Öl
3 EL Obstessig
Salz
Pfeffer
gemahlener Kümmel

Rotkohl putzen, waschen und in feine Streifen hobeln. Mit kochendem Wasser übergießen und 5 Minuten ziehen lassen. Wasser abgießen.
Die Äpfel reiben, unter den Rotkohl mischen. Chicorée in feine Scheiben schneiden und ebenfalls unterziehen. Aus den anderen Zutaten eine Soße zubereiten, über den Salat gießen, durchmischen und durchziehen lassen.

Russischer Salat
(reicht für 8-10 Personen)

1 kleiner Kopf Weißkohl
2 Äpfel
1 Sellerieknolle
4 Gewürzgurken

Für die Soße:
1/4 l saure Sahne
Salz
Pfeffer
Kümmel
etwas geriebener Meerrettich
etwas gemahlener Koriander

Den Weißkohl und den Sellerie fein hobeln und in Essigwasser kurz aufkochen, abgießen und abkühlen lassen. Danach Äpfel ebenso hobeln und die Gurken in feine Streifen schneiden und unter das Gemüse mischen. Aus den übrigen Zutaten eine Soße bereiten, pikant abschmecken und unter den Salat ziehen.

Sauerkrautrohkost mit Ananas

400-500 g Sauerkraut
3-4 Scheiben Ananas
3-4 EL Öl
evtl. Salz
3 EL geriebene Nüsse

Sauerkraut und Ananas abtropfen lassen und kleinschneiden. Mit Öl und Salz durchmengen und auf einem Salatblatt anrichten. Mit Nüssen bestreuen.

Sellerie-Rohkost mit Birne

400-500 g Knollensellerie
Saft einer Zitrone
1 Birne

Für die Soße:
1 Becher saure Sahne
1 TL Honig
Salz
Ingwerpulver
1-2 EL gehackte Walnüsse

Sellerie und Birnen waschen, schälen und mittelfein raspeln. Sofort mit Zitronensaft beträufeln. Aus saurer Sahne, Honig, Salz und Ingwer eine Soße herstellen, mit dem geraspelten Sellerie vermengen. Mit gehackten Walnüssen bestreuen.

Sauerkrautsalat

200 g Sauerkraut
100 g blaue Trauben
1 TL Honig
5 EL süße Sahne
2 EL Sonnenblumenkerne
Salz
Pfeffer
Paprika nach Geschmack

Das Sauerkraut roh und ungewaschen kleinschneiden, die halbierten blauen Trauben und die anderen Zutaten untermischen.

Fruchtige Sellerie Rohkost

1 mittelgroße Staudensellerie
1 Orange
1/2 Banane
3 Scheiben frische Ananas (oder aus der Dose)
6 EL süße Sahne
Paprika
Ingwer
1 EL gehackte Mandeln

Die Selleriestauden waschen und sehr fein schneiden, Orange, Banane und Ananas würfeln. Mit süßer Sahne übergießen und alles gut vermengen. Mit Ingwer und Paprika würzen und die gehackten Mandeln über den Salat streuen.

Schwarzwurzelsalat

500 g Schwarzwurzeln
Sahne-Marinade 2 (s. Kapitel Salatsoßen ...)
3 EL gemahlene Haselnüsse

In einer Schüssel die Marinade bereiten. Schwarzwurzeln schälen, in die Marinade reiben. Sofort untermischen, damit sie nicht braun werden. Haselnüsse dazugeben, untermengen.

Spargelsalat

500 g Spargel
3-4 EL Zitronensaft
3 EL Mayonnaise (s. Kapitel Salatsoßen)
1/2 TL Salz
1/2 TL Zucker
3 EL gehackte Petersilie

Spargel schälen, in dünne Scheiben schneiden. Marinade bereiten, unter den Spargel mischen, mit Petersilie bestreuen.

Polnischer Tomatensalat

ca. 6 feste, reife Tomaten
1 kleine, gehackte Zwiebel
Basilikum
Dill
Salz
Pfeffer
1/2 TL Vollrohrzucker
etwas Petersilie
1-2 EL Olivenöl
3 EL Essig

Tomaten waschen, in dicke Scheiben schneiden. Mit Zwiebel, reichlich zerstoßenem Basilikum, Dill, etwas Petersilie, Zucker, Salz und Pfeffer in eine Schüssel geben. Tomatenscheiben darin wenden, bis sie gleichmäßig mit Kräutern bedeckt sind. Essig und Öl dazugeben, Salat durchmischen. Gut gekühlt servieren.

Tsaziki mit Radieschen

1 Bund Radieschen
1 kleine Salatgurke
4 Knoblauchzehen
1/2 Bund Schnittlauch
Salz
Pfeffer
250 g Magerquark
150 g Joghurt
150 g Crème fraîche

Gurke waschen, evtl. schälen und fein raspeln. Radieschen putzen, waschen, ebenfalls raspeln. Magerquark, Joghurt, Crème fraîche und Gewürze vermischen. Gurke, Radieschen und zerdrückten Knoblauch dazugeben. Mit gehacktem Schnittlauch verzieren.

Weißkohlsalat mit Oliven und Kräutern

500 g Weißkohl (1 kleiner Kopf)
Salz

Für die Marinade:
5 EL Essig
Salz
weißer Pfeffer
1 Prise Vollrohrzucker
8 EL Öl
1 EL verschiedene Kräuter
12 schwarze Oliven
2 eingelegte Peperoni
1 EL Schnittlauchröllchen

Geputzten Weißkohl waschen und in sehr dünne Streifen hobeln. Gesalzenes Wasser aufkochen, Weißkohlstreifen 3 Minuten blanchieren. Im Sieb sorgfältig abtropfen lassen. Für die Marinade Essig mit Salz, Pfeffer und Zucker gründlich rühren. Öl unterschlagen. Abschmecken und die Kräuter unterrühren. Weißkohl in einer Schüssel locker mischen. Marinade unterheben. An einem kühlen Ort 30 Minuten durchziehen lassen. Oliven und die kleingeschnittenen Peperoni zufügen. Abschmecken und anrichten, mit dem Schnittlauch bestreut servieren.

Waldorfsalat

1 Sellerieknolle
1-2 Äpfel
50 g Walnußkerne oder Haselnüsse
1 Becher saure Sahne
1-2 EL Zitronensaft
Streuwürze
Kräutersalz

Gewaschene Sellerieknolle und Äpfel schälen, fein raspeln und sofort mit Zitronensaft vermischen. Nüsse fein hacken. Sahne und Gewürze dazugeben und abschmecken. Mit Walnüssen verzieren.

Winter-Rohkost

2 mittelgroße Karotten
1 mittelgroße Stange Lauch
1 großer säuerlicher Apfel
1 mittelgroße Sellerieknolle
1/2 Kopf Endiviensalat
Saft 1 Zitrone
Öl
Salz
Honig

Karotten, Apfel und Sellerie grob raffeln, Lauch roh in feine Ringe, Endiviensalat in feine Streifen schneiden. Alles vermengen, mit der Marinade aus Zitrone, Öl, Salz und Honig durchmischen. Kurz ziehen lassen.

Möhrenfrischsalat
(Für 1 Person)

1 Möhre
1 kleiner Apfel
1 EL geriebene Nüsse
1 EL Öl
1 EL Zitronensaft
Salz
etwas Pfeffer

Möhre schälen, Apfel waschen und fein reiben. Aus den übrigen Zutaten eine Soße bereiten und mit Möhre und Apfel vermischen.

Würziger Sauerkrautsalat
(Für 1 Person)

150 g Sauerkraut
1 kleiner Apfel
1 kleine Gewürzgurke
1 Prise Salz
2 EL Zitronensaft
1/2 TL Honig
1 EL Salatöl

Sauerkraut kleinschneiden, Apfel reiben, Gewürzgurke fein würfeln und alles zusammen vermischen. Die übrigen Zutaten gut verrühren und mit dem Sauerkraut vermengen. Gut durchziehen lassen.

Chicoréesalat
(Für 1 Person)

2 Chicoréekolben
1 kleine Orange
1 EL Salatöl
2 EL Joghurt
1 TL Zitronensaft
Salz
etwas Pfeffer

Chicorée putzen, bitteren Keil herausschneiden, in Streifen schneiden. Orange schälen, in kleine Stücke schneiden. Aus Joghurt und Öl und den Gewürzen eine Salatsoße bereiten und mit Chicorée und Orange vermischen. Evtl. mit gehackter Petersilie bestreuen.

Champignonsalat
(Für 1 Person)

150 g frische Champignons
1 Tomate
2 EL süße Sahne
Salz
weißer Pfeffer
1/2 TL Senf
1 EL Zitronensaft

Champignons putzen, waschen und in Scheiben schneiden, mit Zitronensaft beträufeln. Tomate waschen und würfeln. Die übrigen Zutaten verrühren und unter die Champignons und Tomatenwürfel mischen. Gut abschmecken.

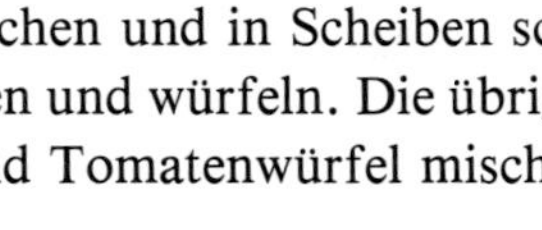

Brokkoli-Salat

750 g Brokkoli
1 kleiner Blumenkohl
etwas Salz
8 EL Kräuteressig
8 EL Öl
1 TL Honig
Pfeffer
1 Msp. Muskat

Brokkoli und Blumenkohl putzen, waschen und in Röschen teilen. Brokkolistiele in feine Scheiben schneiden.
Blumenkohl in kochendem Salzwasser ca. 5 Minuten garen, Brokkoli zugeben und zusammen nicht zu weich kochen. Abgießen und gut abtropfen lassen. 3 EL Brühe zurückbehalten. Aus Essig Öl, Honig, Gewürzen und Brühe eine Soße rühren, über das noch warme Gemüse gießen und zugedeckt etwa 15 Minuten durchziehen lassen. Vorsichtig durchmischen und kalt stellen.

Keime und Sprossen

Frische Keimlinge und Sprossen enthalten nicht nur wichtige Vitamine und wertvolle Mineralstoffe, sondern sind auch reich an Eiweiß, Enzymen und Ballaststoffen. Damit sind sie eine empfehlenswerte Ergänzung unserer täglichen Nahrung. In der Küche sind sie vielseitig einsetzbar, ob in Suppen, Salaten, Müslis, unter pikante Quarkaufstriche oder süße Quarkspeisen gemischt oder einfach als Brotbelag.
Zum Keimen eignen sich alle Hülsenfrüchte, Getreidekörner und Samen, wie z.B. Alfalfa, Adukibohnen, Mungbohnen, Sojabohnen, Kichererbsen, Linsen, Bohnen, Roggen, Weizen, Hirse, Leinsamen, Senfkörner, Sonnenblumenkerne, Perserklee, Kresse und Sesamsaat. Achten Sie beim Einkauf unbedingt darauf, daß das Saatgut nicht chemisch behandelt ist!
Am besten kaufen Sie sich ein Keimgerät, das im Fachhandel aus Ton oder Kunststoff erhältlich ist und mit dem das Keimen ganz unproblematisch ist. Sie können dann bestimmt nichts falsch machen und Ihrer Phantasie freien Lauf lassen.

Salat aus frischen Keimlingen

250 g verschiedene Sprossen, z.B. Kresse, Alfalfa, Perserklee
100 g Zwiebeln
100 g Butterkäse o.ä.

Für die Soße:
1 Becher Joghurt
2 EL Öl
Salz
Pfeffer
1 TL flüssigen Honig
etwas Sojasoße

Die abgespülten, gut abgetropften Keimlinge mit den fein geschnittenen Zwiebelringen und dem klein gewürfelten Käse vermischen. Die Zutaten für die Soße gut mit dem Schneebesen verschlagen, über den Salat geben und gut durchmischen.

Mungbohnensuppe

3/4 l Wasser
1 Gemüsebrühwürfel
1 Tasse Mungbohnensprossen
20 g fein gemahlenen Weizen
1/2 TL Salz
100 g Sahne
1 TL Basilikum
1 EL Hefeflocken

Wasser, Brühwürfel und Salz zum Kochen bringen, Weizen einrühren und ca. 10 Minuten leicht köcheln lassen. Dann die flüssige Sahne zugeben, mit Basilikum und Hefeflocken abschmecken, kurz aufkochen lassen. Die abgespülten, abgetropften Sprossen in die Suppe einrühren und servieren.

Gemüse mit Keimlingen

400 g Sojabohnen- oder Mungbohnenkeime
1 Zwiebel
1 rote und 1 grüne Paprikaschote
2 EL Butter oder Margarine
1 EL Sojasoße
Salz
Pfeffer
Muskat
1 Becher Crème fraîche (150 g)

Keime abspülen und gut abtropfen lassen, Zwiebel würfeln und in heißem Fett andünsten. Den geputzten und in Streifen geschnittenen Paprika sowie die Keimlinge zugeben und ca. 10 Minuten dünsten. Sojasoße und Gewürze unterrühren, mit Crème fraîche binden und nochmals abschmecken.

Sprossensalat

1 Tasse gekeimte Mungbohnen
1 Tasse gekeimte Linsen
1 Tasse gekeimte Sojabohnen
2 Tomaten
125 g Schafskäse
Saft von 1 1/2 Zitronen
Salz
Pfeffer
1 EL Sojasoße
4 EL Sonnenblumenöl
etwas Kresse oder Petersilie

Die Keimlinge unter fließendem Wasser gut abspülen. Tomaten und Schafskäse klein würfeln und in einer Schüssel mit den Keimlingen mischen. Aus den übrigen Zutaten eine Soße herstellen und über die Sprossen träufeln. Nochmals gut durchmischen und mit Kresse oder Petersilie bestreuen.

Weißkohlsalat mit gekeimten Weizen

1 kleiner Weißkohl
100 g gekeimte Weizenkörner
1 Zwiebel

Für die Soße:
Saft 1 Zitrone
4 EL Sonnenblumenöl
Salz
Pfeffer
etwas Sojasoße
1 TL Honig
etwas frischen Ingwer
1 TL Kümmel

Den Weißkohl waschen und sehr fein schneiden, die Zwiebel in feine Ringe schneiden. Aus den übrigen Zutaten eine Soße herstellen und mit dem Kohl und den Keimlingen vermischen.

Feldsalat mit Keimlingen

150 g Feldsalat
2 Apfelsinen
3 EL Keimlinge

Für die Soße:
1/4 l Sahne
Saft 1 Zitrone
2 EL Ahornsirup

Feldsalat putzen, gründlich waschen, abtropfen lassen. Apfelsinen schälen und in kleine Stücke schneiden. Feldsalat, Apfelsinenstücke und Keimlinge in eine Schüssel geben. Aus Sahne, Zitronensaft und Ahornsirup eine Soße herstellen und über den Salat gießen. Vorsichtig vermengen und etwas durchziehen lassen.

Sprossensalat
(Für 1 Person)

2 EL Alfalfa- oder Sojasprossen
1 EL Kresse
1 kleine Tomate
einige Radieschen
1 kleine Zwiebel

Für die Soße:
2 TL Öl
1 TL Zitronensaft
1 TL Senf
1/2 TL Honig oder Ahornsirup
etwas Salz
schwarzer Pfeffer

Tomate und Radieschen waschen und in feine Scheiben schneiden, die Zwiebel fein würfeln. Aus den angegebenen Zutaten eine Soße herstellen und mit den Sprossen, Radieschen, Tomate und Zwiebel vermischen.

Linsensalat
(Für 1 Person)

1 kleiner Apfel
1/2 Tasse gekeimte Linsen
2-3 EL Sahne
Pfeffer
Salz
1/2 TL Honig
Melissenblätter (frisch)

Alle Zutaten vermischen, abschmecken und mit Melisse garnieren.

Brotbelag mit Sprossen

2 Tassen Keimlinge nach Wahl
1 Zwiebel
1 Knoblauchzehe
125 g Frischkäse
etwas Milch
Salz
1 EL Gewürzkräuter (frisch oder getrocknet)

Frischkäse mit Milch glattrühren. Die Zwiebel fein würfeln, mit dem geriebenen Knoblauch unter den Frischkäse rühren. Keimlinge, Salz und Gewürzkräuter untermischen.

Aspik-Ring mit Schnittlauchsoße

1/2 l Gemüsebrühe
1 Lorbeerblatt
1 Zwiebel
1/2 TL Salz
4 EL Essig
1 TL Agar-Agar
1 kleines Glas milchsaures Mixed Pickles
4 EL frische Kresse oder gehackte Petersilie
4 EL Alfalfasprossen

Für die Soße:
1 Becher Joghurt
1 Becher Sauerrahm
1 TL Honig
Saft 1 Zitrone
1 TL Senf
etwas Salz
1 Msp. Pfeffer
3 EL Schnittlauchröllchen

Die Gemüsebrühe mit Lorbeerblatt, Salz, geschälter Zwiebel und Essig 1/2 Stunde leicht köcheln lassen. Abgießen. Erneut zum Kochen bringen.
Agar-Agar mit etwas kaltem Wasser glattrühren, in die kochende Brühe einlaufen und kurz aufkochen lassen. Eine kleine Ringform kalt ausspülen, etwas Brühe hineingeben und im Kühlschrank fest werden lassen. Mixed Pickles auf der fest gewordenen Brühe verteilen, ebenso die Kresse oder Petersilie und die Sprossen. Mit der restlichen Brühe auffüllen und nochmals im Kühlschrank steif werden lassen. Vor dem Servieren auf eine Platte stürzen. Die Zutaten für die Soße miteinander gut verrühren und zum Aspik-Ring reichen.

Salatsoßen,

Marinaden,

Mayonnaisen,

Dips

Salatsoße 1

2 EL Öl
2 EL Essig oder Zitronensaft
1/2 TL Salz
1/2 TL Honig
2 EL gehackte, frische Salatkräuter (Schnittlauch, Petersilie, Dill, Zitronenmelisse, Kresse z.B.)
evtl. Zwiebel- und /oder Knoblauchpulver

Alle Zutaten gut verrühren und unter den vorbereiteten Salat mischen.

Salatsoße 2

1 Becher saure Sahne, Sahnejoghurt, Kefir oder Dickmilch
2 EL Öl
1/2 TL Senf
1-2 EL Zitronensaft
1/2 TL Salz
1/2 TL Honig
1 Prise Pfeffer
1 Prise Ingwer

Öl und Saft verschlagen, Sahne unterrühren, mit den übrigen Zutaten vermischen.

Salatsoße 3

6 EL süße Sahne
2 EL Zitronensaft
Salz
Pfeffer
1/2 TL Senf
2 EL frische oder getrocknete Salatkräuter
2 EL Öl

Sahne, Saft und Öl verrühren, dann die übrigen Zutaten untermischen.

Quark-Marinade

50 g Quark
3-4 EL saure Sahne
1/2 TL Honig
1/2 TL Salz
1/2 TL Zwiebelpulver
evtl. 1/2 TL Paprika
Saft 1/2 Zitrone
2 EL Öl
frische oder getrocknete Salatkräuter
1/4 TL Senf (wahlweise)

Quark mit Sahne cremig rühren, restliche Zutaten untermischen. Paßt besonders gut zu Gurken- und Nudelsalat.

Marinade Americaine

50 g Vollrohrzucker
1 1/2 TL Salz
1-2 TL Senf
2 Becher saure Sahne
1/8 l Essig
gemahlener weißer Pfeffer

Zucker, Salz, Senf und Pfeffer gut vermischen. In einen Topf geben, Essig und saure Sahne darübergießen. Unter Rühren vorsichtig erhitzen, bis die Mischung dickflüssig und cremig wird. Erkalten lassen, in eine Flasche füllen, gut verschließen.
Haltbarkeit: 1-2 Wochen im Kühlschrank. Vor Gebrauch schütteln. Eignet sich für alle Salate.

Einfache Vinaigrette-Soße
(French Dressing)

3 EL Kräuteressig
1 EL Zitronensaft
1 TL Senf
Kräutersalz
4-5 EL Öl
frisch gemahlener schwarzer Pfeffer

Essig, Zitronensaft, Senf, Salz und Pfeffer miteinander vermischen. Öl nach und nach damit verschlagen, über den Salat gießen, untermischen. Diese Marinade kann man auch mit dem Mixer zubereiten: Einfach alle Zutaten in einen Behälter geben und ganz kurz auf höchster Stufe mixen.

Kräuter-Vinaigrette

1 EL gehackte frische Salatkräuter
1 EL gehackte Petersilie
1 kleingeschnittene Zwiebel
1 EL Schnittlauchröllchen
1 TL Kapern
1/2 TL Knoblauchpulver (wahlweise)

Einfache Vinaigrette-Soße zubereiten (s.o.). Petersilie, Schnittlauch, Knoblauchpulver, Zwiebeln und Kapern dazugeben. Gut durchmischen oder mixen. Die Vinaigrette wird milder, wenn man mehr Öl verwendet.

Kerbel-Vinaigrette

Einfache Vinaigrette-Soße zubereiten (s.o.). Ein Bund Kerbelblätter fein schneiden und untermischen.

Pfeffersoße

1-2 EL Kräuteressig
Salz
1 Prise Zucker
1 TL Senf
1-2 EL Wasser
4-5 EL Öl
1 EL grüne Pfefferkörner (aus der Dose)

Wasser, Essig, Salz, Zucker und Senf miteinander vermischen. Das Öl nach und nach damit verschlagen, zuletzt die Pfefferkörner untermischen.

Honigsoße

1/4 l Olivenöl
175 ml Obstessig oder Zitronensaft
250 g Honig
1 TL Salz
1/2 TL Senf
evtl. etwas gemahlener Ingwer

Alle Zutaten in einer Schüssel gut miteinander verschlagen. In eine Flasche füllen und gut verschließen. An einem kühlen Ort aufbewahren.
Haltbarkeit: 1-2 Wochen. Vor Gebrauch kräftig schütteln. Verwendung wie French Dressing zu allen Salaten.

Honig-Nuß-Soße

50 g Walnußkerne
1 EL Gemüsebrühe
4 EL flüssigen Honig
1 EL scharfer Senf

Walnußkerne fein reiben. Gemüsebrühe und Honig unterrühren, mit Senf pikant abschmecken.
Haltbarkeit: 8-10 Tage im Kühlschrank.

Nussade
(Nuß-Marinade)

2 EL Nuß- oder Mandelmus
2 EL Zitronensaft
4 EL Milch oder Sahne
1 TL Honig (evtl. mehr)

Alle Zutaten vermischen. Paßt gut zu Rohkost (z.B. Möhrensalat) und grünen Salaten.

Walnußsoße

1 Becher Sauerrahm oder Kefir
Saft 1/2 Zitrone
Salz
1 TL Honig
etwas Pfeffer
1 Prise Ingwer
1-2 EL grob gehackte Walnüsse

Alle Zutaten zusammen gut verrühren.

Roquefort-Marinade

2 Becher Naturjoghurt
100 g Roquefort
3 EL Olivenöl
3 EL Zitronensaft
1/2 TL Honig
1/2 TL Salz
etwas schwarzer Pfeffer

Salz, Honig, Zitronensaft und Pfeffer gut miteinander verrühren. Olivenöl einrühren, ebenso den Joghurt. Zum Schluß Roquefort (evtl. durch ein Sieb streichen) darunterschlagen, bis eine cremige Masse entsteht. Schmeckt köstlich zu grünem oder anderem Salat.

Mayonnaisen

Mayonnaise

2 EL Speisestärke
2 Tassen kaltes Wasser
1/2 Tasse Sahne
1 EL Senf
Salz
schwarzer Pfeffer nach Geschmack
1 Prise Zucker
1 Tasse Öl
Saft 1 Zitrone
1/2 TL Paprikapulver

Speisestärke mit etwas Wasser anrühren. Das übrige Wasser zum Kochen bringen und die angerührte Speisestärke darin einkochen, bis eine dickliche Masse entsteht. Die Sahne dazugeben, gut durchrühren, dann Senf und Gewürze zufügen. Das Öl langsam unterschlagen, zuletzt mit Zitronensaft abschmecken. Sollte die Mayonnaise zu dickflüssig sein, noch etwas Sahne unterrühren.

Soja-Mayonnaise mit Kräutern

6 EL Wasser
2 EL Sojamehl
4 EL Öl
1 EL Hefeflocken
Kräutersalz
1/2 TL Senf
Majoran
Estragon
Kerbel
2 EL Zitronensaft

Alle Zutaten, außer Zitronensaft, zu einer glatten Soße verrühren. Zum Schluß den Zitronensaft unterrühren.

Quark-Mayonnaise

100 g Quark
1 Becher Naturjoghurt
2 EL frische Sahne oder Crème fraîche
etwas Milch
2 EL Öl
1 TL Senf
1 fein gewiegte Zwiebel oder Zwiebelpulver
etwas Cayennepfeffer
Salz
evtl. 1 EL Salatkräuter

Quark mit Joghurt, Sahne, Öl und Milch gut verrühren, Senf, Gewürze und Salz dazugeben. Evtl. mit Zitronensaft abschmecken.
Statt dieser Mayonnaise können Sie einfach auch nur Crème fraîche verwenden, den sie mit etwas Milch glattrühren und je nach Geschmack mit Senf und frischem, gehacktem Basilikum mischen, oder mit Salatkräutern oder fein geschnittenem Schnittlauch und 1 EL Tomatenketchup. Mit Salz und Pfeffer abschmecken.

Remoulade

1 Rezept Mayonnaise (s.o.)
1 fein gehackte Essiggurke
5 fein gehackte Oliven
1 EL fein gehackte Kapern
fein gehackte Petersilie
fein geschnittener Schnittlauch

Gurke, Oliven, Kapern und Kräuter unter die fertige Mayonnaise mischen.

Dips

Quark-Dip

1 Becher saure Sahne
250 g Magerquark
2 EL Crème fraîche
je ein Bund Dill, Petersilie und Schnittlauch
1 Kästchen Kresse
1 Zwiebel
1 Gewürzgurke
Salz
Pfeffer
1 Prise Zucker
Saft 1/2 Zitrone

Sahne, Quark und Crème fraîche gut verrühren. Petersilie, Dill und Schnittlauch hacken, Kresse schneiden, Zwiebel und Gewürzgurke würfeln. Alles zu der Quarksoße geben und abschmecken.

Joghurtcreme-Dip

125 g Quark
1 Becher Joghurt
1 Zwiebel
etwas Pfeffer
Salz
1 EL geriebener Parmesankäse

Quark und Joghurt verrühren, Zwiebel schälen und würfeln und unter die Joghurtmasse rühren. Mit Gewürzen abschmecken und mit dem Käse vermischen.

Meerrettich-Dip

1 Grundrezept Joghurtcreme
1/2 Bund fein geschnittener Dill
1 fein geriebener Apfel
1 TL grüne Pfefferkörner
1 EL Zitronensaft
1-2 EL geriebener Meerrettich (evtl. aus dem Glas)

Alle Zutaten unter die Joghurtcreme mischen.

Paprika-Dip

1 Grundrezept Joghurtcreme
1/2 Paprikaschote

Paprika waschen, entkernen und fein würfeln. Unter die Joghurtcreme mischen.

Kräuter-Dip

1 Grundrezept Joghurtcreme
3 EL frische, gehackte Kräuter
1 zerdrückte Knoblauchzehe

Joghurtcreme mit Kräutern und Knoblauch vermischen.

Mango-Dip

1 Mangofrucht
etwas Zitronensaft
etwas geriebenen, frischen Ingwer oder 1 Msp. gemahlenen Ingwer
1 EL gerösteten Sesam.

Mangofrucht schälen, das Fruchtfleisch abschneiden und pürieren. Mit Ingwer, Zitronensaft und dem Sesam vermischen. Alles unter die Joghurtcreme gut unterrühren.

Basilikum-Dip

50 g Sonnenblumenkerne
2 Knoblauchzehen
6-8 Stiele Basilikum
4 EL Olivenöl
50 g geriebenen Emmentaler Käse
Salz
Pfeffer

Sonnenblumenkerne fein mahlen. Knoblauch schälen und fein reiben. Basilikumblätter abzupfen, waschen und hacken. Alles vermischen, Öl unterrühren, ebenso den geriebenen Käse. Alles mit Salz und Pfeffer abschmecken.

Frischkäse-Dip
(Für 1 Person)

50 g körniger Frischkäse
1 EL gekeimte Mungbohnen o. ä.
1 kleiner Apfel
etwas Pfeffer, Salz und Senf

Frischkäse mit den Keimlingen und dem fein geriebenen Apfel gut verrühren, mit den Gewürzen pikant abschmecken.

Supper

Suppen-Kochkurs

1. Gemüsebrühe

a) Bringen Sie Wasser zum Kochen und lösen Sie dann pro 1/2 l Wasser einen Gemüsebrühwürfel darin auf. Sie können statt Würfel auch gekörnte (Instant-)Brühe verwenden. Die jeweilige Menge entnehmen Sie bitte der Packungsaufschrift.

b) Kochen Sie ca. 500 g zerkleinertes Gemüse nach Wahl in ca. 1 l Wasser sehr weich. Die Kochzeit richtet sich nach der Art des Gemüses. Wurzelgemüse braucht am längsten. Gießen Sie die Suppe nun durch ein Sieb, so daß das ausgekochte Gemüse zurückbleibt. Wenn Sie wollen, können Sie es auch pürieren, indem Sie es mit dem Rücken eines Eßlöffels durch das Sieb streichen (oder einen Pürierstab verwenden).

c) Kochen Sie Gemüse, das Sie als Beilage oder Hauptgericht reichen wollen, in der gewünschten Menge Wasser. Gießen Sie nach dem Garen die überschüssige Brühe ab. Verfeinern Sie Gemüsebrühe mit gehackter Petersilie oder feingewiegtem Schnittlauch oder mit anderen Würzkräutern nach Wahl.

Sie können nun die Gemüsebrühe als Trinkbrühe oder mit einer Einlage als einfache Vorspeise reichen oder nach einem der unten stehenden Rezepte bzw. nach eigenem Gutdünken weiterverarbeiten.

2. Gemüsesuppen

Waschen, putzen und zerkleinern Sie das Gemüse. Zerlassen Sie Fett in einem genügend großen Topf, geben Sie das Gemüse, evtl. mit einer zerkleinerten Zwiebel oder Zwiebelpulver hinein und dünsten Sie es unter Rühren ca. 5 Minuten an. Auf diese Weise schmeckt die Suppe voller und herzhafter als wenn Sie das Gemüse lediglich in Wasser weichkochen.

Gießen sie nun mit der erforderlichen Flüssigkeitsmenge (Wasser oder Brühe) auf und garen sie das Gemüse zu Ende.

3. Gemüsecremesuppen

Verfahren Sie wie unter 2., gießen sie zunächst aber nur mit der halben Flüssigkeitsmenge (Wasser oder Brühe) auf. Garen Sie das Gemüse und pürieren Sie es dann, indem Sie es mit der Rückseite eines Eßlöffels durch ein Sieb streichen, ein speziell für diesen Zweck gedachtes Püriersieb oder einen elektrischen Pürierstab benutzen. Gießen Sie nun mit ebensoviel Milch auf, wie Sie vorher Wasser oder Brühe hinzugefügt haben. Erhitzen Sie die Suppe nochmals bis kurz vor dem Siedepunkt, schmecken sie ab und tragen sie auf.
Sie können Gemüsecremesuppen durch Hinzufügen von (saurer) Sahne oder Crème fraîche (d.h. saure Sahne mit dem Fettgehalt von süßer Sahne) noch weiter verfeinern.

4. Gebundene Gemüsesuppen

a) Verfahren sie wie unter 2. Rühren Sie je nach Flüssigkeitsmenge einen oder mehrere Eßlöffel (Vollweizen-) Mehl oder Speisestärke in einer Tasse oder Schale mit kaltem Wasser glatt. Rühren Sie die Masse in die kochende Suppe ein. Lassen Sie die Suppe noch 1-2 Minuten unter wiederholtem Rühren andicken. Statt Mehl können Sie auch Vollkornschrot oder -flocken nach Wahl verwenden; Flocken brauchen Sie nicht anzurühren.

b) Verfahren Sie wie unter 2. angegeben, dünsten oder bräunen Sie aber zunächst unter häufigem Rühren etwas Mehl in Fett an und geben Sie erst dann das Gemüse dazu. Dünsten Sie es ein wenig mit an. Gießen Sie anschließend nach und nach mit heißer Flüssigkeit auf, die Sie mit einem Schneebesen kräftig unter die Einbrenne rühren. Garen Sie das Gemüse zu Ende und pürieren Sie es nach Belieben.

5. Getreidesuppen

Zerlassen Sie Fett in einem genügend großen Topf, fügen Sie das geschrotete Getreide hinzu, bräunen Sie es unter ständigem Rühren an, evtl. zusammen mit einer zerkleinerten Zwiebel. Gießen Sie nun unter kräftigem Rüren mit einem Schneebesen mit heißer Flüssigkeit (Wasser oder Brühe bzw. halb Wasser oder Brühe, halb Milch) auf, und kochen Sie die Suppe, bis sie andickt und der Mehlgeschmack des Getreides vergangen ist. Schmecken Sie die Suppe herzhaft ab und servieren sie.

Suppen mit Einlagen

Croûtons

ca. 250 g altbackenes feines Vollkornbrot
1-2 EL Butter oder Margarine
fertige Suppe oder Brühe

Brot in Würfel schneiden. Fett in einer Pfanne zerlassen, Brotwürfel darin knusprig anrösten. Suppe oder Brühe auf Teller verteilen, Croûtons hineinstreuen. Croûtons können eingefroren werden. Bei Verwendung von tiefgefrorenen Croûtons Brotwürfel auf ein Backblech legen, bei ca. 200 Grad etwa 10 Minuten auftauen.

Variante:
Brot in Scheiben schneiden, mit Butter bestreichen, in Würfel schneiden, im Backofen ca. 15-20 Minuten aufbacken. Dabei gelegentlich wenden.

Nudelsuppe

60 g selbstgemachte Nudeln (s. Kapitel Pfannkuchen ...) oder fertige, eifreie Suppennudeln
1 l Gemüsebrühe
evtl. Schnittlauch oder Petersilie

Nudeln in die kochende Gemüsebrühe einstreuen, 5-10 Minuten weichkochen. Schnittlauch oder Petersilie hacken, Suppe damit bestreuen.

Riebelesuppe

60 g Vollweizenmehl
1 gestrichener EL Sojamehl
1 gestrichener EL Speisestärke
Kräutersalz
etwas kaltes Wasser zum Anrühren
1 l Gemüsebrühe
Schnittlauch oder Petersilie (wahlweise)

Vollmehl und Salz mischen, Soja- und Stärkemehl mit etwas kaltem Wasser glattrühren, dazugeben, alles zu einem sehr festen Teig verkneten, evtl. noch mehr Mehl unterkneten. Teig auf dem Reibeisen reiben, auf ein Backblech streuen, auf kleinster Flamme im Backofen ca. 1/4 Stunde antrocknen lassen.
Brühe zum Kochen bringen, Riebele einstreuen, ca. 10 Minuten garkochen lassen. Mit Schnittlauch oder Petersilie bestreut servieren.

Frittatensuppe
(Pfannkuchensuppe)

(Grundrezept s. Kapitel Pfannkuchen ...)
Erkaltete Pfannkuchen (evtl. vom Vortag) in dünne Streifen schneiden, mit heißer Gemüsebrühe übergießen, mit Schnittlauch bestreuen. Sofort servieren.

Königsberger Krümelsuppe

1 l Milch oder 1/2 l Milch und 1/2 l Gemüsebrühe
1-2 Gemüsebrühwürfel
100 g Vollweizenmehl

Milch zum Kochen bringen, Brühwürfel darin auflösen. Mehl auf einmal in die kochende Milch schütten, die dabei entstehenden Klümpchen auf kleiner Flamme 3-5 Minuten ziehen lassen.

Grießklößchensuppe

40 g weiche Butter
60 g grober Hartweizengrieß
je 1 gestrichener EL Soja- und Stärkemehl
etwas kaltes Wasser zum Anrühren
Kräutersalz
1-1 1/2 l Gemüsebrühe
Schnittlauchröllchen oder gehackte Petersilie, (wahlweise)

Butter schaumig rühren. Soja- und Stärkemehl mit Wasser glattrühren. Mit der Butter verrühren, nach und nach Grieß untermengen. Teig etwa 1/4 Stunde zum Quellen stehen lassen.
Brühe zum Kochen bringen, mit einem feuchten Eßlöffel Stücke von dem Grießteig abstechen, mit angefeuchteten Händen zu länglichen Klößen (Nockerln) formen, mit einem Schaum- oder Schöpflöffel vorsichtig in die Brühe einlegen, 20-25 Minuten auf kleiner Flamme bedeckt ziehen lassen, nicht kochen. Mit Schnittlauch oder Petersilie bestreut servieren.

Variante:
Statt Grieß 75 g Vollweizenmehl nach Wahl verwenden.

Schnelle Grießklößchensuppe

1/4 l Milch
Kräutersalz
80 g grober Hartweizengrieß
reichlich 1 l Gemüsebrühe
je 1 EL Soja- und Stärkemehl, angerührt mit etwas kaltem Wasser
etwas Muskat (wahlweise)
Schnittlauchröllchen oder gehackte Petersilie (wahlweise)

Milch aufkochen, Salz, Grieß, Soja- und Stärkemehl-Paste einrühren, unter ständigem Rühren einen **sehr** festen Brei kochen. Abkühlen lassen, mit Muskat würzen. Brühe aufkochen, mit einem feuchten Eßlöffel Klößchen vom Brei abstechen, vorsichtig in die Suppe einlegen, ca. 5 Minuten köcheln lassen. Suppe mit Kräutern bestreut servieren.

Käseklößchensuppe

1 l Gemüsebrühe
50 g Schmelzkäse
1 EL Butter oder Margarine
5 TL Sojamehl
5 TL Vollweizenmehl
5 TL Grieß

Käse und Butter verkneten. Sojamehl, Mehl und Grieß unterkneten, bis eine **feste** Masse entsteht. Mit einem Teelöffel Klößchen davon abstechen, zu Kugeln rollen, in der heißen Brühe ca. 3 Minuten ziehen lassen.

Gemüsesuppen

Blumenkohlcremesuppe

1 Zwiebel
1 kleiner Blumenkohl
30 g Butter
3/4 l Gemüsebrühe
Salz
weißer Pfeffer
1 Becher (150 g) Crème fraîche
1/2 Bund Petersilie

Zwiebel schälen und würfeln, Blumenkohl putzen, waschen und in kleine Röschen teilen. Fett in einem Topf erhitzen, Zwiebelwürfel zufügen und kurz andünsten. Blumenkohl und Brühe in den Topf geben und alles aufkochen. Bei mittlerer Hitze ca. 15 Minuten garen. Blumenkohl fein pürieren. Blumenkohlsuppe mit Salz und Pfeffer abschmecken und mit Crème fraîche verfeinern. Petersilie waschen und hacken, über die Blumenkohlcremesuppe streuen.

Brokkolicremesuppe

20 g Margarine
2 Zwiebeln
1 l Gemüsebrühe (aus Würfel)
ca. 500 g Brokkoli
1 Bund Petersilie
weißer Pfeffer
geriebene Muskatnuß
Salz
2 EL flüssige Sahne

Margarine erhitzen, geschnittene Zwiebeln hell andünsten. Den geputzten, gewaschenen und in Stücke zerteilten Brokkoli dazugeben. Mit Brühe aufgießen und ca. 20 Minuten garen. Petersilie und Gewürze zugeben und fein pürieren. Zuletzt die Sahne unterrühren.

Brotsuppe

ca. 200-250 g altes Grau- oder Vollkornbrot
1-2 EL Butter oder Margarine
ca. 1 l Gemüsebrühe oder 1/2 l Brühe, 1/2 l Milch
evtl. 1 Zwiebel oder Zwiebelpulver
evtl. frische(r) Petersilie oder Schnittlauch
etwas Muskat oder Kümmel

Brot in Würfel schneiden. Fett zerlassen, Brotwürfel darin hellbraun rösten, evtl. zusammen mit Zwiebel(pulver). Mit Flüssigkeit aufgießen, ca. 10 Minuten kochen lassen, Brot pürieren oder durch ein Sieb streichen. Abschmecken. Mit gehackter(m) Petersilie oder Schnittlauch bestreut servieren.

Variante:
Die Brotwürfel nicht anrösten. Sonst wie oben.
Nach Wunsch kann auch etwas Gemüse mitgekocht oder der fertigen Suppe beigegeben werden (Gemüsereste!). In diesem Fall die Suppe mit dem Gemüse nochmals gut erwärmen, bis das Gemüse heiß ist.

Currysuppe mit Reis

250 g Sellerie
1 gehackte Zwiebel oder Zwiebelpulver
2 EL Margarine oder Butter
3-4 TL Curry
3/4 l heiße Gemüsebrühe
100 g Vollreis
Kräutersalz
2 EL Sojasoße
4 EL Crème fraîche oder saure Sahne

Sellerie putzen und zerkleinern, ebenso die Zwiebel. Fett zerlassen, Gemüse darin andünsten (5 Minuten), Curry dazugeben, mit Brühe auffüllen, Reis waschen und einstreuen, 20-30 Minuten kochen lassen.
Abschmecken, in 4 Teller füllen, je 1 EL Crème fraîche daraufsetzen.

Getreidesuppe

1 l Gemüsebrühe oder
1/2 l Brühe, 1/2 l Milch
100 g Getreide(schrot) nach Wahl, z.B. Grünkern, Weizen, Buchweizen, Weizen- oder Maisgrieß, Hafer, Gerste, Graupen, Hirse
evtl. (getrocknetes) Suppengemüse
evtl. gehackte(r) Petersilie oder Schnittlauch
1-2 EL Butter

a) Brühe zum Kochen bringen, Schrot oder Getreide einrühren, ebenso das Suppengemüse. Suppe unter wiederholtem Rühren garen (ca. 10 Minuten; ganzes Getreide braucht 1/2-3/4 Stunde). Butter in der Suppe zergehen lassen, mit Petersilie oder Schnittlauch bestreut servieren.

b) Fett zerlassen, Getreide(schrot) darin hellbraun anrösten, unter kräftigem Rühren mit dem Schneebesen mit heißer Brühe und Milch aufgießen, dann weiter wie oben.

Gerstensuppe aus ganzer Gerste

150 g Gerste
ca. 1 l Wasser
1 Prise Kräutersalz
1 kleine Zwiebel
1 Stange Lauch
1 kleine Möhre
1/2 Sellerieknolle
gekörnte Würzbrühe
Majoran und Basilikum
1 Lorbeerblatt
Knoblauch oder -pulver
1 Msp. Muskatblüte
1 EL Petersilie
1 EL Butter

Die gewaschenen ganzen Gerstenkörner 24 Stunden einweichen. Mit dem Einweichwasser Kräutersalz und 1 Lorbeerblatt 35-45 Minuten leise köcheln lassen. Den fein geschnittenen Lauch und die Zwiebel, den gehobelten Sellerie und die Möhren in etwas Wasser weich dünsten lassen. Gemüse und Körnermasse mischen, mit gekörnter Würze und Kräutersalz abschmecken, den zerdrückten oder gepreßten Knoblauch mit den anderen Gewürzen dazugeben. Wenn notwendig noch etwas Wasser auffüllen. Mit Butter und Petersilie abschmecken.

Gerstensuppe II

150 g mittelfein geschrotete Gerstengrütze
1 EL Öl oder Margarine
1 Zwiebel
1 1/4 l Wasser
Kräutersalz
gekörnte Brühe
1 gepreßte Knoblauchzehe oder -pulver
1/2 TL Muskatblüte
1 Msp. Liebstöckel
reichlich Schnittlauch oder Petersilie

Die Gerstengrütze wird unter ständigem Rühren in Öl oder Margarine leicht geröstet, die sehr fein geschnittene Zwiebel dazugegeben und mit einer Tasse Wasser 10 Minuten dünsten. Den Rest des Wassers dazugeben und kurz aufkochen lassen. Die Suppe mit Kräutersalz, gekörnter Brühe, evtl. Knoblauch, Muskat und Liebstöckel pikant abschmecken. Mit fein geschnittenem Schnittlauch oder Petersilie anrichten.

Hafer-Maissuppe

50 g Haferschrot
50 g Maisgrieß
1/2 l Gemüsebrühe
1/2 l Milch
1-2 EL Butter

Zubereitung wie Getreidesuppe.

Hafersüppchen
(Für 1 Person)

20 g Butter
40 g Haferflocken
1 Zwiebel
1 TL Hefewürze
1/2 l Wasser
2 EL Sahne oder Milch

Fett erhitzen, fein geschnittene Zwiebel mit Haferflocken darin bräunen, mit heißem Wasser aufgießen. Hefewürze zugeben und kurz aufkochen lassen. Mit Sahne oder Milch verfeinern.

Karottensuppe

1 Zwiebel oder Zwiebelpulver
1/4 mittelgroße Sellerieknolle
6 mittelgroße Karotten (ca. 500-750 g)
1 gehäufter EL Butter oder Margarine
Majoran, Thymian
Saft und Schale 1/2 ungespritzten Zitrone (wahlweise)
1 Lorbeerblatt
3/4 l Wasser oder Gemüsebrühe
Kräutersalz
Pfeffer
gehackte Petersilie

Gemüse fein zerkleinern. Fett zerlassen, Gemüse 5-10 Minuten darin andünsten, nicht bräunen. Zitronenschale dünn abschälen. Brühe zum Gemüse geben, Zitronenschale, Lorbeerblatt dazugeben, 1/4-1/2 Stunde köcheln lassen, bis das Gemüse sehr weich ist. Zitronenschale und Lorbeerblatt entfernen, Gemüse pürieren (Pürierstab, durch ein Sieb streichen), mit Zitronensaft, Salz und Pfeffer abschmecken. Mit Petersilie, Majoran und Thymian bestreut servieren.

Variante:
Halb Karotten, halb (Schoten-) Erbsen verwenden.

Kartoffelcremesuppe

ca. 1 kg Kartoffeln
1 l Gemüsebrühe
1/2 l Milch
Gewürze nach Geschmack (z. B. Majoran, Kümmel, Muskat)
Salz nach Geschmack

Kartoffeln gut bürsten, schälen. In kleine Würfel schneiden, in der Gemüsebrühe ca. 15 Minuten gut weich kochen. Kartoffeln pürieren. Milch hinzugeben, erhitzen, aber nicht mehr kochen. Mit Gewürzen abschmecken. Die Suppe sollte dickflüssig sein.

Varianten:
1. Zur Hälfte Kartoffeln, zur Hälfte Sellerie nehmen.
2. Zur Hälfte Kartoffeln, zur Hälfte Lauch nehmen.

Kartoffelsuppe

200 g Zwiebeln
50 g Vollweizenmehl
1 l Gemüsebrühe
100 g Karotten
100 g Petersilienwurzel
100 g Sellerie
400 g Kartoffeln
Salz
Pfeffer
Lorbeerblatt
Majoran
Knoblauch
Kümmel
einige getrocknete Pilze

Kartoffeln schälen und würfeln, Gemüse säubern und ebenfalls würfelig schneiden. In der Gemüsebrühe mit den Pilzen und den Gewürzen ca. 20 Minuten gut weich kochen.
Die fein geschnittene Zwiebel in etwas Butter glasig dünsten, das Vollweizenmehl dazugeben und eine Mehlschwitze (s.S. 373) herstellen, gut glattrühren und in die kochende Suppe einrühren.
Kurz aufkochen lassen, nochmals abschmecken und heiß servieren.

Kohlcremesuppe

1 Zwiebel oder Zwiebelpulver
1 große Kartoffel
1 gehäufter EL Butter oder Margarine
500 g Weiß-, Wirsing-, Rosen-, oder Chinakohl
3/4 l Gemüsebrühe
1/4 l Milch
Kräutersalz
Pfeffer
Muskat

Evtl. Zwiebel zerkleinern, Kartoffel schälen und würfeln. Fett zerlassen. Zwiebel(pulver) und Kartoffelstückchen ca. 10 Minuten andünsten.
Währenddessen Kohl in Streifen bzw. Scheiben schneiden, zur Kartoffelmischung geben, weitere 2-3 Minuten andünsten. Mit Brühe aufgießen, ca. 30 Minuten bedeckt kochen lassen. Milch hinzufügen, erhitzen, aber nicht kochen. Gemüse mit dem Pürierstab pürieren oder durch ein Sieb streichen. Abschmecken.

Kräutersuppe

ca. 200 g (Wild-) Kräuter (z.B. Kerbel, Dill, junge Brennesseln)
1 gehäufter EL Butter oder Margarine
1 gehäufter EL Vollweizenmehl
1 l heiße(s) Wasser oder Gemüsebrühe
1/8 l Milch
Kräutersalz
1 Prise Vollrohrzucker

Fett zerlassen. Kräuter fein hacken, in Fett 5-10 Minuten andünsten, mit Gemüsebrühe aufgießen, ca. weitere 5 Minuten gar kochen. Mehl mit Milch verschlagen, in die Suppe rühren, nochmals 1-2 Minuten aufkochen, bis die Suppe andickt. Mit Salz und Zucker abschmecken.

Kürbisrahmsuppe

250 g Kartoffeln
3/4 l Gemüsebrühe
700 g Kürbis
1 Stange Lauch
20 g Margarine oder Butter
125 g Schlagsahne
1 Bund Petersilie
1 Bund Dill
1 Bund Schnittlauch
Saft 1 Zitrone
Salz und Pfeffer

Kartoffeln waschen, schälen und würfeln und in der Gemüsebrühe ca. 15 Minuten ankochen. Kürbis zerteilen, entkernen und schälen. Fruchtfleisch ebenfalls würfeln und mit dem gewaschenen und in feine Streifen geschnittenen Lauch in heißem Fett kurz andünsten. Zu den Kartoffeln geben und gemeinsam nochmals 10 Minuten kochen. Danach die Sahne unterrühren und alles fein pürieren. Würzen und pikant abschmecken..

Maiscremesuppe

1 grüne und 1 rote Paprikaschote
1 Zwiebel
2 Dosen (à 425 g) Mais
1 EL Butter
30 g Vollweizenmehl
1 l Gemüsebrühe
Salz
weißer Pfeffer
Curry
2 TL Zitronensaft
1 Becher (200 g) Schlagsahne

Paprika putzen, waschen und in kleine Würfel schneiden, Zwiebel schälen und ebenfalls würfeln. Mais auf einem Sieb abtropfen lassen. Die Hälfte davon pürieren. Fett in einem Topf erhitzen und Zwiebeln darin glasig dünsten. Mehl zufügen und anschwitzen, aber nicht bräunen. Mit Brühe ablöschen. Paprika, pürierten Mais und ganze Maiskörner zugeben. 5 Minuten kochen lassen. Mit Salz, Pfeffer, Curry und Zitronensaft und einem halben Becher flüssiger Sahne abschmecken. Suppe mit einem Klecks geschlagener Sahne garnieren.

Maissuppe

1 l Gemüsebrühe
80-100 g grober Maisgrieß
Thymian
1 Knoblauchzehe
Salz
1 Stange Lauch
30 g Butter
2 EL angerösteter Sesam

Die Gemüsebrühe zum Kochen bringen und den Mais langsam einlaufen lassen, umrühren und ca. 10 Minuten ausquellen lassen. Inzwischen den Lauch gut waschen und in feine Streifen schneiden. In Butter leicht andünsten und zusammen mit dem gerösteten Sesam auf der Suppe verteilen.

Paprikasuppe

2 mittelgroße grüne Paprikaschoten
1 große Gemüsezwiebel
2 EL Öl
50 g Butter
50 g Vollweizenmehl
2 Gemüsebrühwürfel
1/2 l kochendes Wasser
Salz
Pfeffer
0,4 l Milch
1 Becher Naturjoghurt

Die Paprikaschoten waschen, putzen und zerkleinern. Zwiebel schälen und zerkleinern. Öl und Butter erhitzen, Paprika und Zwiebel hinzugeben und auf kleiner Flamme andünsten, bis beides weich, aber noch nicht braun ist. Das Mehl einrühren. Die Brühwürfel in kochendem Wasser auflösen. Die Brühe langsam unter die Mehl-Gemüse-Masse rühren.
Unter Rühren zum Kochen bringen, mit Salz und Pfeffer würzen. Bedeckt 15-20 Minuten köcheln lassen. Vom Feuer nehmen, durch ein Sieb passieren oder mit einem Mixstab pürieren. Milch einrühren. Kann kalt oder warm serviert werden. Mit je einem Klecks Naturjoghurt zu Tisch bringen.

Rote Bete Suppe

4 große Rote Bete
2 EL Öl
1 l Gemüsebrühe
1 Prise Muskat
1 Prise gemahlener Koriander
Pfeffer
Kräutersalz
Saft 1 Zitrone
evtl. Schlagsahne

Rüben schälen, in Würfel schneiden. Fett erhitzen. Rüben darin ca. 5 Minuten andünsten, mit Brühe aufgießen, Rüben gar kochen (ca. 1/2 Stunde). Zitronensaft hinzufügen, mit Salz und Gewürzen abschmecken. In Teller füllen, evtl. mit einem Sahnehäubchen garnieren.

Sauerampfercremesuppe

2-3 kleine Zwiebeln
20 g Butter oder Margarine
3/4 l Gemüsebrühe
Salz
Pfeffer
1 Prise Vollrohrzucker
1/8 l Sahne
1 Bund oder 150 g Sauerampfer

Zwiebeln schälen und in feine Ringe schneiden, in heißem Fett andünsten und mit der Hälfte der Brühe aufgießen. Mit Salz, Pfeffer und Zucker abschmecken. Sauerampfer inzwischen waschen, zugeben und alles im Mixer oder mit dem Pürierstab zerkleinern. Mit der restlichen Brühe auffüllen, aufkochen lassen und die Sahne unterrühren.

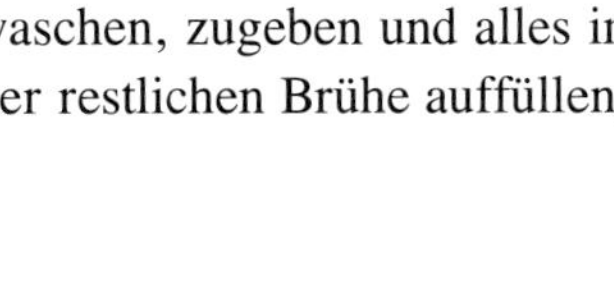

Spinat-Kartoffelsuppe

500 g Kartoffeln
250 g Spinat
1 Stange Lauch
1 l Gemüsebrühe
3 EL Öl
1 Prise Salz
1 Prise Muskat
1 Becher Crème fraîche

Die Kartoffeln, Lauch und Spinat waschen. Kartoffeln dünn schälen, mit dem geputzten Lauch in Stücke schneiden und im erwärmten Öl andünsten. Spinat dazugeben und kurz mitdünsten. Mit Gemüsebrühe auffüllen, ca. 15 Minuten leise köcheln lassen, vorsichtig pürieren. Mit den Gewürzen abschmecken. Mit Crème fraîche garnieren.

Feine Spinatsuppe

500 g frischer Blattspinat
2 Zwiebeln
50 g Butter oder Margarine
40 g Mehl
1 l Gemüsebrühe
Salz
weißer Pfeffer
geriebene Muskatnuß
1/2 Becher Crème fraîche

Spinat waschen, verlesen und in kochendem Wasser blanchieren, gut abtropfen lassen und fein hacken.

Zwiebeln schälen und fein schneiden. Fett in einem Topf zerlassen, Zwiebeln darin andünsten und das Mehl darüberstreuen, leicht anbräunen lassen und mit der Brühe ablöschen. Spinat zufügen und unter Rühren zum Kochen bringen. Suppe mit Salz, Pfeffer und Muskatnuß abschmecken. Mit Crème fraîche verfeinern.

Schnelle Tomatensuppe 1

1 l kochendes Wasser
1-2 Gemüsebrühwürfel
3-4 kleine Dosen Tomatenmark
evtl. 1-2 EL Speisestärke
etwas kaltes Wasser zum Anrühren

Basilikum
Oregano
Pfeffer
Salz

Gemüsebrühwürfel in kochendem Wasser auflösen, Tomatenmark mit dem Schneebesen einrühren. Mit Kräutern und Salz abschmecken.
Evtl. vor dem Servieren die Suppe mit etwas Speisestärke andicken. Stärkepuder mit etwas kaltem Wasser anrühren, in die kochende Suppe einrühren, unter Rühren ca. 1-2 Minuten kochen lassen, bis die Suppe andickt.

Tomatensuppe 2

ca. 1000 g Tomaten (evtl. aus der Dose)
1/2 l Gemüsebrühe
evtl. Parmesankäse
Salz

Pfeffer
Muskat
Oregano
Basilikum
einige EL Sahne

Tomaten gut zerkleinern oder pürieren, in der Brühe erhitzen, kurz aufkochen lassen. Abschmecken, mit Sahne verfeinern, evtl. Käse darin zergehen lassen.

Tomatensuppe suprême

4 pürierte Tomaten
1 fein gehackte Zwiebel
2 EL Öl
2 EL Crème fraîche
1/2 l Gemüsebrühe
1 EL getrocknetes Oregano
1 EL Kräuter der Provence
1 Knoblauchzehe
Kräutersalz
Sojasoße nach Geschmack

Zwiebeln und Knoblauch fein hacken und in Öl glasig dünsten, die pürierten Tomaten dazugeben und mit der Brühe aufgießen. Kräuter, Gewürze und Crème fraîche zugeben und 10 Minuten auf kleiner Flamme leise kochen lassen.

Französische Zwiebelsuppe

1 kg Zwiebeln
2 Knoblauchzehen
6 EL Butter oder Margarine
6 EL Mehl
2 l Gemüsebrühe
Salz
schwarzer Pfeffer
Streuwürze
6 Scheiben Weißbrot
100 g Butter oder Margarine
200 g geriebener Käse

Zwiebeln und Knoblauch schälen, Zwiebeln in dünne Ringe schneiden, Knoblauch zerdrücken. Beides in erhitztem Fett 15-20 Minuten hellbraun dünsten. Mehl darüberstreuen und 5 Minuten unter Rühren bräunen. Gemüsebrühe zugießen und 15-20 Minuten kochen. Zwiebelsuppe würzen und warm stellen. Brotscheiben im Backofen auf beiden Seiten goldgelb rösten, mit Butter bestreichen und mit Käse bestreuen. Vor dem Servieren in die gefüllten Suppentassen legen und unter dem Grill kurz überbacken.

Zwiebelsuppe
(Für 1 Person)

1 mittelgroße Zwiebel
100 g Margarine oder Butter
2 Tassen Gemüsebrühe
1 Lorbeerblatt
Pfefferkörner
Salz

Die geschälte Zwiebel in Ringe schneiden, in Fett andünsten, mit Gemüsebrühe aufgießen. Lorbeerblatt und Pfefferkörner zugeben und etwa 10-15 Minuten garen. Abschmecken mit Salz.

Suppen aus Hülsenfrüchten

Bohnensuppe

250 g weiße Bohnen
1 l Wasser
1/2 l Gemüsebrühe
Zwiebelpulver
Bohnenkraut
Salz oder Kräutersalz
Knoblauchpulver (wahlweise)
Pfeffer
60 ml saure Sahne oder Crème fraîche
1 EL Butter oder Margarine
gehackte Petersilie

Hülsenfrüchte über Nacht in Wasser einweichen. Mit Brühe aufgießen. Zwiebelpulver und Bohnenkraut dazugeben. Zum Kochen bringen, ca. 60 Minuten gar kochen. Sahne und Fett dazugeben, etwas ziehen lassen, aber nicht mehr kochen. Abschmecken. Zum Schluß mit frischer Petersilie bestreuen.

Variante:
Nach Wunsch können die Hülsenfrüchte auch püriert werden.

Erbsensuppe

250 g grüne oder gelbe Erbsen
1 1/2 l Wasser
Pfeffer
Majoran
Basilikum
Thymian
Rosenpaprika
Muskat
Knoblauch
Zwiebelpulver (wahlweise)
Salz
frische gehackte Petersilie
1 EL Butter oder Margarine
evtl. 1/8 l saure Sahne

Erbsen über Nacht einweichen. Im Einweichwasser zum Kochen bringen, ca. 1-1 1/4 Stunden weich kochen. Aufsteigenden Schaum, wenn nötig, entfernen (abschäumen).
Mit Salz und den Gewürzen abschmecken. Fett hinzufügen und zergehen lassen, Sahne unterrühren. Erhitzen, aber nicht mehr kochen. Vor dem Servieren mit Petersilie bestreuen.

Varianten:
Die Hülsenfrüchte pürieren.
Statt Erbsen, Linsen oder Bohnen verwenden.

Kreolische Linsensuppe
(Für 6-8 Personen)

250 g Linsen
1 1/2 l kochendes Wasser
1 1/2 TL Salz
1 Zwiebel
1/2 kleine Sellerieknolle
1 grüne Paprikaschote
1 rote Paprikaschote
2 EL Vollweizenmehl
3 EL Butter
1 EL Vollrohrzucker
1 Lorbeerblatt
4-5 EL Tomatenmark
frisch gemahlener Pfeffer

Linsen mit kochendem Wasser übergießen, Salz hinzufügen und bedeckt ca. 1 Stunde stehen lassen. Zwiebel, Sellerie und Paprikaschoten zerkleinern. 3 EL Butter zerlassen, Gemüse, Zucker und Lorbeerblatt dazugeben, ein paar Minuten lang andünsten, dann alles zu den Linsen geben.
1 Stunde auf ganz kleiner Flamme kochen. Mehl und Tomatenmark miteinander vermengen, mit etwas von der Suppe abgenommener Flüssigkeit gut verrühren, dann alles an die Linsen geben. Etwas schwarzen Pfeffer hineinreiben, nochmals gut heiß werden lassen und servieren.

Kalte Suppen

Kalte Kartoffelsuppe

500 g Kartoffeln
1 Salatgurke
20 g Butter oder Margarine
1/2 l Gemüsebrühe
Kräutersalz
Pfeffer
Zwiebelpulver
Dill
150 g (saure) Sahne

Kartoffeln und Gurke schälen und würfeln. Fett zerlassen, beides dazugeben, ca. 5 Minuten andünsten. Mit Brühe aufgießen, ca. 15-20 Minuten gut weich kochen. Gemüse pürieren, Suppe abschmecken. Im Kühlschrank durchkühlen lassen, gut gekühlte Sahne einrühren, servieren.

Kalte Lauchsuppe

2-3 Lauchstangen
ca. 400 g Kartoffeln
40 g Butter oder Margarine
1 l Gemüsebrühe
Kräutersalz
Pfeffer
1/4 l (süße) Sahne
gehackter Schnittlauch

Kartoffeln schälen und in Würfel, Lauch in Ringe schneiden. Fett erhitzen, Gemüse ca. 5 Minuten darin andünsten, mit Gemüsebrühe auffüllen, ca. 15 Minuten kochen bzw. so lange, bis die Kartoffeln gut weich sind.
Gemüse pürieren, abschmecken, erkalten lassen. Sahne unterrühren; Suppe im Kühlschrank gut durchkühlen lassen. Mit Schnittlauch bestreuen, servieren.

Kalte Tomatensuppe

1000 g Tomaten
2 TL Vollrohrzucker
2 TL Kräutersalz
Pfeffer
Zwiebel- und Knoblauchpulver
Saft 1 Zitrone
1/8 l Sahne
gehackte Petersilie oder Basilikum und Oregano

Tomaten kurz in heißes Wasser legen, herausnehmen, kurz abschrecken, Haut abziehen, Tomaten zerkleinern, durch ein Sieb streichen. Im Kühlschrank durchkühlen lassen. Abschmecken. Sahne schlagen, unter das Püree heben, mit Petersilie oder Basilikum und Oregano bestreut servieren.

Kalte Gurkensuppe
(Für 1-2 Personen)

1 kleine Salatgurke
1 Becher saure Sahne
1-2 Becher Joghurt
Kräutersalz
Pfeffer
gehackte Petersilie
gehackter Dill

Gurke schälen, im Mixer oder mit dem Pürierstab pürieren. Oder: Gurke würfeln, in Wasser sehr weich kochen, abgießen, pürieren und erkalten lassen. Mit saurer Sahne und Joghurt verrühren. Mit Petersilie und Dill bestreuen. Eiskalt servieren.

Süße Suppen

Milchsuppen

1 l Milch
1 Päckchen Vanillezucker oder ca. 1 TL abgeriebene Zitronenschale
1-2 gehäufte EL Speisestärke oder 30-40 g Vollweizenmehl oder 40-50 g Grieß, Sago, Haferflocken oder Vollreis
2 EL Honig
50 g Rosinen oder anderes zerkleinertes Trockenobst (Datteln, Feigen, Aprikosen, Bananen, Pflaumen, wahlweise)

Milch, evtl. mit Trockenobst zum Kochen bringen, Vanillezucker oder Zitronenschale dazugeben.
Speisestärke bzw. Mehl mit etwas kalter Milch glattrühren, in die kochende Milch geben und unter Rühren 1-2 Minuten andicken lassen; Grieß, Sago, Haferflocken oder Vollreis in die kochende Milch einrühren. Grießsuppe in ca. 10 Minuten, Sago- und Reissuppe in ca. 25 Minuten, Haferflockensuppe in ca. 5-10 Minuten gar kochen. Honig erst nach dem Kochen zugeben.

Varianten:
Statt (Stärke-)Mehl, Grieß usw. können auch 100 g Nudeln oder Graupen in der Suppe gekocht werden. Mit Zitronenschale, Vanillezucker oder Zimt abschmecken.

Süße Brotsuppe

ca. 250 g altbackenes Schwarz-, oder Graubrot
1 l Wasser oder 1/2 l Wasser, 1/2 l Milch
ca. 50 g Honig
1-2 EL Butter oder Margarine
1 Handvoll Rosinen
evtl. 1/8 l Sahne
Zimt oder Vanille

Brot in Würfel schneiden, mit Rosinen und Zucker in der Flüssigkeit ca. 1/2 Stunde weich kochen, pürieren. Mit Butter oder Sahne verfeinern, mit Zimt oder Vanille und Honig abschmecken.

Variante:
500 g zerkleinerte Äpfel mitkochen, mit dem Brot pürieren.

Fruchtsuppen

ca. 500-750 g Obst (Aprikosen, Kirschen, Quitten, Holunder, beliebige Beeren, Kürbis, Pfirsiche, Äpfel etc.)
1 l Wasser oder Milch
50-100 g Vollrohrzucker oder Honig (je nach Säuregehalt des Obstes)
30-40 g Speisestärke oder Vollweizenmehl oder Grieß oder Sago

Obst waschen, abtropfen lassen, entstielen, evtl. entsteinen, zerkleinern oder pürieren. In kalte Flüssigkeit geben, erhitzen, weich kochen. Speisestärke oder Mehl mit kalter Flüssigkeit anrühren, einkochen und unter Rühren ca. 1-2 Minuten andicken lassen. Mit Honig oder Vollrohrzucker abschmecken.
Grieß oder Sago direkt in die kochende Flüssigkeit rühren, ca. 10 Minuten bzw. ca. 25 Minuten unter wiederholtem Rühren kochen. Warm oder kalt servieren.

Süßsaure Mangosuppe

2 reife Mangos
1 Tasse Wasser
1 Msp. Salz
3 EL Mehl
1-2 EL Curry
40 g Butter
1/2 l Wasser
1 Würfel Gemüsebrühe
1-2 EL Zitronensaft
Salz
frisch gemahlener weißer Pfeffer
Curry

Mangos schälen, um den Kern abschneiden und zerkleinern.
Die Mangostücke in leicht gesalzenem Wasser weich kochen und dann durch ein Sieb pressen. Die Kochflüssigkeit mitverwenden. Butter in einem Topf erhitzen. Das Mehl mit dem Curry vermischen und in der Butter anschwitzen. Mit Wasser angießen, den Brühwürfel und das Mangomus dazugeben. Die Suppe gut durchkochen lassen, mit Zitronensaft, Salz, Pfeffer und Curry abschmecken. Je nach gewünschter Festigkeit noch etwas heiße Gemüsebrühe dazugeben.

Reis und Getreide-gerichte

Reis (Grundrezept)

Reis kann auf verschiedene Arten zubereitet werden. Auf jeden Fall sollte man ihn vorher gründlich in warmem Wasser waschen. Am einfachsten bereitet man ihn dann so zu:

Reis in 1-2 EL Fett (Butter, Öl, Butaris) ca. 3 Minuten andünsten. Mit der dreifachen Menge kochendem Wasser aufgießen, dem man 1-2 TL Salz oder 1-2 Gemüsebrühewürfel zugefügt hat, dann auf kleiner Flamme ca. 15-20 Minuten garen (gelegentlich umrühren), bis der Reis weich ist, aber noch "Biß" hat. Naturreis hat eine etwas längere Garzeit, ca. 25-30 Minuten.

Wenn Sie einen Schnellkochtopf haben (Dampfdrucktopf), geben Sie den gewaschenen Reis in den gelochten Einsatz, den Sie auf den Boden des Topfes stellen. Fügen Sie nun so viel Wasser hinzu, daß der Reis ca. 1/2 Finger breit bedeckt ist. 18-20 Minuten garen (der 2. Ring sollte sichtbar sein). Anschließend den fertigen Reis würzen und nach Wunsch weiterverarbeiten.
Das Reiswasser können Sie mit Hefeflocken, Hefeextrakt oder Endoferm gewürzt trinken oder als Grundlage für Suppen und Soßen weiterverarbeiten. Auch Gemüse läßt sich darin dünsten.

Verfeinerung:
Dem gekochten Reis Butter zusetzen oder ihn darin andünsten. Würzen Sie den Reis anschließend mit Curry, Fenchel, gemahlenem Kreuzkümmel, Ingwer, Paprika oder Gelbwurz (Kurkuma). Auch etwas Koriander kann dabei sein. Als Kräuter eignen sich vor allem Dill und Petersilie.
Sie können den gewürzten Reis zusammen mit frischem Joghurt und Tomatenketchup reichen oder natürlich zu Gemüsen und Salaten.

Reis schmeckt auch süß sehr gut (z.B. als Nachspeise oder zum Frühstück), wenn Sie ihn mit etwas Honig, Milch oder Joghurt, gehackten Nüssen, Kokosflocken und Rosinen vermengen. Er kann warm oder kalt gegessen werden.

Reisarten:
Natur-, Voll-, oder brauner Reis, der vielfach auch (außerhalb der Fachgeschäfte) schon im Handel angeboten wird, ist reich an Vitaminen der B-Gruppe, die als Nerven- und Hauptvitamine gelten und für den Kohlehydratstoffwechsel unentbehrlich sind. In weißem Reis fehlen sie fast völlig.

Avario-Reis enthält dank eines speziellen physikalischen Verfahrens noch einen bestimmten Anteil an B-Vitaminen und Mineralstoffen.

Die Form des Reises (Langkorn-, Rundkornreis) spielt für seinen biologischen Wert keine Rolle. Rundkornreis wird vorwiegend für Süßspeisen, besonders für Milchreis verwendet, Langkornreis wird meistens, pikant abgeschmeckt, zu Gemüsegerichten gereicht.

Kräuterreis

250 g Vollreis
3/4 l Gemüsebrühe
getrocknete oder frische Kräuter nach Wahl (z.B. Petersilie, Majoran, Dill)

1 EL Butter
1/4 TL Curry
1/4 TL gemahlener Koriander

Reis ca. 25 - 30 Minuten (im Schnellkochtopf 20 Minuten) in Gemüsebrühe gar kochen, bis er weich ist, aber noch "Biß" hat. Reisbrühe auffangen und am Abend oder am nächsten Tag für Suppe oder Gemüse verwenden.
Butter und Kräuter unterrühren. Mit Gewürzen abschmecken.

Würzreis

je 1/2 TL gemahlener Fenchel
und Kreuzkümmel
1 EL Mohn
1 EL schwarze Senfkörner
1/2 TL Gelbwurz (Kurkuma)
2 EL Butter
2 Tassen Vollreis
5 Tassen Wasser
Salz

Fett in einer Pfanne zerlassen, Reis, Gewürze, Salz, Mohn und Senfkörner darin andünsten. Nach einigen Minuten mit Wasser aufgießen, gut umrühren, nach Grundrezept fertig garen.

Varianten:
Die Gewürze können nach Geschmack variiert werden. Außerdem können Sesamsamen oder Kokosflocken mit angedünstet werden.

Curryreis mit Pilzen

1 Tasse Vollreis
3 Tassen Gemüsebrühe
Curry nach Geschmack
1 EL Butter
1 gehackte Zwiebel
ca. 250 g Pilze
1 Bund Petersilie

Reis in Brühe gar kochen (s. Grundrezept). Währenddessen Zwiebel und Pilze in Butter weich dünsten. Mit dem fertigen Reis vermengen. Abschmecken. Reis auf eine Platte häufen, mit gehackter Petersilie bestreuen.

Tahinreis

Fertig gegarten Reis mit einigen EL Tahin (Sesam-Mus) verrühren. Tahin ist reich an Eiweiß und ungesättigten Fettsäuren und ergänzt Vollreis in vorteilhafter Weise. Nach Geschmack salzen.

Brauner Safranreis

Auf jede Tasse ungekochten Reis kommen:
ca. 2 Tassen Wasser
1 EL Zitronensaft
2 EL Korinthen (wahlweise)
ca. 1/4 TL gemahlener Safran
1/2 TL Kräutersalz
ca. 100 g Mandelblättchen (wahlweise)
1 EL zerlassene Butter

Reis waschen, mit Wasser, Korinthen und Salz 5 Minuten bedeckt kochen lassen. Auf kleiner Flamme fertig garen, ohne Deckel abzunehmen.
Nach ca. 30 Minuten von der Platte nehmen und nochmals ca. 10 Minuten ausquellen lassen.
Währenddessen den Safran unter Rühren im Zitronensaft auflösen. Wenn der Reis gar ist, Safran-Mischung zusammen mit den Mandeln darunter mischen. Zum Schluß den Reis in zerlassener Butter schwenken. Dazu Gemüse reichen.

Varianten:
Statt Safran Curry oder Paprika nehmen oder je 1/4-1/2 TL Gelbwurz, gemahlener Kreuzkümmel und Rosenpaprika oder eine Prise Chilipulver nehmen.

Reis in Kokosmilch

1 1/2 Tassen Reis
2 EL Butaris oder Butter
10 ganze Pfefferkörner
4 ganze Gewürznelken
3 Tassen Kokosmilch (s. nachstehendes Rezept)
1 TL Gelbwurzpulver (Kurkuma)
1 TL Kräutersalz
1/4 TL gemahlener Kardamom
10 abgezogene, gehackte Mandeln oder 1 gehäufter EL Mandelblättchen
10 gehackte Cashewnüsse oder 2 EL Sonnenblumenkerne

Fett in der Pfanne zerlassen. Reis dazugeben und so lange dünsten, bis er sein glasiges Aussehen verliert. Kokosmilch und alle Gewürze außer dem Kardamom dazugeben. Zum Kochen bringen, bedecken und leicht köcheln lassen. Wenn der Reis nahezu weich ist, Kardamom hineingeben. Nüsse und Mandeln anrösten und auf den Reis streuen. Dazu paßt Salat oder gedünstetes Gemüse.

Kokosmilch

150 g Kokosflocken
1 l kochendes Wasser

Kokosflocken mit kochendem Wasser überbrühen. 30 Minuten ziehen lassen. Dann die Masse in ein feinmaschiges Sieb geben und über einer Schüssel abtropfen lassen. Restliche Flüssigkeit mit den Händen ausdrücken.

Pfirsichreis

2 Tassen Vollreis
2 EL Butaris oder Butter
1 TL Kräutersalz
2-3 TL schwarze Senfkörner (Apotheke)
2 EL Sultaninen
1 Tasse Kokosflocken
500 g in Scheiben geschnittene Pfirsiche
10 gehackte Cashewnüsse oder Mandeln
1 TL Gelbwurzpulver (Kurkuma)
1/4-1/2 TL gemahlenen Rosenpaprika oder Cayennepfeffer

Reis waschen, abtropfen lassen und gar kochen (vgl. Grundrezept). Fett erhitzen, Senfkörner und Paprikapulver oder Cayennepfeffer darin andünsten. Kokosflocken und Pfirsiche dazugeben und 5 Minuten mitdünsten. Anschließend mit Nüssen oder Mandeln und Sultaninen ebenso verfahren. Alles unter den gekochten Reis mischen. Heiß servieren. Dazu Salat reichen.

Reisgericht auf chinesische Art

1 große Zwiebel
1 grüne Paprikaschote
1 Knoblauchzehe (wahlweise)
1/2-1 TL Ingwerpulver
1/4 frische Ananas oder 250 g Ananasstücke aus der Dose
250 g Pilze (z.B. Champignons aus der Dose)
1 Dose Bambussprossen
1 Dose Sojabohnensprossen (beides erhältlich in großen Supermärkten)
2 EL Öl
350 g gekochter Vollreis (aus ca. 125 g ungekochtem Reis)
1-2 EL Sojasoße (evtl. mehr)
Kräutersalz und Pfeffer
etwa 150 g abgezogene, halbierte Mandeln (wahlweise)

Zwiebel und Paprika in Stücke schneiden, Knoblauchzehe fein hacken oder durch die Knoblauchpresse drücken, gegebenenfalls Ananas und Pilze in Stücke schneiden. Bohnen- und Bambussprossen in ein Sieb gießen und abtropfen lassen.
Öl erhitzen, Obst und Gemüse hineingeben. Bei großer Hitze unter ständigem Rühren 3 Minuten lang andünsten. Reis, Sojasoße, Salz und Pfeffer dazugeben. Wenn der Reis ganz heiß ist, Mandeln unterrühren und die Reismischung auf eine Servierplatte häufen. Nach Geschmack eine süß-saure Soße dazu reichen (siehe Kapitel Soßen).

Joghurtreis

2 Tassen Vollreis
5 Tassen Wasser
1 TL Kräutersalz
1 EL Butaris oder Butter
2 EL schwarze Senfkörner
ca. 1/2 l Joghurt
1 gestrichener TL Ingwer oder ein ca. 2 1/2 cm langes, fein gehacktes Stück Ingwer
1 kleine Dose in Scheiben geschnittene Mangofrüchte
1/2 TL Salz
1 Prise Cayennepfeffer

Reis in Salzwasser gar kochen, abtropfen lassen und warm stellen.
Fett erhitzen, Senfkörner darin andünsten, Cayennepfeffer und Ingwer dazugeben, ebenfalls mit andünsten. Früchte einrühren, ebenso den Joghurt. Vorsichtig erhitzen, damit der Joghurt nicht ausflockt. Zum Schluß den Reis unterrühren.
Dazu paßt grüner Salat.

Reisring

3 große, feste Salatgurken
2-3 EL Butter
6 EL Milch oder Sahne
150 g Käse (z.B. Gouda)
2 EL Vollweizenmehl
Kräutersalz
frisch gemahlener schwarzer Pfeffer
250 g Vollkorn-Langkornreis
1 große, in Stücke geschnittene Zwiebel
2 EL Butter
1/2 TL Basilikum
1 EL gemahlener Kreuzkümmel
3 feste, reife Tomaten, in Würfel geschnitten
1 gute Handvoll gehackte Petersilie

Reis kochen. Gurken schälen, der Länge nach vierteln, in große Stücke schneiden. Fett zergehen lassen, Gurkenwürfel 7-10 Minuten darin andünsten. Milch oder Sahne hinzufügen, vorsichtig erhitzen.
Käse reiben, mit Mehl vermischen und langsam in die Milch-Gurken-Mischung einrühren. Mit Salz und Pfeffer würzen und unter häufigem Rühren auf kleiner Flamme kurz köcheln lassen. Zwiebel in 2 EL Butter andünsten, Basilikum und Kreuzkümmel dazugeben.
Den fertig gegarten Reis abtropfen lassen und zu den Zwiebeln geben. Tomaten einrühren und erhitzen, dann Petersilie, Salz und Pfeffer nach Geschmack hinzufügen. Gurken auf eine große Platte häufen und mit dem Reis umgeben. Sofort servieren.

Türkisches Reispilaf

200 g Vollreis
2 große Zwiebeln
100 ml Öl
1 l Gemüsebrühe
100 g Sojawürfel
500 g Sauerkraut
Salz
Kümmel
Pfeffer
Koriander
Sojasoße

Sojawürfel ca. 15 Minuten in 3/4 l heißer, gut gewürzter Gemüsebrühe kochen. Abgießen und gut abtropfen lassen. Den gewaschenen Reis in reichlich Salzwasser körnig weich kochen. Anschließend abgießen und auf einem Sieb abtropfen lassen. Die kleingeschnittenen Zwiebeln in Öl hellgelb andünsten, Sojawürfel zugeben, ebenso Salz und Gewürze, kurz anschmoren lassen, mit etwas Gemüsebrühe auffüllen und ca. 10 Minuten dünsten. Sauerkraut hineingeben und zusammen mit den Sojawürfeln in ca. 20 Minuten garen.
Reis, Sojawürfel und Sauerkraut vermischen, mit Sahne übergießen, mit Sojasoße abschmecken und alles zusammen nochmals kurze Zeit erhitzen.

Gebackener Reis

200 g Vollreis
2 Stangen Lauch
2 EL Öl
1 Msp. Knoblauch
1 Msp. Muskat
Salz
gehackte Petersilie
100 g geriebener Käse
1 EL Butter

Reis nach Grundrezept zubereiten. Den Lauch putzen, waschen, in Ringe schneiden und in heißem Öl und etwas Wasser andünsten.
Den abgekühlten Reis mit dem Lauch und dem Käse vermischen, Gewürze zugeben, in eine gefettete feuerfeste Form füllen, Butterflöckchen aufsetzen und bei 180 Grad ca. 30 Minuten überbacken. Mit gehackter Petersilie bestreuen.

Serbisches Reisgulasch

2 Tassen Vollreis
5 Tassen Wasser
1-2 Gemüsebrühwürfel
100 g Sojafleisch-Würfel
3/4 l heiße Gemüsebrühe aus Wasser und 1 Würfel
1 EL (ca. 20 g) Butter oder Margarine
1 EL Tomatenmark (nach Geschmack mehr)
1/2 TL Basilikum oder Oregano
1/2 TL Rosenpaprika
1/2 TL Chilipulver
frisch gemahlener Pfeffer zum Bestreuen

Reis in Wasser gar kochen (s. Grundrezept).
Währenddessen die Sojafleischwürfel 20-30 Minuten in 3/4 l heißer Brühe kochen. Wenn der Reis gar ist, Butter oder Margarine in einer Pfanne zergehen lassen, Reis dazugeben, ebenso die Sojawürfel. Alles gut vermengen und würzen. Dazu grünen Salat reichen.

Ein Tip:
Sollte das Gericht zu scharf geraten, mit etwas Joghurt "löschen"; er nimmt die Schärfe besser als Trinkflüssigkeit!

Variante:
Reisgulasch mit Gemüse

Zutaten wie bei "Serbisches Reisgulasch"; außerdem:

2 mittelgroße Zwiebeln
2 grüne und 2 rote Paprikaschoten
1 Dose Champignons

In der zerlassenen Butter oder Margarine die kleingeschnittenen Zwiebeln, Paprikaschoten und Champignons andünsten. Reis und Sojawürfel dazugeben.

Reispilau

100 g Sojabratlingsmischung
50 g Vollreis
250 g Pilze (z.B. Champignons aus der Dose)
1 rote und 1 grüne Paprikaschote
1-2 große Tomaten oder 1 EL Tomatenmark (evtl. auch mehr)
1 große Zwiebel oder 2-3 TL Zwiebelpulver
1 Knoblauchzehe oder 1/2-1 TL Knoblauchpulver (wahlweise)
50 g Sultaninen (wahlweise)
50 g gehackte Mandeln
2 EL Öl
1-2 EL Hefeflocken
1/4-1/2 TL Curry
1/4-1/2 TL Paprika
200 g geriebener Käse (z.B. Gouda)

Reis nach Grundrezept gar kochen und abschmecken.
Paprika putzen und vierteln, in Streifen schneiden. Zwiebeln und Knoblauch fein wiegen, in Öl andünsten. Paprika und Pilze dazugeben, ebenfalls mitdünsten (ca. 5-10 Minuten). Kurz vor der Garzeit Tomaten hineingeben.
Während das Gemüse gart, Sojabratlingsmischung nach Gundrezept (s. Packungsbeilage) zubereiten.
Die übrigen Zutaten untermischen.
Mit Käse bestreut anrichten.

Vegetarische Paela

2 große Auberginen
250 g Vollreis
2 große Zwiebeln
1 Knoblauchzehe
4 EL Pflanzenöl
2 Lorbeerblätter
1 rote entkernte Paprika, in Streifen geschnitten
250 g geputzte Pilze nach Wahl
Saft 1 Zitrone
8 gehäutete und geviertelte Tomaten
125-175 g geröstete Mandelblättchen
Salz
Pfeffer
Paprika

Auberginen würfeln, mit Salz bestreuen und 1/2 Stunde stehen lassen. Inzwischen den Reis in reichlich kochendem Wasser weich kochen, dann abgießen. Brühe auffangen und für Suppen verwenden. Zwiebeln und Knoblauch zerkleinern; mit den Lorbeerblättern 10 Minuten lang auf kleiner Flamme in Öl andünsten. Auberginen-Flüssigkeit abgießen. Auberginen zusammen mit Paprika und Pilzen zu den Zwiebeln geben. Einige Minuten lang dünsten. Reis, Zitronensaft und Gewürze hinzufügen. Zum Untermischen eine Gabel verwenden, damit das Gemüse nicht zerdrückt wird. Kurz vor dem Servieren Tomaten und Mandeln dazugeben.

Pikanter Reis mit Tomaten

2 Tassen Langkornreis
4 EL geriebener Käse
1 EL geriebene Nüsse
1 EL Butter
etwas Zwiebelpulver
Salz
6-8 Tomaten
gehackte Petersilie

Den Reis nach Grundrezept gar kochen. Er soll "bißfest" sein.
Den fertigen Reis mit dem Käse, den Nüssen, der Butter und dem Zwiebelpulver gut vermischen und nochmals bei kleiner Hitze ca. 1 Minute ziehen lassen, bis Butter und Käse geschmolzen sind.
Nun gibt man den Reis in eine feuerfeste Form, streicht ihn glatt und drückt die halbierten Tomaten mit der Schnittfläche nach oben tief in den Reis hinein. Auf die Schnittfläche streut man nun die Petersilie, gibt etwas Salz darüber und bäckt bei Mittelhitze, bis die Tomaten gar sind.
Dazu reicht man einen Frischsalat.

Reisauflauf "Nizza"

1 Knoblauchzehe
1 Zwiebel
2 EL Öl
250 g Zuccini
1 Aubergine
250 g Sojawürfel
1 Dose geschälte Tomaten (850 ml)
Thymian
Rosmarin
schwarzer Pfeffer
Salz
ca. 4 Tassen Gemüsebrühe
250 g Langkornreis
4 EL geriebener Edamer

Sojawürfel mit heißem Wasser übergießen und ca. 1/4 Stunde ziehen lassen. Dann abgießen und gut ablaufen lassen. Knoblauchzehe und Zwiebel schälen, fein hacken und in Öl andünsten. Zuccini in Scheiben, Aubergine in Würfel schneiden. Sojawürfel, Zuccini, Aubergine zu den Zwiebeln geben. Tomaten, Thymian und Rosmarin unterrühren. Kräftig mit Salz und frisch gemahlenem Pfeffer würzen. 35 Minuten in der geschlossenen Pfanne schmoren lassen. Inzwischen die Gemüsebrühe aufkochen. Den gewaschenen Reis hineingeben und ca. 30 Minuten bei geringer Hitze quellen lassen. Reis unter das Gemüse mischen. In eine Auflaufform füllen, mit Edamer bestreuen und ca. 10 Minuten überbacken.

Fenchelrisotto

500 g Fenchelknollen
1 Zwiebel
1 l Gemüsebrühe
6 EL Butter oder Margarine
300 g Naturreis
4 EL geriebener Parmesankäse
2 EL gehacktes frisches Fenchelgrün

Fenchelknollen waschen. Die feine äußere Haut abziehen. Knolle in dünne Scheiben schneiden. Zwiebel schälen und klein würfeln. 5 EL Butter oder Margarine in einem Topf erhitzen. Zwiebelwürfel und Fenchel darin unter ständigem Rühren bei milder Hitze solange anbraten, bis er weich zu werden beginnt. Reis unterheben und anbräunen. Etwa 1/2 Tasse kochende Gemüsebrühe zugießen. Rühren, bis der Reis die Flüssigkeit aufgesaugt hat. Nach und nach immer wieder eine Tasse Brühe dazugießen. Reis bei milder Hitze etwa 30 Minuten garen. Restliche Butter oder Margarine und den Parmesankäse untermischen.
2-3 Minuten durchziehen lassen. Mit dem Fenchelgrün bestreuen.

Würziges Risotto mit Sonnenblumenkernen

300 g Vollreis
3 Zwiebeln
2 Knoblauchzehen
20 g Butter oder Margarine
1 l Gemüsebrühe
2 grüne Paprikaschoten
400 g Möhren
4 große Tomaten
100 g Sonnenblumenkerne
Salz
weißer Pfeffer
1 Bund Petersilie

Reis gründlich waschen und abtropfen lassen. Zwiebeln und Knoblauch schälen und fein würfeln. Fett in einem großen Topf erhitzen. Zwiebeln und Knoblauch darin andünsten. Reis zufügen und kurz darin bräunen. Anschließend mit Brühe ablöschen und im geschlossenen Topf ca. 20 Minuten kochen. Paprikaschoten putzen, waschen und in Streifen schneiden. Dann die Möhren schälen und in Scheiben schneiden. Paprika und Möhren zum Reis geben und nochmals 10-15 Minuten kochen lassen. Von den Tomaten den Stielansatz herausschneiden. Tomaten kreuzweise einschneiden, mit kochendem Wasser überbrühen, schälen und halbieren, entkernen, achteln. Sonnenblumenkerne in einer trockenen Pfanne goldbraun rösten. Die Tomaten und die Sonnenblumenkerne unter den Reis mischen, mit Salz und Pfeffer abschmecken! Petersilie waschen, fein hacken und zum Schluß über den Risotto streuen.

Mexikanischer Reistopf

2 Tassen Vollreis
4 Tassen Wasser
150 g Maiskörner
1 Zwiebel
1 Knoblauchzehe
2 Tomaten
Öl
etwas Chilipulver
Pfeffer
Majoran
Sojasoße nach Geschmack

Zwiebel klein hacken, Tomaten häuten und würfelig schneiden.
Reis kurz in Öl andünsten, mit Wasser angießen, garen. Gewürze und Tomaten dazugeben. 20 Minuten ausquellen lassen. Die abgetropften Maiskörner dazugeben, kurz aufkochen und abschmecken.

Risotto mit Erbsen

(Für 1 Person)

1/2 Tasse Vollreis
1 kleine fein geschnittene Zwiebel
1 EL Öl
ca. 2 Tassen Gemüsebrühe
etwas Salz
2 EL Parmesankäse
1/2 kleine Dose Gemüseerbsen

Den Reis mit einem Tuch gründlich abreiben. Zwiebel in dem Fett hellgelb andünsten, Reis zugeben und unter Rühren glasig rösten. Dann die Brühe aufgießen und ca. 20-30 Minuten kochen lassen, bis die Brühe aufgesaugt und der Reis körnig weich ist. Wenn nötig, mit Salz abschmecken, die angewärmten, abgetropften Erbsen und den Parmesankäse unterrühren.
Dazu paßt grüner Salat.
Auch Gemüsereste lassen sich gut dafür verwenden.

Curryreis
(Für 1 Person)

1/2 Tasse Naturreis
1 1/2 Tassen Gemüsebrühe
1/2 TL Currypulver
1 EL gehackte Petersilie
etwas Butter

Gemüsebrühe zum Kochen bringen, Curry einstreuen, den gewaschenen Reis hineingeben, aufkochen und ca. 20 Minuten ausquellen lassen. Mit Petersilie bestreuen und die Butter über den angerichteten Reis geben.

Getreidegerichte

Getreidegerichte erfreuen sich immer größerer Beliebtheit. Mit Vollkorn kann man nicht nur backen, sondern auch kochen.
Getreide wird mehrere Stunden vor dem Garen eingeweicht. Dadurch erreicht man ein besseres Aufschließen des Getreidekorns. (Ausnahmen sind Hirse, Reis, Maisgrieß, Buchweizen). Das Getreide wird mit dem Einweichwasser gekocht und soll je nach Getreideart bei geringer Wärmezufuhr 1-3 Stunden nachquellen.

- Am besten benutzen Sie zum Kochen von Getreide einen beschichteten Topf, da sonst der Brei leicht am Topfboden ansetzt oder gar anbrennt, wenn er dickflüssiger wird. Aber auch bei Verwendung eines beschichteten Topfes empfiehlt es sich, den Brei ab etwa der Hälfte der Garzeit öfters umzurühren.

- Kochen Sie das Getreide zuerst auf mittlerer Flamme auf und lassen Sie es dann auf kleiner Flamme zu Ende quellen.

- Bei Zubereitung im **Schnellkochtopf** benötigt ganzes Getreide in der Regel nur ca. 20 Minuten, Buchweizen nur ca. 5 Minuten. Allerdings erhält das Gericht auf diese Weise keine breiartige Konsistenz.
  Geben Sie die Körner (außer Hirse) in den gelochten Einsatz, den Sie auf den Topfboden stellen. Gießen Sie mit soviel Wasser auf, daß das Getreide ca. 1 Finger breit bedeckt ist. Beim Garen sollte der 2. Ring sichtbar sein.

- Würzen Sie das Getreide erst nach dem Kochen, z.B. mit Hefeextrakt und Kräutersalz. Binden Sie es evtl. mit etwas Vollkornmehl oder mit Getreideflocken, die Sie kurz mitkochen lassen.

- Folgende **Gewürze** und **Kräuter** eignen sich besonders für die Verfeinerung von Getreidegerichten:

gemahlener Koriander
etwas Curry
etwas gemahlener Kümmel
etwas Muskat
Dill
Majoran
Thymian
Basilikum
Oregano

- Alle Getreidearten schmecken sehr gut, wenn man sie mit geriebenem **Käse** vermischt oder bestreut. Nach Wunsch kann auch gekochtes **Gemüse** nach Wahl (auch Reste oder Konserven) daruntergemischt werden. Wenn Sie diese Mischung mit **Käse** bestreuen und in einer gefetteten feuerfesten Form in der Röhre 1/4-1/2 Stunde überbacken (oberste Schiene), erhalten Sie einen **Getreideauflauf**.

- Auch mit **Soße** und Gemüse als Beilage kann man Getreide servieren. Folgende Soßen passen besonders gut dazu:

Pilzsoße
Tomatensoße
Currysoße
Käsesoße

(Siehe Kapitel Soßen).

- Natürlich können Sie auch beliebige Getreidearten mischen.
  z.B. Roggen, Weizen, Gerste, Hafer oder
  Hirse, Weizen, Gerste, Hafer oder
  Hirse, Buchweizen, Gerste, Hafer, Weizen oder
  Maisgrieß, Buchweizen, Roggen, Hirse.
  Sie erhalten dann eine Art Vollkorn-**Kruska**.

- Statt der ganzen Körner können Sie auch **Getreideschrot** nehmen. Das verkürzt die Garzeiten beträchtlich.
  Faustregel: auf 1/2 l Wasser oder Brühe ca. 100 -150 g Schrot nehmen, den Sie in die kochende Flüssigkeit einrühren. Kochen Sie den Schrot unter häufigem Rühren so lange, bis ein dickflüssiger **Brei** entsteht. Gegebenenfalls fügen Sie noch etwas Vollweizen- oder anderes Getreidemehl zum Binden hinzu.

- Wenn Sie einen sehr festen Brei kochen, können Sie ihn nach dem Erkalten unter Hinzufügen von 2-3 EL Sojamehl (je nach Getreidemenge) zu **Frikadellen** oder **Knödeln** formen, die Sie in Fett anbraten bzw. in heißem Salzwasser etwa 1/4 Stunde ziehen lassen (siehe auch Kapitel Bratlinge, Braten und Knödel).

- Dünnflüssige Getreidebreie ergeben **Getreidesuppen**, die zusammen mit Salat eine vollwertige Mahlzeit ergeben, da sie sehr sättigend wirken (siehe auch Kapitel Suppen).

- Grundsätzlich kann jeder Getreidebrei auch **süß** mit **Milch** zubereitet werden (siehe Kapitel Süßspeisen), am besten mit Honig, den man aber erst vor dem Servieren hinzugibt. Man kann den Brei gut zum Frühstück reichen. Er sättigt gut und anhaltend. Natürlich können auch (Trocken-) Früchte und Nüsse, Kokosflocken oder Sonnenblumenkerne, Sesam usw. dazugegeben werden. Läßt man den süßen Getreidebrei erkalten, ergibt sich eine Art **Getreidepudding**, den man als Dessert servieren kann. Er läßt sich wie Pudding stürzen, wenn man ihn noch warm in mit kaltem Wasser ausgespülte Puddingförmchen oder Dessertschüsselchen gibt.

Grundrezepte

Weizen

1 Tasse Weizenkörner
2 1/2-3 Tassen Wasser

Die ganzen Weizenkörner mit dem Wasser über Nacht bzw. ca. 10 Stunden einweichen. Weizenkörner im Einweichwasser zum Kochen bringen (evtl. etwas Wasser zugeben) und kräftig umrühren. Alles auf kleiner Flamme bei geschlossenem Topf ca. 60 Minuten köcheln und auf warmer Platte nachquellen lassen, bis die Körner weich sind, aber noch "Biß" haben.

Dinkel

1 Tasse Dinkel
2 Tassen Wasser

Zubereitung siehe Weizen.
Einweichzeit: 2-3 Stunden. Kochzeit: ca. 40 Minuten.

Roggen

1 Tasse Roggenkörner
3 Tassen Wasser

Zubereitung siehe Weizen.
Einweichzeit: 5-10 Stunden. Kochzeit: ca. 90 Minuten.

Gerste

1 Tasse Gerstenkörner
2-2 1/2 Tassen Wasser

Zubereitung siehe Weizen.
Einweichzeit: 5-10 Stunden. Kochzeit: ca. 60 Minuten.

Hafer

1 Tasse Haferkörner
2 Tassen Wasser

Zubereitung siehe Weizen.
Einweichzeit: 3-5 Stunden. Garzeit: ca. 50-60 Minuten.

Buchweizen

1 Tasse Buchweizenkörner
1 1/2 Tassen Wasser

Wasser zum Kochen bringen, den ganzen Buchweizen hinzugeben und ca. 20 Minuten auf kleiner Flamme gar kochen. Häufig umrühren!

Hirse

1 Tasse Hirse
2 1/2 Tassen Wasser

Hirse heiß waschen. Zubereitung siehe Buchweizen.
Garzeit: ca. 10 Minuten. Nachquellzeit: ca. 1/2 Stunde.

Grünkern

1 Tasse Grünkernkörner
2 Tassen Wasser

Zubereitung siehe Buchweizen. Grünkern kann 2-3 Stunden eingeweicht werden. Garzeit: ca. 1 Stunde. Bei Verwendung von Grünkernschrot verkürzt sich die Garzeit auf etwa 10-15 Minuten.

Maisgrieß

1 Tasse Maisgrieß
4 Tassen Wasser

Wasser zum Kochen bringen, Maisgrieß einrühren und ca. 10-15 Minuten leicht kochen lassen. Nachquellzeit ca. 20 Minuten.

Weizenspeise mit ganzem Weizen

2 Tassen Weizenkörner
5 Tassen Wasser
Kräutersalz
Pfeffer
Kümmel
Majoran
3 EL Öl
4 Tomaten
1 Prise Salz und Pfeffer
Basilikum
Butterflöckchen

Die ganzen Weizenkörner über Nacht in dem Wasser einweichen. Danach die Körner im Einweichwasser zum Kochen bringen (evtl. Wasser zugeben, es soll ca. 2 cm über dem Weizen stehen), auf kleiner Flamme dann 1 Stunde garen. Nun die Gewürze, das Salz und das Öl zugeben und auf kleiner Flamme noch ca. 2 Stunden nachquellen. Der Weizen soll nicht zu weich sein.
Die halbierten, gewaschenen Tomaten auf die Oberfläche des Weizenbreis verteilen, mit Kräutersalz, Basilikum und Pfeffer bestreuen, Butterflöckchen aufsetzen und im geschlossenen Topf bei kleiner Hitze solange ziehen lassen, bis die Tomaten gar sind.

Weizen-Gemüse-Topf

2 Tassen Weizenkörner
ca. 4-5 Tassen Wasser
50 g Butter
500 g Möhren
2 Stangen Lauch
1 kleiner Blumenkohl oder Sellerie
500 g Kartoffeln
Salz
Majoran
Basilikum
Petersilie
Koriander

Weizen im Kochwasser über Nacht einweichen, dann 1 Stunde weich kochen und noch ca. 2 Stunden nachquellen lassen. Das Gemüse und die Kartoffeln werden geputzt, gewaschen, in kleine Stücke geschnitten und in heißem Fett angedünstet. Man gießt etwas Wasser zu, gibt Salz und Gewürze dazu und kocht langsam gar. Das fertige Gemüse gibt man zu dem Weizen und schmeckt nochmals pikant ab.

Weizenschrotbrei

200 g Weizenschrot
1 l Gemüsebrühe
1 Prise Salz
Basilikum
Majoran
gehackte Petersilie

Man rührt den Weizenschrot in die kochende Gemüsebrühe ein, gibt die Gewürze und das Salz dazu und läßt bei schwacher Hitze 20 Minuten ausquellen. Mit Petersilie bestreuen.

Weizengrütze mit Äpfeln und Nüssen

160 g groben Weizenschrot
ca. 1 l Milch
1 Prise Salz
75 g Honig
100 g gemahlene Haselnüsse
1 TL Zimt
500 g Äpfel
abgeriebene Zitronenschale

Die Grütze in die kochende Milch einrühren und bei schwacher Hitze ca. 15 Minuten kochen. Dann Salz und Gewürze zufügen, die Nüsse unterheben und das Ganze ca. 1 Stunde nachquellen lassen. Zum Schluß die geriebenen rohen Äpfel untermischen und mit Honig und Zitronenschale abschmecken.

Weizen-Gemüsetopf
(Für 1 Person)

100 g Weizenkörner
ca. 300 ml Wasser
1 EL Öl
1 Möhre
1 Stück Lauch
100 g Kartoffeln
Salz, Hefewürze
1 EL geriebenen Käse
1 EL Tomatenmark

Weizen nach Grundrezept zubereiten. Gemüse und Kartoffeln würfelig schneiden, in Öl andünsten, mit wenig Wasser auffüllen, Gewürze zugeben und gar kochen. Den fertigen Weizen untermischen und mit Käse und Tomatenmark abschmecken.

Dinkel-Tomaten-Pilz-Topf

500 g Dinkelgrütze
400 g Champignons
500 g Tomaten
50 g Öl
1/2 l Gemüsebrühe
1 Zwiebel
Salz
Majoran
Petersilie

Man dünstet zunächst die Zwiebel in dem heißen Öl an, gibt dann den Dinkel dazu, ebenso die gehäuteten, entkernten Tomaten, füllt mit Gemüsebrühe auf und läßt ca. 15-20 Minuten auf kleiner Flamme köcheln. Zuletzt würzt man mit Salz und Majoran und läßt es etwas ausquellen. Mit gehackter Petersilie bestreuen.

Roggenbrei

2 Tassen Roggenkörner
6 Tassen Wasser
Salz
Thymian
Basilikum
2-3 EL Butter

Man weicht den Roggen im Kochwasser 6-10 Stunden ein und kocht ihn danach ca. 1 1/2 Stunden. Anschließend fügt man Salz und Gewürze zu und läßt auf einer warmen Platte noch gut 2 Stunden nachquellen. Vor dem Servieren mit zerlassener Butter begießen.

Roggenauflauf mit Lauch

2 Tassen Roggenkörner
6 Tassen Wasser
Salz
Muskat
Majoran
Kümmel
Thymian
200 g Magerquark
ca. 50 g Haferflocken
2 EL Öl oder Butter

Den Roggen wie oben kochen und ausquellen lassen. Den Lauch waschen, fein schneiden, in Fett und etwas Wasser andünsten und mit Salz und Muskat würzen. Quark, Haferflocken und die restlichen Gewürze unter den Roggen mischen, herzhaft abschmecken. Alles in eine gefettete Auflaufform füllen und bei 170 Grad etwa 30 Minuten im Ofen backen.

Gerstengemüsepfanne

250 g Gerstenkörner
1 mittelgroße Zwiebel
1 rote Paprikaschote
2 Stangen Lauch
200 g Champignons
50 g Butter oder Margarine
1/2 Tasse Wasser
1 TL Hefewürze
1 Becher Crème fraîche
Kräuter der Provence
Meersalz
schwarzer Pfeffer

Gerste in ca. 1/2 l Wasser einige Stunden einweichen. Mit dem Einweichwasser und wenig Salz ca. 60 Minuten kochen. Ausquellen lassen, restliches Wasser abgießen.
Inzwischen Zwiebeln würfeln, Paprika in Stücke und Lauch in Ringe schneiden. Champignons putzen, waschen, halbieren. Fett erhitzen und Gemüse darin andünsten. Gerstenkörner, Wasser und Hefewürze zugeben und alles weich dünsten. Mit Kräutern, Salz und Pfeffer abschmecken und mit Crème fraîche binden.

Gerstengrütze

250 g Gerstengrütze
1/2 l Wasser
Salz
20 g Butter
Pfeffer
Koriander
Majoran
gehackte Petersilie

Man röstet die Grütze etwas an, übergießt sie mit warmem Wasser und kocht langsam bis die Flüssigkeit fast aufgesogen ist. Dann rührt man die Butter darunter, schmeckt pikant mit den Gewürzen ab und läßt noch etwas nachquellen.

Gerstenschrotauflauf

250 g Gerstenschrot
100 g Gerstenflocken
1/8 l Wasser
2 EL Öl
1/2 TL Salz
Majoran
Thymian
Knoblauch
Koriander

Gerstenschrot und -flocken werden 1 Stunde eingeweicht, mit Öl, Salz und den Kräutern zu einem Brei vermengt und abgeschmeckt.
In eine gefettete Auflaufform geben und im Ofen bei mittlerer Hitze 1/2 Stunde backen.

Graupen

1 Tasse Perlgraupen (Rollgerste)
3 Tassen Wasser
1 Gemüsebrühwürfel
evtl. getrocknetes Suppengemüse

Perlgraupen in der kalten Flüssigkeit zusammen mit Brühwürfel und Suppengemüse ansetzen. Zum Kochen bringen, ca. 45-60 Minuten kochen lassen. Dazu Gemüse reichen.
Im Schnellkochtopf brauchen die Graupen nur 20 Minuten.

Haferauflauf

2 Tassen ganzer Hafer
4 Tassen Wasser
500 g Äpfel
0,2 l Sahne
Zimt
abgeriebene Zitronenschale

Hafer mit dem Wasser 1 Stunde kochen und gut nachquellen lassen. Die Äpfel grob raffeln, mit dem Hafer und der Sahne vermischen. Mit den Gewürzen abschmecken, in eine gefettete Auflaufform füllen und bei 220 Grad im Backofen etwa 20 Minuten überbacken.

Hafer-Gemüse-Topf

50 g Margarine
1 mittelgroße gewürfelte Zwiebel
100 g Kernblattflocken
1 l Gemüsebrühe
2 große Möhren
2 Stangen Lauch
1 Stück Sellerie
2 EL Tomatenmark
Salz
Thymian
schwarzer Pfeffer
Paprika
1 EL geriebener Käse
1 EL gehackte Petersilie

Fett erhitzen, Zwiebelwürfel und Haferflocken darin anrösten, mit Gemüsebrühe aufgießen und einige Minuten kochen lassen. Möhren und Sellerie schälen, Lauch putzen und waschen, in Scheiben bzw. in Ringe schneiden, zu den Haferflocken geben und ca. 15 Minuten garen. Mit Tomatenmark und mit den Gewürzen abschmecken, mit Käse und Petersilie bestreuen.

Hafer-Pie

500 g gekochtes und gewürztes Gemüse nach Wahl (auch Reste oder Konserven)
3-4 EL Milch oder (saure) Sahne
75 g feinen Haferschrot (Hafermehl)
1 mittelgroße gekochte Kartoffel
150 g Vollweizenmehl
75 g geriebener Käse
etwas Milch

Gemüse in eine gefettete Auflaufform geben, Milch oder Sahne darübergeben.
Kartoffel zerdrücken, mit Hafer-, Weizenmehl und Käse unter Zugabe von etwas Milch zu einem geschmeidigen Teig verkneten. Auf einer bemehlten Fläche ausrollen, das Gemüse damit bedecken, Teigränder an die Wand der Auflaufform drücken. Bei Mittelhitze ca. 30 Minuten backen.

Vierkornkruska nach Waerland

(Für 2 Personen)

Je 1 EL Weizen, Roggen, Hafer, Gerste
1 EL Weizenkleie
2 EL Rosinen
etwa 2 Tassen Wasser

Das frisch geschrotete Getreide in dem Wasser aufkochen, Kleie und Rosinen zufügen und etwa 5-7 Minuten auf kleinster Flamme kochen lassen. Diesen Brei warm halten, damit er quellen kann (Thermosbehälter, Kochkiste oder ähnliches), etwa 2 Stunden lang. Die Kruska soll noch dampfen, wenn man sie herausnimmt. Dazu reicht man Kompott oder Milch.

Buchweizengrütze

300 g Buchweizengrütze
1-2 EL Butter
ca. 1 1/2 l Gemüsebrühe
1 Prise Salz
Muskat
Koriander
Basilikum
Pfeffer

Man röstet die Grütze in der Butter leicht an, füllt mit heißer Brühe auf, gibt Gewürze und Salz dazu und läßt langsam ausquellen.

Buchweizenrisotto

500 g Buchweizenkörner
1 l Wasser
1 Zwiebel
75 g Margarine
100 g Karotten
100 g Erbsen
etwas Petersilie
1 Prise Salz

Die fein gehackte Zwiebel und die Buchweizenkörner in der Margarine anrösten. 1 l kochendes Wasser hinzugießen, das Gemüse und das Salz dazugeben. In einem geschlossenen Topf auf niedriger Stufe 15-20 Minuten gar kochen. Mit Muskat und gehackter Petersilie abschmecken.

Buchweizengericht

1 Tasse Buchweizenkörner
2 Tassen Wasser
1 Gemüsebrühwürfel oder gekörnte Brühe oder Kräutersalz
etwas Knoblauchpulver
Muskatblüte
Koriander
1-2 EL Butter

Den Buchweizen in der Brühe aufkochen, dann auf kleiner Flamme zu Ende garen. Mit Knoblauch, viel Muskatblüte und etwas Koriander würzen. Butter dazugeben. Nach Geschmack frischen schwarzen Pfeffer darübermahlen. Mit frischem Salat servieren.

Russische Kascha

250 g ganzer Buchweizen
1 große Zwiebel
2 EL Öl
gut 1/2 l Gemüsebrühe
1 TL Thymian
20 g Butter

Die Zwiebeln schälen, in kleine Würfel schneiden und in Öl andünsten. Den ganzen Buchweizen dazugeben und so lange rösten, bis er knusprig ist. Dann die Brühe zugießen, würzen und etwa 10 Minuten langsam kochen lassen. Die Masse in eine gefettete Auflaufform füllen. Butterflöckchen aufsetzen und bei Mittelhitze ca. 20 Minuten überbacken.

Gewürzter Hirsebrei

1 1/2 Tassen Hirse
4 Tassen Wasser
2 Zwiebeln
2 EL Öl
gehackte Kräuter
Majoran
Muskat

Das Wasser aufkochen lassen und die gewaschene Hirse langsam einstreuen, danach auf kleiner Flamme etwa 20 Minuten ausquellen lassen. Die gehackte Zwiebel in dem Öl goldgelb dünsten und mit den Gewürzen und Kräutern unter den Hirsebrei rühren.

Hirsebrei mit Käse

Man kann auch geriebenen Käse unterziehen und mit etwas Paprikapulver bestreuen.

Gemüse-Hirse

Unter den fertigen Hirsebrei lassen sich gut gedünstete Gemüse, wie z.B. Lauch, Rosenkohl, Möhren mischen, wobei man das Ganze noch mit etwas Sahne verfeinern kann.

Hirsepuffer

Aus der fertig pikant abgeschmeckten Hirsemasse kann man auch kleine Puffer formen, mit Hefeflocken und Paniermehl panieren und in Öl goldgelb backen. Dazu paßt ein grüner Salat.

Hirsesterz

Nach Grundrezept einen steifen Hirsebrei kochen (etwas weniger Flüssigkeit nehmen). Mit einem Teelöffel kleine Stücke davon abstechen. In einer Pfanne Fett zerlassen, Hirsestücke hineingeben und darin anbraten. Dazu grünen Salat oder Gemüse reichen.

Variante:

Hirseschmarrn

Wie Hirsesterz, nur den Brei ganz in die Pfanne geben und nach und nach mit der Backschaufel in keine Srücke zerstechen, bis eine bröselartige Masse entsteht.

Hirseauflauf

1 EL Butter oder Margarine
1 gehackte Zwiebel oder 1 TL Zwiebelpulver
200 g gewaschene Hirse
Hefeextrakt oder -würze oder 1 Gemüsebrühwürfel
Kräutersalz
gemahlener Pfeffer
1 zerdrückte Knoblauchzehe oder 1/2 TL Knoblauchpulver
1 Lorbeerblatt
geriebene Muskatnuß
1/2 l heiße(s) Wasser oder Milch
250 g gekochtes Gemüse nach Wahl (Erbsen, Möhren, Lauch, Rosenkohl, Sellerie, Rüben z.B.)
250 g Pilze (Dose)
2 gehäufte EL Sojamehl
1 gehäufter EL Speisestärke
einige EL flüssige Sahne zum Anrühren
75-100 g geriebener Käse nach Wahl

Fett zerlassen, Zwiebel und Gewürze mit Hirse dazugeben, 5 Minuten andünsten. Mit Flüssigkeit auffüllen, Hefeextrakt oder -würze oder Brühwürfel hineingeben. Zum Kochen bringen, auf kleinster Flamme ca. 20-25 Minuten bedeckt garen.
Gemüse untermischen.
Sojamehl und Speisestärke mit Sahne zu einer dickflüssigen Soße verrühren, unter die Gemüse-Hirse mengen.
Alles in eine gefettete Auflaufform füllen. Geriebenen Käse darüberstreuen. Bei 200 Grad 15-20 Minuten im Backofen zu goldgelber Farbe überbacken.

Hirse-Pilzauflauf

1 l Wasser
1 Gemüsebrühwürfel
2 mittelgroße Zwiebeln
Salz
250 g gewaschene Hirse
400-500 g frische Champignons
20 g Margarine
1 Becher saure Sahne
Muskat
Pfeffer
1 Bund Petersilie

Wasser zum Kochen bringen, Brühwürfel, eine halbierte Zwiebel, Salz und die gewaschene Hirse zugeben. Aufkochen lassen und mit geschlossenem Deckel bei geringer Energiezufuhr ca. 20 Minuten leicht kochen lassen.
In der Zwischenzeit die Champignons waschen, putzen und in Scheiben schneiden. Die zweite Zwiebel schälen, würfeln und zusammen in heißem Fett ca. 10 Minuten dünsten. Mit Sahne, Pfeffer und Salz abschmecken. Hirse, Champignons und die gehackte Petersilie vermengen. In eine gefettete Auflaufform geben und die Masse mit der Sahne übergießen. Bei 200 Grad ca. 20-30 Minuten überbacken.

Hirse mit Meerrettich

Gewürzten Hirsebrei (s.o.) zubereiten. Mit Meerrettichsoße (s. Kapitel Soßen) servieren.

Hirse mit Tomatensoße

Gewürzten Hirsebrei (s.o.) zubereiten. Mit Gemüse und Tomatensoße (s. Kapitel Soßen) servieren.

Hirsotto

1 EL Butter oder Margarine
1 Zwiebel
300 g gewaschene Hirse
500-600 ml Gemüsebrühe
Salz
Pfeffer
1 Lorbeerblatt

Das Fett erhitzen, die kleingeschnittene Zwiebel darin andünsten, die Hirse dazugeben und einige Minuten leicht anrösten. Mit heißer Brühe auffüllen und kurz aufkochen lassen. Lorbeerblatt, Salz und Pfeffer zugeben und bei geschlossenem Topf ca. 20-30 Minuten ausquellen lassen.

Hirse-Pizza

1 Tasse Hirse
2 Tassen Gemüsebrühe
etwas Butter oder Margarine

Für den Belag:
3-4 Tomaten
300 g Blattspinat
100 g frische Champignons
Salz
Muskat
etwas Pfeffer
250 g geriebener Käse

Die gut gewaschene Hirse in die kochende Gemüsebrühe einlaufen lassen und bei geringer Hitze ca. 20 Minuten ausquellen lassen, die Butter dazugeben und noch warm in eine gefettete Springform füllen. Den Rand dabei fest hochziehen. Die Tomaten waschen, den Stielansatz entfernen, in Scheiben schneiden und die Form damit auslegen. Den leicht gedämpften Spinat und die Champignons auf die Tomatenscheiben legen. Im vorgeheizten Backofen bei 200 Grad 30 Minuten überbacken, mit dem geriebenen Käse bestreuen und nochmals 5-10 Minuten überbacken, bis der Käse geschmolzen ist.

Hirsebällchen
(Für 1 Person)

125 g fertig gekochte Hirse
40 g geriebener Käse
1 kleine fein geschnittene Zwiebel
1 EL Quark
Salz, Pfeffer, 1 Msp. Muskat
1-2 EL Haferflocken
etwas zerlassene Butter
1 EL Sesam

Die erkaltete Hirse mit den übrigen Zutaten vermischen, pikant abschmecken und gut durchkneten. Kleine Bällchen formen und in leicht kochender Gemüsebrühe ca. 15 Minuten ziehen lassen. Vorsichtig herausnehmen, mit Butter begießen und mit Sesam bestreuen.
Dazu Salat oder Gemüse reichen.

Hirsotto
(Für 1 Person)

60 g heiß gewaschene Hirse
1 EL Margarine
1 kleine gewürfelte Zwiebel
ca. 120 ml Gemüsebrühe
Salz
Hefewürze

Fett erhitzen, Zwiebel darin andünsten, Hirse zugeben, kurz mit dünsten und mit heißer Brühe aufgießen. Gewürze zugeben, aufkochen und auf warmer Platte ca. 20-30 Minuten ausquellen lassen.
Paßt zu allen Gemüsegerichten und Pilzgerichten.

Variante:
Hirsotto mit 1 EL gehackter Petersilie vermengen oder mit 1 EL geriebenem Käse oder mit 1 TL Currypulver.

Grünkerngemüse

2 Tassen Grünkernschrot
4 Tassen Gemüsebrühe
1 kleingeschnittene Zwiebel
2 große, gewürfelte Möhren
1 Stange Lauch
etwas Butter oder Margarine
Salz
etwas Wasser
evtl. gehackte Petersilie zum Bestreuen

Den Grünkernschrot in der Gemüsebrühe etwa 10 Minuten leicht kochen und anschließend auf angewärmter Platte ausquellen lassen. Die Zwiebel in Butter glasig dünsten, das vorbereitete, geschnittene Gemüse zugeben und mit etwas Wasser gar dünsten. Mit Salz würzen. Danach den Grünkern zufügen und evtl. mit gehackter Petersilie bestreuen.

Schnelles Grünkerngemüse

250 g Grünkernschrot
je 1/2 l Wasser und Milch oder 1 l Wasser
2 Gemüsebrühwürfel
1 Dose Gemüse nach Wahl oder ca. 250-500 g Gemüsereste vom Vortag

Flüssigkeit zum Kochen bringen, Brühwürfel darin auflösen, Grünkernschrot einrühren, alles unter häufigem Rühren zu einem dicken Brei kochen. Gemüse evtl. abtropfen, unter den Brei mischen und kurz darin heiß werden lassen.
Mit grünem Salat servieren.

Grünkern-Auflauf

Wie Hirse-Auflauf (s.o.) nur statt Hirse 250 g Grünkernschrot verwenden.

Polenta

1 l Gemüsebrühe
250 g Maisgrieß
etwas Salz
50 g Butter
50 g geriebener Parmesankäse

Die Gemüsebrühe in einem Topf zum Kochen bringen, Maisgrieß langsam und unter ständigem Rühren dazugeben. Salz und Butter hinzufügen. 20-30 Minuten lang unter häufigem Rühren mit einem Holzlöffel bei kleiner Flamme ausquellen lassen. Die Polenta sollte fest, aber glatt und weich sein. Wenn sie gar ist, den geriebenen Parmesankäse einrühren und noch etwas quellen lassen.
Mit Tomaten- oder Pilzsoße servieren, oder aber ein Butter- oder Käsebrot dazureichen. Dieses Gericht paßt auch gut zu scharf gewürzten oder sauer eingelegten Gemüsen.
Ergibt 6-8 Portionen.

Maisschnitten

1 Polentarezept (s. oben)
Butter zum Anbraten
Salz
Pfeffer

Die Polenta wie oben zubereiten, dann in eine mit Butter eingefettete, flache Form geben oder auf ein Backblech streichen. Abkühlen und fest werden lassen. Wenn sie fest ist in kleine Quadrate oder Rechtecke schneiden. Butter in einer Bratpfanne erhitzen und die Polentastücke auf beiden Seiten anbraten, bis sie braun sind. Heiß mit saurer Sahne, Béchamelsoße, Tomatensoße oder Auberginen servieren.
Dieses Gericht eignet sich auch als Vorspeise für ein italienisches Abendessen.

Varianten:

Maisschnitten Hawaii

Wie oben, nur die kalten Maisschnitten mit je 1/2 Scheibe Ananas und 1 Scheibe Käse belegen und im Backofen (oberste Schiene) zu goldbrauner Farbe überbacken.

Maisschnitten Napoli

Wie oben, nur statt Ananasscheiben dicke Tomatenscheiben nehmen, die man mit Pizza-Gewürz oder Oregano oder Basilikum bestreut hat.

Mais-Pizza

1 Polenta Rezept (s.o.)
50 g Butter oder Margarine
3-4 Tomaten
500 g Zucchini (evtl. anderes Gemüse)
etwas Knoblauch
Salz
Oregano
200 g geriebener Käse

Die Polenta wie oben zubereiten, dann 1 cm dick auf ein gefettetes Backblech streichen. Die Zucchini waschen und in Scheiben schneiden, in dem Fett kurz andünsten. Tomaten waschen und in dünne Scheiben schneiden. Beides auf die Polenta verteilen, mit Salz, Oregano und Knoblauch würzen und im vorgeheizten Backofen bei 200 Grad 15 Minuten backen. Dann mit geriebenem Käse bestreuen und nochmals 10-15 Minuten überbacken.

Gefüllte Maisplätzchen

1/2 l Wasser
1/2 l Milch
2 Gemüsebrühwürfel
250 g Maisgrieß oder -mehl
100 g geriebener Käse nach Wahl
0,1 l Sahne
Semmelbrösel
Fett zum Braten

Aus Flüssigkeit, Brühwürfeln und Mais einen steifen Brei kochen. Auf ein gefettetes Backblech streichen. Nach dem Erkalten mit einer Plätzchen-Ausstechform oder einem umgedrehten Trinkglas runde Plätzchen ausstechen.
Sahne und Käse mischen, ganz vorsichtig erhitzen und unter ständigem Rühren zu einer cremigen Masse kochen. Käsecreme zwischen je 2 Maisplätzchen streichen. Maissandwiches in Semmelbröseln wenden. In einer Pfanne Fett zerlassen, Maisplätzchen darin auf beiden Seiten anbraten.
Dazu grünen Salat reichen.

Grießfleckerl

Butaris oder Fritierfett zum Ausbacken
2 EL Butaris
1 Tasse Vollweizengrieß
2 Tassen Wasser
1 TL Salz
1 EL gehackte Petersilie
1 TL gemahlene Gelbwurz
etwas Vollweizen- oder Paniermehl

Butaris erhitzen, Grieß dazugeben, 3 Minuten lang leicht anrösten. Salz und 2 Tassen Wasser dazugeben, die Mischung unter ständigem Rühren kochen, bis sie dick wird. Kurz vor der Garzeit Petersilie und Gelbwurz hinzufügen. Auf einen eingefetteten Teller geben und abkühlen lassen. Kleine Fladen formen, in Mehl wenden und in heißem Butaris schwimmend goldbraun ausbacken. Fett abtropfen lassen, Grießfleckerl servieren. Sie passen besonders gut zu Spinat.

Variante:

Ersetzt man Salz durch Vollrohrzucker, Gelbwurz durch Kardamom und die Petersilie durch gehackte Nüsse, kann man die Grießfleckerl auch als Süßspeise servieren. In Mehl wenden, ausbacken, abtropfen lassen, mit etwas gemahlenem Kardamom und Nüssen bestreuen.

Pfann-Kuchen, Nudeln, Pasteten und Pizza

Pfannkuchen (Palatschinken)

1/2 l Milch
250 g Vollweizenmehl
2 EL Speisestärke
2 EL Sojamehl
1 Prise Salz
1 TL Backpulver
Fett zum Ausbacken

Alle Zutaten mit der Milch gut verrühren. Soviel Milch hinzufügen, daß ein dickflüssiger Teig entsteht. Es dürfen sich keine Klumpen bilden. Den Teig gut eine halbe Stunde ruhen lassen.
Das Fett in der Pfanne erhitzen, eine Schöpfkelle voll Teig hineingeben und von beiden Seiten darin ausbacken.
Man kann die Pfannkuchen sofort mit Marmelade bestreichen und zusammenrollen (warm servieren) oder einfach lassen, einrollen und mit Zucker und Zimt bestreuen oder zu Kompott reichen oder fein geschnittene Apfelscheiben unter den Teig rühren und mit ausbacken.
Man kann sie auch mit fertig gegartem Spinat oder Champignons füllen und zur Hälfte zusammenschlagen oder in den fertigen Teig verschiedene gewiegte Kräuter, wie z.B. Dill, Petersilie, Schnittlauch, Basilikum und Melisse einarbeiten und mit ausbacken.

Pfannkuchen-Grundrezept
(Für 1 Person)

1/4 l Milch
ca. 125 g Vollweizenmehl
1 Msp. Backpulver
1 EL Sojamehl
1 Prise Salz

Zubereitung siehe oben.

Vegetarische Frühlingsrollen

Für den Pfannkuchenteig:
125 g Vollweizenmehl
1 EL mit Milch angerührtes Sojamehl
1/2 TL Salz
ca. 1/4 l Wasser

Für die Füllung:
3 geschälte Tomaten
60 g Vollkornbrot (ca. 1 1/2 Scheiben)
1 Zwiebel
etwas Knoblauchpulver
100 g gemahlene Wal- oder andere Nüsse
1/2 TL gemischte Kräuter
1 EL Tomatenmark
1/2 TL Hefewürze
Salz
frisch gemahlener Pfeffer
200 g frische Mungbohnenkeimlinge oder Bambussprossen
3/8 l Käsesoße (siehe Kapitel Soßen)

Tomaten zerkleinern. Brotrinde entfernen, Brot zerkrümeln, zu den Tomaten geben, einweichen. Zwiebel zerkleinern, in Butter weich dünsten.
Dann Nüsse zusammen mit der Brot-Tomatenmischung und den Keimlingen zu den Zwiebeln geben, Knoblauchpulver, Kräuter, Tomatenmark und Hefewürze dazutun. Mit Salz und Pfeffer abschmecken.
Für die Pfannkuchen alle Zutaten gut verrühren und glattschlagen. Nach Möglichkeit 1/2 Stunde stehen lassen. Etwas Fett in der Pfanne erhitzen, ein wenig Teig hineingeben, glattstreichen und auf einer Seite backen. Nacheinander alle Pfannkuchen ausbacken, auf einen Teller geben und warm stellen. Braune Seite mit Füllung bestreichen, aufrollen. Fertige Rollen nebeneinander in eine feuerfeste Form legen. Käsesoße darübergießen, bei 180 Grad 20 Minuten lang backen.

Variante:
Die Rollen mit Pilzfüllung (siehe Rezept Piroggen), Bratlingsmasse o.ä. füllen.

Soja-Omelettes

200 g Vollweizenmehl Type 550
60 g Sojamehl
etwas Kräutersalz
1/2 TL Backpulver
0,5 l Wasser
1 EL Öl
Fett zum Backen

Trockene Zutaten mischen. Wasser und Öl verrühren, zu der Mehlmischung geben und gut verrühren. 1 Stunde ruhen lassen.
Fett in der Pfanne zerlassen bzw. erhitzen. Omelette-Teig portionsweise hineingeben und zu Omelettes backen.
Dazu Kompott oder Marmelade oder Salat oder Gemüse reichen.

Soja-Fladen

2 Tassen Sojamehl
5 EL sehr fein gemahlenes Vollweizenmehl
2-3 EL Stärkemehl
1 TL Backpulver
1/2 TL Kräutersalz
Wasser

Alle trockenen Zutaten vermengen. Mit soviel Wasser verkneten, wie nötig ist, um einen geschmeidigen Teig zu erhalten. Teig ausrollen, einmal in der Mitte zusammenschlagen, erneut ausrollen. Den Vorgang 2-3mal wiederholen. Ca. 1/2 cm dick ausrollen. Mit einer runden Form kleine Fladen ausstechen. Bei 200 Grad ca. 1/2 Stunde backen.
Die Fladen können Getreidegerichten nach dem Kochen beigegeben werden oder statt Sojafleisch in anderen Gerichten mitgekocht werden.

Graupen-Puffer

250 g Graupen
350 ml Wasser
1 kleine Stange Lauch oder
1 große Zwiebel
etwas Muskat
Salz
50 g Margarine
1 EL Paniermehl
1 EL Hefeflocken
Fett zum Ausbacken

Die Graupen frisch schroten und über Nacht in Wasser einweichen. Dann abgießen und abtropfen lassen. Lauch oder Zwiebel in Butter weich dünsten und unter die Graupenmasse rühren. Würzen, Paniermehl und Hefeflocken unterrühren.
Das Fett in einer Pfanne heiß werden lassen und 10 kleine Puffer darin von beiden Seiten braten.
Heiß servieren. Dazu schmeckt gut ein Salat oder junger Spinat.

Zucchini-Küchlein
(Auch für 1 Person)

130 g Vollweizenmehl
1/2 Tasse Milch
1/2 Tasse Sahne
Salz
Pfeffer
Muskat
3 mittelgroße Zucchini
2 EL Sonnenblumenkerne
Fett zum Braten

Aus Vollkornmehl, Milch und Sahne rührt man einen Teig, würzt mit Salz, Muskat und Pfeffer und gibt die gewaschenen, fein geraspelten Zucchini hinein. In heißem Fett kleine Küchlein von beiden Seiten goldgelb braten. Die Sonnenblumenkerne trocken anrösten und über die gebratenen Küchlein streuen.

Selbstgemachte Vollkornnudeln

200 g feingemahlenes Vollweizen- oder Dinkelmehl
2 EL Sojamehl
1 Prise Salz
Wasser

Mehl, Sojamehl und Salz vermengen und soviel Wasser einarbeiten, wie nötig ist, um einen festen Teig zu kneten. Teig sehr dünn ausrollen, Teigfladen zusammenrollen, mit dem Messer Stückchen - "Nudeln" - davon abschneiden. Bei schwacher Hitze im Rohr oder auf einem Rost trocknen, den man auf den (Heiz-) Ofen stellt.
Die Weiterverarbeitung erfolgt wie bei anderen Nudeln. Man läßt sie in kochendem Salzwasser ca. 10-15 Minuten kochen und in einem Sieb abtropfen und schwenkt sie zum Schluß in etwas zerlassener Butter.
Die Nudeln schmecken auch sehr gut als Suppeneinlage.

Nudelauflauf mit Sahne

250 g Vollkornnudeln ohne Ei
50 g geriebener Parmesan
Pfeffer
Salz
Muskat
1 Bund gehackte Petersilie
1/8 l saure Sahne oder Vollmilchjoghurt
1/8 l Milch
Butterflöckchen
Margarine für die Form

Nudeln nach Vorschrift kochen, abgießen (Nudelbrühe auffangen und für Suppe oder Soße weiterverwenden), kurz abschrecken. Mit Gewürzen abschmecken. Petersilie und Käse unterrühren.
Eine Auflaufform einfetten, Nudeln hineingeben, mit der Milch-Sahne-Mischung übergießen, Butterflöckchen darauf verteilen. Bei 200 Grad 30 Minuten backen.
Dazu paßt (grüner) Salat.

Bäuerliches Nudelgericht

500 g fertig gegarte Vollkorn-nudeln ohne Ei
500 g frischer Spinat
3 Stangen Lauch
2-3 EL Öl
4 Zwiebeln
Petersilie
Thymian
Muskat
Knoblauch
etwas Gemüsebrühe
geriebener Käse
Butterflöckchen

Lauch gut waschen, in dünne Scheiben schneiden. Zwiebeln zerkleinern, beides zusammen in Öl andünsten. Spinat waschen und fein schneiden, zu dem Lauchgemüse geben, etwas Gemüsebrühe dazugießen, nicht zu weich dünsten. Mit den Gewürzen abschmecken.
In eine feuerfeste, gebutterte Auflaufform eine Schicht Nudeln geben, darauf gehackte Petersilie, darauf das Lauch-Spinat-Gemüse, wieder Nudeln usw., mit Nudeln abschließen. Dick mit geriebenem Käse bestreuen, mit Butterflöckchen belegen, im vorgeheizten Backofen bei 200 Grad 30 Minuten goldgelb überbacken.

Indische Nudelspezialität

250 g fertig gegarte Vollkornnudeln ohne Ei
4 EL Öl
2 EL Tomatenmark oder 4 kleingeschnittene Tomaten
1 EL süße Sahne
Kräutersalz
250 g Champignons
1 Zwiebel
Pfeffer
Muskat
Petersilie
Curry
etwas geriebener Käse
Hefeflocken

Die geputzten Champignons in Scheiben schneiden. Die zerkleinerte Zwiebel in Öl golden dünsten, Champignons zugeben, mit Kräutersalz, Pfeffer, Muskat und Curry abschmecken und alles kurz dünsten (etwa 10 Minuten), zuletzt die Sahne unterziehen. Werden frische Tomaten verwendet, dann gleich mit den Champignons weich dünsten. Tomatenmark sofort unter die fertigen Nudeln verrühren, Hefeflocken unterziehen. Zuletzt Nudeln und Champignons vermischen, mit Petersilie und dem geriebenen Käse bestreuen.

Allgäuer Käs-Spätzle

500 g Vollweizenmehl
200 g Sojamehl
etwas Salz
kaltes Wasser
Zwiebeln
250 g geriebener Emmentalerkäse
100 g Butter oder Margarine
Salz
Pfeffer

Mehl, Sojamehl und Salz vermischen und soviel Wasser zugießen, bis ein zäher Teig entsteht. Den Teig gut abschlagen, danach 1 Stunde stehen lassen. Anschließend wird der Teig durch ein Spätzlesieb in kochendes Salzwasser gestrichen und, sobald die Spätzle an der Oberfläche erscheinen, mit dem Schaumlöffel herausgenommen. In einer vorgewärmten Schüssel lagenweise Spätzle und Käse schichten, die in Butter geröstete Zwiebel darüber verteilen und mit Salz und Pfeffer abschmecken.
Dazu paßt vorzüglich grüner Salat.
Dieses Gericht kann auch mit fertigen Vollkorn-Spätzle zubereitet werden.

Nudelauflauf mit Tomatensoße

500 g fertig gegarte Vollkorn-nudeln ohne Ei
2 EL Butter
1 Dose Tomatenmark
fein gehackte Petersilie
1 große Zwiebel
etwas Knoblauch
Paprika
Salz
Curry
1/8 l heißes Wasser
Käsescheiben (wenn möglich Mozzarella)
geriebener Käse oder Hefeflocken
Butterflöckchen

Zwiebel in Fett goldgelb dünsten, Knoblauch und Gewürze zufügen, zuletzt Petersilie. Dann das Tomatenmark unterrühren und mit heißem Wasser auffüllen, so daß eine dickflüssige Soße entsteht.
In eine gebutterte, feuerfeste Form eine Lage Nudeln geben, darauf die Tomatensoße, darüber dick die Käsescheiben, dann wieder Nudeln usw. Oberste Schicht Nudeln, darüber die restliche Soße gießen, geriebenen Käse oder Hefeflocken darüberstreuen, Butterflöckchen aufsetzen und kurz im heißen Rohr überbacken.

Nudelauflauf mit Pilzen

300-400 g Vollkornhörnchen ohne Ei
1 1/2-2 l Salzwasser
20 g Margarine
1 große Zwiebel
250 g frische Champignons oder 1 kleine Dose
etwas gekörnte Brühe oder 1 Würfel Klare Gemüsebrühe
Salz
Pfeffer
Paprika, edelsüß
Muskat
150 g saure Sahne
etwas Milch

Die Vollkornhörnchen in Salzwasser ca. 10-15 Minuten sprudelnd kochen, dann abtropfen lassen.
Margarine erhitzen, die geschnittenen Zwiebeln goldgelb dünsten, die Champignons und gekörnte Brühe oder Brühwürfel zufügen und in wenig Flüssigkeit weich dünsten. Mit den Nudeln vermischen, abschmecken und in eine gefettete Auflaufform geben.
Die saure Sahne mit Milch und den Gewürzen verquirlen, über die Nudel-Pilzmasse gießen und im Backofen bei 200 Grad ca. 25-30 Minuten backen.
Dazu paßt Tomaten- oder Käsesoße und grüner Salat.

Auberginen-Spaghetti

1 große Aubergine
1 in Ringe geschnittene Zwiebel
1 zerdrückte Knoblauchzehe
3 EL Olivenöl
Oregano oder Basilikum
1 in Streifen geschnittene grüne Paprikaschote
250 g reife Tomaten
Salz
gekochte Vollkorn-Spaghetti ohne Ei
geriebener Parmesankäse

Aubergine in Scheiben schneiden, leicht salzen und 1/2 Stunde stehen lassen. Die entstandene Flüssigkeit abgießen und die Auberginen abtropfen lassen. Zwiebel und Knoblauch einige Minuten lang in Öl andünsten, die Aubergine dazugeben und anbräunen. Kräuter, Paprikaschote und Tomaten dazutun und weitere 10 Minuten schmoren lassen. Spaghetti auf einer vorgewärmten Servierplatte anrichten; Auberginenmischung in die Mitte geben und mit Parmesan bestreuen.

Serbische Spaghetti

(Für 2-3 Personen)

125 g Vollkornspaghetti ohne Ei
1 EL Öl
1 mittelgroße Zwiebel
150 g Tiefkühlerbsen
2 EL Tomatenmark
1 EL Paprika
Kräutersalz
etwas Wasser
evtl. 1 zerdrückte Knoblauchzehe
100 g fertig gegarte Sojawürfel
Hefeflocken
gehackte Petersilie

Spaghetti nach Vorschrift kochen. In der Zwischenzeit Zwiebel kleinschneiden, in Öl andünsten. Erbsen, Tomatenmark, Knoblauch, Paprika und etwas Wasser dazugeben. Bei kleiner Flamme ca. 10 Minuten dünsten. Sojawürfel mit kochender, gut gewürzter Gemüsebrühe übergießen und 15 Minuten ziehen lassen. Abgießen, abtropfen lassen und unter das Gemüse geben und noch weitere 10 Minuten garen. Mit Salz und Hefeflocken abschmecken. Auf den abgegossenen, kurz abgeschreckten Nudeln anrichten. Mit Petersilie bestreuen.

Bandnudeln mit Pilzen und Sahnesoße

(Für 1 Person)

60-80 g Vollkornbandnudeln
150 g frische Champignons
1 kleine Zwiebel
1 EL Butter
Salz, Pfeffer, Hefewürze
einige Haselnußkerne
etwas Zitronensaft
75 g Creme fraîche

Zwiebeln schälen, fein hacken, Champignons blättrig schneiden. Fett erhitzen, Zwiebel darin andünsten, Pilze zufügen und ca. 5 Minuten leicht schmoren. Mit Hefewürze, Salz und Pfeffer würzen. Creme fraîche einrühren und die Soße 10 Minuten offen köcheln lassen.
Nudeln in Salzwasser ca. 10 Minuten garen, abtropfen lassen, dann mit der Soße vermischen und mit gerösteten, grob gehackten Haselnüssen bestreuen.

Gefüllte Blätterteigtaschen

1 Packung tiefgefrorener Bätterteig (von einigen Firmen ohne Ei erhältlich)
1 Dose geschnittene Champignons
Salz
Pfeffer
1 Gemüsebrühwürfel
1 Becher Sauerrahm oder süße Sahne
1 Bund Petersilie
1-2 EL Öl
1 zerkleinerte Zwiebel

Blätterteig auftauen. In einer Pfanne die zerkleinerte Zwiebel in Öl andünsten, Pilze und Gewürze dazugeben. 10-15 Minuten dünsten. Zum Schluß den Sauerrahm oder die süße Sahne dazugießen. Petersilie zuletzt zugeben.
Den Blätterteig etwas ausziehen, mit der Pilzmasse füllen, zusammenklappen, die Enden gut festdrücken. Auf Alufolie im Backrohr 15-20 Minuten bei 200 Grad backen. Als Beilage kann man Salat oder Gemüse reichen.

Piroggen mit Pilzfüllung

Für den Teig:
300 g Vollweizenmehl
1 TL Salz
200 g nicht zu feuchter Quark
250 g Butter oder Margarine
evtl. etwas Wasser
3 EL Sahne oder Milch

Alle Zutaten schnell zu einem glatten Teig verkneten, den man einige Stunden kalt stellt. Am besten bereitet man ihn einen Tag vor dem Verzehr zu.
Ein großes Backbrett oder eine andere glatte Oberfläche und das Nudelholz mit etwas Mehl bestäuben und den Teig etwa 3 mm dick ausrollen. Es ist zu prüfen, ob der Teig nicht an der Unterlage festklebt. Den aufgerollten Teig in Vierecke mit einer Kantenlänge von etwa 8-10 cm schneiden. In der Mitte jedes Vierecks einen Eßlöffel Füllung geben (Pilzfüllung siehe unten), die Teigenden mit etwas Milch bestreichen und die Ecken zur Mitte umschlagen. Die

Ränder gut zusammendrücken, da sich die Teigtaschen sonst während des Backens leicht öffnen. Vor dem Backen die Oberfläche der Piroggen mit Milch oder Sahne bestreichen. Im vorgeheizten Backofen bei etwa 200 Grad 15-20 Minuten goldbraun backen.

Pilzfüllung für Piroggen und vegetarische Frühlingsrollen

1 fein geschnittene Zwiebel
1 EL Butter oder Öl
500 g Pilze (Steinpilze, Champignons, auch Dosenpilze)
Kräutersalz
Pfeffer
2 EL saure Sahne oder Kefir
gehackte Petersilie
Dill
Majoran

Die fein geschnittene Zwiebel in der Butter goldgelb dünsten, die in Scheiben geschnittenen Pilze dazugeben und ca. 5 Minuten dünsten lassen. Danach mit den Gewürzen abschmecken, saure Sahne mit unterziehen und die Kräuter zugeben.

Als Füllung für Piroggen eignet sich wunderbar auch etwas in Fett gedünsteter Lauch, mit Sahne abgeschmeckt oder gedünsteter Spinat, mit Muskat und Knoblauch abgeschmeckt oder leicht gegartes Sauerkraut mit Zwiebel, Kümmel und Nelke gewürzt oder Soja-Bratlingsmasse oder gedünstete, mit Honig und Zitrone gewürzte Apfelstückchen oder Kirschen.

Blinis mit saurer Sahne

Blinis sind eine russische Spezialität. Die kleinen Hefepfannkuchen aus Buchweizenmehl werden mit saurer Sahne serviert.

15 g Hefe
1/8 l Milch
1/8 l süße Sahne
Salz
1 Msp. Honig
130 g Buchweizenmehl
60 g Vollweizenmehl
Öl zum Braten

Hefe in etwas Milch verrühren. Restliche Milch und Sahne im Topf lauwarm werden lassen. Salz, Honig, und Mehl einrühren. Teig gut durchkneten. Teig an warmer, zugfreier Stelle zugedeckt etwa 40 Minuten gehen lassen.
Öl in der Pfanne erhitzen und nacheinander Blinis von etwa 12 cm Durchmesser backen. Vor dem Wenden mit zerlassener Butter beträufeln. Heiß servieren.

Cornish Pasties

400 g Vollweizenmehl (Type 1050)
1 TL Backpulver
250 g Butter oder Margarine
1 TL Salz
3 Kartoffeln
2 Zwiebeln
Pfeffer
200 g Soja-Bratlingsmasse o.ä.

Mehl, Backpulver, Fett und 1 TL Salz mit 8 EL kaltem Wasser verkneten. Teig 1/2-1 Stunde kalt stellen. Kartoffeln abschälen und Zwiebeln in Scheiben schneiden. Soja-Granulat nach Grundrezept zubereiten und würzen.
Den Teig in 8 Portionen teilen, jeweils zu einem Kreis von etwa 20 cm ausrollen, die Teigstücke mit Zwiebelscheiben dick belegen, Sojamasse darauf verteilen und mit Kartoffelscheiben abdecken. Teigränder mit Wasser bestreichen, nach oben ziehen und zusammendrücken. Mit etwas Milch bestreichen. Teigstücke auf ein gefettetes Blech legen und bei 200 Grad (Gas Stufe 3) etwa 45 Minuten backen. Die Pasteten schmecken warm oder kalt.

Quiche Lorraine

100 g Vollweizenmehl (Type 1050)
2 EL kaltes Wasser
75 g Butter
2 EL Hefeflocken
2 EL Semmelbrösel

Für den Belag:
150 g saure Sahne
125 g geriebener Käse
etwas Petersilie
1 Stengel Basilikum
1 TL Paprikapulver
1 TL Salz
evtl. 1 EL Milch

Mehl mit Wasser, Butter und Hefeflocken rasch zu einem glatten Teig verarbeiten und etwa 1 Stunde kalt stellen.
Eine gefettete Form mit Teig auslegen und mit den Semmelbröseln bestreuen. Sahne, Milch, Käse und Gewürze (Petersilie und Basilikum fein wiegen) gut vermischen. Die Masse auf den Teigboden verteilen und ca. 1 Stunde bei 175 Grad (Gas Stufe 3) im vorgeheizten Backofen backen.

Champignontorte

250 g Vollweizenmehl (Type 1050)
125 g Butter oder Margarine
1 Prise Salz
1 EL Wasser
1 EL Sahne

Für die Füllung:
2 kleine Zwiebeln
evtl. 2 kleine Knoblauchzehen
1 1/2 EL Butter oder Margarine
500 g frische Champignons
Saft einer Zitrone
Salz
schwarzer Pfeffer
1 1/2 EL Vollweizenmehl
1/8 l Sahne oder Kondensmilch
150 g geriebener Käse

Aus Mehl, Butter, Salz, Wasser und Sahne rasch einen Mürbeteig kneten. 30 Minuten kühl stellen.
Zwiebeln und Knoblauch fein hacken und im heißem Fett durchbraten. Champignons in dünne Scheiben schneiden und dazugeben. Etwa 10 Minuten dünsten. Zitronensaft, Salz und Pfeffer zugeben und nochmals kurz durchkochen.
Eine Springform von 24 cm Durchmesser mit dem Teig auslegen und einen etwa 3 cm hohen Rand hochziehen. Boden mehrmals mit einer Gabel einstechen und im vorgeheizten Backofen 15 Minuten bei 225 Grad (Gas Stufe 4) hellgelb backen.
Nun das Mehl mit der Sahne verrühren und die Pilze damit binden. Den geriebenen Käse unterrühren (ca. 50 g zurücklassen). Die Masse abkühlen lassen. Die Pilzfüllung auf dem vorgebackenen Boden verteilen, den restlichen Käse darüberstreuen und die Torte bei 250 Grad (Gas Stufe 5-6) noch etwa 8 Minuten überbacken.

Gemüsekuchen

250 g Vollweizenmehl (Type 1050)
125 g weiche Butter
8 EL kaltes Wasser
1 TL Salz
Mehl zum Ausrollen

Für den Belag:
500 g Möhren
1 kleiner Blumenkohl
250 g Zwiebeln
1 kleine Dose Mais
Salz
Pfeffer
2 EL Tomatenmark
150 g saure Sahne
2 EL Kräuter der Provence
100 g geriebener Käse

Mehl auf die Arbeitsfläche geben, in die Mitte eine Mulde drücken, Butter in Stückchen schneiden, Wasser und Salz hineingeben. Rasch zu einem glatten Teig kneten und etwa 2 Stunden in Folie gepackt im Kühlschrank ruhen lassen.
Für den Belag das Gemüse putzen, schälen. Möhren in kleine Würfel schneiden und Blumenkohl in feine Röschen zerteilen. In kochendes Salzwasser geben und halb gar kochen. Danach auf einem Sieb gut abtropfen lassen. Zwiebeln würfeln und in Öl glasig dünsten, dann das Gemüse und die Gewürze zugeben und alles unter Umrühren kurz dünsten. Tomatenmark und Sahne zufügen und verrühren.
Den Teig zu einer runden Platte ausrollen, eine Kuchenform von etwa 28 cm Durchmesser damit auslegen und einen Rand hochziehen. Mit einer Gabel mehrmals einstechen und bei 200 Grad (Gas Stufe 4) 15 Minuten hellgelb backen.
Die Gemüsemischung gleichmäßig auf dem vorgebackenen Boden verteilen, den Käse darüberstreuen und nochmals ca. 20 Minuten bei 200 Grad (Gas Stufe 3-4) überbacken.

Variante:

375 g Vollweizenmehl
180 g weiche Butter
8 EL kaltes Wasser
1 TL Salz
Mehl zum Ausrollen

Zubereitung des Teiges siehe oben. Kalt stellen. Dann halbieren und jede Hälfte zu einer runden Platte ausrollen. Eine gefettete Kuchenform mit einer Platte auslegen, Rand hochziehen und ca. 15 Minuten hellgelb backen.
Das Gemüse einfüllen, Käse darüberstreuen, mit der zweiten Teigplatte bedecken, mit einem spitzen Messer mehrmals kreuzweise einschneiden und bei 200 Grad nochmals ca. 30 Minuten backen.

Gedeckter Spinatkuchen

Für den Teig:

500 g Vollweizenmehl (Type 1050 oder 1700)
1 Päckchen Trockenhefe
1/4 l lauwarmes Wasser
1 TL Salz
2 EL Öl

Für die Füllung:

1 kg frischer Spinat oder ca. 900 g TK-Blattspinat
Salz
4 EL Öl
1 Zwiebel
2 zerdrückte Knoblauchzehen
frisch gemahlener Pfeffer
etwas Muskat
300 g Butterkäse
50 g entkernte schwarze Oliven
etwas Sahne

Aus den Teigzutaten einen glatten Hefeteig kneten und zugedeckt ca. 20-30 Minuten gehen lassen.
Spinat verlesen und sorgfältig waschen, in Salzwasser etwa 5 Minuten sprudelnd kochen lassen. Im Sieb gut abtropfen und auskühlen lassen, anschließend grob hacken.
Öl erhitzen, die fein geschnittene Zwiebel und die zerdrückten Knoblauchzehen darin glasig dünsten, Spinat zufügen, würzen und gut verrühren. Den Käse und die Oliven klein würfeln und unter den Spinat mischen. Abkühlen lassen.
Teig auf bemehlter Arbeitsfläche in doppelter Blechgröße ausrollen, mit der Hälfte ein gefettetes Blech belegen, die andere Hälfte auf der Arbeitsfläche überlappen lassen. Den Teig mehrmals mit der Gabel einstechen. Die Spinatfülle auf der Teigplatte verteilen, dabei einen etwa 1 cm breiten Rand freilassen. Diesen mit Sahne bestreichen und die überlappende Teighälfte nun daraufklappen. Den Rand kräfig andrücken, damit beim Backen keine Fülle hervorquellen kann.
Ca. 10 Minuten gehen lassen, die Oberfläche mit Sahne bestreichen, nochmals mit einer Gabel einstechen und im vorgeheizten Backofen bei 225 Grad (Gas Stufe 4) 25-30 Minuten goldgelb backen. Noch heiß servieren.

Spinat-Strudel

350 g Vollweizenmehl (Type 550)
200 g Butter
1 TL Salz
ca. 1/8 l lauwarmes Wasser
750 g Spinat
1 Zwiebel
1 Knoblauchzehe
geriebene Muskatnuß
Pfeffer
50 g Sonnenblumenkerne
100 g Schafskäse
1 EL Speisestärke
2 EL Semmelbrösel

Mehl und Salz auf ein Backbrett geben, in die Mitte eine Vertiefung drücken, 50 g gehackte Butter und das Wasser hineingeben und rasch von der Mitte aus zu einem glatten Teig verarbeiten (darf nicht zu fest sein!). Unter einem warmen Topf 30 Minuten ruhen lassen. Den Spinat putzen, waschen, abtropfen lassen. Zwiebel fein würfeln und in 30 g Butter mit der zerdrückten Knoblauchzehe glasig dünsten. Spinat zugeben und zusammenfallen lassen. Mit Salz, Pfeffer und Muskat abschmecken, danach gut ausdrücken, mit Speisestärke bestäuben. Sonnenblumenkerne in einer Pfanne ohne Fett leicht anrösten.

Strudelteig auf einem bemehlten Geschirrtuch zu einem Rechteck von ca. 30x40 cm dünn ausrollen bzw. ausziehen. Restliche Butter zerlassen und die Teigplatte mit der Hälfte davon bestreichen. Semmelbrösel darüberstreuen, Spinat darauf verteilen, Schafskäse darüberkrümeln und mit Sonnenblumenkernen bestreuen. Von der langen Seite her den Teig aufrollen. Enden gut zusammendrücken und mit der Schnittkante nach unten auf ein gefettetes Backblech legen. Zum Schluß mit der restlichen Butter bestreichen und im vorgeheizten Backofen 25-30 Minuten bei 225 Grad (Gas Stufe 4) backen. Danach den Strudel etwas ruhen lassen und aufschneiden. (Ergibt ca. 10 Stücke).

Käse-Porree-Rolle

200 g Vollweizenmehl (Type 1050)
200 g Magerquark
200 g Butter
1 Prise Salz

Für die Füllung:
500 g Porree
100 g geriebener Käse
150 g Schafskäse
etwas Kümmel
etwas geriebene Muskatnuß
Salz
3 TL Speisestärke
150 g Crème fraîche

Die Zutaten für den Quarkblätterteig rasch verkneten und am besten über Nacht kalt stellen.
Den Porree gut waschen und in Ringe schneiden. In wenig Wasser ca. 8-10 Minuten dünsten, würzen und mit der in etwas Crème fraîche angerührten Stärke binden. Den geriebenen Käse unterrühren und abschmecken. Das Ganze abkühlen lassen. Den Teig rechteckig ausrollen und die Füllung (evtl. etwas Flüssigkeit abgießen) darauf verteilen. Teigränder etwas frei lassen und mit Wasser bepinseln. Den Schafskäse darüberbröseln und den Teig zu einer Rolle formen. Vorsichtig auf ein gefettetes Backblech setzen und im vorgeheizten Backofen bei 200 Grad 25-30 Minuten goldgelb backen. Man kann das Ganze auch in einer Form als Kuchen backen.

Sauerkraut-Pastete

Für den Teig:
150 g Vollweizenmehl (Type 1050)
150 g Butter
150 g trockener Magerquark
1 Prise Salz

Für den Belag:

1 EL Margarine
1 große Zwiebel
1 großer Apfel
2 TL Kümmel
500 g Sauerkraut
Salz

Für den Guß:

1/8 l saure Sahne
1 EL Sojamehl
Salz
75 g geriebener Käse
etwas Wasser

Alle Zutaten für den Teig rasch zusammenkneten und dann etwa 2 Stunden kalt stellen. Die Zwiebeln fein hacken und in Margarine anschmoren. Den Apfel schälen, in Scheiben schneiden, zu den Zwiebeln geben und mit andünsten. Sauerkraut dazugeben, ebenso die Gewürze, mit etwas Wasser auffüllen und ca. 5 Minuten schmoren. Den Teig ausrollen, Rand und Boden einer Springform damit auslegen. Mit einer Gabel einstechen, das Sauerkraut darüber verteilen. Die Zutaten für den Guß gut miteinander verrühren und dann gleichmäßig über das Sauerkraut gießen. Im vorgeheizten Backofen bei 200 Grad (Gas Stufe 4) etwa 45 Minuten backen.

Tiroler Krapfen

250 g Vollroggen- oder Vollweizenmehl
1 EL Öl
etwa 1/2 Tasse warmes Wasser
1/2 TL Salz

Obige Zutaten schnell zu einem glatten, geschmeidigen Teig verarbeiten. Sollte er zu fest sein, noch etwas Wasser unterkneten. Teig auf ein Backbrett legen, mit einem heißen Topf zudecken und 30 Minuten ruhen lassen. Danach dünn ausrollen und ausziehen. Formen in Größe einer Untertasse ausschneiden, eine Hälfte mit untenstehender Fülle bestreichen, zusammenklappen, Ränder fest andrücken und im Rohr bei etwa 200 Grad goldgelb backen. Heiß zu jedem Salat servieren.

Für die Füllung:
125 g gekochte Kartoffeln fein reiben, mit 125 g festem Quark vermengen, mit Salz, Majoran, Muskat und gerösteter Zwiebel abschmecken, evtl. mit etwas Wasser streichfähig machen.

Pikanter Quarkkuchen mit Tomaten

Für den Teig:
250 g Vollweizenmehl (Type 1050)
2 EL Sojamehl, angerührt mit etwas kalter Milch
3 EL saure Sahne
100 g Margarine
1/2 TL Salz

Für den Belag:
500 g Quark
200 g zerdrückter Frischkäse
2 EL Sojamehl, angerührt mit Milch und 2 EL Speisestärke
Salz
Pfeffer
2 EL Semmelbrösel
Basilikum
1 TL Zwiebelpulver
500 g Tomaten
1 EL Öl
50 g frisch geriebener Parmesankäse

Mehl mit Sojamehl, saurer Sahne, Fett und Salz verkneten. Teig 1/2 Stunde kalt stellen. Eine Springform fetten und mit dem Teig auslegen. Quark mit Frischkäse, Sojamehlmischung, Salz, Pfeffer, Semmelbrösel, Basilikum und Zwiebelpulver verrühren. Die Masse auf den Teig streichen. Tomatenscheiben darauf verteilen und mit Öl beträufeln. Im Backofen bei 200 Grad (Gas Stufe 3) etwa 60 Minuten backen. Nach 50 Minuten den Käse über die Tomaten streuen.

Zwiebelkuchen

Für den Teig:

300 g Vollweizenmehl (Type 1050 oder 1700)
20 g Hefe
1 Prise Vollrohrzucker
1/8 l lauwarme Milch
80 g Butter
Salz

Für die Füllung:

1 kg Zwiebeln
4-5 EL Öl
1/4 l Schlagsahne
Margarine für die Form
Mehl zum Ausrollen
2 EL Mondamin
1/4 l saure Sahne
1 TL Kümmel
Salz
schwarzer Pfeffer
2 EL geriebener Käse

Mehl in eine Schüssel füllen, in die Mitte eine Mulde drücken, Hefe hineinbröseln. Zucker und Milch dazugeben. Mit wenig Milch verrühren. Mit etwas Mehl bestäuben und zugedeckt 15 Minuten gehen lassen. Salz und Butter in Flöckchen zum Vorteig geben. Kneten und so lange schlagen, bis der Teig sich trocken von der Schüssel löst. Nochmals 15 Minuten gehen lassen.
Zwiebeln schälen und in Scheiben schneiden. In Öl glasig dünsten. Schlagsahne zugießen und würzen. Deckel nicht ganz auflegen, Masse 5 Minuten köcheln, dann auskühlen lassen. Springform einfetten. Teig auf bemehlter Arbeitsfläche ausrollen. Boden und Rand der Form damit auslegen, gehen lassen. Gewürze unter die Masse rühren, abschmecken. In die Form füllen. Mondamin mit saurer Sahne verquirlen und über die Zwiebelmasse gießen. Mit Käse bestreuen. Im vorgeheizten Backofen bei 200 Grad (Gas Stufe 3) 30 Minuten backen.

Pizza

500 g Vollweizenmehl (Type 1050 oder 1700)
1/2 Würfel Backhefe
1 TL Vollrohrzucker
2 EL Sojamehl
1 TL Salz
4 EL Öl
ca. 1/4 l lauwarme Milch

Für den Belag:
1 kg Tomaten
evtl. 1-2 Zucchini
Salz
Oregano
Basilikum
300 g Käse (in Scheiben oder gerieben)
4 EL fein geschnittenen Schnittlauch

Mehl in eine Schüssel sieben, in die Mitte eine Vertiefung machen, Hefe zerbröseln, mit Zucker und etwas Milch verrühren, in die Mitte gießen und mit etwas Mehl bestäuben. Zugedeckt an einem warmen Ort zu doppelter Größe aufgehen lassen. Restliches Mehl, Salz, Milch und Öl unterarbeiten und zu einem glatten Teig verkneten. An einem warmen Ort zugedeckt ca. 20 Minuten gehen lassen. Nochmals gut durchkneten und auf ein gefettetes Backblech ausrollen.
Zucchini und Tomaten waschen, in Scheiben schneiden, schuppenartig auf dem Teig verteilen, mit den Gewürzen bestreuen und im vorgeheizten Backofen bei 200 Grad ca. 15 Minuten backen, dann den Käse darauf verteilen und weitere 20 Minuten backen. Vor dem Anrichten mit Schnittlauch bestreuen.

Schnelle Pizza

150 g Quark
3 EL Sahne oder Milch
5 EL Öl
1 TL Kräutersalz
1 EL Sojamehl
300 g Vollweizenmehl
1 Päckchen Backpulver

Quark, Milch, Öl, Salz und Sojamehl verrühren. Mehl und Backpulver mischen. 150 g Mehl in die Quarkmischung einrühren, die andere Hälfte unterkneten, bis ein geschmeidiger Teig entsteht, der nicht mehr kleben darf. 1 Stunde im Kühlschrank ruhen lassen. Dann den Teig auf ein gefettetes Backblech ausrollen und an den Seiten mit den Fingern andrücken.

Belag:

6 große Tomaten oder 2-3 kleine Dosen Tomatenmark
200 g Käse in Scheiben
schwarze oder grüne Oliven
Salz
Pfeffer
Pizzagewürz

Teig mit etwas Öl bestreichen, nacheinander Tomatenscheiben, Käse und Oliven darauf verteilen. Mit Salz und Gewürzen bestreuen. Bei 200 Grad 1/2-3/4 Stunde überbacken.

Gemüse-Pizza

Zutaten für den Teig und Zubereitung siehe Pizza.

Für den Belag:

200 g Champignons
1 Zucchini
150 g Erbsen (aus der Dose)
1 Zwiebel
2 EL Öl
Salz
Pfeffer
Basilikum
2 EL Tomatenmark
200 g geriebener Käse

Champignons und Zucchini putzen, waschen und in Scheiben schneiden. Erbsen abtropfen lassen. Zwiebel schälen, würfeln und in Öl andünsten. Champignons und Gemüse zugeben und ca. 10 Minuten garen. Gewürze zugeben, ebenso Tomatenmark und pikant abschmecken. Die Masse auf dem vorbereiteten Pizzaboden verteilen und im vorgeheizten Backofen bei 200 Grad ca. 15 Minuten backen, dann mit Käse bestreuen und weitere 15 Minuten backen.

Gemüse

und Hülsenfrüchte

Gemüse-Kochkurs

Bereiten Sie zunächst das Gemüse vor, indem Sie es putzen, gründlich waschen und dann zerkleinern. Garen Sie es dann auf eine der folgenden Arten:

1. Kochgemüse

Geben Sie das Gemüse in kochende(s) Salzwasser oder Gemüsebrühe. Nehmen Sie nur wenig Flüssigkeit, außer bei Kartoffeln, die mit Wasser bedeckt sein sollten, oder wenn Sie eine größere Menge Gemüsebrühe benötigen (etwa für Suppen oder Soßen).
Kochen Sie Gemüse stets bei geschlossenem Topf. Das spart Energie und sorgt für die Erhaltung der gemüseeigenen Geschmacksstoffe. Die Garzeit richtet sich nach der Art, Alter und Größe des Kochguts. Wurzelgemüse brauchen am längsten. Das Gemüse ist fertig, wenn es weich ist, aber noch "Biß" hat. Schütten Sie nun das Gemüse in ein Sieb und fangen Sie die Kochflüssigkeit auf. Sie können sie sofort zu Soße weiterverarbeiten (ggf. ergänzen Sie sie mit Wasser zur gewünschten Menge). Sie können das Gemüse aber auch binden, indem Sie ca. 1 - 2 EL in Wasser oder Milch angerührtes Vollkornmehl oder einige EL Haferflocken dazugeben. 1 - 2 Minuten aufkochen lassen, bis die Flüssigkeit andickt. Andernfalls schwenken Sie das Gemüse vor dem Servieren einfach in etwas zerlassener Butter.

2. Dünstgemüse

In einem Topf oder einer Pfanne Butter, Margarine, Öl oder pflanzliches Bratfett zerlassen (ca. 1 gehäufter EL Fett bzw. 2 - 3 EL Öl auf ca. 1 kg Gemüse), evtl. eine fein geschnittene Zwiebel hineingeben und vor Hinzufügen des Gemüses glasig dünsten oder sofort das Gemüse in das Fett tun und ein paar Minuten bei mittlerer Temperatur andünsten. Nun mit wenig Flüssigkeit aufgießen (ca. 1/8 - 1/4 l Wasser oder Brühe, je nach Flüssigkeitsgehalt des Gemüses), auf kleiner Flamme bedeckt fertig garen, mit Gewürzen, Kräutern und ggf. Salz und/oder Hefeflocken abschmecken. Dünstgemüse wird normalerweise nicht gebunden.

3. Schmorgemüse

Wie Dünstgemüse, nur etwa die doppelte Menge Fett verwenden und das Gemüse auf großer Flamme kurz anbraten. Dabei häufig umrühren, auf mittlere Temperatur schalten. Dann weiterverfahren wie bei Dünstgemüse, ggf. muß wiederholt Flüssigkeit nachgegossen werden, damit das Gemüse nicht anbrennt. Rühren Sie es deshalb auch öfters um.
Schmorgerichte erhalten eine besondere Geschmacksnote, wenn Sie vor dem Anbraten des Gemüses zunächst kurz die von Ihnen gewählten Gewürze andünsten. Wenn Sie ferner statt Wasser mit Milch aufgießen, ergibt sich beim Garen eine cremige Soße. In diesem Fall müssen sie aber besonders häufig umrühren.

4. Dämpfgemüse

Es wird mit sehr wenig oder ganz ohne Flüssigkeit in Dampf gegart. Am besten verwendet man dazu einen speziellen Dampftopf, da das Gemüse sonst leicht am Topfboden ansetzen und anbrennen kann. Wenn Sie beim Kochen von Gemüse (vgl. 1) den Topfdeckel gut geschlossen halten (ggf. ein Geschirrtuch darum wickeln), können Sie aber auch hier den Dampf weitgehend für den Kochvorgang nutzbar machen.
Sie können grundsätzlich jedes Gemüse nach diesen Anleitungen zubereiten.
Wenn Sie gekochtes Gemüse in eine gefettete Auflaufform geben, mit geriebenem Käse bestreuen und überbacken, erhalten Sie einen **Gemüseauflauf**.
Sie können es auch vorher mit Béchamel-Soße (s. Kapitel Soßen) übergießen.
Einen **Gemüsepudding** erhalten Sie, wenn Sie das Gemüse mit einer Mischung aus je 1 - 2 EL Soja- und Stärkemehl (je nach Gemüsemenge) vermengen und in einer geschlossenen Puddingform im Wasserbad garen. (Wenn Sie keine

Puddingform besitzen, können sie auch zwei Töpfe ineinanderstellen und den unteren mit soviel kochendem Wasser füllen, daß es bis etwa zur Mitte des 2. Topfes reicht. Decken sie den oberen Topf sorgfältig mit Alufolie und Gummiband oder einem gut schließenden Deckel ab.) Auch im Schnellkochtopf kann man Pudding bereiten. Die Einzelheiten entnehmen Sie bitte Ihrem Beipackheft.

Gemüse

Auberginen Parmiganina

1 mittelgroße Aubergine
etwas Mehl
Semmelbrösel oder Weizenkeime
mehrere EL Olivenöl
einige EL Sahne
100 g frisch geriebener Parmesankäse
250 g Mozzarellakäse, in Scheiben geschnitten
150 g Tomatenmark
etwas Oregano
1 Knoblauchzehe
Kräutersalz
Pfeffer

Die Auberginen waschen und ungeschält in ca. 2 cm dicke Scheiben schneiden. Die Scheiben nacheinander in Mehl, Sahne und Semmelbröseln wenden. Jeweils mehrere Scheiben langsam in etwas Öl anbraten, bis sie auf beiden Seiten gut braun sind. Nach Bedarf Öl hinzufügen.
Wenn Sie braun und knusprig sind, in eine feuerfeste Form geben und auf jede Auberginenscheibe eine oder zwei Scheiben Mozzarellakäse geben. Aus Tomatenmark, Salz, Gewürzen, Sahne und der zerdrückten Knoblauchzehe eine dicke Tomatensoße bereiten und 2-3 TL davon auf jede Scheibe geben. Zum Schluß alles mit dem geriebenen Parmesan bestreuen. Bei 200 Grad etwa 20-30 Minuten lang backen und ganz heiß servieren.
Dieses herzhafte Gericht reicht für 4-6 Personen.

Gefüllte Auberginen

2 Auberginen à 300 g
Salz
4 EL Olivenöl
2 mittelgroße Zwiebeln
400 g frische Champignons
frisch gemahlener weißer Pfeffer
1 Prise getrocknetes Basilikum und getrocknetes Oregano
1 EL gehackte Petersilie
100 g Mozzarella oder 4 EL geriebener Emmentaler
2 EL Sonnenblumenkerne
Margarine zum Einfetten

Auberginen waschen, abtrocknen, Stengelansätze entfernen, der Länge nach halbieren. Fruchtfleisch herauslösen, kleinschneiden. Ausgehöhlte Hälften mit Salz ausstreuen. Öl in einer Pfanne erhitzen. Auberginenscheiben darin unter Wenden 5 Minuten braten. Herausnehmen.
Geschälte, gewürfelte Zwiebeln im verbliebenen Fett hellgelb braten. Geputzte, gewaschene Champignons blättrig schneiden, mit dem kleingeschnittenen Auberginen-Fleisch zu den Zwiebeln geben und 3-4 Minuten dünsten. Mit Pfeffer, Kräutern und Salz abschmecken. Den gewürfelten Mozzarella untermischen. In die Auberginen-Hälften füllen, mit Sonnenblumenkernen bestreuen. In einer leicht gefetteten Auflaufform im vorgeheizten Backofen bei 200 Grad (Gas Stufe 3-4) 10-15 Minuten auf oberster Schiene überbacken.

Auberginenauflauf

750 g kleine Auberginen
Salz
100 g Öl
Margarine für die Form
je 1/2 TL weißer Pfeffer, getrocknetes Oregano, getrocknetes Basilikum
1 Msp. getrockneter Thymian
500 g Tomaten
100 g Zwiebeln
1 Knoblauchzehe
50 g Butter oder Margarine
100 g geriebener Emmentaler
20 g Butter

Auberginen waschen, abtrocknen, Stengelansätze entfernen. Früchte in 1/2 cm dicke Scheiben schneiden. Mit Salz bestreut 30 Minuten ziehen lassen. Abspülen und auf Küchenkrepp abtropfen lassen.
Öl in einer Pfanne erhitzen. Auberginenscheiben darin auf beiden Seiten anbraten. Eine Auflaufform mit Margarine einfetten. Auberginenscheiben mit den Kräutern mischen und in die Form füllen. Tomaten häuten, halbieren, entkernen und vierteln. Geschälte Zwiebeln und Knoblauchzehen sehr fein hacken und in heißer Butter oder Margarine glasig braten. Tomaten zugeben, salzen und so lange schmoren, bis die Tomaten zu Brei geworden sind. Heiße Soße auf die Auberginenscheiben verteilen. Emmentaler darüberstreuen, mit Butterflöckchen belegen. Im vorgeheizten Backofen bei 225 Grad (Gas Stufe 4) auf der obersten Schiene 10 Minuten überbacken.

Gebratene Aubergine

(Für 1 Person)

1 kleine Aubergine
etwas Zitronensaft
Salz
Pfeffer
Majoran
1 zerdrückte Knoblauchzehe
2 EL Olivenöl

Aubergine waschen, in 1/2 cm dicke Scheiben schneiden, salzen und etwas ziehen lassen. Mit Küchenkrepp abtupfen und mit Zitronensaft beträufeln. Mit Pfeffer, Majoran und Knoblauch würzen und in heißem Olivenöl auf beiden Seiten braten.

Bananengemüse

200 g getrocknete Sojawürfel
3 EL Öl
1 rote und 1 grüne Paprikaschote
2 Zwiebeln
1 TL Salz
1 TL Paprika
2 TL Curry
etwas Pfeffer
1 TL Speisestärke
1/4 l Sahne
4 Bananen
4 kleine Tomaten

Sojafleischwürfel nach Gundrezept zubereiten, in Öl anschmoren, Paprikaschoten zerkleinern, Zwiebeln fein wiegen und hinzufügen. Alles kurz andünsten, Salz, Paprika, Curry und Pfeffer darunterrühren, Speisestärke in Sahne verquirlen, in die Pfanne gießen und aufkochen lassen. 10 Minuten bei schwacher Hitze dünsten. Bananen und Tomaten zerkleinern, weitere 5 Minuten mitdünsten lassen.

Blumenkohl mit Käsesoße

1 Kopf Blumenkohl
Salz
30 g Vollweizenmehl
1/4 l Schlagsahne
50 g Butter oder Margarine
1/8 l Milch
50 g gehobelte Mandeln
geriebene Muskatnuß
weißer Pfeffer
Salz
120 g geriebener Emmentaler

Gewaschenen und geputzten Blumenkohl in Röschen teilen und 8-10 Minuten in kochendem Salzwasser garen. Abtropfen lassen und warm stellen. Aus Butter und Mehl eine Mehlschwitze herstellen. Schlagsahne und Milch dazugießen und kräftig mit dem Schneebesen durchschlagen. 5 Minuten einkochen, Emmentaler unterrühren und mit Muskat, frisch gemahlenem Pfeffer und Salz abschmecken. Nochmal 3 Minuten kochen. Blumenkohlröschen anrichten, mit der Soße überziehen, unter dem Grill gratinieren und mit hellbraun gerösteten Mandelplättchen bestreuen.

Blumenkohl-Erbsen-Auflauf

2 kleine Köpfe Blumenkohl
Salz
300 g tiefgefrorene Erbsen
Fett für die Form
30 g Butter oder Margarine
30 g Vollweizenmehl
1/2 l Milch
1 TL Curry
1/2 TL geriebene Muskatnuß
100 g geriebener Käse

Blumenkohl putzen, waschen und in Röschen teilen. 5 Minuten in kochendem Salzwasser vorgaren. 1/4 l Blumenkohlwasser durch ein Sieb gießen und beiseite stellen. Blumenkohlröschen und Erbsen in eine gefettete Auflaufform füllen. Für die Soße Fett erhitzen, Mehl darin anschwitzen und mit der Milch und dem Blumenkohlwasser unter ständigem Rühren ablöschen. Aufkochen lassen. Anschließend mit Salz, Curry und Muskat abschmecken. Zum Schluss die Soße über das Gemüse gießen, mit Käse bestreuen und im vorgeheizten Backofen bei 200 Grad (Gas Stufe 3) 35-40 Minuten überbacken.

Blumenkohlschnitzel

2 große Blumenkohlköpfe
Salz
Vollweizenmehl
Sojamehl
etwas Milch
Semmelbrösel
etwas Streuwürze
Paprika
Öl oder Kokosfett zum Braten

Den gewaschenen Blumenkohl in entsprechende Portionen schneiden und in Salzwasser halb gar kochen. Abgießen (Wasser kann zu einer Suppe weiterverarbeitet werden) und abtropfen lassen. Zuerst in Mehl, dann in Milch und zuletzt in Semmelbrösel, die man mit Streuwürze und Paprika vermischt, panieren. Die so panierten Blumenkohlstücke in heißem Öl langsam ausbacken. Dazu paßt gut Kartoffelbrei und ein Salat.

Blumenkohl mit Semmelbröseln
(Für 1 Person)

1 kleiner oder 1 /2 Blumenkohl
Salz
2 EL Butter
1 EL Vollkornsemmelbrösel

Blumenkohl in Salzwasser nicht zu weich garen.
Butter schmelzen, Semmelbrösel darin bräunen und über den in Röschen zerteilten Blumenkohl geben. Dazu paßt gut Kartoffelbrei und Salat.

Bohnengemüse mit Tomaten

750 g grüne Bohnen
etwas frisches Bohnenkraut
375 g Tomaten
2 Zwiebeln
Salz
Pfeffer
1 Prise Vollrohrzucker
1 TL Oregano
3 EL Öl
30 g Butter oder Margarine
etwas Petersilie

Bohnen putzen, waschen und mit dem Bohnenkraut 15-20 Minuten in Salzwasser garen. Bohnenkraut herausnehmen.
Tomaten schälen, vierteln, Kerne entfernen. Zwiebeln fein schneiden, in dem Öl glasig andünsten, Tomaten zugeben und ca. 5 Minuten leicht anschmoren. Mit den Gewürzen pikant abschmecken.
Die Bohnen abgießen, in dem zerlassenen Fett schwenken, die Tomaten darübergeben und mit Petersilie bestreuen.

Gedünstete Grüne Bohnen

1 EL Butter oder Butaris
500 g grüne Bohnen, in Stücke geschnitten
1 in Scheiben geschnittene Zwiebel
1/2 Tasse Wasser
ein 1 1/2 cm langes, fein gehacktes Stück Ingwerwurzel oder 1/2 TL Ingwerpulver
1/2 TL Salz
1/2 TL Fenchel

Wasser mit Fett zum Kochen bringen. Bohnen, Zwiebeln und Gewürze dazugeben. Gut durchmischen und eine Zeitlang dünsten, bis die Bohnen weich, aber noch bißfest sind. Eventuell noch vorhandene Flüssigkeit auf großer Flamme verdampfen lassen. Heiß servieren.

Bohnengemüse mit Paprika

500 g Stangenbohnen
1 mittelgroße rote Paprikaschote
1 Zwiebel
4 EL Öl
1/4 l Gemüsebrühe
1 EL Tomatenmark
1 TL gehacktes Bohnenkraut
Salz
weißer Pfeffer

Die Bohnen waschen, an den Enden kürzen und in 4 cm lange Stücke schneiden. Die Paprikaschote halbieren, Kerne ausschaben und beide Hälften in größere Stücke schneiden. Die Zwiebel schälen und fein würfeln. Das Öl erhitzen. Zwiebelwürfel darin glasig braten. Bohnen und Paprika dazugeben und kurz durchrösten. Dann die Brühe mit dem Tomatenmark und dem gehackten Bohnenkraut verrühren. Zum Gemüse geben. Mit Salz und Pfeffer würzen. Im geschlossenen Topf 20 Minuten köcheln lassen.

Bohnengemüse in Thymian-Sahne

750 g grüne Bohnen
200 g Crème fraîche
200 g Schlagsahne
1 EL mittelscharfer Senf
1 Bund Thymian
Pfeffer
Salz

Bohnen waschen, putzen und in Salzwasser 15-20 Minuten kochen. In einem breiten, flachen Topf Crème fraîche und Sahne 3 Minuten dicklich kochen. Mit Pfeffer, Salz und Senf abschmecken. Abgezupften, gehackten Thymian in die Soße geben. Die angerichteten Bohnen mit der Soße übergießen.

Gebratene grüne Bohnen

(Für 1 Person)

200 g grüne Bohnen
etwas Bohnenkraut (frisch oder getrocknet)
Salz, schwarzer Pfeffer
2 EL Hefeflocken
Öl zum Braten

Bohnen putzen, waschen, evtl. halbieren und in Salzwasser mit dem Bohnenkraut nicht zu weich dünsten. Das Wasser abgießen. Öl in der Pfanne erhitzen, die abgetropften Bohnen hineingeben, mit Hefeflocken bestreuen und kurz durchbraten. Mit Pfeffer würzen.

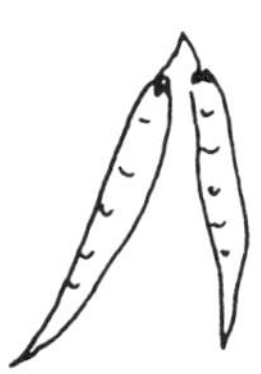

Brokkoli au Gratin

750 g Brokkoli
1 Tasse Milch
Gemüsebrühe
1 gehäufter EL Sojamehl
1 gehäufter EL Speisestärke

Kräutersalz
Pfeffer
Muskat
150 g geriebener Käse

Brokkoli in wenig Brühe ca. 10-15 Minuten gar kochen. In eine gefettete Auflaufform geben. Milch, Sojamehl, Speisestärke, Salz und Gewürze gut miteinander verquirlen, das Gemüse damit übergießen. Mit Käse bestreuen.
Bei 200 Grad 20 Minuten lang überbacken.
Dazu paßt frischer grüner Salat.

Italienischer Brokkolitopf

1 kg Brokkoli
2 Zwiebeln
3 EL Olivenöl
1 große Dose geschälte Tomaten
1 EL Oregano

1 TL Thymian
etwas Pfeffer
Salz
1 Knoblauchzehe
4 EL geriebener Käse

Die fein gehackten Zwiebeln in Olivenöl andünsten, Tomaten, Gewürze und Salz zugeben und ca. 20 Minuten mitdünsten.
Den Brokkoli waschen und in etwas Salzwasser leicht garen.
Dann zu der Soße geben, den geriebenen Käse unterheben und nochmals auf kleiner Flamme ca. 15 Minuten dünsten.

Gefüllte Champignons

20 große Champignons
50 g Butter oder Margarine
2 EL Semmelbrösel
1 Zwiebel
150 g geriebener Käse
etwas Salz
frischer Pfeffer
etwas Petersilie

Champignons putzen, waschen und gut abtrocknen. Die Stielansätze vorsichtig aus den Köpfen lösen und kleinschneiden.
Butter oder Margarine in einer Pfanne erhitzen, kleingeschnittene Zwiebel und Champignonstücke andünsten, Semmelbrösel zugeben. Diese Masse mit dem geriebenen Käse vermischen, mit den Gewürzen und der Petersilie abschmecken und in die Champignonköpfe füllen. Die Pilze nebeneinander in eine gefettete Auflaufform setzen, mit etwas Gemüsebrühe aufgießen und bei 250 Grad etwa 15 Minuten überbacken.

Chicorée in Sahne

500 g Chicorée
1/2 TL Vollrohrzucker
25 g Butter oder Margarine
1/8 l Gemüsebrühe
100 g flüssige Sahne

Chicorée putzen und zerkleinern. Das bittere Ende entfernen. Fett zerlassen, Zucker dazugeben. Chicorée etwa 5 Minuten dünsten. Mit Brühe aufgießen und bedeckt ca. 1/4 Stunde garen. Sahne hinzufügen und im offenen Topf einkochen bis sie dickflüssig ist.

Erbsen mit Käsesahne

1 kg Erbsen (in der Schote)
Kräutersalz
1/4-1/2 l Wasser
1 große Zwiebel
25 g Butter oder Margarine
125 g Schlagsahne
100 g Schafskäse
frisch gemahlener Pfeffer
1 Bund gehackte Petersilie

Erbsen putzen, waschen und 10 Minuten in Salzwasser kochen; sie sollten aber nicht zu weich werden. Flüssigkeit durch ein Sieb gießen und auffangen. Inzwischen die Zwiebel zerkleinern und in Fett glasig dünsten. Schafskäse zerbrökeln, zusammen mit Sahne einrühren. Mit Pfeffer würzen. Petersilie hacken, die Hälfte unter die Soße heben. Die Erbsen mit der Soße übergießen und mit der restlichen gehackten Petersilie bestreuen.

Erbsen in Nußsoße

1,5 kg Erbsen in Schoten
40 g Butter
1 EL Vollweizenmehl
1/2 l Gemüsebrühe
0,2 l Milch
3-4 EL gemahlene Haselnüsse
Kräutersalz
Pfeffer
Vollrohrzucker

Erbsen aus den Schoten lösen, waschen, in Brühe und Milch bei geringer Hitze ca. 20-30 Minuten garen. Flüssigkeit abgießen, auffangen. Mehl mit dem Schneebesen darunterrühren, erhitzen. Butter in die heiße Flüssigkeit geben, aufkochen und etwas andicken lassen. Mit Gewürzen und Zucker abschmecken. Nüsse und Erbsen in die Soße geben, umrühren, servieren.

Fenchelauflauf

4 große Fenchelknollen (ca. 1 kg)
1 unbehandelte Zitrone
40 g Butter
40 g Vollweizenmehl
1/2 l Milch
150 g geriebener Emmentaler
Salz
Pfeffer aus der Mühle
1 Prise geriebene Muskatnuß
1 Prise Vollrohrzucker
Fett für die Form
20 g Butter in Flöckchen

Die Fenchelknollen putzen, gründlich waschen, der Länge nach in nicht zu dünne Scheiben schneiden. Salzwasser mit Zitronenscheiben erhitzen, den Fenchel darin 10 Minuten vorkochen. Für die Soße 40 g Butter zerlaufen lassen, das Mehl zugeben und unter Rühren goldgelb rösten. Unter weiterem Rühren die Milch zugeben und kurz kochen lassen. Den Topf vom Herd nehmen und gut 2/3 des Käses unterrühren. Die Soße mit Salz, Pfeffer, Muskat und Zucker abschmecken. Eine feuerfeste Form ausfetten.
Fenchel hineingeben, Soße darübergießen, die Butterflöckchen und den restlichen Käse darüber verteilen. Die Form in den vorgeheizten Ofen schieben, etwa 30 Minuten backen. Die Oberfläche sollte goldbraun sein.

Herzhafter Fenchelauflauf

1 kg Fenchel
Salz
2 EL Zitronensaft
2 EL Öl
200 g fertige Bratlingsmasse (angerührt nach Packungsvorschrift)
2 Zwiebeln
1/8 l Gemüsebrühe
50 g Tomatenmark
Pfeffer aus der Mühle
Paprikapulver scharf
200 g Crème fraîche
500 g Pellkartoffeln
Fett für die Form

Fenchel putzen, waschen und in sechstel schneiden. Dann in kochendem Salzwasser mit Zitronensaft 10 Minuten garen. Gut abtropfen lassen, 1/4 l Kochwasser abmessen und aufbewahren.
Öl in einem flachen Topf erhitzen, Zwiebeln schälen, würfeln und darin anbraten. Bratlingsmasse zugeben, kurz andünsten. Brühe zugeben und alles einige Minuten garen. Bratlingsmasse mit Tomatenmark, Salz, Pfeffer und Paprikapulver kräftig würzen.
1/4 l Fenchelkochwasser mit Crème fraîche verquirlen, mit Salz und Pfeffer würzen. Eine feuerfeste, flache Form ausfetten und die geschnittenen Pellkartoffeln hineingeben. Die Bratlingsmasse gleichmäßig darüber verteilen, die Fenchelspalten darüber legen und Crème fraîche darüber gießen. Das Ganze im vorgeheizten Backofen bei 200 Grad (Gas Stufe 3) auf mittlerer Einschubleiste 40-45 Minuten garen.

Fenchelgemüse mit Senfsahne

750 g Fenchel
30 g Butter oder Margarine
1-2 EL körniger Senf
1/8 l Gemüsebrühe
1 Becher Schlagsahne (200 g)
1 Bund Schnittlauch
Pfeffer
Salz
abgeriebene Schale einer unbehandelten Zitrone
1 TL Honig
2 EL Speisestärke

Fenchel putzen, waschen und vierteln. In der Butter oder Margarine andünsten, Brühe zugeben und im geschlossenen Topf etwa 10 Minuten dünsten. Senf und Sahne zugeben und alles zugedeckt weitere 10-15 Minuten garen. Den Schnittlauch in Röllchen schneiden. Soße mit Pfeffer, Salz, Zitronenschale und Honig abschmecken. Speisestärke in etwas Wasser anrühren, einlaufen und die Soße aufkochen lassen. Fenchel mit der Soße servieren und mit geschnittenem Fenchelgrün oder Schnittlauch bestreuen.

Fenchel mit Käsesoße
(Für 1 Person)

1 Fenchelknolle
Salz
1 EL Vollweizenmehl
1 EL Butter
2 EL Sahne
2 EL Milch
etwas geriebene Muskatnuß
2 EL geriebener Emmentaler Käse

Fenchel waschen, halbieren und in Salzwasser ca. 10-15 Minuten garen. Butter erhitzen, Mehl dazugeben, kurz anschwitzen, mit Milch und Sahne löschen und kräftig durchrühren. Evtl. noch etwas Fenchelkochwasser dazugießen. Käse unterrühren, schmelzen lassen und mit Muskat abschmecken. Den abgetropften Fenchel damit begießen, mit gehacktem Fenchelgrün oder Petersilie bestreuen.

Gemüse-Fondue

500 g Auberginen
500 g Zucchini
500 g Champignons
3 EL Zitronensaft
pflanzliches Bratfett
evtl. 1 Knoblauchzehe
500 g möglichst kleine gekochte Kartoffeln

Auberginen und Zucchini halbieren (oder vierteln, je nach Größe), in dicke Scheiben schneiden. Knoblauchzehe zerdrücken, mit Zitronensaft verrühren, über Auberginen und Zucchini gießen, ca. 1/4 Stunde durchziehen lassen. Pilze putzen und waschen. Kartoffeln schälen und ggf. größere Kartoffeln vierteln. Auberginen und Zucchini mit einem sauberen Küchenhandtuch trocken tupfen, in hübschen Schalen anrichten. Fett erhitzen, bis es leicht zu brodeln anfängt, die Gemüsestücke einzeln darin ca. 3-4 Minuten garen. Mit Salz und Pfeffer würzen.
Als Fondue-Soßen eignen sich Soße Vinaigrette (s. Kapitel Soßen) oder andere scharfe oder pikante Soßen.

Gemüse-Getreide-Pfanne

150 g Gerstenkörner
1 rote Paprikaschote
1 gelbe Paprikaschote
2 Stangen Lauch
2 Zucchini
2 EL Butter oder Margarine
Salz
Pfeffer
Kräuter der Provence
etwas Gemüsebrühe
1 Becher Crème fraîche

Gerste in etwa 1/2 l Wasser einweichen und mehrere Stunden stehen lassen. Das Gemüse putzen und in Stücke schneiden. Die Gerste mit dem Einweichwasser und etwas Salz 40-50 Minuten kochen. In heißem Fett das Gemüse darin andünsten, würzen, die Gerste zugeben, mit Gemüsebrühe auffüllen und noch 5-7 Minuten gar dünsten. Zuletzt Crème fraîche unterziehen.

Gemüsetopf
(Für 1 Person)

1 Aubergine
1 Paprikaschote
1 Zucchini
1-2 EL Olivenöl
1 kleine Zwiebel
1 EL Tomatenmark
Salz, Pfeffer, etwas Sojasoße
gehackte Petersilie

Aubergine gut waschen, halbieren und in Würfel schneiden, ebenso die Zucchini und den entkernten Paprika. Die Zwiebel fein würfeln und in heißem Fett anbraten. Das Gemüse zugeben und ca. 10 Minuten dünsten. Tomatenmark unterrühren, ebenso die Gewürze. Mit gehackter Petersilie bestreuen.

Gemüseragout

1 Aubergine
Salz
2 Knoblauchzehen
3 EL Olivenöl
2 Zwiebeln
1 rote Paprikaschote
1 grüne Paprikaschote
1 Zucchini
100 g Champignons
2 EL Tomatenmark
1/2 l Gemüsebrühe
1/2 TL Oregano
1/2 TL Basilikum
Pfeffer aus der Mühle
Saft einer Zitrone
Sojasoße
1 Bund Schnittlauch

Die Auberginen waschen, putzen und in Würfel schneiden. Gut mit Salz bestreuen und Wasser ziehen lassen. Abwaschen und mit Küchenkrepp abtupfen. Inzwischen die Knoblauchzehen mit etwas Salz zerreiben. Olivenöl erhitzen und die Knoblauchzehen darin anbraten. Zwiebeln, Paprikaschoten, Zucchini und Champignons in grobe Würfel schneiden. Mit den Auberginenwürfeln ins heiße Knoblauchöl geben und unter mehrmaligem Wenden 8-10 Minuten dünsten. Tomatenmark kurz mit anschwitzen, dabei gründlich untermischen und alles mit Gemüsebrühe ablöschen. Mit Oregano und Basilikum würzen, salzen und pfeffern. Noch 5 Minuten köcheln lassen. Mit Zitronensaft und einigen Tropfen Sojasoße abschmekken. Das Gemüseragout mit Schnittlauchröllchen bestreut servieren.
Dazu passen sehr gut Vollkornnudeln oder Spaghetti.

Grünkohl-Auflauf

1 kg Grünkohl
1 große Zwiebel
1 großer Apfel
50 g Butter oder Margarine
Pfeffer
Salz
Muskat
300 g fertig gegarter Grünkernschrot
Hefewürze
1 Tasse Milch
2 EL Sojamehl
geriebener Käse

Grünkohl waschen, grob zerteilen. Zwiebel und Apfel schälen und fein schneiden, in heißem Fett anbraten, Grünkohl zugeben, mit wenig Flüssigkeit aufgießen und etwa 20 Minuten dünsten. Abkühlen lassen und die Hälfte davon in eine gefettete Auflaufform füllen. Den fertigen, gut gewürzten Grünkernschrot auf das Gemüse geben, mit dem restlichen Grünkohl bedecken. Milch mit Sojamehl und Gewürzen verquirlen und über dem Auflauf verteilen. Käse darüber streuen. Im vorgeheizten Backofen bei 200 Grad ca. 30 Minuten überbacken. Dazu paßt gut eine Käsesoße (s.Kapitel Soßen).

Gurken mit Pilzen

125 g Mandelstifte oder -blättchen oder grob gehackte Mandeln
1 große Gurke
250 g Pilze (evtl. aus der Dose)
einige frische Pfefferminzblätter oder 1 kräftige Prise Pfefferminze aus einem Teebeutel
3 EL Öl
etwas Zitronensaft
Kräutersalz
Pfeffer
Muskatnuß
200 g Quark
200 g Frischkäse

Gurke schälen und würfeln. Pilze säubern und in Scheiben schneiden. Mandeln, Gurke, Pilze und Pfefferminze in heißem Öl ca. 5 Minuten schmoren. Währenddessen den Frischkäse mit der Gabel fein zerdrücken und zusammen mit Quark, Zitronensaft, Salz, Pfeffer und Muskatnuß zu dem Gemüse geben. Nochmals erhitzen, aber nicht mehr kochen. Dazu reicht man Reis oder Kartoffelpüree.

Gurken in Sahne

2 Gemüsegurken
3 EL Öl
Kräutersalz
schwarzer Pfeffer
gemahlener Koriander
Curry
(Rosen)-Paprika
Knoblauchpulver
1/8 l saure Sahne oder Vollmilchjoghurt, gemischt mit 1 EL Sahne

Gurken waschen, in Würfel schneiden (vierteln, die Gurke dabei nicht ganz durchschneiden, scheibenweise Stückchen davon abschneiden). 5 Minuten in Fett andünsten. Salz und Gewürze dazugeben, Gemüse gardünsten (ca. 15 Minuten). Mit saurer Sahne oder Joghurt aufgießen, umrühren, erwärmen, nicht mehr kochen.

Gurken mit Gerstenschrot gefüllt

3 große Gurken
1 Zwiebel
50 g Öl
125 g Gerstenschrot
gut 3/8 l Gemüsebrühe
1-2 EL Tomatenmark
etwas Pfeffer
Basilikum

Man schält die Gurken und schneidet sie quer in etwa 10 cm lange Stücke, die man aushöhlt und in wenig Salzwasser nicht allzu weich dünstet. Für die Fülle röstet man die fein gehackten Zwiebeln und die Gerste in ein wenig Öl an, füllt mit Gemüsebrühe auf, kocht die Gerste darin dick, schmeckt mit Tomatenmark, Salz und Gewürzen ab. In einer gefetteten Form legt man die Gurkenstücke nebeneinander, gibt die Fülle hinein und überbäckt das Ganze 10 Minuten im Backofen.

Gurkengemüse mit Dillsahne

20 g Butter oder Margarine
2-3 mittelgroße gewürfelte Zwiebeln
ca. 800 g Schmorgurken oder 2 Salatgurken
1/2 Tasse Gemüsebrühe
Salz
weißer Pfeffer
1/2 TL Honig
1/4 l süße Sahne
2 Bund frischer Dill

Gurken schälen, der Länge nach halbieren und in ca. 2 cm breite Scheiben schneiden. Margarine erhitzen, Zwiebelwürfel darin goldgelb andünsten und die Gurkenscheiben zugeben. Mit wenig Brühe angießen und ca. 15 Minuten garen (Gemüse soll nicht zu weich sein) und pikant abschmecken.
Die Sahne leicht anschlagen, mit dem geschnittenen Dill vermischen und erst vor dem Anrichten über die Gurken verteilen.

Gurkengulasch
(Für 1 Person)

1 kleine Salatgurke oder 1-2 Schmorgurken
1 EL Öl
2 EL Wasser
1 Prise Salz
1 kleine fein geschnittene Zwiebel
2 EL Tomatenmark
1 TL Hefewürze
1 TL Paprika
2 EL saure Sahne
1 EL Vollweizenmehl

Die gut gewaschene oder geschälte Gurke halbieren und in Würfel schneiden. Fett erhitzen, Zwiebel darin glasig dünsten, Gurken zugeben, ebenso Wasser und die Gewürze. Bei niederiger Temperatur ca. 8 Minuten dünsten. Tomatenmark zugeben, Sahne mit Mehl gut verquirlen und die Soße damit binden. Nochmals kurz aufkochen lassen.

Kastanien-Eintopf

2 große Zwiebeln
1 kleine Sellerieknolle
500 g rote Paprika
1 EL Pflanzenöl
4 Tomaten
1 Lorbeerblatt
500 g ganze Kastanien (Dose)
2 EL Vollkornmehl
knapp 1/2 l Wasser
Salz
Pfeffer

Zwiebeln und Sellerie in feine Scheiben, Paprika in Streifen schneiden und 10 Minuten lang auf kleiner Flamme in Öl andünsten. Dann Tomaten vierteln und mit dem Lorbeerblatt dazugeben. Kastanien abgießen und Flüssigkeit auffangen. Kastanien in Mehl wenden und zu den anderen Zutaten geben. Die von den Kastanien abgegossene Flüssigkeit mit Wasser zu 1/2 l Flüssigkeit ergänzen und zu den anderen Zutaten hinzufügen. Mit Salz und Pfeffer würzen und in einer feuerfesten Form bei 180 Grad 45 Minuten lang backen.

Glasierte Kohlrabi

1 kg Kohlrabi
Kräutersalz
50 g Vollrohrzucker
1 EL Butter
1 Bund gehackte Petersilie
1/4 l Gemüsebrühe

Kohlrabi schälen und in Stücke schneiden, in Brühe 20 Minuten kochen. Zucker in einer Pfanne mit vier EL Kochbrühe verrühren und bräunen. Restliches Gemüsewasser dazugießen und dicklich einkochen lassen. Butter zerlassen und mit der Soße über das Gemüse gießen. Alles mit gehackter Petersilie bestreuen.

Gedörrter Kürbis

Einen möglichst großen Kürbis vierteln oder achteln. Die Kerne entfernen, schälen und der Länge nach in 1-2 cm dicke Streifen schneiden. Schichtweise in eine große flache Backform geben - nicht mehr als 2 oder 3 Lagen hoch. Ein ganz klein wenig Wasser auf den Boden geben und sehr langsam bei ca. 125 Grad im Backofen trocknen lassen. Auf Grund der geringen Hitze erfordert dies einige Zeit. Vor dem Servieren jede Scheibe auf beiden Seiten mit Butter bestreichen. Früher wurde dieses Gericht heiß mit Butterbrot oder als Beilage zu einem Hauptgericht serviert.

Gefüllte Kohlrabi

50 g getrocknete Steinpilze
4 große Kohlrabi
Salz
500 g Zwiebeln
30 g Butter oder Margarine
200 g Schlagsahne
2 EL Gemüsebrühe
weißer Pfeffer
40 g Grünkernschrot
etwas Petersilie zum Garnieren

Steinpilze in 1/2 l Wasser einweichen. Kohlrabi waschen, schälen, einen Deckel abschneiden und diesen würfeln. Anschließend die Kohlrabi aushöhlen und in Salzwasser ca. 20 Minuten kochen. In der Zwischenzeit Zwiebeln schälen und kleinschneiden. Fett in einer Pfanne erhitzen, die Zwiebeln darin glasig dünsten, Steinpilze mit dem Einweichwasser und der Sahne zufügen, aufkochen lassen. Ausgehöhltes und gewürfeltes Kohlrabigemüse mit der Brühe zufügen, mit Salz und Pfeffer abschmecken. Grünkernschrot mit wenig Wasser verrühren, zu den Steinpilzen geben und ca. 15 Minuten bei schwacher Hitze ausquellen lassen. Die Hälfte der Masse in eine flache Schüssel füllen. Abgetropfte Kohlrabi daraufsetzen und die restliche Pilz-Grünkern-Mischung einfüllen. Mit Petersilie garnieren.

Kohlrouladen mit Käse-Risotto

1 kleiner Weißkohl
Salz
4 Zwiebeln
1 EL Öl
200 g Langkornreis
3/4 l klare Gemüsebrühe
100 g junger Gouda
1 Bund Petersilie
weißer Pfeffer
2 EL Butter oder Margarine
1/8 l Apfelsaft
3 EL Stärkemehl
Holzspießchen

Weißkohl putzen, Strunk herausschneiden und den Kohl 8-10 Minuten in kochendes Salzwasser geben. Herausnehmen und 8 äußere Blätter davon ablösen. Zwiebeln schälen und würfeln. Öl erhitzen. Zwiebeln und Reis zufügen und glasig dünsten. Mit 1/2 l Brühe auffüllen und bei schwacher Hitze 25-30 Minuten garen. Käse grob reiben. Petersilie waschen, trocken tupfen und fein hacken. Beides unter den Reis mischen und mit Salz und Pfeffer abschmecken. Reis auf die Kohlblätter verteilen und aufrollen. Mit Holzspießchen feststecken. Fett erhitzen. Kohlrouladen darin anbraten. Restliche Brühe und Apfelsaft angießen und bei mittlerer Hitze 30 Minuten schmoren lassen. Kohlrouladen herausnehmen und warm stellen. Soße zum Kochen bringen. Soße mit Stärkemehl binden und unter Rühren noch einmal aufkochen lassen. Mit Salz und Pfeffer abschmecken. Restlichen Kohl kleinschneiden, dünsten und dann dazu reichen.

Westfälischer Kohltopf

ca. 1 kg Weißkohl
50 g Butter oder Margarine
1 Tasse Gemüsebrühe
3 mittelgroße säuerliche Äpfel
Kräutersalz
Pfeffer
Kümmel
1 EL Obstessig
etwas Vollrohrzucker oder Honig
1 mittelgroße rohe Kartoffel

Weißkohl hobeln. Fett zerlassen, Kohl darin andünsten, mit Brühe aufgießen, mit Salz und Gewürzen abschmecken. Äpfel in Stücke schneiden, dazugeben. Alles ca. 20 Minuten garen. Kartoffel hineinreiben, das Gericht unter Rühren andicken lassen. Zum Schluß den Kohl mit Essig und Zucker süß-sauer abschmecken.

Kohlgulasch

2 große Zwiebeln
1-2 EL Pflanzenmargarine
etwas Wasser
1 Weißkohl (nach Wahl auch Wirsingkohl)
1 Tasse Wasser
1 Tasse frisch geschroteter Weizen
einige EL Pflanzenöl
Kümmel
Rosenpaprika
Knoblauch
Muskatblüte
gemahlener Koriander
Selleriesalz
Basilikum
Thymian
Kräutersalz
Saft einer Zitrone

Zwiebeln kleinschneiden und in dem Fett glasig dünsten. Kohl in Würfel schneiden, dazugeben und soviel Wasser hinzufügen, bis das Gemüse gerade bedeckt ist. Zum Kochen bringen. Weizenschrot mit Wasser verrühren und in das Gemüse einrühren. Das Ganze würzen.
Öl dazugeben und alles bedeckt bei kleiner Hitze garen lassen (ca. 20 Minuten). Mit den Gewürzen abschmecken und zum Schluß Zitronensaft dazugeben, evtl. noch Kräutersalz und ein Stückchen Butter. Dazu kann man Kartoffeln oder braunen Reis servieren.

Vegetarisches Chop Suey

500 g Weißkohl
2 Zwiebeln
1 grüne Paprikaschote
2 Knoblauchzehen
1 Stück frische Ingwerwurzel oder 1/2 TL Ingwerpulver
500 g Pilze
2 Stangen oder 1 kleine Knolle Sellerie
1 EL Sojasoße
2 EL Speisestärke
3/8 l kaltes Wasser
2 EL Öl
1 Dose Sojabohnensprossen
180 g abgezogene Mandeln
Salz
Pfeffer
Vollrohrzucker
zum Servieren: gekochten Reis

Kohl fein schnitzeln; Zwiebeln und Paprika hacken; Knoblauch und Ingwer zerdrücken; Pilze und Sellerie in dünne Scheiben schneiden. Sojasoße, Speisestärke und Wasser vermischen. Öl in einem großen, flachen Topf erhitzen und das vorbereitete Gemüse darin wenden. 3 Minuten lang unter Rühren auf großer Flamme erhitzen, aber nicht braun werden lassen. Die Speisestärkemischung, Bohnensprossen und Mandeln dazugeben und alles unter Rühren andicken lassen. Mit Salz, Pfeffer, Zucker und Sojasoße abschmecken. In die Mitte einer vorgewärmten Servierplatte geben und mit gekochtem Reis umgeben.

Karotten-Kohl-Chop-Suey

Rezept wie oben, nur werden statt Pilzen, Paprikaschote und Sojabohnensprossen 750 g Karotten verwendet. Die Karotten schräg in dünne Scheiben schneiden. Wenn keine Mandeln zur Hand sind, können sie weggelassen werden, obwohl Mandeln den Geschmack erheblich verfeinern. Gut mit Salz, Pfeffer und Zucker abschmecken.

Feinschmecker-Lauch
(Für 1 Person)

1 Stange Lauch
1/2 Tasse Gemüsebrühe
etwas Salz
etwas geriebene Muskatnuß
2 EL Öl
1 EL süße Sahne
etwas geriebener Käse

Lauch putzen, gut waschen und in fingerdicke Streifen schneiden. Öl erhitzen, Lauch darin dünsten, mit ein wenig Gemüsebrühe auffüllen und ca. 10 Minuten dämpfen. Den geriebenen Käse unterziehen und mit Sahne binden.

Lauchgericht

3-4 Stangen Lauch
1-2 EL Öl
Wasser
1 EL Butter
Kräutersalz
Dill
Muskat
Ingwer

Lauch waschen, in etwa 10 cm große Stücke schneiden und in einen Topf geben. Etwas Öl hinzugeben und soviel Wasser, daß der Lauch gerade bedeckt ist. Aufkochen lassen, dann bei kleiner Flamme fertig garen. Mit den Gewürzen abschmecken und Butterflöckchen darüber geben. Dazu Kartoffelpüree reichen.

Lauchrollen

750 g reife Tomaten
1 Zwiebel
1 Salbeizweig
Salz
1 kg junger Lauch
Streuwürze
1 Becher saure Sahne
125 g geriebener Käse
Muskat
1 EL Hefeflocken
3 EL Crème fraîche

Pfannkuchen lt. Rezept bereiten (s. Kapitel Pfannkuchen).
Tomaten waschen, trocken reiben, Stengelansätze herausschneiden. Tomaten halbieren, Saft und Kerne entfernen. Zwiebel schälen, hacken, Salbeiblättchen ebenfalls hacken. Tomaten mit Zwiebeln, Salbei und Salz einkochen und durch ein Haarsieb streichen. Lauch putzen, längs halbieren und waschen. Gewürzten Lauch in wenig Wasser zugedeckt ca. 8 Minuten dünsten. Sahne, 2/3 vom Käse, Muskat und Crème fraîche mit den Hefeflocken verrühren. Diese Käsecreme auf die Pfannkuchen streichen, erkalteten Lauch darin einwickeln. Lauchrollen in eine gefettete, feuerfeste Form legen, mit der Tomatensoße übergießen und mit Käse bestreuen. Evtl. mit etwas Öl beträufeln. Im auf 200 Grad vorgeheizten Ofen ca. 35 Minuten überbacken.

Möhren in Nuß-Butter-Soße

750 g Möhren
30 g Butter

Für die Soße:
1 gehäufter EL Vollweizenmehl
3/8 l Milch
1/2 Brühwürfel
evtl. Kräutersalz
4 gehäufte EL gemahlene Haselnüsse
2 TL Butter

Möhren putzen und waschen, in Scheiben schneiden. 30 g Butter erhitzen, Möhrenscheiben hineingeben, ca. 15-20 Minuten auf kleiner Flamme gar dünsten.

Soße:
Milch zum Kochen bringen, Brühwürfel hineingeben, unter Rühren zergehen lassen. Mehl mit dem Schneebesen einrühren, weiterrühren, bis die Soße anfängt anzudicken. Butter dazugeben, zergehen lassen. Zum Schluß Nüsse einrühren, nochmals kurz aufkochen.
Soße über die Möhren gießen und unterrühren. Sofort servieren.

Variante:
Die Nuß-Soße paßt auch zu vielen anderen Gemüsen, besonders zu solchen, die von Natur aus leicht süßlich schmecken, wie z.B. Erbsen oder Schwarzwurzeln, Pastinaken und Sellerie.

Gefüllte Paprikaschoten mit Vollreis

8 große Paprikaschoten
200 g Vollreis
1/2 l Wasser
Salz
1 Zwiebel
2-3 EL Reibkäse
30 g Öl

Man kocht den Reis mit Wasser, fein gehackter Zwiebel und Salz gar und schmeckt mit dem Reibkäse ab. Von den Paprikaschoten schneidet man die Deckel ab, entfernt die Kerne und wäscht sie gründlich ab. Man füllt die Paprikaschoten mit dem Reis und gibt die Deckel darauf. Öl erhitzen, die gefüllten Paprikaschoten hineinsetzen, mit wenig Wasser auffüllen und gar schmoren lassen.

Gefüllte Paprikaschoten mit Sauerkraut

2 Äpfel
1 kleine Dose Sauerkraut (550 g Einwaage)
Pfeffer
Salz
ca. 1 TL Honig
4 Paprikaschoten
etwas Butter oder Margarine
1/8 l saure Sahne

Die Äpfel schälen, in kleine Stücke schneiden und mit Sauerkraut vermischen. Die Füllung mit Salz, Pfeffer und Honig pikant abschmecken. Von den Paprikaschoten einen Deckel abschneiden, die Kerne entfernen und die Schoten waschen. Danach von innen salzen, die Füllung hineingeben und die Deckel darauflegen. Die gefüllten Paprikaschoten in eine gefettete Auflaufform geben und zugedeckt im vorgeheizten Ofen bei 200 Grad 50-60 Minuten garen. Kurz vor dem Anrichten mit saurer Sahne übergießen. Dazu paßt vorzüglich Kartoffelpüree.

Pastinaken in Joghurtsoße

500 g Pastinaken
1 EL Öl
ca. 1/2 Tasse Wasser
Kräutersalz
1 TL getrockneter Dill
1/2 TL gemahlener Kreuzkümmel
1/2 Becher Vollmilchjoghurt, vermischt mit 2 EL Sahne

Pastinaken gründlich waschen, putzen, in etwa gleich große Scheiben schneiden. Öl in der Pfanne erhitzen, Pastinaken hineingeben, auf großer Flamme ca. 3-4 Minuten anbraten, dann herunterschalten und auf kleiner Flamme weiter garen lassen. Etwas Wasser dazugießen, wenn es verkocht ist, wieder mit etwas Wasser aufgießen. Nach ca. 15 Minuten mit Kräutersalz, gemahlenem Kreuzkümmel und 1 TL getrocknetem Dill würzen. Joghurt-Mischung dazugießen, erwärmen, aber nicht mehr kochen.

Gebratene Pastinaken

Ein paar frische Pastinaken in einem Topf Wasser weich kochen. Wasser abgießen, Pastinaken trocken reiben, schälen. Der Länge nach in ca. 1/2 cm dicke Scheiben schneiden. Die Scheiben anfeuchten und mit Mehl bestäuben. In heißer Butter auf beiden Seiten anbraten. Auf Küchenkrepp legen und das Fett aufsaugen lassen. Mit Pfeffer bestreuen und heiß servieren.

Pilze in süß-saurer Rahmsoße

250 g möglichst frische Pilze (Champignons, Maronen, Pfifferlinge)
40 g Butter oder Margarine
Zwiebelpulver
Kräutersalz
1 Prise Vollrohrzucker
1 TL Speisestärke
Zitronensaft oder Obstessig
1 Sträußchen gehackte Petersilie
1/8 l süße Sahne oder Vollmilchjoghurt, vermischt mit 2 EL Sahne

Pilze sorgfältig waschen, halbieren oder in Scheiben schneiden. Fett erhitzen, Zwiebelpulver und Pilze hineingeben, ca. 20 Minuten gar dünsten.
Speisestärke mit Sahne oder Joghurtmischung verquirlen, zu den Pilzen geben, kurz aufkochen und andicken lassen. Kurz vor dem Anrichten mit Zitronensaft oder Obstessig und Zucker süß-sauer abschmecken. Mit Petersilie bestreuen.
Dazu passen Semmelknödel oder Reis.

Pilzgulasch

500 g frische Pilze nach Wahl
40 g Butter oder Margarine
Kräutersalz
Zwiebelpulver
Paprika
Petersilie
1/8 l saure Sahne oder Vollmilchjoghurt, vermischt mit 2 EL Sahne
1 kg gewürfelte Kartoffeln
3 EL geriebener Käse

Pilze sorgfältig putzen, waschen und halbieren. Kartoffeln gut abbürsten (nicht schälen), würfeln, mit Pilzen und Gewürzen in Fett weich dünsten (ca. 15 Minuten). Sahne oder Joghurtmischung unterrühren, erwärmen, mit Käse und Petersilie bestreuen, servieren.

Rettichgemüse aus Tunesien

4 mittelgroße zarte weiße Rettiche
30 g Butter oder Margarine
30 g Vollweizenmehl
Salz
1 Prise Vollrohrzucker
0,2 l Gemüsebrühe (aus Milch und 1/2 Würfel)
Obstessig

Rettiche schrappen, in feine Scheiben schneiden, in Fett andünsten, mit Brühe aufgießen, 1 Prise Zucker hinzufügen, ca. 20 Minuten lang kochen. Mehl mit etwas Milch anrühren, in die Rettiche einrühren, Soße etwas andicken lassen. Mit Essig und Salz säuerlich abschmecken. Servieren.

Ratatouille

1 große Gemüsezwiebel (milde Zwiebelsorte)
1 kleine Aubergine
2 kleine Paprikaschoten
3 mittelgroße Zucchini
1 kleine Gurke
2-3 Knoblauchzehen
4 EL Olivennöl
3/8 l Gemüsebrühe
1 kleine Dose Tomatenmark
3 Tomaten
1 kleine rote Pfefferschote (Peperoni)
evtl. 8 EL einfache Soße Vinaigrette (s. Kapitel Salatsoßen)

Zwiebel grob hacken (oder wenn normale Zwiebel verwendet werden, einfach schälen), die Aubergine in Würfel von 2-3 cm Kantenlänge schneiden, die Paprika vierteln und in Streifen schneiden. Zucchini in 4-5 cm große Scheiben schneiden, Gurke schälen, entkernen und würfeln. Pfefferschote fein schneiden, Knoblauchzehen schälen und durch eine Knoblauchpresse drücken. Olivenöl in einer sehr großen Pfanne erhitzen, Pfefferschote und den Paprika dazugeben. Nach 2-3 Minuten die Zwiebel hinzufügen. Einige Minuten lang rühren, dann Zucchini, Aubergine und die Paprika dazugeben. Das Gemüse mit 2 Löffeln in dem Öl gut wenden, so daß alles möglichst gleichmäßig mit Öl bedeckt ist. In einer Schüssel die heiße Gemüsebrühe und das Tomatenmark verrühren. Über das Gemüse gießen und die Gurke hinzufügen.
Das Gemüse langsam in dieser Flüssigkeit kochen, gelegentlich umrühren, bis die Soße fest eingekocht ist, 30-40 Minuten. Das Gemüse sollte sehr weich sein, aber nicht zerfallen. Währenddessen die Tomaten achteln und 1 oder 2 Minuten vor dem Ende des Kochvorgangs zu dem Gemüse geben. Heiß servieren oder die Mischung gut abkühlen lassen, dann 2/3 Tassen Vinaigrette-Soße darübergießen und gut mischen. Gekühlt mit warmen Brötchen oder frischem Brot servieren. Ergibt ca. 8 Portionen.

Rosenkohl mit Käse

500 g Rosenkohl
ca. 1/2 Glas Orangensaft
50 g Butter, Margarine oder Öl
Salz
Pfeffer
Muskatnuß
50 g geriebener Käse (nach Geschmack auch mehr)

Rosenkohl waschen und putzen. Röschen halbieren, Fett erhitzen, Röschen 3-4 Minuten auf großer Flamme darin anbraten. Mit soviel Orangensaft aufgießen, daß der Boden des Topfes oder der Pfanne bedeckt ist. Kohl darin wenden, bedecken, auf kleiner Flamme gar kochen (ca. 15 Minuten). Mit den Gewürzen abschmecken.
Vor dem Anrichten mit Käse bestreuen oder 5-10 Minuten in der Röhre (obere Schiene) überbacken (falls das Gemüse in einem backofenfesten Topf/einer backofenfesten Pfanne gegart wurde, kann man es gleich in die Röhre schieben, sonst in eine feuerfeste Form umfüllen).

Rosenkohleintopf mit Sojabällchen

750 g Rosenkohl
500 g Kartoffeln
1/2 l Gemüsebrühe
1 kleine Dose Tomaten
Salz
Pfeffer
Paprikapulver
1 Packung Sojabratlingsmischung
1 EL gehackte Petersilie

Rosenkohl putzen und mit geschälten, gewürfelten Kartoffeln in der Brühe ca. 15-20 Minuten garen. Dann die pürierten Tomaten mit Salz, Pfeffer und Paprika dazugeben. Sojabratlingsmischung nach Vorschrift zubereiten. Kleine, walnußgroße Bällchen formen, diese in den Eintopf geben und etwa 10 Minuten leise köcheln lassen. Mit Petersilie bestreut servieren.

Gratinierter Rosenkohl

(Für 1 Person)

200 g Rosenkohl
Salz
Hefewürze
2 Tomaten
1 EL geriebener Käse
1 EL Butter

Rosenkohl putzen, gut waschen und in Salzwasser ca. 3 Minuten dünsten. In eine feuerfeste, gebutterte Auflaufform abwechselnd Rosenkohl und die in Scheiben geschnittenen Tomaten setzen, mit Hefewürze und geriebenem Käse bestreuen, Butterflöckchen aufsetzen und im Backofen kurz überbacken.

Gedämpfte Rote Bete

(Für 1 Person)

2 kleine Rote Bete
1 zerkleinerte Schalotte oder Frühlingszwiebel
1/2 TL Petersilie
1 Prise Pfeffer
2 EL zerlassene Butter
2 EL Essig
evtl. 1/2 Becher saure Sahne
Kräutersalz

Rüben schälen, in Scheiben schneiden, evtl. die Scheiben halbieren. Zusammen mit den übrigen Zutaten außer der Sahne in einen Topf geben, 20 Minuten lang leicht kochen lassen. Evtl. zwischendurch mit etwas Wasser oder Brühe aufgießen, damit nichts anbrennt. Vor dem Servieren mit Sahne übergießen.

Rote Bete Gemüse

500 g Rote Bete
1 Zwiebel
2 TL Senfkörner
2 Äpfel
etwas Apfeldicksaft
Salz
Pfeffer
Ingwerwurzel
200 g Crème fraîche
2 TL Meerrettich

Rote Bete waschen, schälen und in feine Stifte schneiden. Zwiebel schälen und mit dem Gemüse, den Senfkörnern und etwas Wasser ca. 20 Minuten dünsten. Äpfel in dünne Scheiben schneiden und ca. 5 Minuten mitdünsten. Mit Salz, Pfeffer, Apfeldicksaft und frisch geriebenem Ingwer abschmecken. Crème fraîche mit Meerrettich vermischen und über das Gemüse geben.

Feines Rotkraut

1 kg Rotkraut
50 g Butter oder Margarine
3 säuerliche zerkleinerte Äpfel
0,2 l Wasser
Kräutersalz
1 zerdrückte Banane
Pfeffer (wahlweise)
1-2 EL Preiselbeerkompott (Glas)
Zitronensaft oder Obstessig
etwas Vollrohrzucker
1/2 in Scheiben geschnittene Orange

Äußere Kohlblätter entfernen, Kohlkopf halbieren, harten Strunk entfernen, Kraut hobeln. Fett erhitzen, Kohl hineingeben. Ebenso die Apfelstückchen. Mit wenig Wasser auffüllen, salzen. Kraut weich dünsten, ca. 30 Minuten, dabei öfter umrühren.

Banane unterrühren. Kraut mit Preiselbeeren, Zitronensaft und Zucker abschmecken. Orangenschalen mit Pfeffer bestreuen, das Kraut damit garnieren.

Schweizer Rotkraut in Preiselbeeren

500 g Rotkraut
30 g Butter oder Margarine
1/2 TL Kräutersalz
1/2 TL Vollrohrzucker
1 Stückchen Stangenzimt
30 g Korinthen
0,2 l roter Traubensaft
3 EL Obstessig
1/2 TL Senf
1 Rezept Preiselbeersoße (s. Kapitel Soßen)

Äußere Blätter des Kohlkopfs entfernen, halbieren, Strunk abschneiden. Kraut hobeln, Fett erhitzen, Kraut hineingeben. Salz, Zucker, Zimt und Korinthen hinzufügen, ca. 5 Minuten schmoren. Mit Traubensaft aufgießen, ca. 45 Minuten garen. Zuletzt mit Essig und Senf abschmecken. Preiselbeersoße unterrühren. Dazu Kartoffelknödel oder Kartoffeln und Bratlinge reichen.

Apfel-Sauerkraut

1 fein gewiegte Zwiebel oder 1 TL Zwiebelpulver
50 g Butter oder Margarine
750 g Sauerkraut
1/8 l Gemüsebrühe aus Würfeln
1/4 l Apfelsaft
4 Wacholderbeeren (wahlweise)
1 große geriebene Kartoffel
Salz
1 Prise Vollrohrzucker

Zwiebel(pulver) in Fett andünsten, Kraut mit der Gabel auflockern, dazugeben. Mit Brühe und Apfelsaft aufgießen. Wacholderbeeren hinzufügen. Bei geringer Hitze ca. 30 Minuten garen. Geriebene Kartoffel einrühren, unter Rühren ca. 2 Minuten kochen lassen. Mit Salz und Zucker abschmecken.

Variante:
2 EL Rosinen, blaue Trauben, Birnen-, Apfel-, Bananen-, oder Ananasstücke mitkochen oder unter das gegarte Kraut mischen.

Choucroute Alsacienne (Elsässisches Sauerkraut)

1/2 kg Sauerkraut
2 große Quitten
1 EL Butter oder Margarine
2 EL Honig
0,2 l Apfelsaft
1 Zwiebel
4 Gewürznelken
Kräutersalz
Pfeffer

Quitten schälen, in feine Scheiben schneiden. Honig und Apfelsaft mischen, Quitten darin ca. 1/4 Stunde dünsten. Zwiebel hacken, in Fett andünsten. Sauerkraut und Zwiebel mit Salz und Gewürzen zu den Quitten geben, alles etwa 1/4 Stunde bei milder Hitze schmoren.

Deftiger Sauerkraut-Topf

250 g weiße Bohnen
50 g Butaris oder Butter oder Margarine
1 fein gewiegte Zwiebel oder 1 TL Zwiebelpulver
500 g Sauerkraut
3 zerkleinerte Äpfel
Salz
1/8 l saure Sahne oder Vollmilchjoghurt, angerührt mit 1 EL Sahne

Bohnen über Nacht einweichen. Beim Kochen im Schnellkochtopf ist dies nicht nötig. Im Einweichwasser etwa 1 Stunde kochen bzw. in den Schnellkochtopf geben, mit reichlich Wasser auffüllen (der Topf sollte zu einem Drittel voll sein), ca. 25 Minuten kochen.

Währenddessen Zwiebel(pulver) in Fett andünsten. Kraut mit der Gabel auflockern, zur Zwiebel geben, ebenso die Apfelstückchen. Alles bei geringer Wärmezufuhr garen, ca. 30 Minuten. Wenn die Bohnen gar sind, zur Krautmischung geben, unterrühren. Abschmecken. Mit Sahne übergießen und vermischen. Dazu Salzkartoffeln reichen.

Sauerkraut-Kartoffelauflauf

20 g Butter oder Margarine
1 mittelgroße Zwiebel
500 g Frischkostsauerkraut
ganzer Kümmel
ca. 10 Pellkartoffeln
200-250 ml Milch
2-3 EL Sojamehl
100 g Quark
Salz
Muskat
Pfeffer
2 mittelgroße Tomaten
100 g Käse

Fett erhitzen, die gewürfelte Zwiebel darin andünsten. Sauerkraut auseinanderzupfen und zugeben. Mit Kümmel abschmecken, kurz andünsten. Mit den geschälten, gewürfelten Pellkartoffeln schichtweise in eine gefettete Auflaufform geben.
Milch, Sojamehl und Quark vermengen, mit Salz, Muskat und Pfeffer abschmecken und die Masse über dem Auflauf verteilen. Mit Tomatenscheiben belegen und mit geriebenem Käse bestreuen. Im vorgeheizten Backofen bei 225 Grad ca. 25 Minuten überbacken. Dazu paßt eine Tomatensoße (s. Kapitel Soßen).

Sellerie Amandina

2 Sellerieknollen
2 EL Sojasoße
1 EL Butter
2 EL gehackte Zwiebeln
1 glatten EL Vollweizenmehl
0,1 l Sahne oder Milch
200 g geröstete Mandelblättchen oder Sonnenblumenkerne
1 Tasse Gemüsebrühe

Sellerie in Stücke schneiden, in Butter zusammen mit den Zwiebeln andünsten. Mit Brühe aufgießen, Sojasoße dazugeben, ca. 20 Minuten bedeckt schmoren lassen. Gelegentlich umrühren. Mit Mehl bestäuben, Sahne oder Milch dazugeben. Mandeln oder Sonnenblumenkerne einrühren. Paßt sehr gut zu Kartoffeln oder Kartoffelpüree.

Sellerie-Fenchel-Gemüse

1 mittelgroße Sellerieknolle
1 Fenchelknolle
50 g Butter oder Margarine
1 fein gewiegte Zwiebel oder Zwiebelpulver
Kräutersalz

Sellerie schälen, würfeln. Von der Fenchelknolle die Stengelenden abschneiden. Harte Schale entfernen. Waschen, vierteln und in Scheiben schneiden. Fett erhitzen, Gemüse auf kleiner Flamme darin andünsten, ca. 15 Minuten. Dabei mehrmals umrühren. Zwiebel dazugeben, nochmals ca. 10 Minuten garen. Evtl. mit etwas Wasser aufgießen, damit das Gemüse nicht anbrennt. Mit Salz abschmecken.
Dazu Salzkartoffeln oder Kartoffelpüree reichen.

Sellerie-Schnitzel

1 Sellerie-Knolle (etwa 750 g)
Salz
weißer Pfeffer
etwa 1/4 l Milch
50 g Kokosraspeln
50 g geriebene Haselnüsse oder 100 g Semmelbrösel
2 EL Vollweizenmehl
ca. 50 g Butaris oder Kokosfett

Sellerie in etwa 1 cm dicke Scheiben schneiden, schälen und in kochendem Salzwasser etwa 10 Minuten nicht zu weich garen. Herausnehmen und abtropfen lassen.
Milch, Salz und Pfeffer verquirlen. Kokosraspeln und Haselnüsse vermischen. Die Gemüsescheiben nacheinander zuerst in Mehl, dann in der Milch und zuletzt in dem Kokos-Nuß-Gemisch bzw. in Semmelbröseln wenden und gut andrücken. In heißem Fett von jeder Seite etwa 3 Minuten goldbraun backen.
Dazu paßt auch sehr gut eine Joghurtsoße (s. Kapitel Salatsoßen).

Sellerie-Schnitzel

(Für 1 Person)

1 kleine oder 1/2 Sellerieknolle
Salz, weißer Pfeffer
etwas Milch
1 EL Kokosraspeln
1 EL geriebene Haselnüsse oder 1 EL Semmelbrösel
1 EL Vollweizenmehl
Fett zum Braten

Zubereitung siehe Sellerie-Schnitzel oben.

Soja-Gemüse-Gulasch

100 g getrocknete Sojawürfel
ca. 1/2 l Gemüsebrühe
2 Zwiebeln
2 grüne Paprikaschoten
2 rote Paprikaschoten
1 Stange Lauch
4 EL Öl
Hefewürze
Salz
schwarzer Pfeffer
Paprikapulver
2 EL Sojasoße
2 EL Tomatenmark
1 Becher saure Sahne
1 EL Vollweizenmehl

Sojawürfel mit der heißen Gemüsebrühe übergießen und 15 Minuten ziehen lassen. Paprikaschoten putzen, entkernen, waschen und in Streifen schneiden, Lauch gut waschen und in Ringe schneiden. Öl erhitzen, die abgetropften Sojawürfel und die kleingeschnittenen Zwiebeln darin anbräunen, Gemüse zufügen, ebenso Tomatenmark und Gewürze; mit etwas Gemüsebrühe aufgießen und ca. 15 Minuten gar dünsten. Mehl mit saurer Sahne vermischen und das Gemüse damit binden. Kurz aufkochen und mit Sojasoße pikant abschmecken.

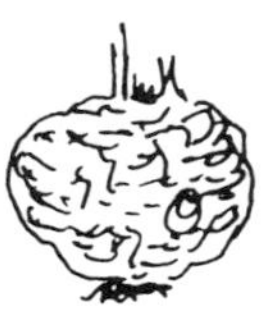

Gratinierter Spargel

1 Dose (600 g) Stangenspargel
2-3 EL Butter oder Margarine
150 g geriebener Käse
2-3 EL Semmelbrösel

Spargel abtropfen lassen. Feuerfeste Form einfetten. Spargel einfüllen. Geriebenen Käse darauf verteilen. Darüber die Semmelbrösel streuen. Das restliche Fett in Flöckchen daraufgeben. 10-15 Minuten im vorgeheizten Backofen auf der obersten Schiene bei 250 Grad überbacken. (Gas Stufe 5-6).

Spinat-Kartoffelauflauf

1 kleine Zwiebel
2-3 TL Öl
1 Päckcken Tiefkühlspinat (300 g)
2 EL Vollweizenmehl
gut 1/8 l Sahne
Salz
weißer Pfeffer
4 EL geriebener Käse
ca. 8 Pellkartoffeln
2 EL Butter oder Margarine

Zwiebel schälen, hacken und in heißem Öl in der Pfanne anbraten. Spinat zugeben, darin auftauen lassen. Mehl mit der Hälfte der Sahne anrühren, Spinat damit binden. Würzen. Feuerfeste Form mit Öl einfetten. Spinat einfüllen. Die Hälfte des geriebenen Käse daraufstreuen.
Kartoffeln abziehen, in Scheiben schneiden, in die Form schichten, salzen, pfeffern und den Käserest darüberstreuen.
Restliche Sahne darauf verteilen. Das Fett zerlassen und darauftraufeln. Im vorgeheizten Backofen bei 225 Grad (Gas Stufe 4) auf der mittleren Schiene 20 Minuten überbacken.

Bananen-Spinat mit Sesam

500 g Blattspinat
1 EL Öl
1-2 Bananen
Kräutersalz
Pfeffer
Muskat
1-2 gehäufte EL (trocken in der Pfanne) gerösteter Sesam

Spinat waschen. Auf großer Flamme in Öl anbraten, dabei immer wieder wenden. Evtl. etwas Flüssigkeit dazugießen. Mit den Gewürzen abschmecken. Bananen in Scheiben schneiden, dazugeben. Topf bedecken, auf kleiner Flamme so lange schmoren, bis die Bananen weich sind. Sie sollten aber nicht zerfallen. Alles mit geröstetem Sesam oder gerösteten Sonnenblumenkernen bestreuen. Zu Tisch geben.

Variante:
Andere Blattgemüse genauso zubereiten, z.B. Mangoldblätter und -stiele, Rote Bete-Blätter (auch sie geben ein gutes Gemüse), Kohlblätter, besonders von Grünkohl und Chinakohl. Statt Bananen können auch frische Aprikosen verwendet werden. Dann Sesam/Sonnenblumenkerne weglassen.

Schwarzwurzeln in Käsesoße

600 g Schwarzwurzeln
Saft von 2 Zitronen
100 ml Gemüsebrühe
Salz
250 g Champignons
125 g geriebener Käse
weißer Pfeffer
Thymian
Petersilie
1 Tomate
1 EL gehackte, leicht angeröstete Walnußkerne

Schwarzwurzeln unter fließendem Wasser schälen und sofort in Zitronenwasser legen. Kleinschneiden, Salz zugeben und in Gemüsebrühe ca. 20 Minuten garen.
Champignons waschen, putzen und halbieren. Zu den Schwarzwurzeln geben und ca. 5 Minuten mitdünsten. Pfeffer, Thymian und den geriebenen Käse zugeben.
Wenn der Käse zerlaufen ist, grob gehackte Petersilie untermischen. Mit Tomatenstreifen und Nüssen garnieren.

Tomatenauflauf

1 große Stange Lauch
100 g Champignons
Öl
Salz
weißer Pfeffer
Knoblauchpulver
1 säuerlicher Apfel
4 Tomaten
100 g geriebener Emmentalerkäse

Lauch und Champignons putzen, waschen und in dünne Scheiben schneiden. Öl erhitzen, Lauch und Pilze darin durchbraten. Mischung leicht würzen und in eine feuerfeste Auflaufform füllen. Apfel vierteln, entkernen, schälen. In dünne Scheiben schneiden. Obenauf legen. Darauf die in Scheiben geschnittenen Tomaten geben. Würzen und mit dem Käse bestreuen. Im vorgeheizten Backofen auf der mittleren Schiene bei 225 Grad (Gas Stufe 4) etwa 20 Minuten überbacken, bis der Käse geschmolzen ist.

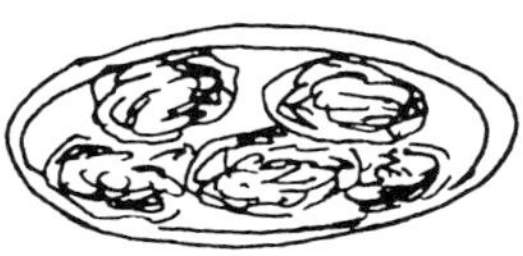

Überbackene Tomaten

8-10 Tomaten
Salz
Basilikum
Thymian
Pfeffer
Oregano
20-40 g klein gewürfelte Butter oder Margarine
50 g Semmelbrösel
evtl. 50 g geriebener Käse

Tomaten in dicke Scheiben schneiden, in eine feuerfeste Form schichten. Jede Lage mit Salz, Pfeffer, Basilikum, Thymian und Oregano bestreuen. Zum Schluß Butterwürfel und Semmelbrösel darüberstreuen, evtl. auch Käse. Bei 180 Grad ca. 20 Minuten in der Röhre überbacken.

Variante:
Ganze Tomaten kreuzweise einritzen, mit Salz, Gewürzen und Käse bestreuen, mit Butterflöckchen belegen. Überbacken.

Tomatenpüree

500 g Tomaten (auch aus der Dose)
1 EL Butter oder Margarine
1/2 fein gehackte Zwiebel
2 Lorbeerblätter
1/2 TL Salz
1 EL frisch gehackte Pfefferminzblätter
1 Prise schwarzer Pfeffer
1 Tasse Joghurt oder Sahne

Tomaten aus der Dose gut pürieren oder frische Tomaten in Stücke schneiden und durch ein Sieb drücken. Butter erhitzen, Zwiebel und Gewürze anrösten. Die Tomatenmasse und den Joghurt einrühren. Solange köcheln, bis die überschüssige Flüssigkeit verdampft ist. Paßt gut zu Reis, Getreidegerichten und überbackenen Kartoffeln.

Tomaten-Gurken-Gemüse

1 große Gurke
500 g Tomaten
2 EL Tomatenmark (evtl. mehr)
(frischer) Dill
Kräutersalz
Pfeffer
evtl. etwas Knoblauchpulver
2 EL Öl

Gurke schälen, der Länge nach halbieren, in Stücke schneiden. Zusammen mit etwas Gemüsebrühe oder Wasser und Öl ca. 10 Minuten dünsten. Tomaten vierteln oder achteln, zu den Gurken geben, nochmals etwa 5-10 Minuten garen. Tomatenmark und Salz dazugeben, mit restlichen Gewürzen abschmecken.

Tomaten mit Hirsefülle

12 große Tomaten
200 g Hirse
knapp 1/2 l Wasser
20 g getrocknete Pilze
Salz
30 g Öl

Man schneidet von den Tomaten kleine Deckel ab und höhlt sie aus. Das Ausgehöhlte kocht man mit Wasser gar, rührt alles durch ein Sieb und kocht darin die gewaschene Hirse mit den vorher eingeweichten Pilzen und Salz breiig. Etwas erkaltet füllt man die Masse in die Tomaten, setzt die Deckel obenauf und schmort sie mit dem Fett und wenig Wasser gar.

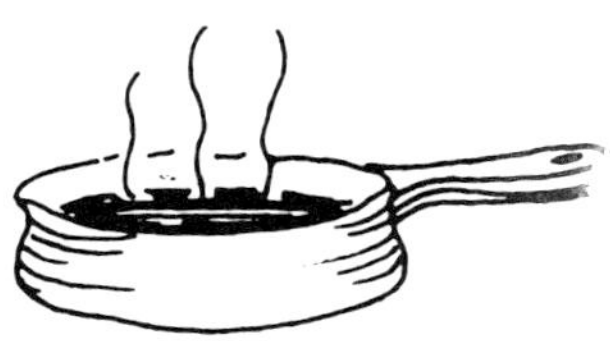

Gefüllte Tomaten

8 mittelgroße Tomaten
20 g Butter oder Margarine
2 Zwiebeln
1 Knoblauchzehe
700 g Spinat
200 g geriebener Käse
Basilikum
schwarzer Pfeffer
Salz

Tomaten waschen, entstielen, Deckel abschneiden, aushöhlen und leicht salzen. Butter erhitzen und die gewürfelten Zwiebeln darin glasig dünsten. Den gewaschenen Spinat zugeben und ca. 5 Minuten garen. Würzen, abkühlen lassen und den geriebenen Käse untermischen. Evtl. etwas Spinatwasser vorher abgießen. Die Masse in die Tomaten einfüllen. Mit den Deckeln in eine gefettete Auflaufform setzen. Bei 200 Grad (Gas Stufe 3) ca. 15 Minuten backen.

Wildgemüse (Grundrezept)

1 kg Wildgemüse (s.u.)
50 g Butter oder Margarine
35 g Vollweizenmehl
etwas Salz und Pfeffer
3/8 l Sahne
1/4 l Gemüsebrühe

Gemüse gut waschen und fein wiegen. Fett zerlassen, Gemüse darin andünsten. Mit Brühe auffüllen und kurz schmoren. Sahne mit Mehl verquirlen, in das Gemüse rühren, kurz aufkochen und abschmecken.

Wildgemüsemischungen:

Brennesseln (junge Blätter), Brunnenkresse (junge Triebe), Löwenzahn (junge Blätter), Sauerampfer (Blätter), Huflattich (junge Blätter, Blütenstiele). Breit- und Spitzwegerich (junge Blätter).

3 Teile Brennesseln, Taubnesseln, Breitwegerich, Spitzwegerich, Gänseblümchenblätter;
1 Teil Sauerampfer, Löwenzahn, Brunnenkresse, Hirtentäschel (junge Blätter und Grundrosette).

Stielmus:

Blattstiele von Mangold, Rote Rübe, Zuckerrüben, Kohlrabi, Kohlrüben, Sellerie, Pastinaken:

Zubereitung wie oben.

Wirsinggemüse mit Sojawürfel

1 kleiner Wirsingkohl
1 EL Margarine oder Butter
50 g Öl
1 gehackte Zwiebel
100 g getrocknete Sojawürfel
1 Becher Crème fraîche
Salz
Pfeffer
Kümmel

Sojawürfel mit gut gewürzter kochender Gemüsebrühe übergießen und ca. 15 Minuten quellen lassen. Abtropfen und abkühlen lassen. Wirsing putzen, waschen und fein schneiden, etwa 15 Minuten kochen und dann abtropfen lassen. (Wasser auffangen). In der Margarine/Butter die Zwiebel andünsten, Sojawürfel zugeben, mit Salz, Pfeffer und Kümmel kräftig würzen und gut anbraten. Mit etwas Wirsingbrühe auffüllen, Wirsing dazugeben und kurz durchkochen. Crème fraîche darunterrühren und nochmals gut abschmecken.

Wirsingrollen mit Hirsefüllung

125 g Hirse
1 l Gemüsebrühe
200 g Möhren
1 Wirsingkohl (ca. 1 kg)
Salz
weißer Pfeffer
150 g Magerquark
50 g geriebener Käse
30 g Butter oder Margarine
3 EL Crème fraîche
Holzspießchen

Die heiß gewaschene Hirse in 1/2 l kochende Brühe geben und zugedeckt 30 Minuten ausquellen lassen. Möhren schälen, waschen und in kleine Würfel schneiden. Möhren 10 Minuten vor Ende der Garzeit zur Hirse geben. Vom Wirsing 8 große Blätter ablösen und in kochendem Wasser 3 Minuten blanchieren. Herausnehmen und abkühlen lassen. Hirse ebenfalls abkühlen lassen. Mit Quark und geriebenem Käse vermischen und mit Salz und Pfeffer abschmecken. Die Hirsefüllung auf die Wirsingblätter verteilen, zu Rouladen aufrollen und mit je einem Holzspießchen zustecken.
Fett in einem Topf erhitzen, Wirsingrollen darin leicht anbraten, mit restlicher Brühe ablöschen. Bei mittlerer Hitze ca. 20-30 Minuten garen. Herausnehmen und warm stellen. Schmorflüssigkeit etwas einkochen lassen, Crème fraîche einrühren. Mit Salz und Pfeffer abschmecken und mit den Wirsingrollen anrichten. Den nicht verbrauchten Wirsing anderweitig verwenden.

Wirsing in Sahne
(Für 1 Person)

1/2 Wirsing
1 Tasse Gemüsebrühe
4 EL süße Sahne
1 EL Vollweizenmehl
Kräutersalz
Pfeffer
etwas gemahlener Kümmel

Wirsing putzen, waschen und vierteln. In Gemüsebrühe dünsten. Gewürze zugeben, Sahne mit Mehl verquirlen, über das Gemüse gießen, kurz aufkochen lassen, evtl. nochmals abschmecken.

Zucchini-Allerlei

1 TL Gelbwurzpulver (Kurkuma)
2 EL fein gewiegte Pfefferminzblätter
ein 1 1/2 cm langes Stück fein geriebene Ingwerwurzel
3 Knoblauchzehen, zerdrückt oder durch die Presse gedrückt
Saft einer Zitrone
1 Becher/Tasse Joghurt
1 Zwiebel
500 g zerkleinerte Zucchini oder 250 g Zucchini und 250 g Kürbis, geschält und gewürfelt
250 g zerkleinerter Weißkohl oder Blumenkohl
250 g in Scheiben geschnittene Pilze
1 EL Butter oder Margarine
1 Tasse heiße(s) Wasser oder Gemüsebrühe

Aus Gelbwurz, Pfefferminzblättern, Ingwer, Knochlauch und Zitronensaft eine Paste bereiten. Joghurt dazugeben und alles gut vermischen. Gemüse mit Joghurtsoße bedecken und stehen lassen. Butter erhitzen und Zwiebel darin leicht anbräunen. Mit Wasser oder Gemüsebrühe aufgießen. Das Joghurt-Gemüse einrühren. Gut bedeckt auf kleiner Flamme weich kochen. Gegebenenfalls noch etwas Wasser oder Gemüsebrühe dazugießen, damit nichts anbrennt. Heiß servieren.

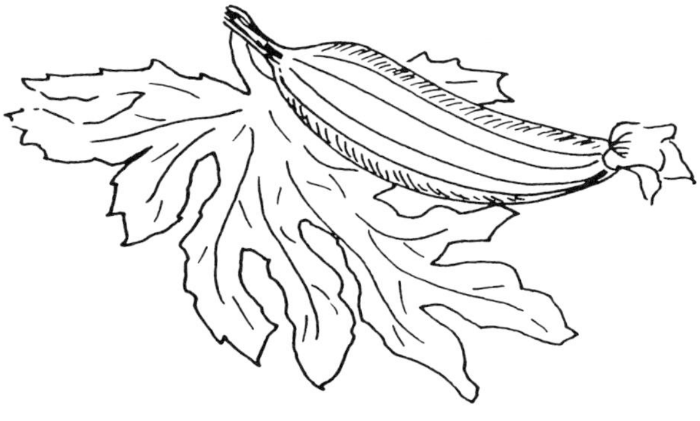

Zucchini-Polenta-Auflauf

3/4 l Gemüsebrühe
200 g Maisgrieß
2 EL gehackte Petersilie
20 g Margarine
2 gewürfelte Zwiebeln
500-700 g Zucchini
1 rote Paprikaschote
schwarzer Pfeffer
Kräuter der Provence
Salz
3 Knoblauchzehen
100 g geriebener Käse

Maisgrieß in die kochende Brühe einlaufen lassen und ca. 20 Minuten garen. Petersilie untermischen und den entstandenen Brei in eine gefettete Auflaufform füllen. Zwiebeln in Margarine andünsten, dann kleingeschnittene Zucchini und Paprika zugeben. Mit wenig Flüssigkeit aufgießen, garen, zerdrückten Knoblauch und Gewürze hinzufügen. Gemüse auf Polenta verteilen. Mit Käse bestreuen und ca. 15 Minuten bei 200 Grad überbacken.

Zucchini-Auflauf

3 Auberginen (750g)
Salz
500 g Kartoffeln
500 g Zucchini
1 Zwiebel
1 Knoblauchzehe
1 Bund Dill
1/2 Bund Petersilie
1 Tasse Olivenöl
2 Msp. schwarzer Pfeffer
3/8 l Gemüsebrühe
2 dicke Tomaten
1 EL Semmelbrösel
3 EL geriebener Parmesankäse

Auberginen waschen, abtrocknen, Stengelansätze entfernen. Mit 1 EL Salz bestreuen und 30 Minuten ziehen lassen. Kartoffeln schälen, waschen und in dicke Stifte schneiden. Gewaschene, geputze Zucchini in 1/2 cm dicke Scheiben schneiden. Zwiebel und Knoblauch schälen und sehr fein würfeln. Dill und Petersilie schneiden. Auberginen abspülen und im Sieb abtropfen lassen.

Mit den Kartoffelstiften, den Zucchinischeiben und den Kräutern in der Auflaufform mischen. Öl erhitzen, Zwiebel und Knoblauch darin glasig braten, 1 TL Salz, Pfeffer und Gemüsebrühe unter das Gemüse rühren und zugedeckt im vorgeheizten Backofen garen. Tomaten schälen, in Stücke schneiden, mit Semmelbrösel und 1 EL Parmesan mischen. Nach 45 Minuten Garzeit unter das Gemüse mischen und fertig garen. Mit dem restlichen Käse bestreuen.

Zucchini-Eintopf

800 g Zucchini
500 g Kartoffeln
250 g Zwiebeln
2 Knoblauchzehen
1/2 l Gemüsebrühe
30 g Vollweizenmehl
1/4 l Sahne
Kräutersalz
Basilikum
frische Kräuter

Gewaschene Zucchini und geschälte Kartoffeln in Würfel schneiden. Geputzte Zwiebeln in Scheiben schneiden. Gemüsebrühe zum Kochen bringen, Gemüse hineingeben und ca. 20-25 Minuten garen. Mehl und Sahne verrühren, das Gericht damit binden. Kräftig abschmecken. Mit frisch geschnittenen Kräutern servieren.

Zwiebeln mit Buchweizenfülle

4 Gemüsezwiebeln
125 g ganzer Buchweizen
300 ml Wasser
Salz
Majoran
1 Apfel
20 g Öl
20 g Butter

Man schält die Zwiebeln und dünstet sie in wenig Wasser nicht zu weich. Dann höhlt man sie aus und stellt sie kalt. Den Buchweizen röstet man in heißem Öl knusprig, löscht mit Wasser ab, fügt die Gewürze zu und läßt das Ganze etwa 10 Minuten dicklich kochen. Den grob geriebenen Apfel und die ausgehobenen Zwiebelstückchen unterrühren. Mit dieser Masse werden die Zwiebeln gefüllt in eine gefettete Auflaufform gestellt, dann gibt man Butterflöckchen obenauf und überbäckt im Ofen 10 Minuten.

Zwiebelrahmgemüse

750 g Zwiebeln
200 g Kartoffeln
1/8 l Gemüsebrühe
1/8 l Sahne
1 EL Majoran
etwas Petersilie
etwas Kümmel
Salz
50 g Butter

Die Zwiebeln schneidet man in Scheiben, ebenso die geschälten, rohen Kartoffeln. Die Butter erhitzen, die Zwiebeln leicht anbraten, Kartoffeln zufügen, ebenso Gewürze und Salz, Gemüsebrühe auffüllen und gar dünsten. Die Sahne unterziehen und nochmals abschmecken.

Kartoffelgerichte

Bratkartoffeln mit Pfiff

ca. 500 g rohe Kartoffeln
2-3 EL Butter oder Margarine
Kräutersalz
Paprika
Majoran

Kartoffeln schälen oder sauber bürsten, grob raffeln oder reiben. Fett zerlassen. Kartoffeln hineingeben, mit Salz und Gewürzen bestreuen. Unter häufigem Wenden gar braten.

Variante:
Sie können natürlich auch gekochte Kartoffeln zu Bratkartoffeln verarbeiten. Eine mitgebratene Zwiebel läßt die Bratkartoffeln noch herzhafter schmecken. Zum Abschmecken eignen sich Majoran, Ingwer, Kümmel und Paprika.
Außer Zwiebel können Sie auch Apfelscheiben, Apfelwürfel, Tomaten- oder Gurkenscheiben mitbraten.

Pellkartoffeln mit Quark

500 g gut gebürstete, gekochte Pellkartoffeln
500 g Magerquark
4-5 EL gutes Pfanzenöl
Geschmackszutaten nach Wahl (z.B. Paprika, Kümmel, Tomatenmark) (s. Kapitel Brotaufstriche)

Kartoffeln mit der Schale kochen. Quark mit den übrigen Zutaten verschlagen.

Gebackene Kartoffeln

1 kg Kartoffeln
evtl. etwas Öl
Kräutersalz

Kartoffeln gut waschen, größere halbieren, kleinere ganz lassen, (mit der Schnittfläche nach unten) auf ein gefettetes Backblech setzen und bei 225 Grad 1/2-3/4 Stunde backen. Sie können die Unterseite der Kartoffeln auch mit etwas Öl bestreichen und in Kümmel drücken. Dazu paßt angemachter Quark (s. Kapitel Brotaufstriche) oder Gemüse.

Variante:
1 kg Kartoffeln
3 EL Sesam
etwas Öl

Kartoffeln gründlich bürsten, kurz abtropfen lassen. Danach in einer abgedeckten Schüssel mit Öl und Sesam vermischen (am besten einige Male hochwerfen), auf ein Backblech schütten und bei ca. 200 Grad ca. 30-45 Minuten backen. Evtl. mit Salz bestreuen.

Gebackene Pommes Frites

1 kg rohe Kartoffeln
Pflanzenöl
Kräutersalz

Kartoffeln schälen, in Stifte schneiden. Auf ein gut gefettetes Backblech legen, ca. 40 Minuten bei 200 Grad backen. Während des Backens wiederholt wenden und mit Salz bestreuen.

Variante:
Kartoffelstifte in einer Schüssel mit Öl begießen, gut durchmischen, auf ein leicht gefettetes Backblech legen und weiter wie oben verfahren.

Béchamel-Kartoffeln

ca. 1 kg Kartoffeln
Béchamelsoße (s. Kapitel Soßen)
evtl. 1 Eckchen Schmelzkäse

Kartoffeln gut abbürsten, mit der Schale kochen, abgießen, in Würfel oder Scheiben schneiden. Während die Kartoffeln kochen, eine Béchamelsoße zubereiten, in der man (nach Wunsch) den mit der Gabel fein zerdrückten Schmelzkäse auflöst. Kartoffeln daruntermischen.

Schneller Kartoffelbrei

500 g Kartoffeln
heißes Wasser
Kräutersalz
1-2 TL Majoran

Kartoffeln mit der Schale reiben. In ca. 2 Tassen heißem Wasser gut 5 Minuten unter Rühren kochen, dabei ggf. mehr heißes Wasser dazugießen, damit der Brei nicht anbrennt. (Am besten benutzt man eine(n) beschichtete(n) Topf oder Pfanne.) Zum Schluß mit Salz und Majoran abschmecken.

Kartoffelpüree

500 g Kartoffeln
1 TL Kräutersalz
1 EL Butter
etwas heiße Milch
1 EL gehackte Petersilie oder 1 gehackte Zwiebel

Kartoffeln schälen und in Salzwasser kochen, abgießen, mit der Milch pürieren, Butter unterrühren, mit Petersilie oder gebräunter Zwiebel bestreuen.

Kartoffelbrei mit Ingwer

500 g Kartoffeln
1/4 l Milch, vermischt mit einigen EL Sahne
2-3 EL frischer geriebener Ingwer (oder 1/2-1 TL Ingwerpulver)
3 EL Butter
evtl. 125 g geriebener Käse
Kräutersalz

Kartoffeln gar kochen, schälen und in einem Kochtopf zerstampfen. Milch und Sahne einrühren, alles langsam erhitzen, Butter und Ingwer dazugeben. Unter Rühren die Butter zergehen lassen. Von der Platte nehmen, salzen, evtl. Käse unterrühren. Servieren.

Variante:
Statt Milch Sauermilch oder saure Sahne, statt Ingwer geröstete Mandelstifte verwenden.

Gebackenes Kartoffelpüree

1 kg Kartoffeln
25-50 g geriebener Käse
2 EL Sojamehl
1 EL Speisestärke
etwas kalte Milch zum Anrühren
2 EL Vollweizenmehl
Kräutersalz
Pfeffer
Muskat

Kartoffeln kochen, schälen und zerstampfen oder durch die Presse drücken. Soja- und Stärkemehl mit Milch anrühren, mit Käse vermengen. Beides zusammen mit dem Mehl unter das Püree rühren. Abschmecken, ca. 60 Minuten ruhen lassen. Dann die Masse in eine gefettete Auflaufform füllen und bei Mittelhitze ca. 30-40 Minuten zu goldgelber Farbe backen.

Gebackene Kartoffelröschen

750 g Kartoffeln
1 gehäufter EL Sojamehl, angerührt mit einigen EL Sahne
1/8 l heiße Milch
Kräutersalz
geriebene Muskatnuß

Kartoffeln gut bürsten, mit der Schale kochen. Noch heiß schälen und durch die Kartoffelpresse drücken oder mit einem Kartoffelstampfer zerdrücken. Angerührtes Sojamehl darunterrühren, abschmecken, mit Milch zu einem sehr festen Püree verrühren. Püree in eine Sahnespritztüte füllen (zur Not können Sie auch eine Plastiktüte nehmen, von der Sie eine Ecke in der gewünschten "Tüllen"größe abschneiden) und auf ein gefettetes Backblech runde Häufchen spritzen. Bei 250 Grad (Gas Stufe 4-5) ca. 1/4 Stunde überbacken.

Variante:
Auf jedes Röschen ein kleines Käsescheibchen legen.

Kartoffelbällchen

500 g Kartoffeln
1/2 TL Salz
1 mittelgroße Zwiebel
1 Tasse gekochter Blumenkohl oder 1 Tasse gekochte Erbsen oder 1 Tasse sehr weich gekochte Sojabohnen
1 TL gehackte Petersilie
1 TL Curry
1 Msp. Muskat
Fett zum Ausbacken
Kichererbsen- oder Paniermehl

Kartoffeln weich kochen, schälen und pürieren. Zwiebel in etwas Fett goldgelb dünsten, mit dem Gemüse zu den Kartoffeln geben und nochmals pürieren. Gewürze zufügen und alles vermengen. Aus der Mischung kleine Bällchen formen, in etwas Kichererbsenmehl oder Paniermehl wenden und in heißem Fett ausbacken, bis sie goldbraun sind. Dazu paßt gut Tomatensoße (s. Kapitel Soßen) und ein grüner Salat.

Holsteiner-Kartoffel-Eintopf

2 Zwiebeln, in dünne Scheiben geschnitten
50 g Butter oder Margarine
500 g in Scheiben geschnittene rohe Kartoffeln
250 g in Scheiben geschnittene Karotten
2 mittelgroße zerkleinerte Äpfel
Kräutersalz
Pfeffer
1 l Gemüsebrühe (aus Würfeln)

Zwiebeln in Fett anbräunen, Kartoffeln, Gemüse und Äpfel dazugeben. Mit Brühe auffüllen und ca. 15-20 Minuten garen. Abschmecken.

Variante
200 g Sojafleischwürfel nach Grundrezept vorbereiten und mit dem Gemüse garen.

Kartoffelgulasch

3 fein gehackte Zwiebeln
3 EL Pflanzenöl
Rosenpaprika
2 EL Obstessig
1/8 l frische saure Sahne
1/2 l Gemüsebrühe
1 kg geschälte und gewürfelte Kartoffeln
Kräutersalz
frisch gemahlener Pfeffer
gehackte Petersilie

Zwiebeln in Öl auf hoher Flamme kurz anbraten. Mit Paprikapulver bestäuben. Essig dazugießen, dann die Kartoffelwürfel hineingeben. Mit Gemüsebrühe aufgießen und ca. 20-30 Minuten sämig kochen lassen. Mit den übrigen Gewürzen abschmecken. Saure Sahne untermischen und mit Petersilie bestreuen.

Folienkartoffeln mit Kräuterquark

4 große Kartoffeln
1 Zwiebel
2 Bund gemischte Kräuter
1/8 l Milch
500 g Quark
Salz
weißer Pfeffer

Kartoffeln waschen, 15 Minuten in kochendem Wasser vorgaren, in Alufolie wickeln. Backofen vorheizen, auf 225 Grad (Gas Stufe 4) 30-40 Minuten backen. Nun die Zwiebel schälen, Kräuter waschen und alles fein hacken. Den Quark mit der Milch glattrühren. Kräuter und Zwiebel dazugeben und mit Pfeffer und Salz abschmecken. Folie aufreißen, Kartoffeln kreuzweise einschneiden, mit dem Quark füllen.

Reibekuchen (Kartoffelpuffer)

1 kg rohe Kartoffeln
1 EL Salz
1 EL Hefeflocken
1 EL Haferflocken
Öl zum Ausbacken

Die Kartoffeln fein säuberlich bürsten (evtl. schälen), fein reiben. Die Flüssigkeit abschöpfen. Mit den übrigen Zutaten gut verrühren. Öl in einer Pfanne erhitzen, jeweils einen EL Kartoffelmasse hineingeben, schnell zu einem Reibekuchen plattdrücken und ca. 3-4 Minuten auf jeder Seite goldgelb backen.

Kartoffel-Quark-Auflauf

2 EL Öl
3 gehackte Zwiebeln
250 g Magerquark
1 Poreestange
800 g gekochte Pellkartoffeln
etwas Salz
Pfeffer
1 TL Kümmel
40 g Butter oder Margarine
60 g geriebener Käse
2 EL Semmelbrösel

Zwiebeln in Öl glasig dünsten, abkühlen lassen, Quark darunterrühren. Porree putzen, zu dünnen Ringen schneiden, unter den Quark mischen. Kartoffeln pellen und zu Scheiben schneiden, mit Salz, Pfeffer und Kümmel bestreuen. Eine Auflaufform mit 20 g Butter oder Margarine ausstreichen, schichtweise Kartoffeln und Quarkmischung einfüllen. Gouda mit Semmelbröseln mischen und darüber verteilen. Restliche Butter oder Margarine als Flöckchen obenauf setzen, den Auflauf im vorgeheizten Ofen bei 220 Grad 40-45 Minuten backen.

Hülsenfrüchte

Soja-Rosinen-Curry

200 g Sojabohnen
1 fein gehackte große Zwiebel
1 zerdrückte Knoblauchzehe
1 großer zerkleinerter Apfel
2 EL Pflanzenöl
1 gehäufter TL Currypulver
2 EL Mehl
Wasser
150 g Sultaninen
Salz
Pfeffer
2 EL Sojasoße
2-3 EL Zitronensaft oder Obstessig
1/2-1 TL Vollrohrzucker

Sojabohnen über Nacht, nach Möglichkeit jedoch 24 Stunden lang einweichen. Dann 4 Stunden kochen, oder so lange, bis sie sehr weich sind. Kochwasser abgießen und mit Wasser auf 3/8 l Flüssigkeit aufgießen. Zwiebel, Knoblauch und Apfel zusammen mit dem Currypulver in Öl weich braten. Mehl dazugeben, alles gut vermengen. Soja-Wasser, Sultaninen und Sojabohnen hinzufügen.
15-20 Minuten lang leicht köcheln lassen, dann sorgfältig abschmecken und mit Mango Chutney, Kartoffelpüree oder gekochtem Reis zusammen mit grünem Salat servieren.

Variante:
Statt Sojabohnen können auch weiße Bohnen oder Linsen verwendet werden, die beide allerdings nicht so viel Eiweiß enthalten wie Sojabohnen.

Chili con Soja

250 g Soja- oder andere Bohnen
200 g Sojafleischwürfel
1/2 TL Knoblauchpulver
1 Msp. Chilipulver
1/2 TL Kräutersalz
1/2 TL Zwiebelpulver
1 EL Öl

Für die Soße:
1/4 l Wasser
1 Gemüsebrühwürfel
etwas Pfeffer
150 g Tomatenmark (= 1 große Dose)
1/4 l Bohnenkochflüssigkeit
1/4 TL südamerikanisches Chilipulver
1 TL Vollrohrzucker
1 TL gemahlener Kreuzkümmel

Sojabohnen kochen (s. vorhergehendes Rezept). Bohnenwasser auffangen. Sojafleisch nach Vorschrift vorbereiten. Öl erhitzen, Gewürze und Salz hineingeben, Sojawürfel dazutun, 15-20 Minuten dünsten. Abschmecken.
Soße:
Alle Zutaten verrühren, zum Kochen bringen. Bohnen dazugeben, 5 Minuten leicht kochen lassen. Zum Schluß Sojawürfel hinzufügen.
P.S.: Sollte die Chili-Schärfe für Sie zu feurig sein, "löschen" Sie nicht mit Wasser, essen Sie etwas Joghurt. Das Brennen verschwindet fast augenblicklich!

Erdnußbohnen

Erdnüsse sind, streng genommen, keine Schalen-, sondern Hülsenfrüchte und passen deshalb durchaus zu anderen Hülsenfrüchten.

500 g Soja- oder andere Bohnen (z.B. weiße Bohnen)
pro Tasse trockene Bohnen ca. 1/2 Tasse Erdnußbutter
Kräutersalz oder Sojasoße

Sojabohnen ca. 4 Stunden butterweich kochen (sonst schmecken sie nicht, wie sie es verdienen!). Im Schnellkochtopf benötigen sie ca. 45 Minuten. Kochflüssigkeit nicht wegschütten, sondern für Gemüsesuppen aufheben. Einige Teelöffel Bohnenbrühe mit Erdnußbutter zu einer glatten Soße rühren, Soße an die Bohnen geben, mit Salz oder Sojasoße abschmecken.

Varianten:

1. Statt Erdnußbutter Mandel- oder Cashewnußmus verwenden.
2. Außer mit Salz/Sojasoße zusätzlich mit etwas Chilipulver, gemahlenem Kreuzkümmel, Koriander, Kardamon sowie mit Knoblauchpulver und Zitronensaft würzen.

Sojabohnen auf japanische Art

gekochte Sojabohnen
Honig oder Melasse oder Vollrohrzucker
Sojasoße
Salz

Die Bohnen mit den übrigen Zutaten nach Geschmack würzen.

Baked Soya-Beans

500 g weiße Bohnen oder Sojabohnen
1/2 l Gemüsebrühe
1 TL Senf
Pfeffer und Kräutersalz
Tomatenmark, mindestens 150 g (= 1 große Dose)
Bohnenkraut
Zwiebelpulver
1/2 Tasse Melasse (Rübenkraut)
Fett für die Form

Bohnen kochen (vgl. vorhergehende Rezepte). Auflaufform fetten, Bohnen hineingeben. Brühe mit Gewürzen, Melasse, Senf und Tomatenmark verrühren, über die Bohnen gießen. Form bedecken. Bei 200 Grad 50 Minuten backen.

Feine weiße Bohnen

500 g weiße Bohnen
Zwiebelpulver
Knoblauchpulver
Pfeffer
Salz
gemahlener Kreuzkümmel
Oregano
75 g geriebener Käse oder Schmelzkäse
100 g saure Sahne oder Vollmilchjoghurt, vermischt mit 1 EL Sahne

Bohnen über Nacht einweichen, ca. 1 Stunde weich kochen. Im Schnellkochtopf brauchen sie nur ca. 1/2 Stunde (ohne Einweichen). Nun einen Teil der Bohnen mit einem Kartoffelstampfer zerdrücken, damit man eine Art Soße erhält.
Bohnen mit Gewürzen abschmecken, Käse unterrühren (Schmelzkäse vorher in Flöckchen zerteilen), unter Rühren zergehen lassen. Zum Schluß Sauerrahm oder Joghurtmischung dazugießen, erwärmen, aber nicht mehr kochen.

Baked Beans

500 g weiße Bohnen
Salzwasser
1 mittelgroße Zwiebel, mit
2 Gewürznelken gespickt
1/2 TL Thymian
1 Lorbeerblatt
1 kleine zerkleinerte Zwiebel
9 EL Tomatenmark
1/4 l Bohnenbrühe
2 EL getrocknete Petersilie
2 EL Butter
Salz
schwarzer Pfeffer nach Geschmack
1 TL Sojasoße
Nach Wahl: 2 Tomaten,
1 Aubergine, Olivenöl

Bohnen waschen. Mit Wasser bedecken und über Nacht einweichen. In einen großen Topf geben, mit Wasser aufgießen, Zwiebel, Thymian und Lorbeerblatt dazugeben. Bohnen 1 1/2 bis 2 Stunden auf kleiner Flamme weich kochen. Abgießen, 1/2 l Brühe auffangen. Zwiebel und Lorbeerblatt entfernen.
Butter in einem Tiegel zerlassen, zerkleinerte Zwiebel darin weich dünsten. Tomatenmark, Petersilie, Bohnenbrühe sowie noch etwas Wasser dazugeben. Soße mindestens 15 Minuten lang leise andicken lassen. Mit etwas Salz, frisch gemahlenem schwarzem Pfeffer und etwas Sojasoße würzen.
Die abgetropften Bohnen in die Soße geben und gut umrühren. Einen großen Topf leicht mit Olivenöl auspinseln, dann beides hineingeben. Gegebenenfalls die Aubergine der Länge nach in 1-2 cm dicke Scheiben schneiden, ebenso die Tomaten. Auberginenscheiben leicht mit Olivenöl bestreichen und ein paar Minuten lang unter dem Grill oder im Backofen grillen. Die Auberginenscheiben mit Öl und Pfeffer bedecken und abwechselnd mit den Tomaten auf die Bohnen legen.
Den Topf bedecken und bei 170 Grad 1 bis 1 1/2 Stunden lang backen. Heiß servieren. Ergibt 6 Portionen.

Baked Big Beans

300 g dicke Bohnen
1 Stange Lauch
1 Möhre
etwas Sellerie
2 mittelgroße Zwiebeln
Salz
körnige Hefewürze
1 Lorbeerblatt
Pfefferkörner
Muskat
25 g Margarine
2 Becher saure Sahne (á 150 g)
50 g geriebener Käse

Die Bohnen über Nacht in reichlich Wasser einweichen. Mit dem Einweichwasser und den in Würfeln geschnittenen Lauch, Möhre, Sellerie, einer Zwiebel und den Gewürzen ca. 1 Stunde bei kleiner Flamme garen. Herausnehmen, kalt abspülen. Die Zwiebel ebenfalls kleinschneiden und in der Margarine andünsten. Mit den Bohnen vermischen, nochmals würzen und in eine feuerfeste Form geben. Saure Sahne mit geriebenem Käse vermischen und über den Bohnen verteilen. Im vorgeheizten Backofen bei 220 Grad ca. 15-20 Minuten überbacken und mit gehackter Petersilie bestreuen.

Skandinavische Bohnenschüssel

500 g weiße Bohnen
2 l Gemüsebrühe (aus Würfeln)
750 g Birnen
0,2 l roter Traubensaft oder Wasser
20 g Speisestärke
Vollrohrzucker
Saft einer Zitrone
Kräutersalz
1/2 TL Zimt

Bohnen über Nacht einweichen. Am nächsten Tag ca. 1 Stunde im Einweichwasser kochen, in dem man die Brühwürfel auflöst. (Schnellkochtopf: kein Einweichen; Garzeit ca. 25 Minuten). Abgießen.

Birnen gut waschen, vierteln, in Traubensaft oder Wasser mit etwas Zucker und Zimt weich kochen. Speisestärke mit etwas kaltem Wasser anrühren, in die Früchte einrühren, kurz aufkochen lassen, bis der Saft andickt, dabei umrühren. Früchte und Fruchtsoße unter die Bohnen mischen. Gemüse mit Zitronensaft und Salz abschmecken.

Mexikanischer Bohnenauflauf

100 g dicke Bohnen (auch Saubohnen genannt)
175 ml Bohnenbrühe
Zwiebelpulver (wahlweise)
1 EL Sojamehl und Speisestärke, angerührt in etwas kalter Milch
1 Tasse Maismehl
1-2 TL Rosenpaprika oder südamerikanisches Chilipulver
1/2 TL gemahlener Kreuzkümmel
1/2 TL Kräutersalz
75 g geriebener Käse
50 g gehackte schwarze Oliven (wahlweise)

Bohnen über Nacht einweichen, am nächsten Tag im Einweichwasser gar kochen, abgießen, 175 ml zurückbehalten. Alle Zutaten außer Käse und Oliven vermengen, in eine gefettete Auflaufform füllen, mit Käse und Oliven bestreuen. Bei 180 Grad ca. 1/4 Stunde in der Röhre überbacken. Dazu paßt Tomatensoße.

Erbsen auf Altrömische Art

500 g getrocknete Erbsen über Nacht einweichen, am nächsten Tag im Einweichwasser ca. 1 Stunde gar kochen. Anschließend mit folgenden Gewürzen abschmecken:

Zwiebelpulver	*Liebstöckel*
Koriander	*Oregano*
Malvenblüten (Teebeutel)	*Fenchel*
Pfeffer	*Salz*

oder mit:

Zwiebelpulver	*Liebstöckel*
Koriander	*Dill*
Kümmel	*Basilikum*
Pfeffer	*Salz*

Dazu paßt Kartoffelpüree. Das Rezept stammt aus dem 1. Jahrhundert n. Chr.

Erbsen-Pudding

500 g grüne oder gelbe getrocknete Erbsen
2 EL Sojamehl
2 EL Speisestärke
etwas Milch zum Anrühren
1 EL Butter
Kräutersalz
Pfeffer

Erbsen über Nacht einweichen, am nächsten Tag im Einweichwasser gar kochen. Die Erbsen sollten mit Wasser gerade bedeckt sein. Die fertigen Erbsen durch ein Sieb streichen oder pürieren. Sojamehl und Speisestärke anrühren, Erbsenpüree damit binden. Butter einrühren, abschmecken. Püree in eine gefettete Puddingform geben, Form verschließen, im Wasserbad ca. 30-40 Minuten garen. Sie können das Püree auch in den ungelochten Einsatz des Schnellkochtopfes geben, den Sie anschließend mit Alu-Folie bedecken. Die Zubereitungszeit erfahren Sie aus dem Beiheft zu Ihrem Topf.
Den fertigen Pudding stürzen. Dazu paßt Gemüse oder Tomatensoße.

Kichererbseneintopf

300 g Kichererbsen
1 1/2 l Wasser
Hefewürze
50 g Öl oder Margarine
2-3 Zwiebeln
1 Knoblauchzehe
3 große Möhren
1 große Dose Tomaten
3-4 Kartoffeln
etwas Cayennepfeffer
Salz
Kräuter der Provence

Kichererbsen über Nacht in reichlich Wasser einweichen, dann abgießen und mit frischem Wasser zum Kochen bringen. Hefewürze zugeben und ca. 1 1/2 Stunden kochen. In der Zwischenzeit das Fett erhitzen und die kleingeschnittenen Zwiebeln und Möhren darin andünsten. Mit den Tomaten auffüllen und die kleingeschnittenen Kartoffeln zugeben. Ca. 20 Minuten garen, dann zu den Kichererbsen geben und nochmals gut durchkochen lassen. Mit den Gewürzen abschmecken.

Houmous

500 g Kichererbsen
Kräutersalz
Pfeffer
Knoblauchpulver
Zitronensaft
etwas Milch oder zerlassene Butter oder Öl

Erbsen waschen, über Nacht einweichen. Am nächsten Tag ca. 1 Stunde kochen (im Schnellkochtopf ca. 20-30 Minuten). Die Erbsen sollten gut weich sein.
Erbsen zerstampfen oder pürieren. Mit Gewürzen und Zitrone abschmecken. Sollte Ihnen der Houmous zu trocken sein, noch 1-2 EL Öl, zerlassene Butter oder etwas Milch unterrühren.

Linsengemüse

500 g Linsen
2 l Gemüsebrühe
getrocknetes Suppengrün zum Mitkochen
1 Lorbeerblatt
Kräutersalz
Pfeffer
Zwiebelpulver
1 Msp. gemahlene Gewürznelken
Curry
5 EL Obstessig (nach Wunsch auch mehr)
1 Rezept Béchamelsoße (s. Kapitel Soßen)

Linsen waschen, über Nacht einweichen. Am nächsten Tag im Einweichwasser ca. 1 Stunde weich kochen. Im Schnellkochtopf brauchen sie ca. 25 Minuten. Vorheriges Einweichen ist dabei nicht nötig. Lorbeerblatt und Suppengrün mitkochen. Wenn die Linsen fertig sind, verbleibende Kochbrühe abgießen, soviel davon zurückbehalten, wie man für eine Béchamelsoße braucht. Die Soße bereiten, Linsen daruntermischen. Abschmecken. Servieren.

Linseneintopf

Wie Linsengemüse. Zusätzlich 500 g in Würfel geschnittene Kartoffeln mitkochen, die man aber erst nach ca. 45 Minuten zu den Linsen gibt. Zum Abschmecken kann man zusätzlich noch eine zerkleinerte Essiggurke in den Eintopf geben.

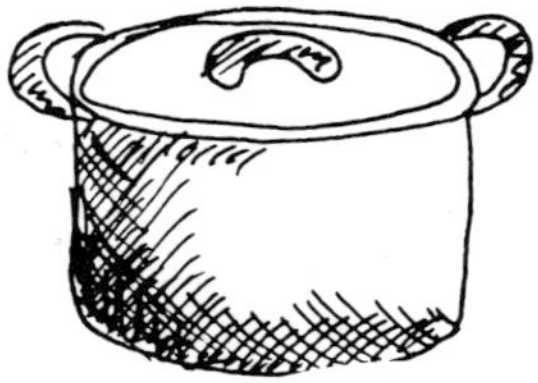

Linsen á la Francaise

500 g Linsen
2 l Gemüsebrühe
Zwiebelpulver
Knoblauchpulver
2 EL Senf
Kräutersalz
Pfeffer
4 EL geschlagene Sahne
1 Bund gehackte Petersilie

Über Nacht eingeweichte Linsen am nächsten Tag zusammen mit Senf im Einweichwasser kochen, in dem man die Brühwürfel aufgelöst hat. Ca. 1 Stunde lang kochen (im Schnellkochtopf ohne Einweichen ca. 25 Minuten). Nach dem Garen mit den Gewürzen abschmecken. Kurz vor dem Servieren Schlagsahne unterziehen. Mit gehackter Petersilie bestreuen.

Varianten:
Die Linsen statt mit Senf mit etwas geriebenem Meerrettich abschmecken.
Gekochtes Gemüse (z.B. Karotten, Sellerie, Zucchini, Kürbis, Tomaten, Gurken, Pilze) unter die fertigen Linsen mischen.
Die Linsen pürieren, mit angerührtem Sojamehl und Speisestärke binden, so daß eine dickflüssige Konsistenz erreicht wird und mit Käse bestreut im Ofen überbacken.

Braten, Bratlinge und Knödel

Vorbemerkung:

Da Sojamehl geringere Bindekraft besitzt als Eier, sollten Sie besonders bei Bratlingen und Knödel unbedingt darauf achten, daß Ihr Teig **sehr** fest ist, da er sich sonst beim Braten in seine Bestandteile auflösen kann und Sie u. U. Ihre Knödel in der Brühe wiederfinden! Als Bindemittel eignen sich Mehl und Semmelbrösel oder auch Speisestärke, die Sie zu diesem Zweck nicht anzurühren brauchen, aber auch Quark. Ebenso können Sie, um Flüssigkeit zu sparen, auf das Anrühren des Sojamehls verzichten. Leider lassen sich immer nur Annäherungswerte nennen – mit der Zeit werden sie jedoch sicher das nötige Fingerspitzengefühl entwickeln.
Ein Tip: Beginnen Sie mit Serviettenknödeln (s. S. 350) und bereiten Sie zunächst auch andere Knödel auf diese Art zu. Sie können dann nicht zerfallen, dennoch sehen sie am Ergebnis, ob Ihr Teig "richtig" war.

Vegetarische Braten

Gemüsebraten

300 g beliebiges gekochtes Mischgemüse (auch Reste)
50 g gemahlene oder gehackte Nüsse
100 g Semmelbrösel
3-4 EL Sojamehl
2-3 EL Weizenkleie
1 Bund gehackte(r) Petersilie oder Schnittlauch
1/8 l Gemüsebrühe
Kräutersalz
Pfeffer

Gemüse fein hacken, nacheinander mit Nüssen, Bröseln, Kleie, Sojamehl, Kräutern und Brühe verrühren, mit Salz und Pfeffer abschmecken. Evtl. noch mit Mehl binden. In eine gefettete Auflaufform füllen, bei 180 Grad ca. 1 Stunde backen. Etwas abkühlen lassen, auf eine runde Platte stürzen.

Erbsenbraten

500 g Trockenerbsen oder andere getrocknete Hülsenfrüchte
Wasser
3 EL Sojamehl
2 EL Stärkemehl
1 EL Vollkornmehl
Kräutersalz

Erbsen in Wasser einweichen und kochen. Evtl. verbleibende Flüssigkeit abgießen. Hülsenfrüchte pürieren (Pürierstab; Püriersieb; Mixer), mit den übrigen Zutaten verrühren, in eine gefettete Auflaufform füllen, bei 180 Grad (Gas Stufe 3) ca. 3/4 Stunde backen. Kurz abkühlen lassen, auf eine runde Platte stürzen. Tomaten- oder Pilzsoße dazu reichen.

Braten aus Schrot und Korn

250 g Getreideschrot z.B. Grünkern-, Weizen-, Buchweizen-, Haferschrot
knapp 1 l Wasser oder Brühe
Zwiebelpulver
Majoran
Basilikum
Hefeextrakt oder -würze
100 g geriebener Käse
Getreideflocken zum Andicken
50 g zerlassene Butter oder Margarine
2 EL Paniermehl zum Bestreuen
100 g Quark
150 g saure Sahne oder Vollmilchjoghurt

Schrot und Wasser zu einem dicken Brei kochen, 30-40 Minuten quellen lassen. Kräuter, Käse, Quark und Gewürze dazugeben. Evtl. die Masse mit Flocken andicken. Sie sollte sehr fest sein.
In eine gefettete Auflauf- oder Kastenform geben, mit Paniermehl bestreuen. Bei mäßiger Hitze ca. 1 Stunde backen. Während des Backens wiederholt mit Fett beträufeln. Nach dem Garen auf eine Platte stürzen und mit Sauerrahm oder -milch begießen.

Grießbraten

1/2 l Milch
1 Lorbeerblatt
1 kleine ganze Zwiebel
1 Gewürznelke
100 g (Voll-) Weizengrieß
125 g gemahlene Cashewnüsse
1 Prise gemahlene Muskatnuß
2 EL Sojamehl
1 gestrichener EL Speisestärke
ca. 1/2 Tasse kalte Milch oder Sahne
Kräutersalz
Pfeffer

Für die Füllung:
125 g weiches (Vollkorn-)Brot
50 g Margarine
1 Bund gehackte Petersilie
Kräuter nach Wahl
1 EL Zitronensaft

Milch mit Nelke, Lorbeerblatt und Zwiebel leicht erhitzen, auf kleinster Flamme ca. 1/4 Stunde ziehen lassen. Währenddessen Sojamehl und Speisestärke mit Milch oder Sahne glattrühren. Lorbeerblatt, Zwiebel und Nelke aus der Milch entfernen. Milch zum Kochen bringen, Sojamischung einrühren, dann ebenso den Grieß (Schneebesen), unter kräftigem Rühren dick kochen. Cashewnüsse unterrühren, mit Muskat, Salz und Pfeffer abschmecken.
Füllung bereiten: Brot in Scheiben schneiden, zwischen den Fingern zerbröseln. Petersilie, Kräuter und Zitronensaft dazugeben, Margarine unterkneten. Eine Kastenform einfetten, die Hälfte des Grießbreis hineinfüllen, glatt streichen, Füllung darauf verteilen. Zum Abschluß den restlichen Brei darüber verstreichen. Mit Alufolie bedecken, bei ca. 200 Grad (Gas Stufe 3) 45-60 Minuten backen.
Einigen Minuten abkühlen lassen, dann vorsichtig auf eine Platte stürzen. Dazu paßt eine braune Soße oder Tomatensoße.

Maisbraten

250 g Gemüsemaiskörner (Dose)
50 g gehackte Haselnüsse
3 EL Semmelbrösel
3 EL Sahne oder Kondensmilch
2 EL Sojamehl, angerührt mit etwas kalter Milch
20 g zerlassene Margarine
Zwiebelpulver
Selleriesalz
gehackte Petersilie

Maiskörner fein hacken oder im Mixer zerkleinern. Mit Nüssen, Bröseln, Sahne, Sojapaste, Petersilie und Fett vermengen, mit Zwiebelpulver und Salz abschmecken. Bei 180 Grad (Gas Stufe 3) ca. 1/2 Stunde backen. Leicht abkühlen lassen, auf eine Platte stürzen. Mit Tomatensoße servieren.

Nußbraten

1 Tasse gemahlene Haselnüsse
50 g zerlassene Margarine
1 Tasse Weizenkeime
1/2 Tasse Speisestärke
1 gehäufter EL Sojamehl
1/4-1/2 Tasse Hefeflocken
Zwiebelpulver
Kräutersalz
1/2 EL gemahlener Kümmel
1 TL Majoran
1 TL Thymian
1 TL Basilikum
2 EL Zitronensaft
1-1 1/2 Tassen Milch

Alle Zutaten vermengen. Der Teig sollte nicht zu flüssig sein, evtl. mit etwas Mehl fester machen. Masse in eine gefettete Auflaufform füllen, bei 180 Grad (Gas Stufe 3) ca. 1 Stunde backen. Etwas abkühlen lassen, auf eine längliche Platte stürzen.

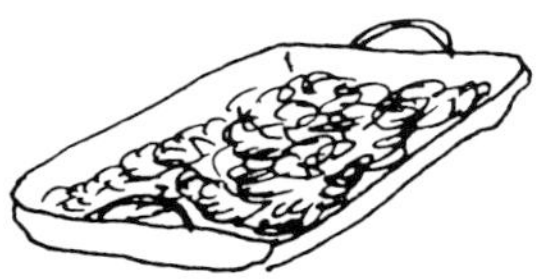

Quarkbraten

250 g Quark
3 EL Sojamehl, angerührt in etwas kalter Milch oder Sahne
100 g Getreideflocken
Kümmel
Zwiebelpulver
Kräutersalz
evtl. gehackte Kräuter
etwas Milch

Quark, Sojapaste und Flocken glattrühren und abschmecken. In eine gefettete Auflaufform füllen, mit Milch glatt streichen, bei 180 Grad (Gas Stufe 3) ca. 1/2 Stunde backen.

Tomatenbraten

200 g altes Vollkornbrot oder -brötchen (ca. 5) oder Vollkorn-Paniermehl
200 g Tomatenmark
Zwiebelpulver
Knoblauchpulver
Kräutersalz
Kräuter (z.B. Petersilie, Borretsch, etwas Salbei, Beifuß)
2-3 EL Sojamehl
50 g zerlassene Butter oder Margarine

Vollkornbrot oder Brötchen zerkleinern und in Tomatenmark einweichen.
Oder: Paniermehl mit Tomatenmark vermischen.
Mit Gewürzen und Kräutern abschmecken.
Sojamehl und Fett unterrühren. Die Masse sollte gut fest sein. Ggf. Soja- oder Vollkornmehl, Getreideflocken oder Paniermehl dazugeben.
Masse in eine gefettete Auflauf- oder Kastenform füllen.
Bei mäßiger Hitze ca. 1 Stunde backen. Nach dem Backen auf eine Platte stürzen, auf die man einige Salatblätter gelegt hat.
Schmeckt kalt aufgeschnitten auch gut als Brotbelag.

Grünkernbraten

150 g Grünkernschrot
150 g Maisgrieß
150 g Haferflocken
5 EL Semmelbrösel
1 l Gemüsebrühe
40 g Butter oder Margarine
125 g frische Pilze oder 20 g getrocknete Pilze
2 Zwiebeln
evtl. 1 Knoblauchzehe
Majoran
Thymian
Salz
reichlich Petersilie

In je 1/2 l Gemüsebrühe getrennt den Grünkernschrot und den Maisgrieß einkochen, ca. 10 Minuten leicht kochen, dann 1 Stunde nachquellen lassen. Anschließend die beiden Breie vermengen und mit Salz abschmecken.
Inzwischen dünstet man die fein geschnittene Zwiebel in dem heißen Fett an, fügt die in Scheiben geschnittenen Pilze (oder die gewiegten, überbrühten Trockenpilze) zu, zuletzt die Semmelbrösel und gibt dann die Gewürze hinein. Das Ganze rührt man nun unter die Breimischung, knetet die Haferflocken unter, gibt die Masse in eine gebutterte und mit Semmelbröseln ausgestreute Form und backt den Braten bei starker Hitze ca. 1 Stunde.

Bratlinge

Gerstenkornbratlinge

250 g Gerstengrütze
ca. 1/2 l Gemüsebrühe
1 TL Salz
125 g gekochte, geschälte Kartoffeln
1 EL Sojamehl
2-3 EL Hefeflocken
etwas schwarzer Pfeffer
1 TL Curry
1 EL Basilikum
1 EL Majoran
1 kleine Zwiebel
Semmelbrösel
Fett zum Braten

Die Gerstengrütze wird in der Gemüsebrühe unter ständigem Rühren 5 Minuten gekocht (evtl. etwas Wasser zugeben). Anschließend auf der warmen Herdplatte ausquellen lassen.
In die abgekühlte Masse gibt man die Kartoffeln, fügt Sojamehl, Hefeflocken, Salz, geriebene Zwiebel und die Gewürze dazu und verarbeitet alles zu einem nicht zu weichen Teig. Sollte er kleben, knetet man etwas Semmelbrösel unter. Nun formt man kleine Frikadellen und brät sie in heißem Fett goldgelb aus.

Grießbratlinge

1/4 l Wasser
1/4 l Milch
Muskat
Knoblauchpulver
Zwiebelpulver
Liebstöckel
Piment
Rosenpaprika
Kräutersalz
2 EL Sojamehl
100 g (Vollweizen-) Grieß
20 g Margarine
Fett zum Braten

Milch, Wasser, Margarine, Gewürze und Salz zum Kochen bringen. Erst Sojamehl, dann Grieß mit dem Schneebesen einrühren, unter Rühren zu einem steifen Brei kochen. Erkalten lassen. Frikadellen formen, in Fett auf beiden Seiten hellbraun backen. Dazu Gemüse und evtl. Soße reichen.

Grünkernfrikadellen

150 g Grünkern
knapp 3/4 l Gemüsebrühe
1/2 TL Salz
1 fein gewiegte Zwiebel
1 Lorbeerblatt
1 kleine Dose veg. Paste
50 g Semmelbrösel oder feine Haferflocken
Majoran
Pfeffer
gehackte Petersilie
Liebstöckel
ca. 20-30 g Kokosfett

Grünkern schroten. Mit Salz, Wasser, der fein gewiegten Zwiebel und dem Lorbeerblatt in einem gut schließenden Topf 20 Minuten langsam kochen lassen. Umrühren. Lorbeerblatt entfernen. In die noch warme Masse die veg. Paste einarbeiten, abkühlen lassen. Petersilie, Gewürze und die Brösel einarbeiten. Die Masse soll formbar sein. Mit angefeuchteten Händen flache Frikadellen formen und in heißem Kokosfett von beiden Seiten goldgelb braten.

Haferbratlinge

140 g Haferflocken
1 kleine Dose Tomatenmark
Zwiebelpulver
Salz
ca. 1/4 l Wasser
2 TL Hefeflocken
gehackter Schnittlauch
1 EL Sojamehl, angerührt mit etwas kalter Milch
Fett zum Braten

Haferflocken in Wasser und Tomatenmark aufkochen und ca. 15 Minuten ausquellen lassen. Mit Zwiebelpulver, Salz und Hefeflocken abschmecken, Schnittlauch untermischen und Sojamehl unterrühren. Aus der Masse Bratlinge formen, in Fett auf beiden Seiten auf kleiner Flamme braten.

Nudelfrikadellen

250 g gekochte Weizenkeimnudeln
1 große gekochte Kartoffel
3 gehäufte EL Vollweizenmehl
3-4 EL Sojamehl, angerührt mit kalter Milch
Zwiebelpulver
Salz
Fett zum Braten

Nudeln hacken, Kartoffeln reiben, beides mit Mehl und Sojapaste vermengen, evtl. noch etwas Milch hinzufügen, so daß eine gut formbare Masse entsteht. Zu Frikadellen formen, in Fett auf beiden Seiten braun backen.

Nußkoteletts

100 g gemahlene Haselnüsse
100 g Semmelbrösel
50 g Margarine
50 g Vollweizenmehl
Kräutersalz
1 gehäufter EL Sojamehl
1/2 EL Speisestärke
ca. 1/2 Tasse flüssige Sahne
1 TL Hefeextrakt
1/8 l heiße Gemüsebrühe
Majoran
Thymian
3-4 EL Öl oder 1 EL Margarine

50 g Margarine zergehen lassen, Mehl, Sojamehl und Speisestärke einrühren, unter Rühren 2 Minuten leicht anbräunen lassen. Brühe unter kräftigem Rühren mit dem Schneebesen dazugeben, 5-10 Minuten unter ständigem Rühren kochen lassen, mit Salz, Kräutern und evtl. Hefeextrakt abschmecken. Nüsse und Brösel einrühren (1-2 EL Semmelbrösel zum Panieren zurückbehalten). Erkalten lassen, Mischung zu Frikadellen oder Ovalen formen, nacheinander in Sahne und restlichen Bröseln wenden. Fett in einer Pfanne zerlassen, “Koteletts” darin auf beiden Seiten braten.
Sie können die “Koteletts” auch auf einem mit Margarine eingefetteten Backblech bei ca. 190 Grad 20-30 Minuten oder als Braten in einer gefetteten Auflaufform ca. 30-40 Minuten backen.
Dazu paßt braune Soße oder Tomatensoße (s. Kapitel Soßen).

Pilzbratlinge

250 g Pilze (Dose)
150 g Vollweizenmehl
1/8 l Milch
2 EL Sojamehl
Kräutersalz
1 Bund gehackte Petersilie
Fett zum Braten

Pilze fein hacken, mit Petersilie vermengen. Mehl und Sojamehl mit heißer Milch zu einem festen Teig verrühren und unter die Pilze mischen. Salzen. Zu Frikadellen formen, in Fett auf beiden Seiten backen.

Pilz-Puffer

125 g frische Champignons
250 g Haferflocken
3 kleine Tassen Wasser
Muskatnuß
10 g Butter
1 TL Salz
1 kleine Zwiebel
Petersilie
1 Prise Muskat
Fett zum Braten

Die Haferflocken übergießt man mit kaltem Wasser und läßt sie mindestens 1 Stunde stehen. Die frischen, geputzten Pilze werden roh fein gewiegt und mit fein geschnittener Zwiebel und Petersilie in Butter gedämpft. Die gedämpfte Pilzmasse wird mit Muskat und Salz gewürzt und mit den feuchten Haferflocken vermischt. Die Haferflocken sollen nicht zu naß sein (evtl. etwas ausdrücken).
Aus der Masse formt man kleine Küchlein, die in heißem Fett gebacken werden. Am besten gibt man den Teig portionsweise mit dem Löffel in die Pfanne.

Quarkbratlinge

750 g rohe Kartoffeln
200 g Quark
1-2 gehäufte EL Sojamehl
1-2 EL Haferflocken
1 gehäufter EL Speisestärke
Kräutersalz
Fett zum Braten

Kartoffeln schälen, waschen und fein reiben. Flüssigkeit abgießen. Quark, Sojamehl, Speisestärke und Haferflocken damit verrühren, salzen. Die Masse zu Bratlingen formen, in heißem Fett auf beiden Seiten braun braten.
Dazu paßt Gemüse, Salat oder Einmachobst.

Reisbratlinge

100 g gekochter Vollreis
250 g grob gehackte Pilze (Dose)
4 EL Sojamehl, angerührt in etwas kalter Milch
Kräutersalz
gehackte Petersilie
Semmelbrösel
Fett zum Braten

Reis noch warm mit Pilzen, Sojapaste und Petersilie vermengen. Salzen, Frikadellen formen, in Semmelbrösel wenden, in Fett auf beiden Seiten goldgelb backen.

Reis-Sellerie-Frikadellen mit Schnittlauchsoße

1 Sellerieknolle (ca. 500 g)
1/4 l Gemüsebrühe
50 g Butter oder Margarine
100 g Vollreis
20 g Vollweizenmehl
Salz
weißer Pfeffer
50 g Paniermehl

Für die Soße:
1 Bund Schnittlauch
2 Becher saure Sahne
1 Vollmilchjoghurt
Saft 1/2 Zitrone
1 Prise Vollrohrzucker
Salz

Brühe und Butter zum Kochen bringen, den gewaschenen Reis zufügen und ca. 15 Minuten garen. Den Sellerie schälen. waschen, grob reiben und zu dem Reis geben. Beides zusammen im geschlossenen Topf weich kochen lassen. Unter die abgekühlte Reis-Sellerie-Masse rührt man nun das Mehl und schmeckt mit Salz und Pfeffer ab. Sollte die Masse kleben, etwas Paniermehl einarbeiten. Man formt kleine Frikadellen, die man in Paniermehl wendet und auf beiden Seiten ca. 3-4 Minuten in heißem Fett goldbraun brät.
Für die Soße schneidet man den Schnittlauch in feine Röllchen. Saure Sahne, Joghurt, Zitronensaft und Salz gut verrühren, Schnittlauch zufügen, mit Zucker abschmecken und mit den Frikadellen zusammen servieren.

Selleriebratlinge

150 g Gerste
2 Möhren
150 g Sellerieknolle
1 EL Sojamehl
1 Zwiebel
Petersilie
Pfeffer
Kräutersalz
Semmelbrösel
ca. 20 g Fett

Die Gerste wird in ca. 1/2 l Wasser zu einem dicken Brei gekocht. Sellerie und Möhren schneiden und in wenig Gemüsebrühe weich kochen und passieren. Gersten- und Gemüsebrei werden miteinander vermengt. Die fein geschnittene Zwiebel in etwas Fett glasig dünsten, mit gehackter Petersilie, Pfeffer, Kräutersalz und Sojamehl der Masse zugeben. Dann formt man kleine Bratlinge, die man in Vollkornsemmelbrösel wendet und in heißem Fett ausbackt. Dazu reicht man grünen Blattsalat.

Möhrenbratlinge

Wie Selleriebratlinge (siehe oben), nur statt Sellerie ca. 500 g Möhren verwenden.

Sauerkrautbratlinge

4 mittelgroße rohe Kartoffeln
1 mittelgroße Dose Sauerkraut
5 EL Sojamehl, angerührt mit etwas kalter Milch oder Sahne
Zwiebelpulver
Kräutersalz
Semmelbrösel zum Panieren
Fett zum Braten

Kartoffeln reiben. Sauerkraut mit einer Gabel auflockern, unter die Kartoffeln mischen, ebenso Zwiebelpulver, Salz und Sojapaste, so daß eine gut formbare Masse entsteht. In Semmelbröseln wenden, in Fett beidseitig backen.

Sojafrikadellen

100 g Sojagranulat
2 altbackene Vollkornsemmeln
2 EL Sojamehl
etwas Vollweizenmehl zum Binden
Gewürze oder Kräuter nach Geschmack
etwas Sojasoße oder Kräutersalz

Granulat nach Packungsanweisung zubereiten, evtl. abtropfen lassen, Semmeln währenddessen in Wasser einweichen, dann mit den Händen ausdrücken, mit Granulat und Sojamehl vermengen, evtl. mit Mehl binden. Mit Gewürzen, Kräutern und/oder Salz oder Sojasoße abschmecken. Frikadellen formen, in Fett auf beiden Seiten goldbraun backen.

Gemüsebratlinge

(Für 1 Person)

1 gekochte, fein geriebene Kartoffel
1 fein geriebene Möhre
1 kleine, in feine Scheiben geschnittene Stange Lauch
2 EL Quark
ca. 60 g gekochter Grünkernschrot
etwas Salz, Pfeffer, Majoran, Hefewürze
evtl. 1-2 EL Semmelbrösel
Fett zum Braten

In den gekochten, ausgequollenen Grünkernschrot das geriebene Gemüse, die Kartoffel, den Quark und die Gewürze einarbeiten. Pikant abschmecken. Sollte die Masse kleben, noch Semmelbrösel untermischen. Mit feuchten Händen Bratlinge formen und in heißem Fett auf beiden Seiten braun braten.

Knödel

Grießknödel

200 g (Vollweizen)-Grieß
3/8 l Milch
3/8 l Wasser
50 g geriebener Käse
2 EL Sojamehl, angerührt mit etwas kalter Milch
1 EL Margarine
2-3 EL Semmelbrösel
Kräutersalz
reichlich kochendes Salzwasser

Milch, Wasser und Margarine zum Kochen bringen, salzen. Grieß mit dem Schneebesen einrühren, unter ständigem Rühren mit einem Kochlöffel ca. 10 Minuten dick kochen. Abkühlen lassen, Sojamehl, Semmelbrösel und Käse unterrühren. Die Masse sollte sehr fest sein, andernfalls noch etwas Mehl dazugeben. Mit angefeuchteten Händen Knödel formen, vorsichtig in das kochende Salzwasser gleiten lassen. Knödel darin gar ziehen (nicht kochen) lassen, bis sie an die Oberfläche steigen. Mit einem Schaumlöffel (oder Bratenwender) herausnehmen und servieren.

Kartoffelknödel

500 g gekochte Pellkartoffeln vom Vortag
40 g Grieß
80 g Kartoffelmehl
2 EL Sojamehl
ca. 1/2 Tasse kaltes Wasser
1 TL Salz
1 EL Öl
kochendes Salzwasser

Die geschälten Kartoffeln reiben, Grieß, Kartoffelmehl, Öl und Salz zufügen. Das Sojamehl mit Wasser glattrühren, zu den übrigen Zutaten geben und alles miteinander gut verkneten, so daß ein glatter Teig entsteht.
Entweder kleine Knödel oder mehrere lange Rollen formen, von denen man ca. 1 cm lange Stücke abschneidet und im kochenden Salzwasser so lange ziehen läßt, bis sie an der Oberfläche schwimmen. Mit Zwiebelringen oder in Butter gerösteten Semmelbröseln bestreuen.

Quark-Servietten-Knödel

250 g Quark
3 EL weiche Butter
3-4 gehäufte EL Sojamehl
1 gehäufter EL Speisestärke
Salz
150 g (Vollweizen-) Grieß
2-3 EL zerlassene Butter
kochendes Salzwasser

Quark durch ein Sieb passieren. Butter, Soja-, Stärkemehl und Salz mit dem Schneebesen schaumig rühren, nacheinander Quark und Grieß untermengen. Quarkmasse in ein sauberes Geschirrtuch einbinden, Tuchenden um einen Kochlöffelstiel binden, gut verknoten, Kochlöffel quer über einen Topf mit kochendem Salzwasser legen, so daß der Knödel dabei ins Wasser taucht. Knödel ca. 20 Minuten köcheln lassen. Tuch herausheben, Wasser abtropfen lassen. Tuch öffnen, Knödel auf einen Teller stürzen, etwas abkühlen lassen, in Scheiben schneiden. Mit zerlassener Butter übergießen.
Paßt zu Gemüse oder eingemachtem Obst.

Reisnocken

200 g Vollreis
1 l Gemüsebrühe
50 g geriebener Käse
3-4 gehäufte EL Sojamehl
1 EL Speisestärke
Kräutersalz
reichlich kochendes Salzwasser
2-3 EL zerlassene Butter

Reis in Gemüsebrühe gar kochen (vgl. Grundrezept), etwas abkühlen lassen. Käse, Sojamehl, Speisestärke und Salz untermischen. Die Masse sollte sehr fest sein, sonst zerfallen die Nocken. Mit einem Eßlöffel Stücke von der Reismasse abstechen, vorsichtig in das Salzwasser gleiten lassen, ca. 10-15 Minuten köcheln lassen. Mit einem Schaumlöffel (oder Bratenwender) herausnehmen, mit zerlassener Butter beträufeln.

Variante:
Sie können die Reismasse auch zu Knödeln formen, sie benötigen allerdings eine etwas längere Garzeit.

Hirseknödel

1 Tasse gewaschene Hirse
2 1/2 Tassen Wasser
150 g Magerquark
60 g feine Hafer- oder Getreideflocken
2 EL Öl
Salz
1 Lorbeerblatt
Koriander
Zwiebelpulver

Die Hirse 5-10 Minuten mit dem Lorbeerblatt kochen, salzen und ca. 30 Minuten nachquellen lassen. Öl und Quark verrühren, Haferflocken und Gewürze zugeben und unter die abgekühlte Hirse mischen. Es empfiehlt sich, einen Probeknödel zu formen und in kochendem Wasser kurz ziehen zu lassen. Sollte die Masse zu locker sein, noch mehr Haferflocken einarbeiten, bei zu fester Struktur, noch Quark untermischen. Dann mit öligen Händen kleine Knödel formen und in kochendem Wasser ziehen lassen, bis sie an der Oberfläche schwimmen.
Dazu eine pikante Soße reichen.

Böhmische Semmelknödel

500 g Vollweizenmehl (Type 550)
1 Würfel Hefe oder 1 Päckchen Trockenhefe
2 TL Salz
1/4 l Milch
geröstete Semmelwürfel von 2 Semmeln
reichlich kochendes Salzwasser

Hefewürfel trocken zerbröseln, mit allen anderen Zutaten verkneten, bis ein glatter, fester Teig entsteht. Sollte er kleben, etwas Paniermehl (Semmelbrösel) unterkneten. Teig an einem warmen Ort ca. 1/2 Stunde gehen lassen. Dann zwei große längliche Knödel formen, in kochendes Salzwasser legen und etwa 20 Minuten ziehen lassen. Anfangs leicht umrühren, damit die Knödel nicht am Topf anhängen. Nach der Garzeit herausnehmen, in ca. 2 cm breite Streifen schneiden und servieren.
Als Beilage zu jedem Gemüse und zu allen Soßen.

Semmelknödel

10 altbackene Brötchen
1/2 EL Butter
1/8 l heiße Milch
1 EL Butter
1 Zwiebel
1 Bund gehackte Petersilie
100 g Vollweizenmehl
Kräutersalz
Pfeffer
etwas Muskat
Semmelbrösel zum Binden
reichlich kochendes Salzwasser
etwas Margarine
1 große Serviette

Brötchen halbieren, in möglichst gleich große Würfel schneiden und in einer Pfanne mit zerlassener Butter rundherum anrösten. Zwiebel fein würfeln und in 1 EL Butter glasig dünsten. Brötchen und Zwiebeln vermengen. Das Mehl hinzufügen, ebenso die Petersilie und die Gewürze, heiße Milch zugießen und die Masse schnell durcharbeiten. Soviel heiße Milch verwenden, daß ein formbarer Teig entsteht. Evtl. noch mit Semmelbröseln binden.

Nun eine weiße Stoffserviette mit der weichen Margarine bestreichen, den Teig zu einer Rolle formen und in die Mitte des Tuches legen. Die Serviette über den Teig zusammenschlagen, an den Enden mit einem Faden fest zubinden. In einem großen Topf Salzwasser zum Kochen bringen, die gefüllte Rolle einlegen und etwa 30 Minuten leicht köcheln lassen. Nach 15 Minuten die Rolle umdrehen.
Nach der Kochzeit die Rolle herausnehmen, Serviette abziehen, den Knödel auf eine Platte legen, in 2 cm dicke Scheiben schneiden und evtl. mit zerlassener Butter beträufeln.
Man kann von der Masse auch Stücke abstechen, zu Knödel formen und in Salzwasser ca. 15 Minuten ziehen lassen.

Apfelknödel

500 g Äpfel
Zimt
500 g Vollweizenmehl
1/2 Würfel Hefe
1/8 l lauwarme Milch
1 EL Honig
3 EL Margarine
reichlich kochendes Wasser

Äpfel waschen, mit Schale und Kerngehäuse in Stücke schneiden, mit Zimt bestreuen. Honig und Hefe mit Milch glattrühren, mit dem Mehl verrühren, zu einem Teig kneten, Äpfel und Fett unterkneten. Knödel formen, in kochendem Wasser ca. 1/4 Stunde garen, bis sie nach oben steigen. Mit einem Schaumlöffel oder Bratenwender herausnehmen. Dazu Obstsuppe oder Kompott reichen.

Pflaumenknödel

500 g Vollweizenmehl
1/2 Würfel Hefe
1 TL Vollrohrzucker
2 EL Öl
1 TL Salz
1/4 l lauwarme Milch
2 EL Semmelbrösel
500 g entsteinte Pflaumen
reichlich kochendes Salzwasser

Mehl und Salz in eine Schüssel geben, in die Mitte eine Vertiefung machen, Hefe in die Mitte einbröseln, Zucker und 4 EL Milch darübergeben. Etwas Mehl darüberstäuben. Vorteig zugedeckt gehen lassen. Wenn die Mehldecke reißt, die aufgegangene Hefe mit dem Löffel langsam unter das Mehl rühren, die restliche Milch nachgießen, zuletzt das Öl zugeben, alles gründlich verrühren und zu einem glatten, festen Teig verkneten.
Den fertigen Teig auf der bemehlten Tischplatte kräftig durchkneten und nach und nach die Semmelbrösel einarbeiten. Der Teig darf nicht zu weich sein. An warmer Stelle zugedeckt gut aufgehen lassen. Nochmals durchkneten. Eine Rolle formen, kleine Stücke abschneiden, mit der Hand flach drücken, mit einer Pflaume belegen und die Knödel formen. Nochmals aufgehen lassen, in kochendem Salzwasser auf jeder Seite je ca. 4 Minuten ziehen lassen. Nach der Garzeit aus dem Wasser herausnehmen, mit zwei Gabeln aufreißen, mit in Butter gerösteten Semmelbröseln, Zucker und Zimt bestreuen und etwas gebräunter Butter begießen.
Statt Pflaumen eignen sich auch Aprikosen und Kirschen.

Germknödel (Hefeklöße)

500 g Vollweizenmehl
20 g Hefe
1 TL Vollrohrzucker
2 EL Öl
1/4 l lauwarme Milch
1 TL Salz
50 g Butter
Zimt
Vollrohrzucker

Zubereitung des Germ- bzw. Hefeteigs siehe Pflaumenknödel. Die geformten Knödel ca. 8-10 Minuten in Salzwasser ziehen lassen. Nach der Garzeit herausnehmen, mit zwei Gabeln aufreißen, mit brauner Butter beträufeln und mit Zimt und Zucker bestreuen. Dazu paßt Apfelmus oder Vanillesoße.

Dampfnudeln

500 g Vollweizenmehl
20 g Hefe
2 EL Vollrohrzucker
1/4 l lauwarme Milch
2-3 EL Butter oder Margarine
geriebene Zitronenschale (ungespritzt)

Außerdem:
1/4 l Milch
1 EL Vollrohrzucker oder 2 EL Honig

Zubereitung des Hefeteiges siehe Pflaumenknödel. Die geformten Klöße setzt man in eine gefettete Auflaufform und läßt sie nochmals aufgehen. Zucker oder Honig in der Milch auflösen und darübergießen. Im Backofen zugedeckt backen, bis die Milch ganz eingezogen ist, dann offen bräunen. Garzeit etwa 20 Minuten. Man reicht dazu Kompott oder Vanillesoße.

Tofu

Tofu ist ein hochwertiges Frischprodukt aus Sojabohnen.
Seit 2000 Jahren zählt es zu den wichtigsten Eiweißquellen Ostasiens. Nun hat es sich auch im Westen einen festen Platz in der Küche erobert.
Tofu ist reines Soja-Eiweiß, gewonnen aus der Milch der Sojabohnen, reich an Vitaminen und lebensnotwendigen Mineral- und Nährstoffen, ein absolut vollwertiges und natürliches Produkt, eine echte Alternative zu tierischem Eiweiß.
Tofu hat fast keinen Eigengeschmack, so daß eine Vielfalt von Variationen in der Zubereitung möglich ist. Man kann Tofu braten, backen, grillen, dämpfen und pürieren.
Es empfiehlt sich, Tofu vor der Verarbeitung zu marinieren. Dadurch bekommt es einen würzigen und pikanten Geschmack.

Marinade:

1/2 l Wasser
ca. 1 EL Hefewürze
Gewürzkräuter nach Belieben
2 EL Sojasoße
Salz
1 TL Öl

Alle Zutaten gut miteinander vermischen. Tofuscheiben mindestens 1 Stunde darin ziehen lassen. Je länger (evt. über Nacht), desto würziger ist der Geschmack.
Wenn es einmal schnell gehen muß, kann man statt dieser eine Marinade aus Sojasoße mit etwas Wasser verdünnt verwenden. Es genügt dann, den Tofu 1/2 Stunde ziehen zu lassen.

Tofu-Käse-Schnitten

500 g Tofu
einige Scheiben Käse, wie z.B. Mozzarella, Gorgonzola oder Rahmkäse
2 EL Graham-Paniermehl
2 EL Sesam
Fett zum Braten

Tofu in ca 1/2 cm breite Scheiben schneiden und wie angegeben (s.o.) einige Stunden marinieren.
Jeweils zwischen 2 Scheiben Tofu eine Scheibe Käse legen. Zusammen in dem Paniermehl-Sesam-Gemisch wenden und in heißem Fett von beiden Seiten goldgelb backen.

Tofu-Schnitten in Nußkruste

250 g Tofu

Zum Panieren:
1/2 Tasse Milch
1 EL Sojamehl
etwas Pfeffer
50 g gemahlene Haselnüsse
50 g Kokosraspel
Fett zum Braten

Tofu in 1/2 cm breite Scheiben schneiden und nach Angabe marinieren (s.o.). Sojamehl mit Pfeffer und etwas Salz mischen. Die Tofuscheiben darin wenden, dann kurz in Milch tauchen und mit dem Haselnuß-Kokosgemisch panieren. In heißem Fett auf beiden Seiten goldbraun braten.

Tofu-Schnitten in Kräuterkruste

250 g Tofu
Salz
1 EL frisch gewiegte Kräuter, z.B. Schnittlauch, Petersilie, Oregano, Dill, Salbei
1 EL Vollweizenmehl
2 EL Semmelbrösel
Fett zum Braten

Tofu in Scheiben schneiden, und nach Angabe marinieren (s.o.). Etwas Mehl auf einen Teller geben und die Tofuscheiben darin wenden. Die gewiegten Kräuter mit Semmelbrösel mischen. Tofu nochmals kurz in Wasser tauchen und mit der Kräutermischung panieren. In heißem Fett auf beiden Seiten goldgelb braten.

Tofu-Gulasch

250 g Tofu
2 große Zwiebeln
2 rote Paprikaschoten
2 grüne Paprikaschoten
3 große entkernte, gehäutete Tomaten
1 TL Salz
etwas Sojasoße
100 g Sahne
1 EL Mehl
Majoran
Paprika
Pfeffer
Salz
etwas geriebener Knoblauch
Salz
Mehl zum Panieren
Öl zum Braten

Den Tofu in 1 1/2 cm breite Scheiben schneiden und wie oben angegeben ca. 2 Stunden marinieren. Abtropfen lassen, in Mehl wenden, beiderseitig in heißem Öl ausbacken.
Abgekühlt in Würfel schneiden.
Die Zwiebeln in feine Ringe schneiden und in Öl andünsten, kleingeschnittenen Paprika und Tomaten zugeben, ebenso Salz und Gewürze. In etwas Wasser weich garen. Die Tofuwürfel zugeben, Sahne mit Mehl glattrühren und die Soße damit binden. Kurz aufkochen lassen und nochmals abschmecken.

Tofu-Gulasch-Stroganoff

250 g Tofu
2 EL Vollweizenmehl
je 200 g Möhren und Paprika
150 g Gewürzgurken
1 große Zwiebel
3 EL Öl
3 EL Tomatenmark
2 EL Vollweizenmehl
100 g saure Sahne
2 EL Butter oder Margarine
Paprika
Salz
Basilikum
Pfeffer
Oregano
etwas Knoblauch

Tofu in Scheiben schneiden und nach Angabe marinieren (s.o.).
Zwiebel fein schneiden und in Fett andünsten. Gemüse in kleine Würfel schneiden, zu den Zwiebeln geben, etwas Gemüsebrühe auffüllen und weich garen.
Den Tofu abtropfen lassen, in Mehl wenden und in heißem Fett gut anbraten, abkühlen lassen, würfelig schneiden und zu dem fertigen Gemüse geben. Sahne mit Mehl und Tomatenmark vermischen, die Soße damit binden, Gewürze zugeben, kurz aufkochen lassen und nochmals pikant abschmecken. Vor dem Anrichten die geriebenen Gewürzgurken darüberstreuen.

Tofu in Wirsinggemüse

250 g Tofu
750 g Wirsing
3 EL Crème fraîche
1 Zwiebel
etwas Sojasoße
Öl zum Braten
Kümmel
Salz

Den Tofu in Würfel schneiden und mindestens 1 Stunde in die Marinade legen (s.o.), dann gut abtropfen lassen und trocken tupfen. Den geputzten, gewaschenen Wirsing kleinschneiden und mit Salz und Kümmel in wenig Wasser garen. Mit Crème fraîche binden und mit Sojasoße abschmecken.
Die Zwiebel in Öl glasig dünsten, Tofuwürfel zugeben und gut anbraten. Etwas Wasser zugeben und mit 1 Löffel Crème fraîche binden, kurz einkochen lassen. Mit Sojasoße abschmecken und über dem Wirsinggemüse anrichten.

Tofu-Frikadellen

400 g Tofu
1 große Zwiebel
1 Stange Lauch
1 Stück Sellerie oder 1 Stück Blumenkohl oder 1/2 Tasse Erbsen
1 große Möhre
2 EL angerösteter Sesam
30 g Haferflocken
Salz
Pfeffer
Paprika
gehackte Petersilie
3 EL Sojasoße
4 EL Graham-Paniermehl
1 EL Butter oder Margarine
Fett zum Braten

Butter zerlaufen lassen, die würfelig geschnittene Zwiebel darin glasig dünsten, das kleingeschnittene Gemüse zugeben und kurz andünsten.
Tofu mit einer Gabel zerdrücken, das Gemüse, die Gewürze und andere Zutaten dazugeben und alles zu einem nicht zu weichen Teig gut verarbeiten. Pikant abschmecken! Kleine Frikadellen formen und in heißem Fett von jeder Seite goldgelb braten.

Weißkohl-Tofu-Rouladen

1 Weißkohl
250 g Champingnons
2 Zwiebeln
2 EL Butter oder Margarine
75 g Hirse
ca 1/4 l Gemüsebrühe
150 g Tofu
100 ml Schlagsahne
Salz
Pfeffer
Petersilie
Fett zum Braten

Den Kohlkopf einige Minuten in kochendes Salzwasser legen, die äußeren 8 Blätter lösen (Restkohl anderweitig verwenden), Strunk flach schneiden, trocken tupfen.
Pilze putzen, waschen und kleinschneiden. Die Zwiebeln würfelig schneiden, in heißem Fett glasig dünsten, Pilze zufügen, 1 EL Gemüsebrühe zugeben und ca. 10 Minuten im offenen Topf garen.
Die gewaschene Hirse in die kochende Gemüsebrühe geben, bei geringer Hitze ca. 20-25 Minuten ausquellen lassen, dann zu den Pilzen geben, ebenso den zerkrümelten Tofu und die Gewürze. Pikant abschmecken! Masse abkühlen lassen. Dann auf den Kohlblättern verteilen, zu Rouladen aufrollen und mit Holzstäbchen feststecken. In etwas Fett rundum anbraten, mit etwas Gemüsebrühe angießen und ca. 30 Minuten schmoren. Herausnehmen, die Soße mit Sahne binden, mit Sojasoße abschmecken, kurz aufkochen lassen und über die Rouladen gießen.

Tofu Lasagne

500 g Tofu
450 g Blattspinat (TK)
Salz
geriebene Muskatnuß
Oregano
2 EL Butter oder Margarine
400 g frische Champingnons
200 g geriebener Käse
100 g Crème fraîche
Fett zum Braten
2 EL Vollweizenmehl
2 große Zwiebeln

Nudelteig:
Zutaten und Zubereitung siehe Kapitel Pfannkuchen.

1 Rezept Tomatensoße:
Zutaten und Zubereitung siehe Kapitel Soßen.

Tofu in 1/2 cm dicke Scheiben schneiden. Nach dem Marinieren (s.o.) in Mehl wenden und in heißem Fett beiderseitig anbraten.
Den Spinat antauen lassen, Zwiebeln schälen, fein hacken, in Butter glasig dünsten. Den Spinat zugeben, 5 Minuten garen und würzen.
Die Pilze putzen, waschen und in Butter bei offenem Topf 5 Minuten dünsten, mit Salz und Oregano würzen. Einen Nudelteig herstellen und daraus drei runde Platten dünn ausrollen.
Eine Tomatensoße nach Rezept herstellen. Eine Auflaufform fetten und mit einer Platte Nudelteig belegen. Darüber eine Schicht Tofuscheiben, eine Schicht Spinat und Champignons. Etwas Tomatensoße darübergießen und mit einer Platte Nudelteig bedecken, im ganzen zwei Schichten, Crème fraîche mit geriebenem Käse verrühren und gleichmäßig auf die oberste Schicht verteilen. Die dritte Teigplatte obenauf legen. Im Backofen bei 250 Grad 20-25 Minuten goldbraun backen.
Dazu paßt jeder Salat.

Krümel-Tofu

500 g Tofu
2 EL Butter
2 Zwiebeln
1 Knoblauchzehe
etwas Sojasoße
Salz
Pfeffer
1 Bund Schnittlauch

Tofu mit einer Gabel zerkleinern (zerkrümeln), feingewiegte Zwiebeln in Fett andünsten, Tofukrümel zugeben und so lange unter Rühren braten, bis die Krümel fest werden. Gewürze zugeben und abschmecken, zuletzt die Schnittlauchröllchen unterziehen. Als Beilage eignet sich jeder Salat, Bratkartoffeln o.ä. Krümel-Tofu kann auch als Brotbelag verwendet werden.

Tofu-Frucht-Creme

250 g Tofu
3 EL Honig
1 Becher saure Sahne
1 Banane
Saft einer Orange oder Zitrone
50 g Rosinen
etwas Obst nach Belieben

Alle Zutaten mit dem Pürierstab fein pürieren. Zuletzt die gewaschenen Rosinen unterziehen. Creme etwa 15 Minuten kalt stellen.

Tofu-Apfel-Speise

250 g Tofu
1 Joghurt
2-3 EL Honig
250 g Äpfel
etwas Zitronensaft
100 g Schlagsahne
2 EL geriebene Nüsse

Äpfel fein raspeln, mit Zitronensaft beträufeln. Mit allen anderen Zutaten im Mixer cremig pürieren und kalt stellen.

Himbeer-Tofu-Creme

500 g Himbeeren
3 EL Honig
200 g Tofu
200 g Sahne

Die abgespülten, abgetropften Himbeeren zerdrücken. Den Tofu zerkrümeln, mit einem Handmixgerät fein pürieren. Himbeeren und Honig zufügen, ebenso die Sahne und alles zusammen mit einem Handrührgerät cremig schlagen. Mit einigen ganzen Himbeeren garnieren.

Tofu-Brotaufstriche

250 g Tofu
etwas Milch
3-4 EL gehackte frische Kräuter (Petersilie, Schnittlauch, Dill, Basilikum)
1 kleingeschnittene Zwiebel
Salz
Pfeffer
Sojasoße

Tofu mit Milch fein pürieren und mit den anderen Zutaten vermischen.

Variante:
250 g Tofu
etwas Joghurt
1 kleine, fein geschnittene Zwiebel
1 zerdrückte Knoblauchzehe
1 geriebene Gewürzgurke
etwas Schnittlauch oder Petersilie
Salz
Pfeffer
Zitronensaft

Tofu mit Joghurt fein pürieren, alle übrigen Zutaten dazugeben und gut verrühren.

Variante:
250 g Tofu
1 kleine, geriebene frische Gurke
1 fein geschnittene Zwiebel
etwas Petersilie
Salz, Pfeffer
etwas Essig und Öl

Tofu zerdrücken und mit den anderen Zutaten gut verrühren.

Variante:
250 g Tofu
3 EL Joghurt oder Dickmilch
1 TL Senf
1 kleingeschnittene Zwiebel
1 zerdrückte Knoblauchzehe
Salz
Paprika
1 EL gerösteter Sesam

Tofu mit Joghurt/Dickmilch pürieren, die anderen Zutaten zugeben und cremig rühren.

Haselnuß-Tofu

250 g Tofu
100 g geröstete, geriebene Haselnüsse
1 Banane
1/8 l Schlagsahne
2-3 EL Honig

Tofu und Banane mit dem Pürierstab fein pürieren, Haselnüsse und Honig darunterrühren.
Sahne steif schlagen und unterheben. Die Creme 15-20 Minuten kalt stellen.

Soßen

Soßen-Kochkurs

Sie benötigen zunächst:
1 Stieltopf (damit Sie mit einer Hand den Topf halten und mit der anderen umrühren können)
1 Schneebesen (zum Einrühren der Flüssigkeit, damit keine Klumpen entstehen)
1 Kochlöffel (zum Rühren der Mehlschwitze, s.u.)
1 Eßlöffel (zum Messen von Öl, Salz oder Fett)
1 Teelöffel (zum Messen von Öl, Salz oder Fett)
1 weiteren Löffel zum Abschmecken
1 Küchenwaage (günstig sind sog. Zuwiegewaagen)

An **Soßen-Zutaten** brauchen Sie:

Fett:
Butter oder Pflanzenmargarine für helle Soßen, wie z.B. Béchamel-Soße; Butterschmalz oder Pflanzenfett zum Braten und für dunkle (braune) Soßen, da hier die Gar-Temperaturen höher sind als bei der Zubereitung heller Soßen.

Mehl:
Selbstgemahlenes 100%iges Vollweizenmehl oder Vollweizenmehl Type 1700, ungebleichtes helles Mehl Type 550 oder 1050. Je dunkler das Mehl und je höher die Typenzahl, desto mehr wertvolle Inhaltsstoffe (Vitamine, Ballaststoffe) enthält das Mehl. Voll ausgemahlenes weißes Mehl enthält nur noch ca. 15 % der Inhaltsstoffe von Vollkornmehl. Gebleichtes Mehl, das man üblicherweise im Handel findet, sollte nach Möglichkeit gar nicht verwendet werden.

Flüssigkeit:
Wasser, Gemüsebrühe aus Gemüsekochwasser oder aus Gemüsebrühwürfeln oder Instantpulver, Milch für cremige Soßen. Am besten verwenden Sie, wann

immer möglich, frisches Gemüsekochwasser oder solches, das Sie vom Vortag (im Kühlschrank) aufgehoben haben. Bei Verwendung frischer Gemüsebrühe warten Sie mit der Soßen-Zubereitung, bis das Gemüse, das Sie zur Soße reichen wollen, gar ist. Gießen sie dann einen Teil oder auch die gesamte Kochflüssigkeit für die Soße ab. In diesem Fall müssen Sie aber die Brühe noch mit Salz oder anderen Würzmitteln würzen und durch Wasser- oder Milch-Zugabe auf lauwarme Temperatur abkühlen, da sonst beim Zugeben der Bindemittel Klumpen entstehen können.

Soßen, die mit Milch(zugabe) und/oder Vollweizenmehl zubereitet werden, sind dickflüssiger, cremiger und auch sättigender als Soßen aus Wasser und hellerem Mehl. Wenn Sie wollen können Sie Flüssigkeiten und Mehlarten auch mischen.

Helle Soßen

GRUNDSOSSE 1
Schnelle Béchamelsoße/Feine weiße Soße

1/4 l Milch oder
1/8 l Milch und 1/8 l Wasser
1 1/2-2 gehäufte EL Vollweizen- oder ungebleichtes helles Mehl (Type 550 für die weiße Soße)
1 EL Butter oder Margarine (20 g) oder 2 EL Öl
etwas weniger als 1/2 Gemüsebrühwürfel

1. Geben Sie alle Zutaten in den Stieltopf.
2. Bringen Sie alles unter häufigem Rühren zum Kochen.
3. Lassen Sie unter ständigem Rühren die Soße etwa 3 Minuten kochen, bis sie andickt.

Bechamelsoße
(Einbrennsoße)

60 g Butter oder Margarine	*1 Lorbeerblatt*
3 gehäufte EL Vollweizenmehl	*Kräutersalz*
1/2 l Milch	*Pfeffer*

Für diese Soße müssen Sie eine helle Einbrenne oder Mehlschwitze bereiten, und zwar in folgenden Arbeitsgängen:

1. Butter oder Margarine im Stieltopf zergehen lassen.
2. Mehl dazugeben, sofort mit dem Kochlöffel unter das Fett rühren.
3. Mehl unter ständigem Rühren zu heller Farbe anbräunen (brennt sehr leicht an!).
4. Nehmen Sie den Topf von der Platte oder stellen Sie (beim Gasherd) die Wärmezufuhr auf die kleinste Stärke ein.
5. Rühren Sie die kalte oder lauwarme (nie heiße!) Flüssigkeit nach und nach ein. Verschlagen Sie Mehlmischung und Milch immer erst mit dem Schneebesen zu einem glatten Brei, bevor Sie neue Flüssigkeit zugießen. Fügen Sie das Lorbeerblatt hinzu.
6. Geben Sie den Topf wieder auf die Platte (bzw. stellen Sie die Flamme Ihres Gasherds wieder größer).
7. Lassen Sie die Soße bei mäßiger Hitze unter ständigem Rühren ca. 3-5 Minuten andicken.
8. Entfernen Sie das Lorbeerblatt und schmecken Sie die Soße mit Salz und Pfeffer ab.

Dunkle Soßen

Für dunkle Soßen braucht man auch eine (dunkle) Mehlschwitze oder Einbrenne. Die Arbeitsgänge sind die gleichen wie bei der hellen Mehlschwitze, nur bräunt man das Mehl zu dunkler Farbe an. Man sollte allerdings nicht zuviel des Guten tun, sonst beginnt das Mehl bitter zu schmecken.

GRUNDSOSSE 2
Braune Soße

30 g Öl oder pflanzliches Bratfett
40 g Vollweizenmehl
1 Tasse Milch und 2 Tassen Wasser oder 3 Tassen Milch
Zwiebelpulver
1/2 Brühwürfel
evtl. Hefe-Extrakt oder Kräutersalz
1 Lorbeerblatt

1. Fett zerlassen, Mehl darin unter Rühren anbräunen.
2. Nach und nach mit kalter oder lauwarmer Flüssigkeit aufgießen.
3. Zum Kochen bringen, Würfel dazutun, Lorbeerblatt hineingeben.
4. 5 Minuten unter ständigem Rühren kochen, bis die Soße andickt.
5. Mit Salz, Hefe-Extrakt und Zwiebelpulver abschmecken, Lorbeerblatt vor dem Servieren entfernen.

Sowohl helle als auch dunkle Soßen können durch Zwiebeln verfeinert werden, die man zuerst, kurz vor dem Mehl, in das Fett gibt und mit diesem zusammen anbräunt.

Grundlage für die folgenden Soßen sind, soweit nicht anders vermerkt, Grundsoße 1 (eine der Bechamel-Soßen – die Wahl liegt bei Ihnen) und Grundsoße 2 (Braune Soße).

Sofern nicht anders angegeben, werden die zusätzlichen Zutaten nacheinander in die Grundsoße eingerührt.
Die Soßen sind in alphabetischer Reihenfolge aufgeführt.

Bananensoße

Grundsoße 1
1 pürierte oder fein zerdrückte Banane
etwas Pfeffer und Muskat
1 EL Zitronensaft
1 EL Apfelsaft
1 EL Obstessig
0,1 l süße Sahne

Feine Béchamelsoße

Wie Bechamelsoße
1/2 fein gewiegte Zwiebel
Thymian
Muskatnuß

Zwiebel 3-4 Minuten in Fett andünsten, dann erst das Mehl dazugeben. Soße vor dem Abschmecken durch ein Sieb passieren.

Braune Soße

Siehe Soßen-Kochkurs, Grundsoße 2

Vegetarische Bratensoße
(Einbrennsoße)

30 g Hefeflocken
1 gehäufter EL Vollweizenmehl
50 g Öl oder pflanzl. Bratfett
1/4 l Gemüsebrühe oder 1/4 l Milch mit ca. 1/3 l Gemüsebrühwürfel
2 EL Sojasoße
Pfeffer

Fett zerlassen, Hefeflocken mit Mehl dazugeben und unter ständigem Rühren bräunen. Flüssigkeit mit dem Schneebesen nach und nach einrühren, so lange köcheln, bis Soßen-Konsistenz erreicht ist. Mit Sojasoße und Pfeffer abschmecken.

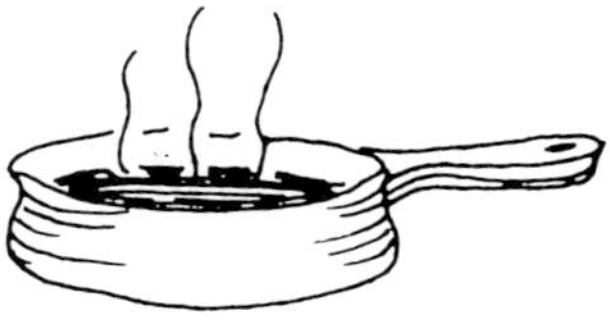

Buttersoße

2 EL Mehl
1 Prise Salz
0,2 l Milch
2 EL Butter

Mehl und Salz in einem Topf gut miteinander vermengen. Nach und nach Milch dazugießen, Mehl-Milch-Mischung geschmeidig und cremig schlagen. Unter ständigem Rühren erwärmen, 2 Minuten lang köcheln lassen, dann nach und nach Butter hinzufügen. Ständig rühren, bis die Butter ganz zergangen ist und sich aus den Zutaten eine homogene Masse gebildet hat. 1 Minute lang kochen lassen. Heiß servieren.

Buttermilchsoße

1 EL Butter
1 EL Vollweizenmehl
1 TL gekörnte Gemüsebrühe
1/2 TL Kräutersalz
1 Prise Pfeffer
1 Prise (Rosen-)Paprika
1/4 l Butter- oder andere Sauermilch
1 EL Sojamehl, angerührt mit etwas Sahne oder Buttermilch

Butter in einen Topf geben.
In einem anderen Topf, dessen Durchmesser so groß ist wie der erste, Wasser zum Kochen bringen. Topf mit Butter daraufstellen.
Butter zerlassen, Mehl, gekörnte Brühe, Gewürze, und Salz unter die Butter rühren.
1-2 Minuten anschwitzen.
Unter Rühren Buttermilch und Sojamehl-Paste hinzufügen. Nochmals 1 Minute kochen lassen.

Currysoße

Grundsoße 1
Zwiebelpulver
1 fein geriebener Apfel
1 fein pürierte Banane
2 TL Curry
1 EL fein gehackte Rosinen
1/2 TL Vollrohrzucker

Variante:
Grundsoße 1
2 TL Curry (nach Wunsch auch mehr)

Dillsoße

Grundsoße 1
3-4 EL frischer gehackter Dill oder 2 EL getrockneter Dill

Erdnußsoße

Grundsoße 1
2 EL Erdnußbutter
Knoblauchpulver
2 EL Sojasoße
1 Prise Vollrohrzucker
Saft 1/2 Zitrone
1 Msp. Cayennepfeffer (wahlweise)

Fenchelsoße

Grundsoße 1
2-3 EL fein gehackter Fenchel
oder 2-3 EL gehacktes Fenchelkraut

Bei Verwendung von Fenchel muß man die Soße noch ca. 5 Minuten kochen lassen (umrühren!), bis der Fenchel gar ist.

Hefesoße

75 g Hefeflocken
50 g Vollweizenmehl
1 TL Kräutersalz
1/2 l Wasser
60 g Margarine
1/2 TL Knoblauchpulver (wahlweise)
2 TL Senf (wahlweise)

Flocken, Mehl, Salz und Knoblauchpulver in einem Topf vermengen. Nach und nach Wasser mit dem Schneebesen einrühren.
Langsam unter ständigem Rühren erhitzen, bis die Soße kocht. Ca. 2-3 Minuten unter Rühren weiterkochen lassen. Von der Platte nehmen.
Margarine und Senf einrühren.

Variante:
Nach dem Erkalten ergibt sich ein pikanter Brotaufstrich.

Ingwersoße

Grundsoße 1
150 g saure Sahne oder Vollmilchjoghurt, verrührt mit 3/4 EL Sahne
Knoblauch und Zwiebelpulver
1/2 TL Senf
1 TL frischer geriebener Ingwer oder 1 1/2 TL gemahlener Ingwer
je 1 Prise Rosmarin, Majoran, Oregano, Kümmel, Kräutersalz, Pfeffer
evtl. Saft 1/2 Orange

Käsesoße

Grundsoße 1
50 g geriebener Käse oder in Flöckchen zerteilter Schmelzkäse
etwas Muskat

Kapernsoße

Grundsoße 1
1 EL fein gehackte Kapern
2 EL Zitronensaft oder Obstessig

Kräutersoße

Grundsoße 1
Kerbel
Estragon
Dill
Majoran oder andere Kräuter nach Wahl (möglichst frisch)

Feine Kräutersoße (Einbrennsoße)

1/2 l Gemüsebrühe
1/4 TL Rosmarin
1/4 TL Dill
1/4 TL Estragon
3 EL Butter
3 EL Vollweizenmehl
Knoblauchsaft oder -pulver (wahlweise)
abgeriebene Schale 1/4 ungespritzten Zitrone

Butter zerlassen. Mehl hinzufügen und einige Minuten lang unter häufigem Rühren auf kleiner Flamme anschwitzen. Nach und nach die Brühe mit dem Schneebesen einrühren. Mit ein paar Tropfen Knoblauchsaft und etwas Zitronenschale sparsam würzen.
Soße unter häufigem Rühren weitere 10 Minuten köcheln lassen. Heiß zu Aufläufen und Gemüse servieren.

Kümmelsoße

Grundsoße 2
2 TL ganzer Kümmel
1 TL gemahlener Kümmel
Zwiebelpulver oder 1-2 Zwiebeln, in 1-2 EL Öl gebräunt

Meerrettichsoße

Grundsoße 1
1/2 fein geriebener Apfel
1 EL Meerrettich (oder mehr)

Mandel-Meerrettichsoße

Grundsoße 1
1 EL Meerrettich (nach Wunsch auch mehr)
1 EL Mandelmus oder 3 EL gemahlene Mandeln
150 g saure Sahne
1 EL Butter

Mintsoße

Grundsoße 1
1/2-1 TL gemahlene oder frische Pfefferminzblätter

Nuß- oder Mandelsoße

Grundsoße 1
4 gehäufte EL gemahlene Haselnüsse oder Mandeln
1 TL Honig
1/8 l Sahne

Orangensoße

Siehe Zitronensoße (S. 390)

Statt Zitrone Orange verwenden.

Orangen-Nuß- (oder Mandel-) Soße

0,2 l Orangensaft
evtl. 2 EL Zitronensaft
50 g Haselnuß-, Mandel-, Sesammus oder Erdnußbutter (nach Wunsch auch mehr)
Zwiebelpulver
Ingwer
Sojasoße
Knoblauchpulver
Muskatnuß

Nuß- oder Mandelmus mit Orangen- und Zitronensaft verdünnen. Dabei den Saft nach und nach dazugeben, jeweils glattrühren, weiteren Saft dazugießen usw.
Erhitzen, dabei umrühren. Abschmecken.

Pilzsoße

Grundsoße 1
100 g fein gehackte (gegarte) Pilze nach Wahl
Zwiebelpulver
etwas Obstessig (1-2 EL)
Pfeffer
1 Prise Vollrohrzucker
evtl. etwas saure Sahne

Pilz-Sahne-Soße

100 g gehackte Pilze
0,2 l Sahne oder Milch
2 EL Butter
1/4 TL abgeriebene Muskatnuß
Kräutersalz
1 EL Vollweizenmehl
etwas kalte Milch

Pilze 5 Minuten in Butter andünsten, mit Sahne oder Milch aufgießen, Muskat und Salz hinzufügen, erhitzen. Mehl mit kalter Milch anrühren, in die Soße einrühren, kurz aufkochen und andicken lassen.

Preiselbeersoße

Grundsoße 2
1-2 EL Preiselbeerkompott
1/2-1 TL Senf

Preiselbeer-Cumberland-Soße

je 125 g Preiselbeerkompott und Johannisbeergelee gemischt
1 TL Senf (evtl. mehr)
Saft und abgeriebene Schale 1 Orange
1/2-1 TL Speisestärke
1 TL Zitronensaft (evtl. mehr)
2 TL Vollrohrzucker
1/2 TL gemahlener Zimt
1 Msp. gemahlene Nelken
evtl. abgeriebene Schale 1/2 Zitrone

Orangensaft mit Speisestärke verrühren. Zusammen mit Zitronensaft, Senf, Orangenschale, Zucker und Gewürzen unter die Kompottmischung rühren. Evtl. auch Zitronenschale dazugeben. Soße unter ständigem Rühren aufkochen. Evtl. weiter abschmecken. Ggf. noch mit etwas mehr Speisestärke binden (Speisestärke vor dem Einrühren in die heiße Flüssigkeit mit kaltem Wasser anrühren). Warm oder kalt servieren.

Quark-Tunke

250 g Magerquark
ca. 1 Tasse heiße Flüssigkeit (z.B. Wasser, Milch, Gemüsebrühe)
etwas Zitronensaft (wahlweise)
Kräuter (z.B. Thymian, Oregano, Estragon, Kerbel, Dill, Bohnenkraut, Basilikum)
Gewürze (z.B. Muskat, Pfeffer, Kümmel)

Flüssigkeit nach und nach in den Quark rühren, bis er die Konsistenz einer Soße erreicht. Evtl. mehr oder auch weniger Flüssigkeit nehmen.
In einem Topf Wasser zum Kochen bringen, Soße in einen zweiten Topf geben, der auf den ersten paßt. Unter Rühren die Soße erwärmen, nicht kochen. Abschmecken.

Rosinensoße

Grundsoße 1
3 EL Apfeldicksaft
1 EL Zitronensaft
1 TL Honig
1 EL gehackte Mandeln
2-3 EL gewaschene Rosinen

Grundsoße mit Apfeldicksaft herstellen. Rosinen darin ca. 5 Minuten köcheln lassen, Honig zufügen, mit Zitronensaft abschmecken und die gehackten Mandeln einstreuen.

Soße Espagnole

Grundsoße 1
2 EL Tomatenmark
1 EL fein gehackte Oliven
1 fein gehackte Essiggurke
2 TL fein gehackte Kapern
1 fein gehackte Peperoni (wahlweise)
1 EL Zitronensaft oder Obstessig
Zwiebelpulver
Knoblauchpulver

Soße Hollandaise

Grundsoße 1
1-2 EL Sojamehl, angerührt mit etwas kalter Milch
50 ml geschlagene süße Sahne
1 EL Butter

Sojamehl in der fertigen Soße aufkochen lassen, Butter darin zergehen lassen. Zum Schluß Schlagsahne vorsichtig mit dem Schneebesen unterziehen. Soße nochmals leicht erhitzen, aber nicht mehr kochen.

Soße Mornay

Grundsoße 1
1-2 EL mit Sahne angerührtes Sojamehl
1 EL Butter
3 EL geriebener Käse (vorzugsweise Parmesan)
1/8 l flüssige süße Sahne

Zubereitung: s. Soße Hollandaise

Soße Provencale

1 fein gehackte mittelgroße Zwiebel
1 fein gehackte Knoblauchzehe
2-3 sehr fein gehackte Peperoni
10 fein gehackte grüne Oliven
1 sehr fein gehackte rote oder grüne Paprikaschote
3 EL Öl
2 EL Vollweizenmehl
1/2 l Wasser oder Gemüsebrühe
3 EL saure Sahne (wahlweise)
Kräutersalz
frisch gemahlener Pfeffer
1/4 TL Rosenpaprika (nach Wunsch auch mehr)

Zwiebel, Knoblauch, Peperoni, Oliven und Paprika in Öl ca. 5 Minuten andünsten. Mehl unterrühren, nach und nach mit Flüssigkeit aufgießen. Sahne hinzufügen. Ca. 2 Minuten köcheln lassen. Mit Salz und Gewürzen abschmecken.

Soße Rosée

(Falsche Rotweinsoße)

Grundsoße 1
1 EL Vollweizenmehl
1/8 l roter Traubensaft
4 EL Obstessig

Soße Veloute

(Cremesoße)

1/2 l Gemüsebrühe
5 Pfefferkörner
4 dunkle, gut gewaschene Trockenpilze
1/4 geriebene Zwiebel
1 TL Zitronensaft
3 EL Butter
3 EL Vollweizenmehl
Kräutersalz
frisch gemahlener Pfeffer

Gemüsebrühe erhitzen, Pfefferkörner, Pilze und Zitonensaft dazugeben. Bedeckt ca. 10-15 Minuten köcheln lassen. Dann durch ein feinmaschiges Tuch abseien.
Butter erhitzen, Mehl hinzufügen, umrühren, unter ständigem Rühren ca. 3-4 Minuten anbräunen.
Geriebene Zwiebel einrühren. Nach und nach mit Pilzbrühe aufgießen. Salzen und pfeffern.
Soße unter Rühren andicken lassen, nochmals etwa 10 Minuten köcheln lassen.
Vor dem Servieren durch ein Sieb geben.

Varianten:
Verfeinern Sie die Soße durch Hinzufügen von frischer Sahne oder (frischen) Kräutern oder etwas geriebenem Käse.

Senfsoße

Grundsoße 1
2 EL Senf

Soja-Béchamel-Soße

Grundsoße 1
1-2 EL Soja-Soße

Süß-saure Soße
(chinesisch, sehr kräftig!)

0,2 l Wasser oder Gemüsebrühe oder Tomatensaft
75 g Vollrohrzucker oder Melasse
50 ml Obst oder Weinessig
1 1/2 EL Speisestärke, angerührt mit etwas kaltem Wasser
Sojasoße
Pfeffer oder Tabasco
Knoblauchpulver
Ingwer

Wasser, Zucker und Essig zusammen zum Kochen bringen. Stärkemehl-Paste einrühren, weiterrühren, bis die Soße andickt, dabei die Flamme kleiner stellen.
Mit Sojasoße und Gewürzen abschmecken.

Variante:
Ananasstücke in die fertige Soße geben, warm werden lassen.

Tomatensoße

Grundsoße 1
Inhalt von 1-2 kleinen Dosen Tomatenmark (á 70 g)
Basilikum
Oregano
1-2 EL Obstessig
1 Prise Vollrohrzucker

Tomatensoße Napoletana

1 gehackte mittelgroße Zwiebel
1 zerdrückte Knoblauchzehe
30 g Butter oder Margarine oder Öl
je 1 zerkleinerte grüne und rote Paprikaschote (wahlweise)
750 g zerkleinerte oder pürierte Tomaten (evtl. aus der Dose)
1/4 l Gemüsebrühe
1 EL Majoran oder Oregano
1 EL Basilikum
1 EL gehackte Petersilie
1-2 EL Zitronensaft
1 Prise Vollrohrzucker

Zwiebel, Knoblauch und Paprikaschoten in zerlassenem Fett ca. 5 Minuten lang andünsten.
Tomaten dazugeben. Brühe unterrühren. Bei offenem Topf 30 Minuten leise köcheln lassen. Mit Kräutern, Zucker und Zitronensaft abschmecken.

Wildkräutersoße

Grundsoße 1
50-100 g Wildkräuter, z.B. junge Löwenzahnblätter, junge Brennnesselblätter, junge Schlüsselblumenblätter, junger Spitz- oder Breitwegerich, Sauerampfer, Beinwell, Schafgarbe, Wiesenschaumkraut, Löffelkraut, junge Gänseblümchenblätter, Geißfuß (Giersch)

Zitronensoße

Saft und Schale 1 ungespritzten Zitrone
50 g Butter
2 gehäufte EL Vollweizenmehl
1/2 l Milch
Salz
Pfeffer
Vollrohrzucker oder Honig nach Geschmack

Zitrone dünn schälen; Schale in feine Stücke schneiden. Butter zerlassen, Mehl unterrühren. Wenn die Mischung schäumt, von der Kochstelle nehmen und mit Milch aufgießen.
10 Minuten köcheln lassen. Zitronensaft und -schale hineingeben, auf kleiner Flamme nochmals ca. 2-3 Minuten ziehen lassen.
Mit Salz, Pfeffer und Zucker/Honig abschmecken.

Zwiebelsoße

Grundsoße 2
Zwiebelpulver oder 1-2 Zwiebeln, in 1-2 EL Öl gebräunt

Zwiebelsoße Extra

4 große weiße Zwiebeln
Salzwasser
3/4 Tasse heiße Milch
3 EL Butter
Salz und Pfeffer

Zwiebeln schälen. Mit Salzwasser bedeckt weich kochen. Abgießen, Wasser aus den Zwiebeln herausdrücken. Zwiebeln zerkleinern. Milch zum Kochen bringen. Zwiebeln einrühren. Butter hinzufügen, 2 Minuten kochen lassen, abschmecken.

Hessische Tunke
(Für 1 Person)

1 Becher saure Sahne
1 EL Quark
1 EL Milch
1 Msp. Salz
1 TL Zitronensaft
1 kleine grob geriebene Gewürzgurke
2 EL gehackte verschiedene Kräuter

Alle Zutaten gut miteinander verrühren.

Tomatensoße
(Für 1 Person)

2 Tomaten
1 kleine fein geschnittene Zwiebel
1 Knoblauchzehe
1 EL Öl
Salz, Pfeffer, Hefewürze
1 Msp. Nelken
1 EL saure Sahne

Öl erhitzen, die Zwiebel darin andünsten, die enthäuteten, in Stücke geschnittenen Tomaten zugeben und ca. 5 Minuten dünsten. Die Gewürze einrühren und zuletzt die saure Sahne unterziehen.

Verfeinerung von Fertig-Soßen
(s.S. 19)

1. Statt der angegebenen Flüssigkeitsmenge 10% weniger nehmen, dann schmeckt die Soße kräftiger und cremiger. Dabei aber öfter umrühren als auf der Packung angegeben, damit die Soße nicht anbrennt.

2. Soße statt mit Wasser mit Milch oder halb Milch/halb Wasser kochen, dabei aber öfter umrühren als auf der Packung angegeben.

3. Soße zum Schluß mit 3-4 EL saurer Sahne, Joghurt oder Kondensmilch verfeinern.

4. Trockenkräuter mitkochen oder nach dem Garen frische Kräuter einstreuen.

5. Mit dem Schneebesen 1 EL Quark unterrühren. So erhält die Soße einen leichten Käsegeschmack.

6. Soße mit gerösteten Semmelbröseln bestreuen (am besten erst auf dem Teller, damit die Brösel nicht vorzeitig aufweichen).

Variante:
Semmelbrösel ungeröstet einstreuen und kurz mitkochen lassen. Das macht die Soße sämiger.

7. Kartoffel-, Nudel-, Reis-, oder Gemüsereste miterwärmen; in der Soße kurz aufkochen lassen.

Fruchtsoßen

Birnensoße

2 reife Birnen
Saft von 1/2 Zitrone
2 gehäufte EL Honig
je 1 Msp. gemahlener Zimt, Nelken, Ingwer
evtl. Pistazien zur Garnitur

Birnen schälen, halbieren, entkernen und in dünne Spalten schneiden. Birnen in einen Topf geben, mit Zitronensaft, Wasser und Gewürzen 3 Minuten dünsten, dann den Honig unterrühren.

Erdbeersoße

500 g Erdbeeren
350 ml Apfelsaft
1-2 EL Honig
2-3 Zitronenscheiben

Beeren waschen, entstielen, mit Apfelsaft pürieren. Mit Honig abschmecken. Zitronenscheiben hineingeben und etwas ziehen lassen.

Heidelbeersoße

200 g Heidelbeeren
2 gehäufte EL Honig
1 Msp. Zimt
1 Päckchen Sahnesteif o.ä.
2-3 EL saure Sahne

Beeren verlesen, waschen, abtropfen lassen. Beeren, Honig, Zimt und Sahnesteif im Mixer pürieren. Soße kühl stellen, danach mit saurer Sahne verfeinern.

Mangosoße

200 g Mangofruchtfleisch
2 gehäufte EL Honig
1 Msp. gemahlener Ingwer
1 Päckchen Sahnesteif o.ä.

Fruchtfleisch pürieren, mit Honig, Ingwer und Sahnesteif verrühren. Kalt stellen.

Pflaumensoße

200 g Pflaumen
2 gehäufte EL Honig
je 1 Msp. gemahlener Zimt, Nelken, Ingwer
1 Päckchen Sahnesteif o.ä.

Pflaumen waschen, abtropfen lassen und entsteinen. Die Pflaumen, Honig, Gewürze und Sahnesteif im Mixer pürieren. Soße kalt servieren.

Sauerkirschsoße

500 g Sauerkirschen
3-4 EL Crème fraîche
1 Prise Salz
echte Vanille
1-2 EL Honig
1 TL Zimt
1 Msp. gemahlene Nelken

Sauerkirschen entsteinen, mit Crème fraîche pürieren. Mit Salz, Gewürzen und Honig abschmecken.

Süß-speisen, Desserts und Konfekt

Süße Hauptgerichte

Alle im Kapitel Reis- und Getreidegerichte angegebenen Getreidebreie lassen sich auch gut zu Süßspeisen abwandeln. Kochen sie zerkleinerte Trockenfrüchte nach Wahl im Getreidebrei mit (Rosinen, Datteln, Feigen, Bananen, Pflaumen), fügen sie Sesamsamen, Leinsamen, Sonnenblumenkerne und/oder gehackte Nüsse dazu. Sie können statt Trockenobst auch eine fein zerdrückte Banane oder einen geriebenen Apfel mitkochen.
Verteilen Sie den Brei auf Teller, bestreuen Sie ihn mit Zimt oder Vanille, lassen Sie Honig darauf zergehen oder servieren Sie den Brei mit Kompott oder Mus nach Wahl.

Variante:
Getreidepudding

Fertig gekochten Brei in mit kaltem Wasser ausgespülte Schüsselchen geben, erkalten lassen und stürzen. Mit Honig beträufeln. Dazu paßt Kompott oder Apfelmus.

Apfelcharlotte

200 g Vollkornzwieback
750 g Äpfel
1/4 l Wasser
3 EL Honig
50 g gemahlene Haselnüsse
100 g Rosinen
1/8 l Sahne
1 TL Zimt
1 Msp. gemahlene Nelken
30 g Butter
abgeriebene Schale einer unbehandelten Zitrone
1 EL Sojamehl

Sojamehl und Rahm miteinander verschlagen, den Zwieback damit übergießen. Ca. 1/4 Stunde ziehen lassen.
Inzwischen die fein geschnittenen Äpfel mit Honig und Zitronenschale aufkochen lassen. Rosinen und Nüsse zufügen. Dann belegt man den Boden einer gefetteten Auflaufform mit 2/3 der Zwiebackmasse, mischt die Gewürze unter die Äpfel und bedeckt damit den Zwieback. Obenauf die restlichen Zwiebacke und Butterflöckchen aufsetzen. Im vorgeheizten Backofen ca. 40 Minuten lang bei 200 Grad backen.
Mit Vanillesoße servieren.

Beeren-Kruska

1/2 l Milch
etwas Salz
etwas abgeriebene Zitronenschale
4 EL gehackte Haselnüsse
3 EL Honig
100 g geschroteter Grünkern
2 Becher Joghurt (á 150 g)
300 g verschiedene Beeren (Himbeeren, Erdbeeren, Heidelbeeren, Johannisbeeren etc.)
etwas Zimt

Die Milch mit Salz, Zitronenschale, Zimt und Nüssen aufkochen, das Getreide hineinrühren und auf kleiner Flamme 5 Minuten köcheln lassen. Zugedeckt zum Nachquellen kalt stellen. Kurz vor dem Servieren den Joghurt und den Honig unterrühren. Zum Schluß die gewaschenen Früchte unterziehen. Evtl. mit einem Tupfer Schlagsahne garnieren.

Äpfel mit Hut (Pommes Châpeau)

400 g Äpfel
3 EL Wasser
4 Gewürznelken
100 g Vollrohrzucker
100 g Vollweizenmehl
1 TL Backpulver
50 g Butter
Puderzucker

Äpfel schälen, Kerngehäuse ausstechen. Mit Wasser, Nelken und Zucker in eine gefettete feuerfeste Auflaufform geben. Mehl, Backpulver und Butter zu einem geschmeidigen Teig verkneten.
Zu einem Deckel ausrollen und auf die Äpfel setzen, Deckel mehrmals mit einer Gabel oder einem Zahnstocher einstechen. Bei 200 Grad 35-40 Minuten backen. Mit Puderzucker bestreuen, heiß servieren.

Buchweizenbrei

300 g ganzer Buchweizen
150 g Rosinen
etwas abgeriebene Zitronen- oder Orangenschale
1 Prise Salz

Den Buchweizen mit der doppelten Menge Wasser und Salz zum Kochen bringen. Die gewaschenen Rosinen hinzugeben und ca. 10 Minuten leicht kochen lassen. Zum Schluß die abgeriebene Zitronenschale unterrühren und auf warmer Herdplatte noch etwa 1/2 Stunde nachquellen lassen.
Der Brei kann mit flüssigem Honig, Sahne oder Kompott serviert werden.

Früchte-Pie mit Streuseln

500 g säuerliche Äpfel
500 g Heidel-, Holunder- oder Brombeeren
100 g Butter
1 EL Butter für die Form
150 g Vollrohrzucker
100 g feiner Weizenschrot
1 TL Zimt
1 Prise Salz

Äpfel schälen, das Kerngehäuse ausstechen, Äpfel in Scheiben schneiden. Beeren waschen, Stiele entfernen. Eine feuerfeste Form mit 20 g Butter einfetten. Äpfel und Beeren hineingeben. Zucker mit Schrot, Zimt, Salz und der restlichen Butter mit den Fingerspitzen zu dicken Streuseln verkneten. Streusel auf die Früchte streuen. Bei 200 Grad ca. 1/2 Stunde backen.

Gerstengrütze

300 g Gerstengrütze
1 l Wasser
2 EL Honig
Zitronensaft
1/2 l roter Fruchtsaft

Man kocht die Grütze mit Saft, Wasser und Zitronensaft etwa 1/2 Stunde auf kleiner Flamme. Dann rührt man den Honig darunter, füllt das Ganze in eine kalt ausgespülte Form und läßt es erkalten. Man stürzt die Grütze danach auf eine Platte und reicht dazu kalte Milch oder Vanillesoße.

Gefüllte Küchlein aus der Pfanne

250 g Vollweizenmehl
10 g Hefe
25 g Butter oder Margarine
1 Prise Salz
1 TL Vollrohrzucker

Für die Füllung:
125 g Heidelbeeren oder feste Marmelade oder Pflaumenmus

Zum Bestreuen:
etwas Vanillezucker

Für die Soße:
200 g Crème fraîche
1 TL Zitronensaft
30 g Vollrohrzucker oder Honig

Aus obigen Zutaten einen mittelfesten Hefeteig bereiten. Etwa 30 Minuten an einem warmen Ort gehen lassen. Danach in 8 Portionen teilen und Knödel formen, mit je 1 EL Heidelbeeren oder Pflaumenmus oder Marmelade füllen, flach drücken, nochmals kurz gehen lassen. Fett in einer Pfanne erhitzen, Küchlein von jeder Seite 4 Minuten goldbraun backen. Sofort mit Vanillezucker bestreuen. Die Zutaten für die Soße gut miteinander verrrühren und zu den warmen Küchlein servieren.

Überbackene Grießschnitten

1/2 l Milch
5 EL Vollweizengrieß
2 EL Vollrohrzucker oder Dicksaft von Äpfeln oder Birnen
etwas abgeriebene Schale 1 unbehandelten Zitrone
Fett zum Ausbacken
Semmelbrösel zum Panieren
Vollrohrzucker und Zimt zum Bestreuen

Milch zum Kochen bringen, den trockenen Grieß einstreuen, ca. 10 Minuten leicht kochen lassen, Gewürze zufügen. Den festen Brei auf eine feuchte Platte ca. 1 1/2 cm dick aufstreichen und abkühlen lassen. Danach in Stücke schneiden, kurz in Milch tauchen, in Semmelbrösel wenden und in heißem Fett in der Pfanne von beiden Seiten goldbraun überbacken. Mit Zucker/Zimt bestreuen und mit Kompott servieren.

Grießpfannkuchen

100 g Vollweizenmehl
100 g Grieß
100 g Vollrohrzucker
2 Becher Joghurt
1/4 TL Kardamon
Öl oder Butterfett
50 g Grieß

Aus den Zutaten, ggf. durch Zugabe von etwas Wasser, einen dickflüssigen Teig bereiten. Über Nacht bedeckt stehen lassen. Am nächsten Tag nochmals ca. 50 g Grieß dazugeben. Gut umrühren. Fett in einer Pfanne zergehen lassen, Teig eßlöffelweise hineingeben, Pfannkuchen daraus backen. Sie sollten knusprig und in der Mitte weich sein.

Haferauflauf

250 g Haferflocken
1/2 l lauwarme Milch
50 g gemahlene Nüsse oder Mandeln
50 g Rosinen
3 EL Honig
1/2 TL Zimt
3 EL zerlassene Butter oder Margarine
abgeriebene Schale 1/2 unbehandelten Zitrone
800 g in Scheiben geschnittene Äpfel

Milch über die Flocken gießen, Flocken bis 15 Minuten darin einweichen. Mit den übrigen Zutaten vermischen. In eine gefettete Auflaufform geben. Bei Mittel- bis mäßiger Hitze 3/4 Stunde backen.
Dazu paßt Vanillesoße (= 1/2 Puddingpulver-Inhalt mit 1/2 l Milch wie Pudding zubereiten).

Haferbrei

3 Tassen frischer Haferschrot
ca. 3 Tassen Einweichwasser
4 Tassen Wasser
3 EL Rosinen oder andere zerkleinerte Trockenfrüchte
1 Prise Salz
1 TL Zimt
1 Banane
2 EL geriebene Mandeln oder Haselnüsse

Den Haferschrot ca. 1/2 Stunde einweichen. Das Wasser mit den Trockenfrüchten in einen Topf geben, Salz und Zimt zufügen und aufkochen lassen. Den Haferschrot hineinrühren, etwa 10 Minuten leicht kochen und auf warmer Herdplatte noch ca. 1/2 Stunde nachquellen lassen. Die reife Banane in kleine Stückchen schneiden und mit den Mandeln oder Nüssen unter den Haferbrei ziehen.

Hafergrütze
(Für 1 Person)

1 knappe Tasse Haferschrot
1 Tasse Wasser
1/2 Tasse Milch
1 EL Rosinen
1EL Honig
2 EL gemahlene Nüsse
3 EL süße Sahne
etwas abgeriebene Zitronenschale
1 Msp. Zimt

Wasser erhitzen, Schrot einrühren, kurz aufkochen lassen, Milch zufügen und ausquellen lassen. Danach die Rosinen, Honig, Nüsse und Gewürze zufügen und kurz ziehen lassen. Zum Schluß die angeschlagene Sahne unterheben.

Joghurt Pie

1 Rezept süßer Blätterteig (siehe Kapitel Kuchen)
frische Früchte: Pfirsiche, Nektarinen, Erdbeeren, Himbeeren, Bananen usw.
etwas Vollrohrzucker
1/4 l Joghurt
3 1/2 Becher Hüttenkäse (700 g)
3 EL Honig
1 Päckchen Vanillezucker

Teigboden auskühlen lassen. Frisches Obst nach Wahl darauf verteilen, mit Zucker bestreuen. Joghurt, Hüttenkäse, Honig und Vanillezucker miteinander verschlagen, durch ein Sieb passieren. Nochmals gut durchrühren, über die Früchte gießen. Mit Früchten, z.B. Erdbeeren oder dünnen Pfirsichscheiben verzieren. Vor dem Servieren in den Kühlschrank stellen. Ergibt 6 Portionen.

Kaiserschmarrn

ca. 250 g Vollweizenmehl
ca. 1/2 l Milch
1 Prise Salz
1 TL Sahnesteif
1/4 TL Agar-Agar
3 TL Vanillezucker
Butter oder Öl zum Backen
3 TL abgezogene, gehackte Mandeln
2 TL Rosinen
Apfel- oder anderes Kompott

Aus Mehl, Milch, Salz, Sahnesteif und Agar-Agar einen dickflüssigen Teig bereiten. Öl oder Butter in einer Pfanne erhitzen. Teig hineingeben und bedeckt auf kleiner Flamme auf beiden Seiten backen und fest werden lassen. Auf einen Teller geben, mit Mandeln und Rosinen bestreuen, mit 2 Gabeln in Stücke reißen und mit Vanillezucker bestreuen. Warm zu Kompott servieren.

Variante:
Anstatt Mehl Weizenschrot verwenden. 8 Stunden lang in Milch einweichen, dann 1 EL (Vollkorn-)Mehl und restliche Zutaten dazugeben und wie oben backen.

Apfelsinenreis mit Sahne

200 g Vollreis
0,6 l Wasser
150 g Vollrohrzucker
1/2 l Apfelsaft
4 Apfelsinen
abgeriebene Schale einer ungespritzten Zitrone
50 g Speisestärke
Schlagsahne
Nuß- oder Mandelblättchen

Reis in Wasser weich kochen. Speisestärke, Zucker, Apfelsaft, Saft von 3 Apfelsinen und abgeriebene Zitronenschale miteinander verquirlen. Unter häufigem Rühren zum Kochen bringen, ca. 1-2 Minuten aufkochen lassen, bis die Mischung andickt. Reis unterrühren. Alles in eine mit kaltem Wasser ausgespülte Schüssel geben und erkalten lassen. Stürzen, mit Schlagsahne verzieren. Letzte Orange in Spalten zerlegen, auf der Sahne anrichten, alles mit Nuß- oder Mandelblättchen verzieren.

Palatschinken

1/2 l Milch
250 g Vollweizenmehl
2 EL Speisestärke
2 EL Sojamehl
1 Prise Salz
1 TL Backpulver
Fett zum Ausbacken

Alle Zutaten mit der Milch gut verrühren. Soviel Milch hinzufügen, daß ein dickflüssiger Teig entsteht. Es dürfen sich keine Klumpen bilden! Den Teig gut 1/2 Stunde ruhen lassen.
Fett in einer Pfanne erhitzen, eine Schöpfkelle voll Teig hineingeben und von beiden Seiten hell ausbacken.
Sofort mit Marmelade bestreichen, zusammenrollen und noch warm servieren.

Honig-Ingwer-Reis

2 Tassen Vollreis
4-5 Tassen Wasser
1 Prise Salz
2 Stück eingelegter Ingwer
4 EL Honig
4 EL Sultaninen
6 EL Korinthen
1 TL Zimt
60 g Butter
2 EL gehackte Walnüsse

Den Reis gründlich waschen, mit Salzwasser zum Kochen bringen und bei geringer Hitze ausquellen lassen. Ingwerstückchen kleinschneiden, Sultaninen und Korinthen waschen. Den fertigen Reis mit Honig, Ingwer, Sultaninen und Korinthen vermengen. Mit Zimt würzen, der zerlassenen Butter beträufeln und den Walnüssen bestreuen.

Quarkkeulchen

400 g gekochte, geschälte, geriebene Kartoffeln
500 g Magerquark
1 EL Vollrohrzucker
100 g Rosinen
abgeriebene Zitronenschale
1Prise Salz
1 TL Zimt
100 g Vollweizenmehl
evtl. etwas Vollweizengrieß
Fett zum Ausbacken

Die Rosinen waschen, abgießen und etwas trocknen lassen. Den Quark gut verrühren, mit den Kartoffeln, Salz, Zucker, Mehl, Rosinen und Gewürzen gut verkneten. Sollte er stark kleben, mit etwas Grieß binden. Ca. 1 Stunde ruhen lassen. Dann den Teig zu einer Rolle formen, in gut 1 cm dicke Scheiben schneiden und zu ovalen Teigplätzchen formen. Die Quarkkeulchen langsam in heißem Fett auf beiden Seiten knusprig braten. Man kann die fertigen Keulchen mit einer Zucker/Zimt-Mischung bestreuen oder mit saurer Sahne oder einer Fruchtsoße servieren.

Quarkreis mit Früchten

250 g Rundkorn-Vollreis
1 l Milch
100 g Honig
1/2 TL Zimt
1/8 l Schlagsahne
1 Päckchen Vanillezucker
500 g Aprikosen
250 g Erdbeeren
250 g Sahnequark

Reis waschen, mit Milch, 50 g Honig und Zimt zum Kochen bringen. 40 Minuten bei kleiner Flamme ausquellen lassen. Inzwischen Aprikosen mit kochendem Wasser übergießen. Haut abziehen, Früchte kleinschneiden. Erdbeeren putzen und halbieren.

Früchte in eine Schüssel geben und mit restlichem Honig beträufeln. Reis abkühlen lassen. Quark und ungeschlagene Sahne unter den Reis mischen. Reis und Früchte abwechselnd in eine Glasschüssel schichten.

Rhabarber-Charlotte

6-8 Graham-Brötchen
125 g zerlassene Butter
500 g frischen Rhabarber
Saft 1 Orange
2 EL hellen Rübensirup oder Honig
150 g Vollrohrzucker

Brötchen in Würfeln schneiden und in Butter anrösten. Den Boden einer Auflaufform dünn mit einer Schicht davon auslegen. Geputzten, gewaschenen Rhabarber in ca. 3 cm lange Stücke schneiden, auf diese Schicht legen. Dann wieder eine Schicht Brötchenwürfel, eine Schicht Rhabarber usw. Zum Schluß eine dicke Lage Brötchenwürfel. Orangensaft, Sirup und Zucker erhitzen, bis der Zucker zergangen ist. Über den Auflauf gießen. Mit Alufolie abdecken, bei 200 Grad ca. 35 Minuten lang backen oder so lange, bis der Rhabarber weich ist. Mit flüssiger Sahne übergossen servieren.

Weizenauflauf

250 g Weizenschrot
1/2 l Wasser
Salz
je 60 g Butter und Butterflöckchen
100 g Vollrohrzucker oder Honig
gemahlene(r) Nelken und Ingwer
500 g Apfelscheiben
125 g Sultaninen
250 g einige Stunden lang eingeweichte kernlose Trockenpflaumen
Zimt
100 g gemahlene Nüsse

Weizen in Wasser 15 Minuten zu einem dicken Brei kochen, dann 1 Stunde nachquellen lassen. Butter und Zucker oder Honig schaumig rühren, je 1 Prise Nelken, Ingwer und Salz dazugeben, ggf. mit etwas Pflaumen-Einweichwasser unter den Weizen rühren. Die Hälfte dieser Masse in eine gut eingefettete Auflaufform geben, mit Apfelscheiben, Pflaumen, Sultaninen und Nüssen belegen, mit Zimt bestreuen. Die übrige Paste daraufgeben, mit Butterflöckchen belegen. 50-60 Minuten bei mittlerer bis starker Hitze backen. Warm mit kalter Vanillesoße oder kaltem Fruchtsaft servieren.

Weizenschrot mit Äpfeln

160 g groben Weizenschrot
1 1/4 l Milch
1 Prise Salz
1 EL Öl
75 g Honig
50 g gewaschene Rosinen
500 Äpfel
100 g gemahlene Nüsse
1 ungespritzte Zitrone

Den Weizenschrot in Öl leicht erwärmen, die Milch dazugeben, ebenso Salz, abgeriebene Zitronenschale und die Rosinen. Bei schwacher Hitze ca. 10 Minuten köcheln lassen, bis die Flüssigkeit fast aufgesogen ist, dann noch etwa 1 Stunde nachquellen lassen. Zum Schluß mischt man die grob geriebenen Äpfel und die gemahlenen Nüsse darunter und schmeckt mit Honig ab.

Weizenschrotbrei
(Für 1 Person)

2 EL Weizenschrot
knapp 1/4 l Milch
etwas Öl
1 Prise Salz
etwas Zimt
1 EL Honig
1 EL gemahlene Nüsse
1 Apfel

Weizenschrot in Öl leicht anwärmen, mit Milch aufgießen, Salz und Zimt zugeben und bei schwacher Hitze unter kräftigem Rühren aufkochen und auf warmer Platte ca. 15 Minuten nachquellen lassen. Mit Honig süßen, Nüsse und den grob geriebenen Apfel untermischen.

Soja-Omeletts

200 g Vollweizenmehl (Type 1050)
100 g Vollweizenmehl (Type 550)
60 g Sojamehl
1 Prise Salz
1/2 TL Backpulver
0,3 l Wasser
1 EL Öl
Fett zum Backen

Trockene Zutaten mischen. Wasser und Öl verrühren, zu der Mehlmischung geben und kräftig schlagen. Teig 1 Stunde ruhen lassen.
Fett in der Pfanne erhitzen. Omelett-Teig portionsweise hineingeben und beidseitg langsam backen.
Dazu Kompott reichen.

Zwetschgenwähe

250 g Vollweizenmehl (Type 550)
50 g Vollrohrzucker
1/2 TL Salz
0,1 l kaltes Wasser
100 g Butter
2 TL Essig
1 kg Zwetschgen
0,1 l Schlagsahne

Mehl, 1 EL Zucker, Salz und Fett in Flöckchen in eine Schüssel geben, kaltes Wasser und Essig dazugießen, mit den Händen zusammenkneten. Teig 1/2 Stunde kalt stellen.
Inzwischen Zwetschgen halbieren und entkernen. Teig in eine gefettete Springform drücken. Ränder hochziehen. Die Zwetschgen mit der Wölbung nach oben darauf verteilen. Bei 225 Grad 15 Minuten backen. Dann die Sahne mit dem restlichen Zucker verrühren und über die Zwetschgen gießen. Die Wähe noch etwa 25 Minuten weiterbacken.

Desserts

Hafer-Traum

1/8 l geschlagene Sahne
100 g feine Haferflocken
3 EL Preiselbeerkompott
1 EL Honig
1 pürierte Banane
Sesam zum Bestreuen

Flocken, Kompott, Honig und Banane unter die Sahne heben. Mit Sesam bestreuen.

Hirsespeise

150 g Hirse
1/8 l Wasser
1/8 l Milch
1 Prise Salz
Saft von 1-2 Orangen oder Zitronen
2-3 EL Honig
200 g Sahne
50 g Mandelsplitter

Die Hirse waschen, in die kochende Flüssigkeit einstreuen und etwa 25 Minuten ausquellen lassen. Honig und Orangensaft unterrühren, ebenso die leicht gerösteten Mandelsplitter, evtl. mit frischem Obst garniert servieren.

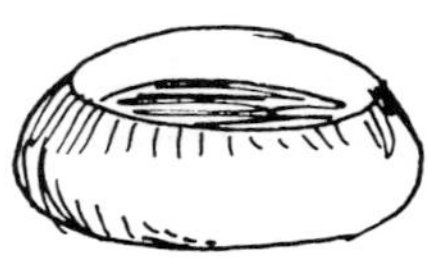

Grießschaum

1 l Obstsaft
80-100 g Vollweizengrieß
5 EL Sirup, Honig oder Apfeldicksaft
0,1 l Sahne

Obstsaft zum Kochen bringen, Grieß einstreuen und etwa 10 Minuten unter ständigem Schlagen kochen lassen.
Vom Feuer nehmen, süßen und so lange schlagen (Handrührgerät), bis die Masse kalt ist.
Mit Schlagsahne und frischen Früchten garnieren.

Reis-Dessert

400 ml Milch
1 Prise Salz
120 g Rundkorn-Vollreis
3 EL Apfeldicksaft oder Honig
2 EL Mandelsplitter
100 g Crème fraîche
etwas abgeriebene Schale einer unbehandelten Orange
Saft von 2 Orangen

Milch mit Salz zum Kochen bringen und den Reis zugeben. 45 Minuten ausquellen lassen. Dicksaft oder Honig, Mandelsplitter, Crème fraîche und die Orangenschale zugeben. Alles miteinander verrühren und in einer ausgespülten Glasform kalt stellen.
Vor dem Servieren stürzen und mit dem Orangensaft übergießen.

Feines Mohn-Dessert

1 Tasse gemahlener Mohn
1/4 l Milch
1 EL Honig
1 EL Rosinen
1 TL Zimt
1 EL Weizengrieß
1 EL Nuß- oder Mandelmus
1/8 l geschlagene Sahne

Die Rosinen gründlich waschen und abtropfen lassen. In die kochende Milch den Mohn und den Grieß streuen und zu einer dicken Creme kochen. Etwas abkühlen lassen, dann den Honig und das Mandelmus zufügen und mit Zimt abschmecken. Die Rosinen dazugeben und die Sahne unterheben. Evtl. mit Sahnehäubchen verzieren.

Nuß-Schoko-Creme

80 g Vollweizenmehl
1 EL Kakao
1/4 l Wasser
150 g Milch
1/4 TL Zimt
1/4 TL Vanille
3 EL Honig
60 g geriebene Haselnüsse
abgeriebene Schale 1 unbehandelten Zitrone
0.1 l Sahne
1 EL gehackte Nüsse

Weizenmehl mit dem Kakao, den Gewürzen und dem Wasser anrühren und zu einem festen Brei kochen. Abkühlen lassen. Milch, Honig, Nüsse und Zitronenschale mit der Schokomasse verrühren, die steif geschlagene Sahne unterziehen, in Glasschalen füllen, mit den gehackten Nüssen und etwas Sahne garnieren. Kalt stellen.

Halva Bombay

50 g Vollrohrzucker
nach Möglichkeit etwas Safran
1/2 l Wasser
3 EL Butterschmalz
100 g Grieß
2 EL Sultaninen
gemahlener Kardamom
Mandelblättchen

Zucker, Safran, Milch und Wasser vermischen und 5 Minuten leicht kochen lassen. Butterschmalz in einer Pfanne erhitzen, Grieß 10 Minuten lang auf kleiner Flamme goldbraun rösten. Sobald das Butterschmalz sich vom Grieß zu trennen beginnt, den Zucker-Milch-Sirup dazugießen. Die gewaschenen Sultaninen hineingeben, unter ständigem Rühren mit einem Holzlöffel kochen, bis alle überschüssige Flüssigkeit verdampft ist. Halva auf eine eingefettete Platte geben, mit gemahlenem Kardamom und mit Mandelblättchen garnieren.

Variante:
Für dieses Halva kann man statt Grieß auch Vollweizen- oder Kichererbsenmehl verwenden.

Kokosdessert

200 g Quark
200 ml Sahne
2-3 EL Honig
2 EL geriebene Walnüsse
5 EL geröstete Kokosraspeln
etwas Zimt

Quark glattrühren, mit Honig, Zimt, Nüssen und Kokosraspeln vermischen. Zuletzt die steif geschlagene Sahne unterheben. Einige Zeit kühl stellen.

Schokocreme "Im Hagen"

1/8 l süße Sahne
1/8 l Crème fraîche
Schokoladenpulver oder Carobpulver
ca. 1-2 EL Vollrohrzucker

Sahne und Crème fraîche schlagen, Schokoladenpulver untermischen.

Variante:
Gefrieren und als Schokoladeneis reichen.

Süße Fruchtspeisen

Hagebuttenschnitten

8-12 Vollkornzwiebacke
125 g Hagebuttenmus
einige EL Apfelsaft
Schlagsahne

Die Zwiebacke auf Teller legen, Hagebuttenmus mit Apfelsaft verdünnen und über die Zwiebacke gießen, ca. 1/2 Stunde kalt stellen. Die Zwiebacke müssen ganz durchgefeuchtet sein, dürfen aber nicht zerfallen.
Zum Schluß Schlagsahne darübergeben.

Sahne-Früchte-Reis

120 g Rundkorn-Vollreis
3/4 l Milch
1 Prise Salz
abgeriebene Schale einer unbehandelten Zitrone
60 g Honig
4 EL Fruchtsaft
1/8 l Schlagsahne

Den gewaschenen Reis mit Milch, Gewürzen und Honig bei leichter Hitze körnig weich kochen. Abkühlen lassen, dann den Fruchtsaft und die steif geschlagene Sahne sowie die Früchte darunter mischen. Kalt servieren.

Bratbananen in Orangensirup

50 g Butter
1 Tasse Orangensaft
6 Bananen
50 g Vollrohrzucker

Butter in der Pfanne zergehen lassen, Bananen schälen, der Länge nach halbieren und goldbraun braten. Aus der Pfanne nehmen, warmstellen. Orangensaft und Zucker in die Pfanne geben, einige Minuten lang zu einem Sirup kochen. Über die Bananen gießen. Heiß servieren.

Bananen-Fritter

250 g Vollweizenmehl
1 Tasse Milch
1 TL Backpulver
2 TL Puddingpulver Vanille
2 TL Vanillezucker
1 Prise Salz
3-4 Bananen
Öl zum Braten

Aus Mehl, Milch, Puddingpulver, Backpulver, Salz und Vanillezucker einen dickflüssigen Teig bereiten. Bananen in Scheiben schneiden, in den Teig geben, gut umrühren. Küchel formen, in der Pfanne goldbraun braten.

Erdbeer-Pfirsich-Melba

4 Pfirsiche
Vanille-Eis (ohne Ei)
1 Tasse geschlagene Sahne
25 g Mandelblättchen
Erdbeermarmelade

Pfirsiche schälen, halbieren und entkernen. Einzeln mit der Schnittfläche nach oben in Schüsselchen geben, auf jede Pfirsichhälfte eine Kugel Vanille-Eis setzen. Einen Löffel Erdbeermarmelade daraufgeben, mit etwas Schlagsahne garnieren. Zum Schluß geröstete Mandelblättchen darüberstreuen

Bratäpfel

Äpfel waschen und abtrocknen, Kerngehäuse mit einem Apfelausstecher entfernen und die Äpfel in eine gefettete Auflaufform setzen. Eine Füllung hineingeben, mit einem Butterflöckchen belegen und im vorgeheizten Backofen bei 220 Grad ca. 25-30 Minuten garen.

Füllungen:
a) 75 g grob geriebene Haselnüsse oder Mandeln
60 g Honig
50 g fein gewürfelter kandierter Ingwer

Alles zu einer cremigen Masse verrühren und in die Äpfel füllen. 1 Becher Schlagsahne steif schlagen, mit 1 TL Honig süßen und mit etwas sehr fein geriebener Ingwerwurzel abschmecken. Diese Ingwersahne zu den Bratäpfeln servieren.

b) 50 g gemahlene Haselnüsse
50 g Honig
3 TL Zimt
evtl. etwas Wasser

Alles zusammen gut mischen. Vanillesoße zu den Äpfeln servieren.

c) 2 EL grob gehackte Haselnüsse
2 EL Rosinen (mit Orangensaft beträufeln)
1 TL Zimt
2 EL Honig
evtl. 1 EL Pflaumenmus

Alles gut verrühren.

d) 3 reife Bananen mit der Gabel zerdrücken, mit dem Saft einer Zitrone und 2 EL Honig schaumig rühren. 1 EL geröstete, geriebene Haselnüsse dazugeben und alles gut mischen.

Apfel Alexandra

0,3 l flüssige Sahne
100 g gehackte Nüsse
4 säuerliche Äpfel
250 g entkernte, zerkleinerte Datteln

Sahne schlagen, bis sie cremig ist. Äpfel schälen, Kerngehäuse entfernen. Äpfel in Scheiben schneiden. Zuammen mit Nüssen und Datteln in die Sahne geben.

Zauber-Mus

40 g Butter
4 grob geraffelte Äpfel
1 EL Honig

Butter auf kleiner Flamme erhitzen. Äpfel dazugeben, umrühren, bis sie ebenfalls heiß sind. Von der Platte nehmen, mit Honig süßen. Sofort servieren.

Apfel-Joghurt

3 Becher Joghurt
4 EL geschlagene Sahne
3 EL Honig
2 mittelgroße Äpfel
kandierte Kirschen

Joghurt mit Sahne und Honig cremig rühren. Äpfel schälen, reiben, sofort unter die Joghurt-Creme rühren. In tiefen Schälchen mit kandierten Kirschen verziert servieren.
Als Dessert, Frühstück oder Zwischenmahlzeit reichen.

Rote Grütze (Röd Gröd)

350 g (gemischte) rote Früchte,
z.B. Sauerkirschen, Himbeeren,
Johannisbeeren, Erdbeeren
1/2 l Wasser
125 g Vollrohrzucker oder Honig
etwas Zitronensaft
Schlagsahne
100 g Speisestärke

Obst pürieren, Wasser dazugeben, darunterrühren. Mus mit Speisestärke verschlagen. Mit Zucker unter häufigem Rühren zum Kochen bringen, alles unter Rühren aufkochen und dick werden lassen. Evtl. mit etwas Zitronensaft abschmecken. In Glasschüsselchen füllen. Gut gekühlt oder noch warm mit einem Sahnehäubchen verziert und mit Mandelblättchen bestreut servieren.

Variante:
Statt Speisestärke 60 g Sago in die kochende Musmischung geben. Bei schwacher Hitze alles unter gelegentlichem Rühren 1/4 Stunde kochen lassen. Mit Vanillesoße oder flüssiger Sahne übergossen servieren.

Rhabarbergrütze

500 g geschälter Rhabarber
1/4 l Wasser
3 EL Speisestärke
1 Msp. Zimt
150 g Honig
1/8 l süße Sahne
300 g frische Himbeeren (nicht unbedingt nötig)

Den Rhabarber in ca. 3 cm lange Stücke schneiden und mit dem Wasser und Zimt ca. 8 Minuten leicht kochen lassen. Speisestärke mit wenig Wasser glattrühren, zum Rhabarber geben und alles nochmals kurz aufkochen lassen. Die Himbeeren mit dem Honig verrühren und zu dem Rhabarber geben.
Die Grütze in eine Schüssel füllen und kalt stellen. Vor dem Servieren mit flüssiger Sahne übergießen und mit etwas Zimt bestreuen.

Fruchtgelees

1/2 l Fruchtsaft (z.B. Orangen- oder Traubensaft)
8 g Agar-Agar
evtl. 1-2 EL Honig (je nach Zuckergehalt des Saftes)

Saft, Agar-Agar und Honig mit dem Schneebesen kalt schlagen, unter häufigem Rühren erhitzen und ganz kurz aufkochen lassen. In mit kaltem Wasser ausgespülte Schüsselchen geben, erkalten lassen, evtl. stürzen.
Mit einem Sahnehäubchen oder Vanillesoße (aus 1 Päckchen Puddingpulver und 1/2 l Milch) servieren.

Variante:
Fruchtgelee auf ein(e) kalt abgespülte Platte oder Backblech streichen, erkalten lassen. Mit einer Plätzchenform Formen ausstechen. Pudding oder andere Desserts damit verzieren.

Frucht-Ambrosia

1 mittelgroße, in grobe Stücke geschnittene Ananas
2 geschälte, in Spalten zerlegte Apfelsinen
1-2 Scheiben geschnittene Bananen
2 geschälte, in Scheiben geschnittene Pfirsiche oder Nektarinen
nach Wunsch frische Erdbeeren
3-4 in feine Scheiben geschnittene kandierte Ingwerstücke
50 g Kokosflocken
3 EL Honig
3 EL Zitronensaft
3 EL Aprikosen- oder anderer Fruchtsaft

Obststücke mit Ingwer und Kokosflocken in einer Schüssel vermischen. Bedecken und kalt stellen. Aus Honig, Zitronen- oder Aprikosensaft eine Fruchtsoße bereiten, nach Geschmack noch mehr Honig oder Zitronensaft dazugeben. Unmittelbar vor dem Servieren unter die Früchte mischen.

Fruchtspeise
(Für 1 Person)

1 Joghurt natur
1 TL Zitronensaft
1 EL Honig oder Dicksaft
1 EL gemahlene Nüsse
ca. 100 g Früchte (nach Jahreszeit)

Joghurt, Zitronensaft, Honig und Nüsse cremig rühren und über das vorbereitete Obst verteilen.

Stachelbeerspeise

1/4 l Orangensaft o.ä.
1/8 l Wasser
50 g Sago
1/2 TL Vanillepulver
500 g Stachelbeeren
Honig
1/8 l Sahne

Saft mit Wasser aufkochen und Sago einstreuen, ca. 10 Minuten quellen lassen. Stachelbeeren von Stiel und Blüten säubern, waschen, mit dem Vanillepulver zum Sago geben und weitere 15 Minuten leicht kochen lassen. Mit Honig abschmecken, gut abkühlen lassen. Mit Sahnehäubchen servieren.

Rote Rüben-Kompott

500 g Rote Rüben
1/2 l roter Traubensaft
2-3 EL Honig
Saft 1/2 Zitrone
evtl. 1 Handvoll Rosinen

Rote Rüben schälen, reiben, in rotem Traubensaft weich kochen. Mit Honig und Zitronensaft abschmecken. Evtl. Rosinen daruntermischen.

Preiselbeercreme mit Nüssen

1 Tasse Preiselbeerkompott
1 EL Honig
1/2 Tasse Nußmus oder gemahlene Nüsse

Alle Zutaten gut vermengen und durchschlagen. Dazu Schlagsahne reichen.

Birnen mit Preiselbeer-Nuß-Füllung

2 große Birnen (oder 4 Birnenhälften aus der Dose)
1/2 Tasse Preiselbeermarmelade oder andere rote Marmelade bzw. Hagebutten- oder Pflaumenmus
2 TL Honig
1/2 Tasse gemahlene Nüsse
evtl. 0,1 l geschlagene Sahne

Birnen halbieren, in wenig Wasser 5 Minuten dünsten.
Kerngehäuse und einen Teil des Fruchtfleisches mit einem Löffel entfernen (evtl. mit einem kleinen Küchenmesser vorschneiden), so daß eine runde Öffnung entsteht; bzw. Dosenfrüchte abtropfen lassen.
Herausgelöstes Fruchtfleisch feinhacken, mit Marmalade und allen anderen Zutaten mischen, die Birnenhälften damit füllen. Evtl. mit Sahnehäubchen verzieren.

Birnen-Cassis

4 große Williams Christ-Birnen
1 Tasse Cassis (Schwarzer Johannisbeersirup)
1 Tasse leicht geschlagene Sahne

Birnen schälen, halbieren und entkernen. In Scheiben schneiden. In eine Schüssel geben. Mit Cassis übergießen, gut damit vermischen, ca. 1 Stunde kühl stellen oder so lange, bis die Birnen schön rot geworden sind. Cassis wieder abgießen. Kochen, bis er dick geworden ist. Birnen vorsichtig unter die Sahne heben, Cassis-Sirup darübergießen.

Feigenkompott

12 Trockenfeigen
1/4 l Apfel- oder roter Traubensaft
abgeriebene Schale einer unbehandelten Zitrone
1/4 l Sahne
1 TL Vanillezucker
gehackte Haselnüsse

Feigen in Stücke schneiden, mit Zitronenschale 5-10 Minuten in Obstsaft weich köcheln. Abkühlen lassen, alles in Dessertschalen geben. Sahne mit Vanillezucker steif schlagen, auf die Feigen geben. Mit gehackten Nüssen garnieren.

Obstsalate

Probieren Sie doch einmal diese Kombinationen:

Erdbeeren und Rhabarber
Johannis- und Himbeeren (und Erdbeeren)
Erdbeeren (auch Ananas) und Honigmelone
Birnen und Himbeeren
Kirschen, Stachelbeeren, Himbeeren, Erdbeeren, Johannisbeeren
Orangen, Grapefruit, Pfirsiche, Birnen
Bananen (oder Honigmelone) mit kandiertem Ingwer

Erdbeeren und Orangen
Grapefruit, Bananen und Tomaten
Holunderbeeren und Äpfel
Heidelbeeren und Bananen
Karotten und Bananen
Äpfel, Bananen, blaue Trauben
Honig- oder Wassermelone und Orangen
Kirschen, Orangen, blaue Trauben, Erdbeeren
Pfirsiche und Himbeeren
Ananas und Trauben (und Bananen und Orangen)
Grapefruit und Kirschen (oder blaue Trauben)
Birnen, Bananen und Ananas (oder Mangos oder Mandarinorangen)
Kirschen, Äpfel und Mandarinen
Bananen, Aprikosen und Beeren
Birnen und Preiselbeeren
Trauben, Ananas, Äpfel und Kirschen
Himbeeren, Trockenpflaumen und -feigen, Aprikosen oder Pfirsiche, Mirabellen, Brombeeren
Brombeeren und Äpfel
Äpfel, Orangen, Grapefruit, Tomaten
Kirschen und Trauben
Birnen und Kirschen (und Orangen, Äpfel und Tomaten)
Birnen und Holunderbeeren
Bananen, Kirschen und Schwarze Johannisbeeren
Aprikosen und Orangen
Pflaumen, Bananen und Birnen (und Trauben)
Pflaumen und Kirschen

Süße Quarkspeisen

Sahnequark mit Datteln und Nüssen
(Auch für 1 Person)

Quark cremig rühren, dann zerkleinerte Datteln und Nüsse dazugeben. Mit Schlagsahne servieren.

Ananas-Sahne-Quark

1 frische Ananas
250 g Sahnequark
2-3 EL Honig
1 Päckchen Vanillezucker
5 EL leicht angeröstete Kokosraspeln

Quark mit etwas flüssiger Sahne cremig rühren und mit den übrigen Zutaten vermischen. Die Sahne sehr steif schlagen und vorsichtig unterheben.
Ananas schälen, das harte Innere entfernen, Fruchtfleisch würfeln und auf Glasschalen verteilen. Die Quarkcreme darüber schichten, mit Kokosraspel bestreuen.

Quarkcreme mit Pflaumenmus

250 g Magerquark
0,2 l (saure) Sahne
100 g Pfaumenmus (nach Geschmack auch mehr)
50 g Weizenkeime oder gemahlene Nüsse oder Mandeln oder (trocken in der Pfanne) gerösteter Sesam oder Sonnenblumenkerne oder eine Mischung aus allem

Quark und Sahne schaumig rühren, Mus untermischen, Weizenkeime usw. ebenfalls unterziehen. Einen Teil zurückbehalten, die Speise damit bestreuen.

Quarkpudding

500 g Magerquark
1/2 l Milch
60 g Speisestärke
3-4 EL Vollrohrzucker
1 Päckchen Vanillezucker
Krokant oder geröstete Mandelblättchen zum Verzieren
rote Marmelade zum Verzieren

Milch mit (Vanille-) Zucker und Speisestärke unter häufigem Rühren zum Kochen bringen. Unter ständigem Rühren aufkochen und andicken lassen. Der Pudding soll möglichst fest sein.
Pudding in einer Schüssel abkühlen lassen. Mit dem Schneebesen unter den Quark rühren. In Portions-Schälchen füllen und kalt stellen. Vor dem Servieren mit Krokant oder Mandelblättchen bestreuen. In die Mitte jeder Portion einen Tupfer rote Marmelade geben.

Alm-Dessert

300 g Hüttenkäse
200 g Pfirsiche, Zwetschgen oder Ananas
1 Becher saure Sahne
4 EL Vollrohrzucker

Käse in ein Sieb geben, Molke kurz abtropfen lassen. Obst zerkleinern, mit Hüttenkäse vermengen. In eine kleine feuerfeste Form geben. Mit saurer Sahne bestreichen, mit Zucker bestreuen. Auf der obersten Schiene im Backofen 10-15 Minuten überbacken oder so lange, bis der Zucker zerlaufen ist.
Vor dem Servieren kalt stellen.

Frucht-Quarkcreme

500 g Magerquark
125 ml Sahne
3 EL Honig oder Dicksaft
Saft und Schale 1/2 unbehandelten Zitrone
250 g frische Beeren (Erdbeeren, Himbeeren, Brombeeren oder Johannisbeeren)
1 TL Vanillepulver

Quark mit Honig, Zitronensaft und -schale cremig rühren. Die zerkleinerten oder pürierten Früchte daruntermischen. Die Sahne mit Vanillepulver steif schlagen und unter die Quarkmasse heben.

Frucht-Quarkcreme

(Für 1 Person)

125 g Magerquark
3 EL Sahne
1 EL Honig oder Dicksaft
1 TL Zitronensaft
100 g frische Beeren (Erdbeeren, Himbeeren, Brombeeren oder Johannisbeeren)
1 Msp. Vanillepulver

Zubereitung siehe oben.

Zitronen-Quark-Speise

500 g Quark
etwas Vanillepulver
abgeriebene Schale einer unbehandelten Zitrone
4-5 EL Honig
3-4 EL Zitronensaft
1 Becher Schlagsahne

Quark mit Honig, Zitronensaft und den Gewürzen cremig rühren. Sahne steif schlagen und vorsichtig unterheben.

Eis

Sahneeis mit Früchten

500 g weiche Früchte (z.B. Beeren oder Bananen)
Saft einer Zitrone
1/4 l Schlagsahne
100-150 g Vollrohrzucker oder Honig (je nach Zuckergehalt der verwendeten Früchte)

Früchte pürieren (evtl. durch ein Sieb streichen), kalt stellen. Mit Zucker schaumig rühren, bis der Zucker zergangen ist bzw. Honig unterrühren. Mit Zitronensaft abschmecken. Sahne steif schlagen, Obstmischung unterheben, in Gefrierbehälter füllen, im Gefrierfach fest werden lassen.

Honigeis mit Früchten

1/4 l Schlagsahne
100 g zerkleinerte Datteln
100 g zerkleinerte Feigen
50 g gehackte Mandeln
100 g Honig

Schlagsahne bereiten, Honig, Trockenfrüchte und Nüsse unterheben. In einen Gefrierbehälter geben und gefrieren lassen. Evtl. mit Schokoladensoße (siehe oben) servieren.

Konfekt

Kokoskonfekt

1 Tasse Datteln
1 Tasse getrocknete Pflaumen
1 Tasse Rosinen
1 Tasse geröstete Haselnüsse
1 Tasse Kokosraspeln
2-3 EL Zitronen- oder Orangensaft

Das Trockenobst im Mixer fein zerkleinern. Die geriebenen Nüsse und die Kokosraspeln unterrühren, mit Zitronensaft vermischen und gut durcharbeiten. Aus der Masse Kugeln formen und in Kokosraspeln wälzen.

Nußkugeln

60-80 g Sirup
80 g Honig
125 g Hasel- oder Erdnußmus
100 g Sojamilchpulver
1/2 TL Vanillepulver
Kokosraspeln

Melasse, Honig und Nußmus ohne Klumpen miteinander verrühren, Vanillepulver dazugeben und Sojamilchpulver unterarbeiten. Es ergibt eine sehr feste Masse. Mit den Händen kleine Kugeln formen und in Kokosflocken wälzen.

Nuß-Makronen

150 g gemahlene Nüsse (nach Wahl)
125 g flüssiger Honig
Schokoladenstreusel
2-3 EL Fruchtsaft
1 EL feine Haferflocken zum Abbinden

Alle Zutaten zu einer festen Masse verkneten. Mit einem Teelöffel kleine Häufchen davon abstechen, zu Kugeln rollen und in Schokostreuseln wenden.

Schoko-Trüffel

1 EL weiche Butter oder Margarine
ca. 50 g Kakao
2 EL Sahne
etwas Rumaroma (wahlweise)
2 EL cremiger Honig

Alle Zutaten mischen, soviel Kakao unterrühren, bis eine ziemlich feste, formbare Masse entsteht. Mit einem Teelöffel Häufchen davon abstechen, zu Kugeln formen, im Kühlschrank erkalten und fest werden lassen.

Erdnußkonfekt

1 Tasse Erdnußbutter
1/2 Tasse Honig
1/2 Tasse Weizenkleie
1/2 Tasse Vollmilchpulver
1/2 TL Vanille-Extrakt oder 1/2 Päckchen Vanillezucker
1 TL Vollrohrzucker
Sesamsamen (ungeschält) oder Kokosflocken oder Krokant zum Verzieren

Alle Zutaten miteinander verkneten. Die Masse sollte fest, trocken und gut formbar sein.
Masse zu Kügelchen oder zu einer Rolle formen, von der man sich Stückchen abschneiden kann. Kugeln oder Scheiben in Sesam, Kokosflocken oder Krokant wälzen.

Honigmarzipan

200 g geschälte Mandeln
100 g heller, fester Honig
1 EL Rosenwasser (Fachgeschäfte, Apotheken)

Die Mandeln in einem Mixgerät ganz fein mahlen. Mit dem Honig und dem Rosenwasser gut verkneten, bis die Masse glatt und elastisch ist. Im Kühlschrank in einem gut schließenden Gefäß wochenlang haltbar.

Marzipankartoffeln

1 Rezept Honigmarzipan
1 EL Zimt
1 EL Orangensaft
1EL Carobpulver

Honigmarzipan mit dem Orangensaft gut verkneten. Kugeln formen und in dem mit Zimt vermischten Carobpulver wälzen. Etwas trocknen lassen.

Marzipanpflaumen

100 g Trockenpflaumen (ohne Kern)
Schale und Saft 1/2 unbehandelten Zitrone
1 Rezept Honigmarzipan

Die Pflaumen im Mixer fein zerkleinern. Honigmarzipan mit Zitronensaft und -schale und den Pflaumen gut verkneten. Aus der Masse ovale Formen herstellen.

Kuchen

und

Gebäck

In den folgenden Rezepten haben wir in der Regel auf eine spezielle Typenangabe bei Vollweizenmehl verzichtet. Entscheiden Sie bitte selbst, welche Mehlsorte Sie verwenden möchten (s. Zutaten-Einmaleins).

Als Süßungsmittel haben wir in einigen Rezepten nur Vollrohrzucker angegeben. Selbstverständlich können Sie ihn durch Honig ersetzen. Es empfiehlt sich dann, die Honigmenge im Verhältnis zum Vollrohrzucker etwas zu reduzieren.

Generell haben wir uns auf übliche Mengenangaben festgelegt. Sollten Sie Ihr Gebäck weniger süß bevorzugen, lassen sich auch hier die Mengen verringern.

Back-Kurs

Rührteig
(Grundrezept)

150 g weiche Butter oder Margarine
1 Prise Salz
200 g Vollrohrzucker oder 100 g Honig (s. Varianten)
2-3 gehäufte EL Sojamehl, angerührt mit etwas kalter Milch
ca. 1/4 l kalte Milch
500 g Vollweizenmehl
1 Päckchen Backpulver
etwas Margarine zum Einfetten der Form

1. Butter, Zucker, Salz und Sojamehl mit dem Schneebesen zu einer cremigen Masse verrühren. So lange rühren, bis der Zucker ganz zergangen ist (mit der Hand dauert dies ca. 1/4 Stunde, mit dem elektrischen Rührgerät etwa 3-4 Minuten).
2. Mehl und Backpulver mischen und nach Möglichkeit sieben.

3. 2-3 EL Mehl zu der Buttermischung geben, beides vermengen, mit etwas Milch glattrühren. Wieder 2-3 EL Mehl an den Teig geben, mit Milch glattrühren usw., bis das Mehl aufgebraucht ist. Wenn der Teig fester wird, mit einem Rührlöffel weiterrühren. Der Teig sollte weich, aber nicht zu dünnflüssig sein, sondern schwer vom Löffel fallen (Löffelprobe).

4. Eine Napfkuchen-, Kasten- oder Springform gut einfetten, Teig hineinfüllen und glattstreichen. Kuchen in Napf- und Kastenform bei mäßiger Hitze (180-200 Grad; Gas 3-3 1/2) auf der untersten Schiene, Kuchen in der Springform auf der mittleren Schiene bei 200-220 Grad (Gas 3 1/2-4 1/2) ca. 1 Stunde backen.

5. Garprobe machen: Mit einem Schaschlikstäbchen oder einer metallenen Stricknadel in den Teig einstechen und wieder herausziehen. Der Kuchen ist gar, wenn Nadel oder Stäbchen trocken und frei von Teigresten bleiben. Außerdem sollten die Kuchenränder sich etwas von der Form gelöst haben.

6. Kuchen aus dem Ofen nehmen, etwa 5 Minuten abkühlen lassen, aus Napfkuchen- oder Kastenform auf einen Kuchenrost (Kuchengitter) stürzen, bzw. den Rand der Springform öffnen. Ggf. vorher den Kuchen mit einem Messer vom Rand lösen.

Varianten:
1. Statt Zucker kann zähflüssiger oder cremiger Honig verwendet werden. In diesem Fall braucht man das Sojamehl nicht mit Milch anzurühren. Außerdem verkürzt sich die Herstellung der Buttermasse erheblich, da Butter, Honig, Salz und Sojamehl nur glattgerührt zu werden brauchen. Auch benötigt man etwas weniger Milch bzw. 10% mehr Mehl, da Honig ja bereits Flüssigkeit enthält.

2. Statt 500 g Mehl können 350 g Mehl und 150 g Speisestärke genommen werden. Die Speisestärke macht den Teig feinporiger und hält ihn länger frisch. Sie kann auch durch feine Haferflocken ersetzt werden. In diesem Fall kommen Sie mit 10% weniger Fett aus, da Haferflocken bereits etwas Fett enthalten.

Verfeinerungsmöglichkeiten

1. Sie können den Kuchen durch Zugabe von etwas Rumaroma oder abgeriebener Zitronenschale und einer guten Handvoll Rosinen und/oder durch Hinzufügen von 50-100 g gemahlenen Nüssen oder Mandeln verfeinern.
2. Wenn Sie als letzte Zutat 50 g Kakao und 2-3 EL Milch unter den Teig rühren, erhalten Sie einen **Schokoladenkuchen**. Sie können ihn mit 50 g gemahlenen Mandeln, etwas Rumaroma und evtl. kleinen (Block-) Schokoladestückchen verfeinern.
3. Wenn Sie den Schokoladenkuchen in eine Springform geben und nach dem Erkalten durchschneiden (mit einem scharfen Messer rundherum etwas einschneiden, einen Bindfaden in die Kerbe legen, Faden vorne überkreuzen, langsam und gleichmäßig anziehen, bis er den Kuchen durchgeschnitten hat), mit Aprikosen- oder Johannisbeermarmelade füllen und mit einem Schokoladenguß bestreichen, erhalten Sie eine einfache **Sachertorte**.
4. Wenn Sie nur die eine Hälfte des Teiges in eine Napfkuchenform füllen, die andere Hälfte mit 30 g Kakao vermischen, dies auf den hellen Teig auftragen und zuletzt eine Gabel spiralförmig durch beide Teigschichten ziehen, erhalten Sie einen **Marmorkuchen**.
5. Einen **Gewürzkuchen** erhalten Sie, wenn Sie Schokoladenkuchenteig mit 1 1/2 TL gemahlenem Zimt, 1/2 TL gemahlenen Nelken und 1/4 TL Muskatblüte (Macisblüte) vermengen.

Quark-Ölteig
(Grundrezept)

150 g Magerquark
6 EL Milch
8 EL Öl
75 g Vollrohrzucker oder 50 g Honig
1 Prise Salz
1 Päckchen Vanillezucker oder abgeriebene Schale einer ungespritzten Zitrone
300 g Vollweizenmehl
1 Päckchen Backpulver

1. Quark, Milch, Öl, Zucker(Honig), Vanillezucker und Salz verrühren.
2. Mehl und Backpulver mischen und sieben. Die Hälfte des Mehls eßlöffelweise an die Quarkmasse geben und unterrühren.
3. Den Rest des Mehls rasch unterkneten.
4a. Teig auf eine gefettetes Backblech legen und ausrollen oder mit den Händen verteilen und andrücken.
Mit ca. 1 kg gewaschenen, evtl. geschälten, evtl. zerkleinerten oder halbierten Früchten belegen (z.B. Äpfel, Pflaumen. Pfirsiche, Aprikosen). Bei 200-220 Grad (Gas Stufe 3 1/2-4 1/2) auf der mittleren Schiene etwa 25-30 Minuten backen.
4b. Den Teig in eine gefettete Springform geben, mit ca. 500 g Obst belegen, bei 200-220 Grad auf der mittleren Schiene etwa 3/4 Stunde backen.
5. Garprobe machen (vgl. Rührteig siehe oben)
6. Blechkuchen ca. 5 Minuten abkühlen lassen, in Stücke schneiden, vorsichtig vom Blech lösen bzw. den runden Kuchen aus der Springform lösen.
Backwerk aus Quark-Ölteig schmeckt am besten frisch und sollte daher bald verzehrt werden.

Mürbeteig

(Grundrezept)

200 g Vollweizenmehl
100 g kalte Butter oder Margarine
65 g Vollrohrzucker oder Honig
2-3 EL Milch oder Sahne
1 EL Sojamehl
1 Msp. Backpulver
evtl. 1 TL Vanillezucker

1. Mehl auf ein Backbrett geben. Backpulver, (Vanille-) Zucker, 2 EL Milch und Sojamehl dazugeben.
2. Fett in Stücke schneiden, auf der Mehlmischung verteilen, mit den Fingern unterkneten.
Evtl. noch 1 EL Milch dazugeben. Ca. 20-30 Minuten im Kühlschrank ruhen lassen.

3. Eine Springform einfetten, Teig mit den Fingern hineindrücken, an den Wänden der Form etwas nach oben drücken, so daß ein erhöhter Rand entsteht. Boden mehrmals mit einer Gabel einstechen. Bei Mittelhitze 15-20 Minuten backen.

Verwendungsmöglichkeiten: Mürbeteig eignet sich besonders gut zur Herstellung von Obst-, aber auch von Quarkkuchen, Linzertorte oder Kleingebäck und Plätzchen.

Quarkblätterteig
(Grundrezept)

200 g Vollweizenmehl
200 g kalter Magerquark
200 g kalte Butter oder Margarine
1 Msp. Backpulver
evtl. etwas Vanille
1 Prise Salz

1. Alle Zutaten rasch verkneten, 1/2 Stunde kalt stellen.
2. Teig etwa 1 cm dick zu einem Rechteck ausrollen, schmale Enden einklappen, so daß sie sich in der Mitte berühren, dann den Teig in der Mitte falten (wie man ein Buch schließt), so daß insgesamt 4 Teigschichten übereinander liegen, 1/2 Stunde kalt stellen.
3. Teig erneut nach den beiden offenen Seiten auswellen, weiter verfahren wie bei 2.
4. Evtl. das ganze noch einmal wiederholen.
5. Teig etwa kleinfingerdick ausrollen (rund oder eckig, je nach Gebäckart) bzw. in die gewünschte Form bringen.
6. Backblech oder Springform ebenfalls kalt stellen oder kalt abspülen, nicht einfetten.
7. Teig darauf bzw. hineingeben, auf der mittleren Schiene bei 200-225 Grad 10-20 Minuten backen (je nach Dicke des Gebäcks).

8. Nach dem Backen aus der Form bzw. vom Blech lösen, auf einem Kuchengitter abkühlen lassen.
Möglichst frisch verzehren.

Verwendungsmöglichkeiten:
Quarkblätterteig eignet sich besonders zur Herstellung von gefülltem Gebäck wie z.B. Hörnchen oder Taschen.

Blätterteig

250 g Vollweizenmehl
1/8 l kaltes Wasser
50 g Butter
1 TL Salz
200 g Butter

Mehl auf ein Backbrett sieben, Wasser in die Mitte geben und mit 50 g Butter und Salz zu einem glatten Teig vermengen. Teig 1/2 cm dick ausrollen.
Butterstück in Butterbrotpapier schlagen und mit dem Nudelholz 1 cm hohes Rechteck formen und das Butterstück auf den ausgerollten Teig legen.
Teig zusammenschlagen, d.h. alle Seiten zur Mitte und die Enden fest zusammendrücken.
In einer Richtung ausrollen (3 x so lang), Teig zusammenschlagen, in entgegengesetzter Richtung genau so ausrollen, wieder zusammenschlagen.
Diesen Vorgang 3-4mal wiederholen. Dazwischen den Teig jeweils 20-30 Minuten im Kühlschrank ruhen lassen.
Weitere Verarbeitung und Verwendungsmöglichkeiten siehe Quarkblätterteig.

Hefeteig 1

(Grundrezept)

500 g Vollweizenmehl
1 Würfel Hefe (40g)
ca. 1/4 l lauwarme Milch, bei Verwendung von gröberen Vollweizenmehl etwas mehr Milch nehmen
75 g Vollrohrzucker oder Honig
1 Prise Salz
100 g Butter oder Margarine
evtl. 1-2 EL Sojamehl

Alle Zutaten sollten nach Möglichkeit lauwarm sein. Mehl und Sojamehl in eine Schüssel sieben, in die Mitte eine Vertiefung machen. Hefe in einem Becher mit 1 TL (von der Gesamtmenge abgenommen) Zucker oder Honig und etwas Milch verrühren, die Hefemischung in die Vertiefung gießen, mit etwas Mehl verrühren und anschließend mit etwas Mehl bestäuben. Bedeckt (Geschirrtuch) ca. 10-15 Minuten an einem warmen Ort gehen lassen (Heizungsnähe, evtl. die Schüssel auf einem Topf stellen, in dem leise Wasser kocht).
Der Vorteig sollte sich verdoppeln.
Fett mit Salz und Milch erwärmen. Den Vorteig unter das Mehl rühren, Milchmischung und Zucker/Honig darunterrühren (Fett und Salz dürfen nicht unmittelbar mit der Hefe in Berührung kommen, damit sie ihre Triebkraft nicht verliert, dagegen fördern Zucker oder Honig ihre Gehfähigkeit).
Teig mit einem Holzlöffel so lange schlagen, bis er Blasen wirft und sich vom Löffel löst. Den Teig erneut bedecken und an einem Ort zu doppelter Größe aufgehen lassen (ca. 1/2 Stunde).
Wenn Sie einen sehr feinporigen Teig wünschen, können Sie ihn auch über Nacht bei Zimmertemperatur gehen lassen.
Anschließend den Teig in eine gefettete Form geben oder in Teilchen formen. Bei etwa 200 Grad je nach Gebäckgröße 25-40 Minuten backen.

Hefeteig 2
(schneller Hefeteig)

250 g Vollweizenmehl
20 g Hefe
50 g Vollrohrzucker oder Honig
100 g Butter oder Margarine
1 Prise Salz
1 EL Sojamehl, angerührt mit etwas lauwarmer Milch
evtl. abgeriebene Schale einer unbehandelten Zitrone

Mehl in eine Schüssel oder auf ein Backbrett sieben, in die Mitte eine Vertiefung machen. Hefe mit Milch verrühren, bis sie zergangen ist. In die Vertiefung gießen, von innen her mit Mehl verrühren. Sojamischung dazugeben. Fett in Würfel schneiden, zusammen mit Zitronenschale und Salz daraufgeben und alles zu einem glatten, nicht zu festen Teig verkneten.
Teig ohne Gehen auf ein gefettetes Backblech geben, ausrollen und Ränder andrücken oder Teig in eine gefettete Springform drücken. Mit Obst belegen oder mit Füllung bestreichen. Bei etwa 200 Grad ca. 30-40 Minuten backen.
Schneller Hefeteig eignet sich besonders zum Belegen mit Obst als Grundlage für Quarkkuchen oder für Bienenstich.

Soja-Biskuit

100 g weiche Butter oder Margarine
100 g Vollrohrzucker
evtl. einige EL Milch
2 gestrichene TL Backpulver
3 gehäufte EL Sojamehl
1/2 Päckchen Vanillezucker
abgeriebene Schale 1/2 unbehandelten Zitrone
200 g Vollweizenmehl

Butter, Zucker und Sojamehl schaumig rühren, Mehl, Vanillezucker, Backpulver und Zitronenschale unterrühren. In eine gefettete Springform füllen. Bei knapp 200 Grad ca. 20 Minuten backen. Abkühlen lassen.

Vor dem Belegen mit Obst mit Oblaten belegen oder mit etwas Öl bepinseln, damit der Boden nicht durchweicht. Das 1 1/2 -2 fache Rezept ergibt die für eine Torte ausreichende Teigmenge. Nach dem Erkalten den Boden vorsichtig durchschneiden und beliebig füllen.

Tortenguß
(für Obstkuchen)

1/4 l Obstsaft oder -flüssigkeit (Dose, Einmachglas)
je nach Süße des Saftes etwas Honig
1 TL Agar-Agar

Saft, Honig und Agar-Agar mit dem Schneebesen glattschlagen, unter häufigem Rühren kurz aufkochen, etwas abkühlen lassen und dann gleichmäßig auf dem belegten Kuchen verteilen.
Kalt stellen und fest werden lassen.

Kuchen- oder Tortenglasur

a) 75 g getrocknete Aprikosen
ca. 8 EL hellen Obstsaft
1 EL Dicksaft, Sirup oder Honig

Die gewaschenen Aprikosen einweichen, mit dem Obstsaft aufkochen, fein pürieren, süßen und die Oberfläche des Gebäcks damit bestreichen.

b) 1-2 EL flüssigen Honig oder Dicksaft
1-2 EL gehackte Mandeln oder Nüsse

Den noch warmen Kuchen mit Honig oder Dicksaft bestreichen und mit den Mandeln oder Nüssen bestreuen.

c) 1EL heißes Wasser
10 g Kakao oder Carobpulver
1/2 TL Zimt
50 g Vollrohrzucker
1/2 TL zerlassenes Kokosfett oder Butter

Zucker mit heißem Wasser glattrühren, Kakao oder Carobpulver und Zimt dazugeben, zuletzt das Fett sehr schnell unterrühren.

Kuchen- und Tortenfüllungen

Walnußfüllung

1/2 l Sahne
200 g gemahlene Walnüsse
12 halbe Walnüsse

Sahne steif schlagen und die gemahlenen Walnüsse unterrühren. Die halben Walnüsse zum Garnieren verwenden.

Haselnußfüllung

1/2 l Sahne
75 g Haselnüsse
1 Päckchen Sahnefestiger o.ä.
etwas Dicksaft oder flüssigen Honig

Die Haselnüsse auf einem Backblech im Backofen leicht anrösten, auf ein Küchentuch geben. Das Tuch zusammenschlagen und die Schalen der Nüsse abreiben. Dann fein mahlen.
Sahne mit Sahnefestiger o.ä. sehr steif schlagen, Nüsse unterheben und nach Geschmack süßen.

Quarkcreme

1/8 l Sahne
Sahnefestiger o.ä.
2 gehäufte EL Quark
1-2 EL Vollrohrzucker oder Honig
1 Päckchen Vanillezucker

Sahne schlagen. Kurz bevor sie steif wird Sahnefestiger dazugeben, zu Ende schlagen. Quark, Zucker oder Honig und Vanillezucker unter die Sahne rühren.

Varianten:
a) 1 mittelgroße Banane zerdrücken oder 1 Tasse frisches Beerenobst zerkleinern und unter die Quarkcreme mischen.
b) 2-3 EL gemahlene Mandeln oder Nüsse unter die Creme rühren, evtl. mit wenig flüssiger Sahne verdünnen.
c) Einige EL Marmelade unter die Creme rühren (in diesem Fall Zucker oder Honig weglassen).

Mokkafüllung

1/4 l kochende Milch
50 g Kaffeepulver
1/2 Päckchen Schokoladenpudding
50 g Vollrohrzucker, Honig oder Dicksaft
250 g Quark
1/8 l Sahne

Kaffee mit Milch überbrühen. Den Milchkaffee süßen und wieder zum Kochen bringen. Puddingpulver mit etwas kalter Flüssigkeit anrühren, in den Milchkaffee einrühren, aufkochen lassen und kalt stellen. Dabei öfters umrühren, damit sich keine Haut bildet. Danach den Quark vorsichtig unterrühren. Sahne steif schlagen, unterheben.

Puddingcreme (Vanille)

1/2 l Milch
1 1/2 Päckchen Puddingpulver Vanille
50 g Vollrohrzucker, Honig oder Dicksaft
200 g weiche Butter

Pudding nach Vorschrift kochen und gut abkühlen lassen. Butter schaumig rühren. Pudding löffelweise mit der Buttercreme verschlagen. Nach Geschmack mit Honig, Dicksaft oder Vollrohrzucker süßen.

Varianten:
a) 3 EL Kakao oder Carobpulver in die warme Milch geben.
b) Nach und nach 1-2 EL lösliches Kaffeepulver unter die fertige Creme rühren.
c) 100 g gemahlene Mandeln oder Nüsse sowie einige Tropfen Rumaroma unter die fertige Creme rühren.
d) 2 Bananen fein zerdrücken, zusammen mit etwas Zitronenaroma oder -saft und 3 TL Sahnefestiger o.ä. unter die Creme rühren.

Sahnecreme mit Früchten

1/2 l Milch
1 1/2 Päckchen Puddingpulver Vanille
75 g Vollrohrzucker, Honig oder Ahornsirup
1/4 l Sahne
1 Päckchen Sahnefestiger o.ä.
500 g rohes oder gekochtes Obst (Aprikosen, Birnen, Kirschen oder Pfirsiche)

Pudding nach Vorschrift kochen und abkühlen lassen. Das vorbereitete zerkleinerte Obst darunterrühren. Sahne mit Festiger sehr steif schlagen und eßlöffelweise vorsichtig unter den Pudding heben.

Ungebackene Kuchen und Torten

Kalter Keks-Kuchen

300 g Kokosfett
300 g Vollrohrzucker
125 g Kakao
40 Vollkorn-Butterkekse (225 g)
ca. 1/2 Tasse lauwarme Milch
10 EL heißes Wasser

Fett zerlassen. Milch, Zucker und Kakao cremig rühren. Das abgekühlte, aber nicht flüssige Fett nach und nach unterrühren. Mit heißem Wasser glattrühren. Eine Kastenform mit Pergamentpapier auslegen. 4 EL Kakaocreme einfüllen und glattstreichen. Mit einer Schicht Kekse belegen, etwas andrücken. Dann abwechselnd zwei EL Kakaocreme und Kekse so lange schichten, bis beides aufgebraucht ist. Den Kuchen im Kühlschrank fest werden lassen und stürzen.

Flockentorte

500 g feine Haferflocken
150 g Trockenobst
100 g Nüsse oder Mandeln
4 EL flüssiger Honig
gut 1 Tasse Milch

Flocken in eine Schüssel geben. Trockenobst fein hacken, zusammen mit den Nüssen oder Mandeln unter die Flocken mischen. Honig und Milch hinzufügen. Alles zu einer ziemlich trockenen Masse verkneten, die aber gerade noch zusammenhält. Die Masse darf nicht zu feucht sein. Sonst wird der Kuchen klebrig.

Fest in eine gefettete Springform drücken. Einige Stunden im Kühlschrank fest werden lassen (evtl. über Nacht). Vorsichtig den Rand der Springform entfernen, evtl. zunächst die Teigmasse mit einem spitzen Messer vom Rand

lösen. Die Torte am besten auf dem Boden der Form lassen, da sie brechen könnte, wenn man sie auf eine Kuchenplatte hebt.
Torte kann wie Obstkuchen mit gut abgetropften Früchten belegt werden. Am besten vorher mit Oblaten belegen oder mit etwas Öl bestreichen, damit sie nicht durchweicht. Anschließend mit einem Tortenguß überziehen.

Varianten:
Statt Milch Fruchtsaft nach Wahl verwenden.
Statt Haferflocken 750 g fertige Müslimischung verwenden, dann aber Trockenobst und Nüsse weglassen.
450 g Haferflocken nehmen und 50 g Kakao darunter mischen.
Statt Honig nicht zu feste Marmelade verwenden (evtl. feste Marmelade vorher mit etwas heißem Wasser glattrühren).
Statt Haferflocken andere Getreideflocken verwenden oder eine beliebige Flockenmischung.

Apfel-Bröseltorte

150 g Vollkorn-Semmelbrösel oder Zwiebackbrösel
4 EL gemahlene Nüsse
50 g zerlassene Butter
Saft von 2 Zitronen und ca. 1/2 Tasse Milch
1-2 EL Honig
500 g Apfelmus
Zucker und Zimt
1/8 l Schlagsahne
Fett für die Form

Semmelbrösel oder Zwiebackbrösel und Nüsse mischen. Butter zerlassen, Honig hineingeben, zergehen lassen, Zitronensaft dazugießen, umrühren.
Semmelbrösel einrühren, evtl. noch etwas Milch, bis eine formbare Masse entsteht. Eine Springform mit Margarine oder Butter einfetten, Brösel-Teig darauf verteilen, andrücken, einige Stunden kalt stellen (Kühlschrank).
Erst kurz vor dem Servieren Apfelmus darauf verteilen, mit Zucker und Zimt bestreuen. Ring der Springform vorsichtig mit einem glatten Messer lösen, damit der Teig nicht reißt. Mit Schlagsahne servieren.

Gebäck aus Rührteig

Amerikaner

100 g Margarine
100 g Vollrohrzucker
1 Päckchen Vanillezucker
2 EL Sojamehl, angerührt mit etwas kalter Milch
1 Prise Salz
3 gestrichene TL Backpulver
1 Päckchen Puddingpulver Vanillegeschmack
etwas kalte Milch zum Anrühren
250 g Vollweizenmehl

Für den Guß:
Siehe Rezept "Kuchen- und Tortenglasur"

Fett schaumig rühren, nach und nach Zucker, Vanillezucker, Sojamehl und das mit Milch angerührte Puddingpulver hinzugeben. Das mit Backpulver gemischte und gesiebte Mehl nach und nach ebenfalls darunterrühren. Der Teig muß sehr fest sein, andernfalls noch etwas Mehl darunterrühren.
Mit 2 Eßlöffel nicht zu große Teighäufchen auf ein gefettetes Blech setzten.
Bei 175-200 Grad 15-20 Minuten backen. Nach 10 Minuten mit Milch bepinseln.
Die Amerikaner nach dem Erkalten auf der Unterseite mit Guß bestreichen.

Gedeckter Apfelkuchen

350-400 g Vollweizenmehl
2 EL Vollrohrzucker
1 Prise Salz
50 g gemahlene Haselnüsse
1 EL Honig
ca. 1/3 l Milch
100 g Pflanzenöl
3 EL Sojamehl
etwa 4 (mittelgroße) geriebene Äpfel
etwas Zimt
1 Päckchen Backpulver

Alle Zutaten außer Äpfel und Milch in eine Schüssel geben und vermischen. Soviel Milch dazugeben, bis ein fester Teig entsteht. 2/3 des Teiges auf den Boden einer gefetteten Backform geben, den geriebenen Apfel darauf verteilen. Den Rest des Teiges mit soviel Milch verrühren, bis er streichfähig ist und auf den Äpfeln verteilen. Mit Zimt bestreuen. Bei 200 Grad 40-45 Minuten backen.

Aprikosenkuchen

8 EL Öl
200 g Vollrohrzucker
abgeriebene Schale einer unbehandelten Zitrone
etwas Milch
250 g Vollweizenmehl
1/2 Päckchen Backpulver
ca. 500-750 g Aprikosen

Öl mit Zucker schaumig rühren, Zitronenschale und etwas Milch zufügen. Dann Mehl und Backpulver unterrühren, bis der Teig streichfähig ist. Evtl. noch etwas Milch zufügen.
Die Teigmasse nun auf ein gefettetes Backblech streichen, mit Aprikosenhälften belegen. 25-30 Minuten bei 200 Grad backen.

Bananenkuchen mit Nüssen

250 g Vollweizenmehl
2 gestrichene TL Backpulver
1 Prise Salz
60 g Margarine oder Butter
60 g Vollrohrzucker
100 g Honig
60 g gehackte Walnüsse
1 EL Sojamehl, angerührt mit etwas kalter Milch
evtl. etwas Milch
3 reife, fein pürierte Bananen

Mehl, Backpulver und Salz mischen. Fett, Zucker und Honig auf kleiner Flamme zergehen lassen. In die Mitte des Mehls eine Vertiefung machen, Honigmischung hineingeben, ebenso das Sojamehl. Alles von der Mitte aus gut verrühren, Bananen, Nüsse und evtl. Milch unterrühren.
Bei 180 Grad ca. 1 Stunde backen.

Dattelkuchen mit Nüssen

Wie oben, nur statt Bananen 125 g mit dem Wiegemesser zerkleinerte Datteln (ohne Kern gewogen) verwenden.

Englischer Früchtekuchen

1 Tasse Vollrohrzucker
1 1/4 Tasse Wasser
1 Tasse Rosinen
60 g feingewiegtes Zitronat
1/3 Tasse Margarine
1 TL geriebene Muskatnuß
1 TL Zimt
1/2 TL Salz
2 Tassen Vollweizenmehl
4 TL Backpulver

Zucker, Wasser, Früchte, Fett, Salz und Gewürze in einem Topf 3 Minuten lang kochen. Abkühlen lassen. Das mit dem Backpulver vermischte Mehl sieben, zu der Mischung geben. Gut durchrühren.
In einer gefetteten Kastenform bei mittlerer Hitze ca. 45 Minuten backen.

Früchtebrot

6 EL Sojamehl
200 g Honig
100 g Speisestärke
150 g Vollweizenmehl
2 gehäufte TL Backpulver
200 g Rosinen
100 g grobgehackte Mandeln
1 gestrichener TL Zimt
evtl. 1-2 TL löslicher Kaffee
150 g fein geschnittene Feigen
100 g fein geschnittenes Zitronat
75 g fein geschnittene Datteln (gewogen ohne Kern)
100 g Trockenpflaumen
2 Tassen Milch

Sojamehl, Honig und evtl. Kaffeepulver glattrühren.
Stärkemehl, Mehl, Backpulver und Milch darunterrühren.
Trockenobst, Mandeln und Zimt einrühren.
Teig in eine gefettete Kastenform geben. Ca. 75 Minuten bei Mittelhitze backen. Nach Wunsch nach dem Erkalten mit einem Guß überziehen (s. Grundrezept S. 443).

Haselnußkuchen

250 g gemahlene Haselnüsse
200 g Vollrohrzucker
1 Päckchen Vanillezucker
2-3 Tropfen Bittermandelaroma
250 g Vollweizenmehl
4 gestrichene TL Backpulver
etwa 1/4 l Milch

Die gemahlenen Haselnüsse, Zucker, Gewürze sowie das mit Backpulver vermischte Mehl in eine Schüssel geben und miteinander verrühren. Dann gibt man nach und nach die Milch darunter. Man verwende nur soviel Milch, daß der Teig schwer reißend vom Löffel fällt. Den Teig füllt man in eine gut gefettete Napfkuchen- oder Kastenform und bäckt bei ca. 180 Grad etwa 55 Minuten.

Hirsetorte

2 Tassen Hirse
2 Tassen Vollweizenmehl
2 TL Backpulver
1 Tasse Honig
2 Tassen Milch

Für die Glasur:
30 g Vollrohrzucker
1-2 EL Orangensaft

Alle Zutaten vermengen. In eine gefettete Springform geben. Bei mittlerer Hitze ca. 20-30 Minuten backen.
Zucker mit Orangensaft glattrühren, die Torte damit bestreichen.

Honigkuchenschnitten

350 g Honig oder 200 g Melasse und 150 g Honig
50 g Butter oder Margarine
1/8 l Kaffee
1/2 TL Salz
500 g Vollweizenmehl
1 Päckchen Backpulver
1 Päckchen Lebkuchengewürz (Pfefferkuchengewürz)
2 EL Öl
1 EL Sojamehl
125 g Rosinen
125 g grob gehackte Haselnüsse
je 60 g Zitronat und Orangeat
einige Tropfen Bittermandel-Aroma

Honig, Fett, Kaffee und Salz langsam erwärmen, gut verrühren, abkühlen lassen. Mehl, Backpulver, Gewürze und Sojamehl vermengen, und in die Mitte eine Vertiefung machen. Honigmischung und Öl hineingeben, alles nach und nach verrühren. Trockenfrüchte, Nüsse und Aroma unterrühren.
Der Teig sollte leicht vom Löffel fallen. Teig auf ein gefettetes Backblech geben, mit einem in Wasser getauchten Teigspachtel gleichmäßig verteilen. Bei 200 Grad 20 Minuten backen.
Noch heiß in Stücke schneiden. Evtl. mit flüssigem Honig bestreichen. Frisch essen oder in einer gut verschlossenen Blechdose aufbewahren.

Irischer Teekuchen

4 TL schwarzer Tee
100 g Rosinen
100 g Korinthen
1 EL Natron
175 g Butter
200 g Vollrohrzucker oder 150 g Honig
abgeriebene Schale einer unbehandelten Zitrone
1 Prise Salz
500 g Vollweizenmehl
1 Päckchen Backpulver
100 g gehackte Haselnüsse
Fett und Paniermehl für die Form

1/2 l Wasser zum Kochen bringen. Tee zufügen und 5 Minuten ziehen lassen. Tee durch ein Sieb in einen Topf gießen. Rosinen und Korinthen waschen, trocken tupfen und mit dem Natron zum Tee geben. Alles abkühlen lassen. Butter, Zucker oder Honig, Zitronenschale und Salz mit einem Handrührgerät verrühren. Mehl, Backpulver, Tee mit Früchten und Haselnüssen zufügen und alles zu einem glatten Teig verarbeiten. Eine Kastenform einfetten und mit Paniermehl ausstreuen. Teig einfüllen und glattstreichen. Im vorgeheizten Backofen (E-Herd 175 Grad/Gas Stufe 2) ca. 1 1/2 Stunden backen. Kuchen vorsichtig aus der Form lösen und auf einem Kuchengitter abkühlen lassen.

Schneller Kastenkuchen

3 Tassen gemahlene Nüsse
3 Tassen Grieß
2 Tassen geriebenen Vollkorn-Zwieback
2 Tassen Vollrohrzucker oder 1 Tasse Honig (dann etwas weniger Milch)
1 1/2 Päckchen Backpulver
etwa 3 Tassen Milch
1 TL Zimt
etwas abgeriebene Zitronenschale

Alle Zutaten zusammen in einer Schüssel gut verrühren. Der Teig sollte schwer vom Löffel fallen. Evtl. Milch zugeben. In eine gefettete Kastenform füllen und bei 180 Grad ca. 50 Minuten backen.

Luzerner Lebkuchen

500 g Vollweizenmehl
1 Tasse Vollrohrzucker
1/2-1 Tasse Milch
200 g saure Sahne
1/2 Tasse Honig
3 gehäufte TL Lebkuchengewürz
1 Päckchen Backpulver
50 g gemahlene Nüsse

Honig, Zucker, Milch und Sahne werden gut verrührt, so daß eine schaumige Masse entsteht. Dann rührt man vorsichtig die Gewürze und die Nüsse darunter, zuletzt das mit Backpulver vermischte Mehl. Den Teig gut durcharbeiten. Es darf keine zu feste Masse entstehen, evtl. noch etwas Milch zugeben. Dann läßt man den Teig gut 2 Stunden zugedeckt ruhen. Anschließend streicht man den Teig auf ein gefettetes Backblech und bäckt bei ca.180 Grad etwa 50 Minuten. (Garpropbe machen). Am besten erst am 2. Tag anschneiden.

Schnelle Linzer Torte

200 g weiche Butter oder Margarine
150 g Honig
2 EL Sojamehl
1 Päckchen Vanillezucker
1 Msp. gemahlene Nelken
1/2 TL Zimt
1/4 TL Muskat
ca. 1/2 Tasse Milch
einige Tropfen Bittermandelöl (Backaroma)
40 g Kakao
1/2 Päckchen Backpulver
350 g Vollweizenmehl
100 g gemahlene Nüsse
1/2 Glas Johannisbeer-, Himbeer- oder Aprikosenmarmelade

Fett, Honig und Sojamehl schaumig rühren, Vanillezucker, Gewürze und Aroma hinzufügen, ebenso Kakao. Nach und nach Mehl, Nüsse und Backpulver abwechselnd mit der Milch unterrühren, bis ein geschmeidiger, nicht zu feuchter Teig ensteht.

2/3 des Teiges in eine gefettete Springform füllen, mit Marmelade bestreichen. Aus dem restlichen Teigdrittel etwa daumenbreite Rollen formen und als Gitter auf die Marmeladenschicht legen. Leicht andrücken. Bei 190 Grad ca. 30-35 Minuten backen.

Maiskuchen

je 2 Tassen Mais- und Vollweizenmehl
1 Tasse Rosinen
2 TL Backpulver
1 Tasse Honig
2 Tassen Milch
Saft und abgeriebene Schale einer unbehandelten Zitrone

Alle Zutaten zu einem Teig vermengen. In die gefettete Kastenform geben. Bei mittlerer Hitze ca. 60 Minuten backen.

Möhrentorte

200 g weiche Butter oder Margarine
200 g Honig
50 g Vollrohrzucker
0,2 l Milch
500 g Vollweizenmehl oder 350 g Vollweizenmehl, 150 g feine Haferflocken
1 Päckchen Backpulver
1/2 TL Salz
1/2 TL Zimt
250 g geriebene Karotten
Puderzucker zum Bestreuen

Fett mit Honig und Zucker schaumig rühren, mit Milch verschlagen. Mehl, Backpulver, Salz und Zimt zusammen sieben, nach und nach unter die Fettmischung rühren. Karotten untermengen. Der Teig sollte nicht zu feucht sein, da die Karotten noch Feuchtigkeit abgeben, evtl. noch mehr Mehl dazugeben. Teig in eine gefettete Springform füllen, bei 190 Grad ca. 3/4 Stunde backen.
Nach dem Abkühlen mit flüssigem Honig bepinseln und mit gemahlenen Nüssen bestreuen.

Variante:
Ein Teil des Mehls kann durch gemahlene Nüsse ersetzt werden (50-100 g). Für eine gefüllte Möhrentorte die 1 1/2 -fache Menge nehmen. Boden nach dem Erkalten vorsichtig durchschneiden und mit Nußsahne oder einer beliebigen Creme füllen.

Orangenkuchen

100 g Butter oder Margarine
100 g Honig oder Vollrohrzucker
2 EL Sojamehl, angerührt mit etwas Milch oder Sahne
350 g Vollweizenmehl
3 TL Backpulver
4 EL Zitronensaft
je 1 TL abgeriebene Zitronen- oder Orangenschale (von ungespritzten Früchten)
1/4 l Orangensaft

Fett und Honig schaumig rühren, nach und nach Sojamehl, Zitronen- und Orangenschale und Zitronensaft zugeben. Zuletzt Mehl mit Backpulver unterrühren. In einer eingefetteten Kastenform bei Mittelhitze 35-45 Minuten backen. Stürzen. Mit einem Schaschlikstäbchen wiederholt tief in den heißen Kuchen einstechen, Orangensaft in die Löcher träufeln, Saft in den Kuchen einziehen lassen.

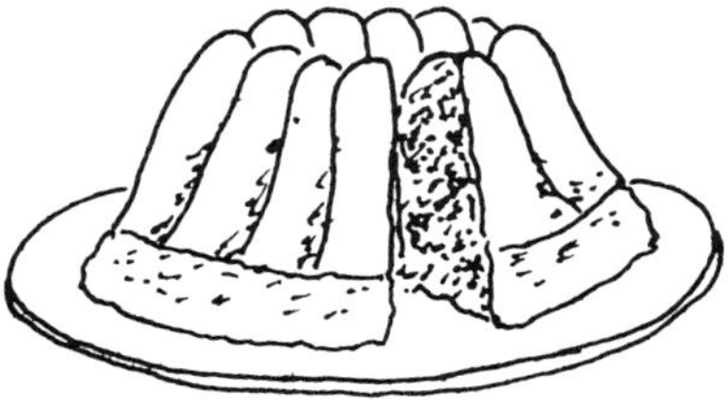

Quark-Nuß-Kuchen

500 g Vollweizenmehl
170 g Vollrohrzucker oder 150 g Honig
Saft und Schale einer unbehandelten Zitrone
100 g Sonnenblumenöl
etwas Salz
125 g geriebene Nüsse
125 g Rosinen
ca. 1/2 Tasse Milch
150 g Quark
1 Päckchen Backpulver

Öl mit Zucker bzw. Honig schaumig rühren, Rosinen, Nüsse und Salz zugeben. Die Milch langsam unterrühren, ebenso den Quark mit Zitronensaft und -schale. Zuletzt das Mehl mit Backpulver dazugeben und gut unterarbeiten. Den Teig in eine Kastenform geben und 45-60 Minuten bei 175 Grad backen.

Walnuß-Orangen-Kuchen

200 g Butter
200 g Vollrohrzucker
1 Prise Salz
1 TL Zimt
abgeriebene Schale einer unbehandelten Zitrone
250 g Vollweizenmehl
250 g gemahlene Walnußkerne
1 gestrichener TL Backpulver
1/2 Glas Orangenmarmelade

Fett, Zucker, Zimt und Zitronenschale mit dem Handrührgerät cremig rühren. Mehl, Backpulver und Nüsse mischen und locker unterziehen. Sollte der Teig zu fest sein, etwas Sahne unterrühren

2/3 des Teiges in eine gefettete Springform füllen, mit der Marmelade bestreichen (einen Rand freilassen) und den restlichen Teig entweder als Gitter spritzen oder zu Rollen formen und damit ein Gitter legen. Mit Milch bepinseln und bei 175 Grad etwa 1 Stunde backen.

Gebäck aus Quark-Ölteig

Mohnkuchen mit Streuseln

1 Rezept Quark-Ölteig (siehe "Backkurs")
Für den Belag:
250 g gemahlener Mohn
125 g Vollrohrzucker oder Honig
1 Päckchen Vanillezucker
abgeriebene Schale einer Zitrone
1/2 TL Zimt
100 g Mandelstifte
50 g Butter oder Margarine
ca. 1/4 l Milch
Für die Streusel:
200 g Vollweizenmehl
100 g Vollrohrzucker oder Honig
1 Msp. Zimt
100 g Butter

Teig auf einem gefetteten Backblech ausrollen. Für den Belag den Mohn in die aufkochende Milch geben, kurz durchrühren, Zucker und Gewürze zufügen, zuletzt die zerlassene Butter und die Mandeln. Die Masse muß gut streichfähig sein. Erkaltet auf den Teigboden streichen.
Für die Streusel das Mehl in eine Schüssel sieben, mit Zucker oder Honig und dem Zimt mischen. Die Butter in kleine Flöckchen dazugeben, alle Zutaten nun zu Streuseln vermengen und diese gleichmäßig auf den Belag streuen.
Bei 200 Grad 25-30 Minuten backen.

Bienenstich

1 Rezept Quark-Ölteig (siehe "Backkurs")
Den Teig 1/2 cm dick auf ein gefettetes Blech drücken.
Für den Belag:
100 g Butter
200 g Vollrohrzucker
1 Päckchen Vanillezucker
2 EL Milch
200-250 g abgezogene, in feine Stifte geschnittene Mandeln
1 EL Honig

Fett mit Zucker, Vanille und Milch auf kleiner Flamme zergehen lassen, dann Mandeln und Honig darunterrühren. Sollte die Masse zu fest sein, noch etwas Milch hinzufügen. Die abgekühlte Masse gleichmäßig auf den Teig verteilen. Es empfiehlt sich, mehrfach gekniffene Alufolie vor den Teig zu legen, um das Auslaufen zu vermeiden.
Im vorgeheizten Backofen bei 200 Grad etwa 20 Minuten backen.

Apfelkuchen

1 Rezept Quark-Öl-Teig (siehe "Backkurs")
Den Teig auf einem gefetteten Blech ausrollen.

Für den Belag:

1 Päckchen Vanille-Puddingpulver	*75 g Honig*
20 g Speisestärke	*1/8 l Sahne*
3/8 l Milch	*1500 g Äpfel*

Puddingpulver und Stärke mit etwas Milch verrühren und die übrige Milch zum Kochen bringen. Das Puddingpulver unter Rühren hineingeben, kurz aufkochen lassen. Während des Erkaltens ab und zu umrühren.
Erst nach dem Erkalten Sahne und Honig unterrühren. Die Masse gleichmäßig auf den Teig verteilen. Die geschälten Äpfel vom Kerngehäuse trennen und in dünne Spalten schneiden. Schuppenförmig auf den Pudding legen.
Bei ca. 180 Grad 35 Minuten backen.

Dattelbrot

1 Rezept Quark-Ölteig (siehe "Backkurs")

Für die Füllung:
250 g feingeschnittene kernlose Datteln

Den Teig zu einem Rechteck von etwa 30x40 cm ausrollen, dünn mit Milch bestreichen und mit den Datteln bestreuen. Den Teig von der kürzeren Seite her aufrollen, in eine gefettete Kastenform legen und quer in etwa 2 cm breiten Abständen 1/2 cm tief einschneiden.
Bei 200 Grad etwa 50 Minuten backen.

Apfeltaschen

1 Rezept Quark-Ölteig (siehe "Backkurs")

Für die Füllung:
500-750 g Äpfel
50 g Vollrohrzucker oder Honig
50 g Rosinen
etwas abgeriebene Zitronenschale

Die Äpfel schälen, vom Kerngehäuse befreien, in kleine Stücke schneiden und mit Zucker oder Honig und den gewaschenen Rosinen unter Rühren leicht dünsten.
Erkaltet mit Zitronensaft abschmecken.
Den Teig dünn ausrollen und runde Formen (Durchmesser etwa 10 cm) ausstechen. Zur Hälfte mit der Apfelmasse belegen, den Rand der Teigplatte dünn mit Milch bepinseln. Die andere Teigplatte darüber klappen, die Ränder der Taschen fest zusammendrücken und auf ein gefettetes Backblech legen. Etwa 15 Minuten bei 200 Grad backen.

Gebäck aus Knetteig

Apfel-Streuselkuchen

(Fürs Blech)

200 g Butter oder Margarine
300 g Vollweizenmehl
100 g Vollrohrzucker oder Honig
1 Päckchen Vanillezucker
1 Päckchen Backpulver
abgeriebene Schale 1 unbehandelten Zitrone
Milch
2 EL Sojamehl

Für den Belag:
ca. 1 kg Äpfel
ca. 1/2 Tasse Rosinen

Für die Streusel:
150-180 g Butter
250 g Mehl
2-3 EL Honig
Zimt
1 Päckchen Vanillezucker

Mehl auf ein Backbrett sieben, Butter in Flöckchen dazugeben, ebenso Zucker, Sojamehl, Vanillezucker, Backpulver, Zitronenschale und etwas Milch. Einen Knetteig herstellen, der nicht kleben sollte, ggf. noch etwas Mehl dazugeben, bis ein geschmeidiger Teig entsteht. Ein Backblech mit Backpapier auslegen. Teig darauf ausrollen, leicht mit Butter bestreichen. Äpfel schälen, Kerngehäuse entfernen, in Scheiben schneiden. Teig damit belegen, mit Vanillezucker bestreuen. Alle Zutaten für die Streusel zwischen den Fingern zerbröseln, auf die Äpfel streuen. Bei 170 Grad 1 Stunde backen. Die erste halbe Stunde den Kuchen mit Alufolie abdecken, damit die Streusel nicht zu dunkel werden.

Gedeckter Mohnkuchen

400 g Vollweizenmehl
100 g dickflüssiger Honig
250 g Butter
4 EL Sojamehl
je 1 Prise Zimt, Nelken, Muskat
1 Prise Backpulver
200 g Mohn
ca. 1 Tasse Milch
2-3 EL Honig
2 TL Zimt

Butter, Honig und Sojamehl schaumig rühren. Mehl, Gewürze und Backpulver allmählich unterkneten. Mohn durch die Mühle drehen, mit Milch und 2-3 EL Honig unter Rühren aufkochen und mit Zimt würzen. Eine gefettete Springform mit der Hälfte des Teiges auslegen. Ränder hochziehen, Boden mehrmals mit der Gabel einstechen. Mohnmasse auf den Boden verteilen. Restlichen Teig in Deckelgröße ausrollen, auf die Mohnmasse setzen. Ca. 30 Minuten bei Mittelhitze backen.

Gedeckter Apfel- oder Kirschkuchen

Für den Teig:
350 g Vollweizenmehl
2 gestrichene TL Backpulver
100 g Vollrohrzucker
etwas Salz
2 EL Sahne oder Milch
50 g gemahlene Haselnüsse
200 g Butter oder Margarine

Für die Füllung 1:
1-1 1/2 kg Äpfel
2 EL Wasser
2 EL Vollrohrzucker oder Dicksaft
1/2 TL Zimt
1 Msp. gemahlene Nelken
2 EL gewaschene Rosinen
1 unbehandelte Zitrone
1 EL Mandelsplitter

Für die Füllung 2:

1 kg Sauerkirschen
120 g Vollrohrzucker oder Honig
1 unbehandelte Zitrone
1 TL Zimt
25 g Speisestärke

Die Zutaten für den Teig auf ein Backbrett geben, die Butter in Stückchen schneiden und alles rasch zu einem glatten Teig verarbeiten, den man eine Zeitlang kalt stellt. Gut 1/3 des Teiges rollt man auf den Boden einer gefetteten Springform (Durchmesser 26 cm) aus, sticht ihn mehrmals mit einer Gabel ein und bäckt ihn hellgelb. Aus dem übrigen Teig formt man in der Größe der Form einer Platte, aus dem restlichen Teig eine fingerdicke Rolle, die man als Rand auf den vorgebackenen Boden legt und so an den Rand drückt, daß ein etwa 3 cm hoher Rand entsteht. Die abgekühlte Füllung streicht man nun auf den Boden, legt vorsichtig die Teigplatte darüber, sticht mehrmals mit einer Gabel ein und bepinselt mit etwas Sahne oder Milch.
Bei 200-250 Grad etwa 20-25 Minuten backen.

Zubereitung der Füllungen:
1. Die Äpfel werden geschält, Kerngehäuse entfernt, in Stücke geschnitten und mit Wasser, Zucker oder Dicksaft, Gewürzen, Rosinen, Saft und Schale der Zitrone und Speisestärke vermischt und unter Rühren leicht gedünstet. Dann stellt man die Füllung kalt und rührt die Mandelstifte darunter.
2. Die Kirschen werden entsteint und mit etwas Zucker zum Kochen gebracht. Auf einem Sieb läßt man sie gut abtropfen und kalt werden. Man mißt nun ca. 1/4 l von dem abgelaufenen Saft ab (evtl. mit Wasser auffüllen), gibt Zitronensaft und abgeriebene Schale sowie den Zimt dazu und bringt ihn zum Kochen. Die Speisestärke rührt man mit 4 EL des kalten Saftes an und bindet damit den kochenden Kirschsaft. Die abgetropften Kirschen gibt man dazu, schmeckt nochmals mit Zucker oder Honig ab und stellt die Füllung kalt.

Mürber Apfelstrudel

250 g Vollweizenmehl
250 g Butter
40 g Vollrohrzucker
4 EL saurer Rahm

Für die Füllung:
1 kg Äpfel
100 g Rosinen
50 g Mandelstifte
abgeriebene Schale einer unbehandelten Zitrone
etwas Zimt
evtl. 75 g Vollrohrzucker (abhängig von der Apfelsorte)

Aus Mehl und den anderen Zutaten knetet man schnell einen glatten Teig, den man 2 Stunden kalt stellt. Danach ausrollen wie Blätterteig und wieder kalt stellen. Zweimal wiederholen.
Auf bemehlter Unterlage zu einem Rechteck dünn ausrollen. Die Hälfte auf ein gefettetes Backblech legen, die Apfelfüllung darauf verteilen und mit der zweiten Hälfte zudecken. Mit Sahne oder Milch bepinseln und bei 200 Grad etwa 30 Minuten backen.
Für die Füllung werden die Äpfel geschält, das Kerngehäuse entfernt, geraspelt und mit den anderen Zutaten vermischt.

Wiener Apfelstrudel

250 g Mehl
1 EL Öl
10 EL lauwarmes Wasser
1 Prise Salz

Für die Füllung:
1 kg in feine Scheiben geriebene Äpfel
100 g Mandelstifte
100 g Rosinen
etwas Zimt
abgeriebene Schale einer unbehandelten Zitrone
100 g Semmelbrösel
etwas zerlassene Butter

Das Mehl wird auf ein Backbrett gegeben, in die Mitte eine Vertiefung gedrückt, in die Öl, Salz und Wasser kommen. Von der Mitte aus vorsichtig einen glatten Teig kneten, der so durchgearbeitet werden muß, daß er elastisch wird. Eine Kugel formen, mit Öl bestreichen und unter einem erwärmten Topf 30 Minuten ruhen lassen. Auf dem Tisch ein Küchentuch ausbreiten, mit Mehl bestäuben, darauf den Teig ausrollen, dann mit den Handrücken hauchdünn ausziehen, bis man das Muster des Tuches deutlich erkennt. Teigplatte mit flüssiger Butter bepinseln und mit 100 g in Butter gerösteten Semmelbröseln bestreuen. Darauf über 2/3 der Fläche die Apfelmischung breiten. Den Teig von der Längsseite mit Hilfe des Tuches zu einer Rolle formen, Strudel auf ein gefettetes Blech legen, nochmals mit Butter bepinseln und bei Mittelhitze etwa 30 Minuten backen. Noch warm wiederholt mit Butter bestreichen und in Stücke schneiden.

Apfel-Gitter-Kuchen

350 g Vollweizenmehl
200 g weiche Butter oder Margarine
75 g Vollrohrzucker
2 EL Milch
1 1/4 kg säuerliche Äpfel
Saft und abgeriebene Schale 1 unbehandelten Zitrone
100 g Sultaninen
75 g Walnußkerne
je 1 TL gemahlener Ingwer und Zimt
2 gehäufte TL Speisestärke
1 EL Kondensmilch

Mehl mit Fett, Zucker und Milch verkneten. Teig 1 Stunde kühl stellen. Eine Springform (26 cm Durchmesser) leicht einfetten. 3/4 des Teiges auswellen. Form damit auslegen, Rand hochziehen. Übrigen Teig ebenfalls ausrollen und 1 cm breite Streifen ausrädeln.

Für die Füllung:
Äpfel schälen, halbieren, entkernen, in dünne Blättchen schneiden und sofort mit Zitronensaft beträufeln.
Sultaninen mit heißem Wasser überbrausen und abtropfen lassen.
Äpfel, Sultaninen und übrige Zutaten miteinander vermischen und auf dem Teig verteilen. Aus den Teigstreifen ein Gitter auf die Apfelmasse legen, mit Milch bepinseln. Kuchen im auf 180 Grad vorgeheizten Backofen ca. 50 Minuten backen. (Gas Stufe 2).

Aprikosenkuchen mit Guß

200 g Vollweizenmehl
1/2 TL Backpulver
150 g Butter
1 Prise Salz
3 EL gemahlene Haselnüsse
80 g Vollrohrzucker

Für den Belag:
1 kg Aprikosen (entkernt und halbiert)
100 ml saure Sahne
2 EL Honig
2 EL gemahlene Haselnüsse (leicht geröstet)

Das Mehl mit den übrigen Zutaten rasch zu einem glatten Teig verarbeiten und ca. 1 Stunde kalt stellen.
Dann eine gefettete Springform damit auslegen, einen Rand stehen lassen. Die Aprikosen dicht nebeneinander auf den Teig setzen, mit der Wölbung nach oben. Die Sahne mit dem Honig und den Nüssen gut verrühren und über dem Obst verteilen.
Im vorgeheizten Backofen bei 200 Grad ca. 40 Minuten backen.

Variante:
Statt Aprikosen eignen sich auch gut Pflaumen oder Sauerkirschen.

Birnentorte

200 g Vollweizenmehl
125 g kalte, in Würfel geschnittene Margarine
40 g gemahlene Walnüsse
50 g Vollrohrzucker
2 EL mit etwas Milch angerührtes Sojamehl
etwas Milch

Für die Füllung:
50 g Honig
0,3 l Wasser
4 große Birnen
150 ml leicht geschlagene Sahne

Fett und (Soja-) Mehl mit den Fingern nicht zu fein verreiben. Walnüsse und Zucker gut untermischen. Unter Zugabe von etwas Milch zu einem geschmeidigen Teig verarbeiten. In eine Folie wickeln, mindestens 1/2 Stunde ruhen lassen.
In der Zwischenzeit aus Honig und Wasser einen Sirup kochen. Die geschälten, halbierten und vom Kerngehäuse befreiten Birnen darin weich kochen. Birnen darin abkühlen lassen, dann den Sirup abgießen, Birnen abtropfen lassen. 2/3 des Teiges auf einer bemehlten Fläche ausrollen, eine kleine Springform damit auslegen. Die abgetropften Birnen in die Mitte legen.
Birnen mit Sahne übergießen. Den restlichen Teig zu einem Deckel ausrollen, auf die Birnen setzen. Die Ränder vorsichtig andrücken.
Bei ca. 200 Grad 35 Minuten backen.

Dorotheen-Torte

250 g Vollweizenmehl Type 550
70 g Vollrohrzucker
210 g Butter
100 g geriebene Haselnüsse oder Mandeln

Für die Füllung:
etwas Marmelade
1/4 l süße Sahne
1 Päckchen Vanillezucker

Alle Zutaten rasch zu einem glatten Teig verarbeiten und 1/2 - 1 Stunde kalt stellen. Den Teig in drei gleiche Teile teilen und jeweils auf den Boden einer Springform drücken (Backpapier ist empfehlenswert). Die 3 Böden nacheinander bei 200 Grad hellbraun backen. Vorsichtig vom Blech lösen. Den ersten Boden mit Marmelade bestreichen, mit dem zweiten Boden abdecken, darauf die sehr steif geschlagene Sahne verteilen, den dritten Boden darauf legen. Einige Stunden kühl stellen.

Linzer Torte

300 g Vollweizenmehl
1 TL Backpulver
150 g Vollrohrzucker oder Honig
etwas Vanille
1 Msp. gemahlene Nelke
1 TL Zimt
2 Tropfen Bittermandelaroma
200 g Butter oder Margarine
175 g gemahlene Mandeln (ungeschält)
1 Prise Salz

Für die Füllung:
1/2 Glas nicht zu süße Marmelade

Zum Bestreichen etwas Milch oder Sahne

Mehl, Backpulver, Zucker oder Honig, Gewürze, Salz und Mandeln auf ein Backbrett geben, das kalte Fett in Stücke schneiden und alles rasch gut verkneten. Sollte der Teig zu fest sein, 1 EL Sahne zugeben.
Knapp die Hälfte des Teiges wird zu einer Platte in Größe der Springform ausgerollt und in 16-20 gleichmäßig breite Streifen gerädelt. Den übrigen Teig rollt man auf dem Boden der Springform aus und bestreicht ihn mit der Marmelade, wobei man ringsum einen Rand von etwa 1 cm Breite freiläßt. Die Teigstreifen werden gitterförmig über die Marmelade gelegt und mit Milch oder Sahne bepinselt.
Backzeit etwa 15-20 Minuten bei 200-250 Grad.

Nußblätter-Torte

350 g Vollweizenmehl
200 g geriebene Haselnüsse
1 gestrichener TL Backpulver
140 g Vollrohrzucker
1 Päckchen Vanillezucker
250 g Butter

Alle Zutaten schnell zu einem glatten Teig verarbeiten und ca. 1/2 Stunde kalt stellen. Dann in vier bis fünf gleiche Stücke teilen und auf gleich große Böden ausrollen. Am besten verwendet man Backpapier, da die fertig gebackenen Böden leicht brechen. Bei Mittelhitze ca. 10 Minuten hell backen und auskühlen lassen.

Für die Füllung:
3/4 l süße Sahne
2 Päckchen Sahnefestiger o.ä.
25 g Vollrohrzucker
225 g geröstete, fein geriebene Haselnüsse

Sahne mit Zucker und Sahnefestiger steif schlagen, die Haselnüsse langsam unterziehen.
Die einzelnen Böden mit dieser Sahnecreme füllen, zusammensetzen und kalt stellen.

Mürber Nuß -oder Mohnstrudel

350 g Vollweizenmehl
1 TL Backpulver
50 g Vollrohrzucker
2-3 EL Milch
150-200 g Butter

Für die Füllung 1:
150 g gemahlener Mohn
60 g Vollrohrzucker oder Honig
1 Päckchen Vanillezucker
1/8 l Milch
1 TL Zimt
50 g Rosinen
50 g Butter

Für die Füllung 2:

250 g gemahlene Haselnüsse oder Mandeln
1 Msp. Backpulver
150 g Vollrohrzucker oder Honig
1 Päckchen Vanillezucker
abgeriebene Schale 1 unbehandelten Zitrone
2-3 EL Paniermehl

Für den Teig werden die Zutaten gut verknetet und anschließend auf einem bemehlten Tuch zu einem Rechteck ausgerollt. Für die Füllung Zucker oder Honig, den mit heißem Wasser überbrühten und gut abgetropften Mohn und die Gewürze mischen. Man rührt dann das zerlassene Fett und so viel von der heißen Milch darunter, daß die Masse gerade streichfähig, aber nicht zu weich ist. Danach kalt stellen.
Für die Nußfüllung werden alle Zutaten miteinander vermischt und mit etwas heißem Wasser zu einer streichfähigen Masse verrührt.
Den Teig entweder mit der Mohn- oder Nußfüllung bestreichen (2 cm Rand freilassen) und mit Hilfe des Tuches zu einem Strudel zusammenrollen. Dann auf ein gefettetes Backblech legen, an den Enden zusammendrücken, mit zerlassener Butter bestreichen und bei guter Mittelhitze etwa 50 Minuten backen.

Quarktorte

1 Rezept Mürbeteigboden (s. "Backkurs")
1 kg sehr trockener Magerquark
1/4 l saure Sahne
1/4 l süße Sahne
125 g Rosinen
Saft und Schale einer unbehandelten Zitrone
150 g Vollrohrzucker
4 EL Speisestärke

Teig in eine gefettete Springform drücken und etwa 10 Minuten vorbacken. Quark, saure und süße Sahne und Zucker mit einem Handrührgerät gut verrühren (höchste Stufe). Dann Zitrone, Speisestärke und die gewaschenen Rosinen zufügen und alles nochmals glattrühren.

Die Quarkmasse auf den vorgebackenen Boden verteilen, glattstreichen. Backzeit etwa 1 1/2-1 3/4 Stunden bei 150-175 Grad. Beim Herausnehmen des Gebäcks den Kuchen sofort mit einem nassen Messer vom Rand lösen, jedoch Kuchen erst nach völligem Erkalten aus der Form nehmen. Zum Garnieren können verschiedene Früchte wie Kiwis, Mandarinenscheiben, Erdbeeren oder Pfirsiche verwendet werden.

Quarkkuchen mit Früchten

250 g Vollweizenmehl
180 g Butter oder Margarine
80 g Honig
4 EL Milch
1 TL Backpulver
1 Prise Salz

Für die Füllung:
375 g Quark
150 g Honig
abgeriebene Schale einer unbehandelten Zitrone
1/4 l Fruchtsaft (evtl. Orangensaft)
3 TL Agar-Agar o.ä.
1/2 l Sahne
frische oder eingemachte Früchte (z.B. Beeren, Kiwis, Mandarinen, Orangen in Scheiben oder Spalten)

Für den Teig rasch alle Zutaten zusammen gut verkneten, ca. 30 Minuten kalt stellen. Obstkuchenform einfetten, Teig hineindrücken und bei 220 Grad ca. 15-20 Minuten backen.
Für die Füllung Quark mit Honig und Zitronenschale glattrühren. 3 EL Fruchtsaft mit Agar-Agar gut verrühren. Den restlichen Saft zum Kochen bringen, Agar-Agar einrühren und kurz aufkochen lassen. Abkühlen, dann langsam mit dem Quark verrühren. Zuletzt die steif geschlagene Sahne unterziehen. Die Masse auf den abgekühlten Boden verteilen, glattstreichen. Im Kühlschrank fest werden lassen. Mit den Früchten belegen. Man kann das Obst auch erst auf den Boden verteilen und dann den Quark darüberstreichen.

Quark-Spitzen

300 g Vollweizenmehl
300 g trockener Magerquark
100 g Butter

Für die Füllung:
feste Marmelade

Aus Mehl, Quark und Butter rasch einen glatten Teig kneten und mehrere Stunden kalt stellen. Auf bemehlter Unterlage dünn ausrollen, Vierecke ausradeln, eine Hälfte mit Marmelade belegen, über Eck zusammenschlagen, Ränder fest andrücken und auf ein gefettetes Backblech legen. Bei guter Mittelhitze hellbraun backen.

Quarkstollen

125 g Butter
2 EL Sojamehl, angerührt mit etwas kalter Milch
175 g Honig
abgeriebene Schale einer ungespritzten Zitrone
100 g abgezogene, gemahlene Mandeln
200 g Quark
150 g Sultaninen
je 30 g fein geschnittenes Zitronat und Orangeat
500 g Vollweizenmehl
1 Päckchen Backpulver
je 1 Msp. Salz, Vanille, Kardamom, Muskatblüte
30 g zerlassene Butter zum Bestreichen

Aus Butter, Sojamehl und Honig eine Schaummasse rühren. Zitronenschale, Mandeln, Quark, Sultaninen, Zitronat und Orangeat dazugeben. Vollweizenmehl mit den Gewürzen und Backpulver mischen und unterheben.
Teig kurz durchkneten, auf einer bemehlten Arbeitsfläche zu einem ovalen Teigstück ausrollen. Der Länge nach zusammenfalten, Stollen formen, auf ein gefettetes und bemehltes Blech legen. Bei 180 Grad ca. 55 Minuten backen (untere Schiene). Nach dem Backen mit zerlassener Butter bestreichen. Vor dem Anschneiden Stollen einige Tage durchziehen lassen.

Streuselkuchen mit Stachelbeeren (oder anderen Früchten)

500 g Vollweizenmehl
300 g Butter oder Margarine
1 Prise Salz
200 g Vollrohrzucker
1 gestrichener TL Zimt
1 Msp. Nelkenpulver
1 Päckchen Backpulver
abgeriebene Schale einer halben unbehandelten Zitrone
2 EL Milch oder Sahne

Für die Füllung:
500-750 g Stachelbeeren
175 g Vollrohrzucker oder Honig oder: 750 g rohes oder eingemachtes Obst (Äpfel, Kirschen, Pflaumen, Aprikosen, Pfirsiche)

Mehl, Backpulver, Zucker, Salz und Gewürze in einer Schüssel mischen. Fett zerlassen und nach und nach zu den übrigen Zutaten geben. Teig mit den Fingern zerkrümeln. Springform (26 cm Durchmesser) einfetten, gut die Hälfte des Teiges einfüllen und festdrücken, einen kleinen Rand hochziehen. Das vorbereitete Obst auf den Boden verteilen und den restlichen Teig als Streusel gleichmäßig darüberstreuen.

Für die Füllung werden die Stachelbeeren gewaschen und in 1/4 l Wasser mit Zucker oder Honig ca. 5 Minuten bei schwacher Hitze gegart, dann abgießen und abkühlen lassen.

Äpfel werden geschält und in feine Scheiben geschnitten, härtere Sorten dünstet man am besten in wenig Wasser halb gar und schmeckt sie nach Belieben ab. Kirschen, Pflaumen, Aprikosen, Pfirsiche werden entsteint bzw. halbiert, Pfirsiche geschält. Eingemachtes Obst läßt man auf einem Sieb gut abtropfen. Im vorgeheizten Backofen bei 200 Grad (Gas Stufe 3) ca. 50 Minuten backen.

Hefegebäck

Hefekranz

375 g Vollweizenmehl
25 g Hefe
1 Prise Salz
etwas Milch
50 g Butter

Für die Füllung:
150 g gemahlene Haselnüsse
100 g Vollrohrzucker oder Honig
60 g Semmelbrösel
1 Prise Zimt
abgeriebene Schale einer ungespritzten Zitrone
etwas Milch

Nach Grundrezept einen Hefeteig bereiten. An einem warmen Ort bis auf doppelte Größe aufgehen lassen. Unterdessen aus Milch, Nüssen, Zucker oder Honig, Semmelbröseln, Zimt und abgeriebener Zitronenschale die Füllung bereiten. Teig zu einem Rechteck ausrollen, mit der Füllung bestreichen und aufrollen. In eine gefettete Ringform (Napfkuchenform) legen, bei guter Mittelhitze ca. 50-60 Minuten backen.

Hefestrudel

1 Grundrezept Hefeteig
Nuß-, Apfel- oder Mohnfüllung

Hefeteig nach dem ersten Gehen dünn ausrollen, mit Füllung belegen (Ränder freilassen), vorsichtig zusammenrollen, Ränder mit Dosenmilch bestreichen und zusammendrücken.
Strudel mit Dosenmilch bestreichen. Auf ein gefettetes Backblech legen, bei 180 Grad 50-60 Minuten backen.

Schneckennudeln

Grundrezept Hefeteig
50 g zerlassene Butter
50 g Sultaninen
50-70 g Vollrohrzucker
Zimt nach Geschmack

Gut gegangenen Teig auf bemehltem Backbrett zu einem kleinfingerdicken Rechteck auswellen (je kleiner das Rechteck, desto größer die Schnecken). Das Rechteck mit zerlassenem Fett bestreichen, Zucker, Zimt, gewaschene und wieder getrocknete Sultaninen vermengen und auf den Teig streuen, von der Breitseite her aufrollen und 3 cm breite Stücke abschneiden. Auf einem gut gefettetem Blech nochmals gehen lassen und bei 210 Grad (Gas Stufe 4) hellbraun backen. Backdauer etwa 20 Minuten.
Nach dem Backen können die Schnecken noch heiß mit einer Glasur (s.S. 444) bestrichen werden.

Gugelhupf (Napfkuchen)

500 g Vollweizenmehl
40 g Hefe oder 1 Päckchen Trockenhefe
1 TL Vollrohrzucker
1/8-1/4 l Milch
150 g Vollrohrzucker
1 Prise Salz
75 g Rosinen
50 g Zitronat oder 50 g Orangeat
50 g gemahlene Nüsse (wahlweise)
150 g Butter

Für die Form:
20 g Butter
20 ganze Mandeln

Mehl in eine Schüssel geben, in die Mitte eine Mulde drücken und die Hefe hineinbröseln. Etwas Zucker darauf streuen und die Hefe mit der Hälfte der angewärmten Milch leicht verrühren. Die Hefe an einem warmen Ort gehen lassen. Wenn sie aufgegangen ist und Blasen wirft, den Teig mit Zucker, Salz und Trockenfrüchten gut verkneten. Die Butter erwärmen, flüssig über den

Teig gießen und so lange kneten, bis er sich vom Schüsselboden löst. Falls nötig, noch Milch dazugießen, doch darf der Teig keinesfalls zu weich sein. Eine Gugelhupfform mit Butter ausstreichen und die Mandeln auf den Boden der Form legen. Den Hefeteig hineingeben und nun nochmals so lange gehen lassen, bis der Teig fast über den Rand läuft. Dann bei starker Hitze etwa 1 Stunde backen. Noch warm vorsichtig aus der Form lösen. Evtl. mit flüssigem Honig bepinseln und Mandelstiften bestreuen.

Buchteln

Einen nicht zu weichen Hefeteig nach Grundrezept herstellen. Nach dem Gehen den Teig ausrollen. Gleichgroße quadratische Stücke schneiden, Füllung darauf verteilen und Kugeln formen. Eine Spring- oder Auflaufform fetten und die Buchteln mit der glatten Seite nach oben dicht aneinander hineinsetzen. Danach nochmals etwa 20 Minuten gehen lassen. Im vorgeheizten Backofen ca. 40 Minuten bei 200 Grad knusprig backen.

Für die Füllung:

200 g gemahlener Mohn
1/8 l heiße Milch
4-5 EL Honig oder 125 g Vollrohrzucker
Vanille
etwas Zimt
etwas abgeriebene Schale einer unbehandelten Zitronen

Die Milch zum Kochen bringen, den Mohn einstreuen und bei schwacher Hitze ausquellen lassen. Honig und die Gewürze unterrühren und abschmecken. Die Masse darf nicht zu weich sein.
Man kann die Buchteln auch mit Pflaumenmus oder Marmelade füllen.

Obstkuchen mit Streuseln auf dem Blech

Nach Grundrezept einen Hefeteig herstellen. Der Teig wird nochmals gut durchgeknetet und auf einem gefettetem Backblech ausgerollt.
Für den Belag werden Äpfel geschält und in feine Scheiben geschnitten oder die Pflaumen gewaschen und entsteint, ebenso Kirschen oder Aprikosen. Man legt das Obst gleichmäßig auf den Teig (Pflaumen stets mit der Innenseite nach oben). Die Streusel werden zuletzt gleichmäßig auf dem Obst verteilt. Der Teig muß nochmals so lange gehen, bis er sich verdoppelt hat.
Bei starker Hitze ca. 25-30 Minuten backen.

Für die Streusel
200 g Vollweizenmehl
150 g Butter
etwas Vanille
75 g Honig oder 100 g Vollrohrzucker

Das Mehl wird in eine Schüssel gegeben, Honig und Vanille damit vermischt. Die Butter gibt man in kleine Flöckchen dazu und vermengt alle Zutaten mit den Händen zu Streuseln.

Hefe-Apfel-Fladen

1 Rezept Hefeteig (siehe "Backkurs")
300 g Äpfel

Den gut aufgegangenen Hefeteig knetet man kräftig durch. Die Äpfel werden geschält und in sehr feine Würfel geschnitten oder grob geraspelt und unter den Teig gemengt. Nun teilt man ihn in gleichgroße Stücke und formt diese zu runden Fladen, legt sie auf ein gefettetes Backblech und backt sie bei 200 Grad etwa 35 Minuten knusprig braun.
Man kann die fertigen Fladen noch heiß mit Butterflöckchen belegen.

Osterzopf

500 g Vollweizenmehl
1 Würfel Hefe oder 1 Päckchen Trockenhefe
1 EL Vollrohrzucker
ca. 200 ml Milch
3-4 EL Honig
100 g weiche Butter
150 g gehackte Mandeln
Sahne zum Bestreichen

Vollweizenmehl in eine Schüssel geben, in die Mitte eine Mulde drücken, Hefe mit Zucker und einem Teil der warmen Milch anrühren, in der Mulde ca. 15 Minuten gehen lassen. Langsam verrühren, die übrigen Zutaten zugeben und gut verkneten. Ca. 40 Minuten gehen lassen, wieder durchkneten. Drei Rollen formen und daraus einen Zopf flechten. Auf ein gefettetes Blech legen und nochmals ca. 15 Minuten gehen lassen. Bei 200 Grad ca. 45 Minuten backen.

Christstollen

750 g Vollweizenmehl
60 g Hefe
gut 1/8 l lauwarme Milch
150 g Honig
1 Prise Salz
375 g geschmeidige Butter oder Margarine
125 g Walnußkerne
200 g Sultaninen
125 g Korinthen
100 g getrocknete Aprikosen
200 g getrocknete Datteln
Schale einer unbehandelten Zitrone

Mehl etwas erwärmen, in eine Schüssel geben, Hefe mit Milch und 1 TL Honig verrühren und gehen lassen.
Honig, Salz, Fett und Hefemilch zum Mehl geben. Alles gut verrühren. Walnußkerne grob hacken. Sultaninen und Korinthen waschen und mit Küchenkrepp trocken tupfen.
Aprikosen und Datteln kleinschneiden. Nüsse und Früchte unter den Hefeteig geben und gut durchkneten. Teig mit einem Küchentuch abdecken und an einem warmen Ort mindestens 1 Stunde gehen lassen. Danach Teig nochmals

durchkneten und zu einem Stollen formen. Stollen auf ein gefettetes Backblech setzen und nochmals etwa 20 Minuten gehen lassen.
Danach den Stollen im vorgeheizten Backofen auf der mittleren Schiene bei 180 Grad (Gas Stufe 2) ca. 1 Stunde backen. Mit einer Nadel einstechen und prüfen, ob der Stollen trocken ist. Noch heiß mit Butter bepinseln.

Nußhörnchen

Hefeteig nach Grundrezept

Für die Füllung
50 g Vollrohrzucker oder Honig
125 g gemahlene Haselnüsse
1 Päckchen Vanillezucker oder etwas Naturvanillepulver
5 EL süßer Rahm oder Kondensmilch
einige Tropfen Rumaroma

Gegangenen Teig in 2 Hälften teilen und jede zu einer runden, 1/2 cm dicken Platte auswellen. Diese schneidet man mit einem Backrädchen in je 8 Stücke, wie man einen Obstkuchen aufschneidet, so daß also langgezogene Dreiecke entstehen. Die zur Füllung angegebenen Zutaten erst kurz vor Gebrauch anrühren. Auf jedes Dreieck an der Breitseite einen Kaffeelöffel voll Füllung geben. Teig aufwickeln und gleichzeitig die Zipfel etwas einbiegen. Auf gut gefettetem Blech noch kurz gehen lassen und nach dem Backen noch heiß mit flüssigem Honig bestreichen. Backdauer etwa 15-20 Minuten bei 200 Grad (Gas Stufe 3-4).

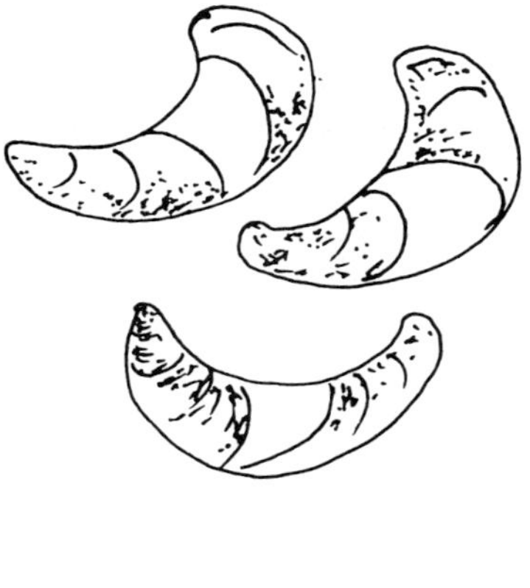

Gebäck aus Sojateig

Sojatorte mit Cremefüllung

300 g Vollweizenmehl
150 g Butter
150 g Vollrohrzucker
3 gehäufte EL Sojamehl
etwas Milch
3/4 Päckchen Backpulver
1 Päckchen Vanillezucker
abgeriebene Schale einer unbehandelten Zitrone

Butter, Zucker und etwas Milch schaumig rühren. Sojamehl, Vanillezucker und Zitronenschale dazugeben und solange rühren, bis eine cremige Masse entsteht. Mehl und Backpulver unterziehen, evtl. noch etwas Milch dazugeben. Der Teig soll nicht zu weich sein, sondern von festerer Beschaffenheit, damit er beim Backen nicht zusammensinkt.
Springform fetten, mit Bröseln ausstreuen, Teig einfüllen und ca. 40-50 Minuten bei 175 Grad backen. Stricknadelprobe machen. Kuchen vorsichtg auf ein Kuchengitter geben und auskühlen lassen.

Varianten:
a) Wenn man 70 g Kakao und 80 g gemahlene Haselnüsse unter den Teig mischt, erhält man einen Soja-Schokoladenbiskuit. Zur Geschmacksverfeinerung evtl. 1 Fläschen Rumaroma dazugeben.

b) Man kann aus der Teigmasse auch 3 gleichgroße Tortenböden backen und diese nach dem Erkalten beliebig gefüllt zu einer Torte zusammensetzen.

Nußcremefüllung für Sojatorte

250 g Butter
150 g Vollrohrzucker
70 g Honig
60 g Speisestärke
etwas Vanille
1/2 l Milch
100 g gemahlene Haselnüsse
1 Fläschchen Rumaroma
1/8 l Schlagrahm
1 EL Sojamehl

Milch, Sojamehl und Speisestärke mit Vanille verrühren. Masse unter ständigem Rühren kurz aufkochen lassen. Sofort von der Kochstelle nehmen. Unter öfterem Durchschlagen erkalten lassen. Butter schaumig rühren, Zucker, Haselnüsse, Rumaroma und Honig dazugeben. Erkaltete Masse löffelweise unterrühren. Steif geschlagene Sahne dazugeben.

Variante:
Für den Schokoladenbiskuit 1 Rezept Nußcreme zubereiten, jedoch 100 g geriebene Schokolade oder 30 g Kakao dazugeben.
Torte einmal durchschneiden, mit Rumaroma beträufeln, evtl. nach Geschmack mit Aprikosenmarmelade bestreichen und 2/3 der Creme darauf verteilen. Zweite Tortenhälfte darauf legen und restliche Creme (etwas zum garnieren übrig lassen) verstreichen. Nach Belieben mit gehackten Nüssen bestreuen.

Sojakuchen

2 1/2 Tassen Vollweizenmehl
1/2 TL Salz
1 Päckchen Backpulver
2 1/2 Tassen Sojamasse "Okara"
(s. Kapitel Milch, Sojamilch ...)
150 g Honig
1 Päckchen Vanillezucker
125 g Margarine
1/8 l (Soja-) Milch

Mehl, Salz und Backpulver sieben. Sojamasse gut untermischen. Honig, Vanillezucker und Margarine cremig rühren, Flüssigkeit unterrühren. Nach und nach die Mehlmischung dazugeben, gut untermengen. Teig in eine gefettete Kastenform füllen. Bei 200 Grad (Gas Stufe 3-4) ca. 30 Minuten backen.
Nach dem Erkalten mit Honig bestreichen oder mit einem Guß nach Wahl überziehen.

Soja-Obst-Tortenboden

300 g Vollweizenmehl
1 gehäufter EL Sojamehl
1 Päckchen Vanillezucker
1 1/2 TL Backpulver
1 Prise Salz
200 g Butter
abgeriebene Schale einer unbehandelten Zitrone
120 g Vollrohrzucker oder 100 g Honig
1 Becher Joghurt natur
2 gehäufte EL Sojamehl, mit etwas Wasser verrührt

Mehl, Sojamehl, Zucker oder Honig, Vanille, Salz, Zitronenschale und Backpulver in einer Schüssel gut vermischen. Die Butter in kleinen Flocken darüber verteilen und mit der Mehlmischung zwischen den Händen zerreiben.
Danach gibt man das Joghurt und das mit Wasser angerührte Sojamehl dazu und vermischt alles zu einem Brei. Nicht kneten oder zusammendrücken! Alle Zutaten nur mit einer Gabel vermischen. Etwa 1/2 -3/4 Stunde läßt man den Teig ruhen und streicht ihn dann mit Hilfe eines Spachtels auf das gefettete Kuchenblech. Mit geriebenen Haselnüssen bestreuen, mit Früchten belegen und bei mittlerer Hitze etwa 25-30 Minuten backen.
Man kann den Kuchen auch erst nach dem Backen mit Obst belegen und mit einem Guß überziehen.

Gebäck aus Blätterteig

Tarte Tatin

1 Rezept Blätterteig (siehe "Backkurs")
50 g Butter
50 g Vollrohrzucker

Für die Füllung:
700 g Äpfel
100 g weiche Butter
100 g Vollrohrzucker
100 g gewaschene und abgetropfte Rosinen

Blätterteig ruhen lassen. Währenddessen die Füllung bereiten. Eine Springform von ca. 20 cm Durchmesser dick mit Butter ausstreichen und mit 50 g Zucker bestreuen. Äpfel schälen, Kerngehäuse ausstechen, Äpfel in Scheiben schneiden, auf dem Zucker verteilen. Den restlichen Zucker darüberstreuen, die übrige Butter darauf verteilen, ebenso die Rosinen.
Blätterteig auf bemehlter Fläche in Deckelgröße ausrollen. Auf Apfel-Butter-Zucker-Lage drücken. Bei 220 Grad ca. 40 Minuten backen. Wenn der Teig goldbraun ist, den Deckel leicht anheben und nachsehen, ob die Äpfel transparent bzw. gar sind.
Eine runde Servierplatte umgekehrt auf die Kuchenform legen, die Form stürzen, so daß nun die Äpfel auf der Oberseite sind. Heiß servieren.

Quarkhörnchen

1 Rezept Quarkblätterteig (siehe "Backkurs")

Für die Füllung:
etwas feste Marmelade

Man rollt den Teig dünn aus und formt Platten in der Größe eines Eßtellers. Die Platten werden viermal durchgeschnitten, und zwar so, daß zunächst Hälften, dann Viertel und schließlich Achtel entstehen. Die Achtel werden an den zur Mitte liegenden Spitzen mit Milch bestrichen, zur kürzeren Seite mit Marmelade belegt. Von dieser Seite her rollt man die Spitzen auf und formt sie zu Hörnchen. Mit Milch bestrichen legt man sie auf ein mit Wasser abgespültes Blech und bäckt etwa 20 Minuten bei starker Hitze.

Apfeltaschen

1 Rezept Quarkblätterteig (siehe "Backkurs")

Für die Füllung:
500 g Äpfel
50 g Rosinen
75 g Vollrohrzucker
etwas abgeriebene Zitronenschale

Die Äpfel werden geschält, vom Kerngehäuse befreit, gerieben und mit den anderen Zutaten vermischt.
Den Quarkblätterteig rollt man etwa 1/2 cm dick aus und schneidet in der Größe einer Untertasse Scheiben daraus. Die eine Hälfte der Scheibe wird mit der Apfelmasse belegt, die andere wird darüber geklappt und an den Rändern fest zusammengedrückt. Mit Milch bestrichen legt man die Taschen auf ein kalt abgespültes Blech und bäckt sie etwa 20 Minuten.

Pikantes Gebäck

Kümmel-Leinsamen-Keks

250 g Haferflocken
20 g Leinsamen
250 g Vollweizenmehl
7 EL Öl
Kümmel nach Geschmack
etwas Salz
1 TL Vollrohrzucker
1 TL Backpulver

Haferflocken und Leinsamen 6-8 Stunden in etwas Wasser einweichen.
Mit den übrigen Zutaten zu einem Teig verkneten.
Dünn ausrollen, in Kekse oder Stangen schneiden; bei mäßiger Hitze ca. 10-15 Minuten backen.

Käsestangen

300 g Vollweizenmehl
125 g Butter
3 EL Sojamehl, angerührt in etwas kalter Milch
100 g Quark
200 g geriebener Käse
je 1 Prise scharfer Paprika und Muskat
1 gestrichener TL Salz

Mehl, Sojamehl, Butter, Käse, Quark, Salz und Gewürze glattkneten. 10 Minuten im Kühlschrank ruhen lassen. Auf einer bemehlten Fläche etwa kleinfingerdick ausrollen, von der Schmalseite ca. 1 cm breite Streifen abschneiden. Auf ein gefettetes Backblech legen, bei 200 Grad ca. 1/4 Stunde backen.

Käsekränzchen

250 g Margarine
250 g geriebener Käse
2 EL Sojamehl, angerührt in etwas kalter Milch
0,1 l Joghurt oder saure Sahne
1 Msp. Kräutersalz
1-2 gestrichene TL Rosenpaprika
1 TL Kümmel
250 g Vollweizenmehl
1 TL Backpulver
etwas Salz und Paprika zum Bestreuen

Fett schaumig rühren. Käse, Sojapaste, Sauermilch, Gewürze und Salz dazugeben. Mehl und Backpulver sieben, rasch mit der Fettmasse verrühren. Teig in einen Spritzbeutel füllen, auf ein gefettetes Backblech Kränzchen spritzen. Mit Salz und Paprika leicht bestreuen.
Sollten Sie keinen Spritzbeutel besitzen, können Sie auch eine Plastiktüte nehmen, von der Sie ein Eckchen abgeschnitten haben. Bei 200 Grad ca. 1/4 Stunde backen.

Kümmelstangen

250 g fein gemahlener Roggenschrot
1 TL Backpulver
80 g Vollweizenmehl
1/8 l Wasser
150 g Butter
1 gestrichener TL Salz
1/2 TL Kümmel

Alle Zutaten vermischen und zu einem glatten Teig verarbeiten. Auf bemehlter Unterlage ausrollen, in Streifen schneiden, zu Stangen formen, mit ganzem Kümmel bestreuen und bei Mittelhitze hellgelb backen.

Süßes Kleingebäck und Weihnachtsgebäck

Erdnußkekse

250 g Haferflocken
125 g Vollrohrzucker
125 g Vollweizenmehl
125 g zerlassene Margarine

125 g (gesalzene), zerkleinerte Erdnüsse
1 EL Melasse oder Honig
etwas Milch

Haferflocken, Mehl und Nüsse mischen. Milch, Zucker, Melasse und Margarine hinzufügen. Gut durchmischen. Mit einem Teelöffel kleine Portionen von der Masse abstechen, zwischen den Händen zu Plätzchen formen. Auf ein gefettetes Backblech setzen. Bei 195 Grad ca. 25-30 Minuten backen.

Florentiner

250 g grob geriebene Mandeln oder Nüsse
20 kandierte Kirschen
75 g gewürfeltes Orangeat
25 g gewürfeltes Zitronat
50 g Rosinen

100 g Vollrohrzucker
125 g Butter oder Magarine
3 EL süße Sahne (oder Milch)
2 EL Honig
1-2 EL Sojamehl
etwas Öl

Kirschen in Scheiben schneiden, mit den grob gehackten Mandeln, Orangeat, Zitronat und Rosinen vermischen. Butter und Zucker in einem Topf zergehen lassen, Honig zugeben und langsam zum Kochen bringen. Nüsse und Sojamehl hinzufügen, Masse unter Rühren ca. 2 Minuten kochen lassen. Sahne und Früchte hinzugeben. Je ein Teelöffel von dieser Nußmasse in Abständen auf ein geöltes, bemehltes Backblech geben. Im vorgeheizten Backofen bei 200 Grad (Gas Stufe 3) ca. 10-15 Minuten backen. Danach Florentiner sofort mit in Öl getauchtem Ausstecher mit einem Durchmesser von 5 cm rund formen. Auf einem Gitter erkalten lassen.

Griechische Weihnachtsplätzchen

Für den Teig:
3 EL Öl
35 g Butter oder Margarine
80 g Vollrohrzucker
abgeriebene Schale einer unbehandelten Orange
1/2 TL Zimt
125 g Vollweizenmehl
3-4 EL Milch

Zum Tränken:
4 EL Honig
4 EL Wasser

Zum Bestreuen:
2 EL gemahlene Haselnüsse
1/4 TL Zimt

Öl, Butter (bzw. Margarine), Zucker, Orangenschale, Zimt und das Mehl bis auf 1 EL mit den Händen zu einer krümeligen Masse verarbeiten. 3 lange Rollen daraus formen und kleine Stücke von ca. 3 cm Länge davon abschneiden. Noch etwas in Form drücken. Mit dem restlichen Mehl bestäuben und mit der Milch bepinseln. Auf ein gefettetes Blech legen und bei 125 Grad ca. 45 Minuten backen. Inzwischen aus Honig und Wasser eine Lösung kochen. (Evtl. abschäumen.) Die gebackenen Makronen noch warm darin eintauchen. Danach mit einer Mischung aus Haselnüssen und Zimt bestreuen. Auf einem Kuchengitter abtropfen lassen.

Haferflockenplätzchen

100 g Butter oder Margarine
250 g Haferflocken
100 g Vollweizenmehl
2 EL Sojamehl, angerührt mit etwas kalter Milch
100 g Honig oder Vollrohrzucker
4 gestrichene TL Backpulver
2 TL Zimt

Fett in der Pfanne zerlassen, Haferflocken unter ständigem Rühren leicht anbräunen. Zum Schluß 1 EL Zucker bzw. Honig dazugeben und zergehen lassen. Haferflockenmischung abkühlen lassen. Sojamehl mit restlichem Honig oder Zucker verschlagen, Mehl, Backpulver und Zimt unterrühren, zuletzt die erkalteten Haferflocken dazugeben. Mit einem Teelöffel etwa walnußgroße Häufchen von der Masse abstechen und auf ein gefettetes Backblech setzen.
Bei guter Mittelhitze ca. 25 Minuten backen.

Hefekringel

500 g Vollweizenmehl
1 Würfel Hefe
1 EL Vollrohrzucker
2 EL Sojamehl
1/2 Tasse Milch
1 Prise Salz
250 g Butter oder Margarine
etwas flüssigen Honig

Hefe und Zucker verrühren, bis die Hefe flüssig ist, an einem warmen Ort gehen lassen. Mehl, Sojamehl und Salz in eine Schüssel geben.
Fett in Milch erwärmen, unter das Mehl rühren. Zum Schluß die Hefe dazugießen, mit einem Holzlöffel gut abschlagen, bis der Teig Blasen wirft. Von dem Teig kleine Stückchen abnehmen. Zu Stäbchen rollen, zu Kringeln formen und auf ein gefettetes Backblech legen. 30 Minuten gehen lassen, ca. 20 Minuten auf der mittleren Schiene bei 200 Grad backen.
Noch warm mit Honig bepinseln.

Variante:
Die Teigstäbchen zu Brezeln formen.

Heidesand

250 g Butter
200 g Honig
300 g Vollweizenmehl
50 g Sojamehl
1 Prise Salz

Alle Zutaten rasch zu einem Knetteig verarbeiten und ca. 1 Stunde kühl stellen. Auf bemehlter Arbeitsfläche dünn ausrollen und mit Formen ausstechen. Die Plätzchen auf ein mit Backpapier belegtes Blech legen.
Im vorgeheizten Backofen bei Mittelhitze ca. 10 Minuten hellgelb backen.

Honig-Leckerli

250 g ungeschälte Mandeln
300 g Honig
175 g Vollrohrzucker
1 Päckchen Lebkuchengewürz
abgeriebene Schale einer unbehandelten Zitrone
je 50 g gehacktes Orangeat und Zitronat
etwas Rumaroma
375 g Vollweizenmehl

Für die Glasur:
3 EL Honig
halbierte Mandeln

Die Mandeln kurz in kochendes Wasser tauchen, schälen und in feine Streifen schneiden. Honig und Zucker aufkochen. Mandeln zufügen und ca. 5 Minuten darin bei mittlerer Hitze ziehen lassen.
Gewürze, Zitonenschale, kandierte Früchte und Aroma untermischen. Mehl unter die Mandelmasse kneten, erkalten lassen, auf ein gefettetes Backblech streichen. Glasur: Honig zerlassen. Teigplatte damit bestreichen. Teig im vorgeheizten Backofen bei 175 Grad (Gas Stufe 1-2) ca. 35 Minuten backen. Leckerli noch heiß in Rechtecke schneiden und mit Mandeln garnieren.

Kissinger Plätzchen

200 g Walnußkerne
150 g Butter
75 g Vollrohrzucker
275 g Vollweizenmehl
2 gestrichene TL Backpulver
1 TL Zimt
1/2 Glas Aprikosenmarmelade

Nüsse (ca. 40 Hälften für die Garnitur zurücklassen) fein reiben. Fett mit Zucker schaumig rühren. Mehl, Backpulver, Zimt und Nüsse unterkneten. Teig ca. 2 Stunden kalt stellen, dann ausrollen, Plätzchen ausstechen, auf ein gefettetes Backblech legen und im Backofen bei 175 Grad (Gas Stufe 2) ca. 25 Minuten backen. Erkaltet je 2 Plätzchen mit erwärmter Marmelade zusammensetzen, mit Nußhälften garnieren.

Josefa-Plätzchen

200 g Butter (Zimmertemperatur)
85 g Vollrohrzucker
1 Prise Salz
240 g Vollweizenmehl
Mehl zum Ausrollen
30 g ungeschälte Mandeln

Butter schaumig rühren. Zucker und Salz dazugeben. Gut miteinander verrühren. Mehl einarbeiten. Zugedeckt 90 Minuten im Kühlschrank stehen lassen.
Teig auf bemehlter Arbeitsfläche 3 mm dick ausrollen und schräge Karos (Rhomben) ausradeln.
Auf ein leicht gefettetes Blech legen. Mit halbierten Mandeln garnieren. Plätzchen im vorgeheizten Backofen (mittlere Schiene) 8-10 Minuten backen. (E-Herd 175 Grad, Gasherd Stufe 2).

Klosterkipferl

140 g Vollweizenmehl
100 g Butter
100 g geriebene Haselnüsse
30 g Vollrohrzucker
50 g geriebene Schokolade
1 Päckchen Vanillezucker
Schokoladenglasur

Alle Zutaten rasch zu einem glatten Teig verkneten und etwa 20 Minuten kalt stellen. Danach zu einer Rolle formen, kleine Stücke abschneiden und Kipferl daraus formen. Auf einem gefettetem Backblech bei guter Mittelhize ca. 15 Minuten backen.
Nach dem Erkalten mit Sschokoladenglasur bestreichen.

Knuspermonde

300 g Vollweizenmehl
200 g kalte Butter oder Margarine
1 kleiner Becher Crème fraîche (200 g)
abgeriebene Schale einer unbehandelten Zitrone
1 Prise Salz
etwas flüssiger Honig

Mehl auf eine Arbeitsfläche sieben, Fett in Flöckchen zufügen und mit Mehl verkneten. Mehlmasse in eine Schüssel geben, mit Crème fraîche, Zitronenschale und Salz verkneten. Teig 1 Stunde kalt stellen. Dann Teig 1 cm dick auswellen. Aus der Teigplatte Monde ausstechen und auf mit Backpapier belegtes Backblech setzen, und im Backofen bei 200 Grad (Gas Stufe 3) ca. 18 Minuten backen. Noch warm mit flüssigem Honig bestreichen.

Kokosmakronen

1/2 Tasse lauwarme Milch
1/2 Tasse flüssigen Honig
2 Tassen Kokosraspeln
1 TL Vanillezucker
1 Tasse geriebene Haselnüsse
1 Msp. Zimt
kleine runde Backoblaten

Die lauwarme Milch mit Honig verschlagen, Kokosraspeln und die anderen Zutaten langsam hinzufügen. Die Masse sollte formbar sein. Die Oblaten auf ein Backblech setzen, mit zwei Teelöffeln kleine Häufchen darauf setzen und bei Mittelhitze ca. 10 Minuten goldgelb backen.
Möglichst bald verzehren. Noch warm mit flüssigem Honig bestreichen.

Lomnitzer-Ringe

280 g Vollweizenmehl
80 g Butter oder Margarine
40 g Hefe
etwas Salz
5 EL Milch
etwas flüssigen Honig
2 EL gerösteten Sesam

Mehl auf ein Backbrett sieben, Butter in Stückchen schneiden, Salz zugeben, Hefe dazu bröseln und mit der Milch rasch zu einem glatten Teig verkneten. Teig nicht gehen lassen! Auf bemehlter Fläche Teig ausrollen, Ringe ausstechen, auf ein gefettetes Backblech legen und ca. 1 Stunde ruhen lassen. Dann bei 200 Grad hellgelb backen. Noch warm mit Honig bestreichen und mit dem gerösteten Sesam bestreuen.

Mandel-Gewürz-Spekulatius

500 g Vollweizenmehl
200 g Melasse
100 g Honig
2 EL Sojamehl
etwas kalte Milch
200 g Margarine
150 g gemahlene Mandeln
1 TL Zimt
1 Prise Muskatnuß
1 gestrichener TL gemahlene Nelken
1/2 TL Vanille
halbierte, abgezogene Mandeln zum Verzieren

Alle Zutaten zu einem festen, glatten Teig verkneten und 12-24 Stunden ruhen lassen. Auf bemehlter Unterlage 1 cm dick ausrollen. Beliebige Formen ausstechen, mit einer halben abgezogenen Mandel belegen und bei 200 Grad (mittlere Schiene) ca. 15-20 Minuten backen.
Die Plätzchen können in einer verschlossenen Dose lange aufbewahrt werden.

Marillenringe

200 g Vollweizenmehl
100 g fein geriebene Mandeln
1 EL Sahne
120 g flüssiger Honig
120 g Butter
1 Msp. Vanillepulver
1 Msp. gemahlenen Ingwer
abgeriebene Schale einer halben unbehandelten Orange
etwa 250 g Aprikosenmarmelade

Sahne mit Honig verschlagen, die erwärmte Butter unterrühren. Das Mehl, die Gewürze, die abgeriebene Schale einer halben Orange und die Mandeln zusammen dazu geben und alles gut verrühren. Den Teig im Kühlschrank 2-3 Stunden ruhen lassen.
Den Teig ca. 3 mm dick auf bemehlter Unterlage ausrollen, je zur Hälfte runde Plätzchen und Ringe ausstechen und ca. 10-15 Minuten bei 180 Grad backen. Die Konfitüre glatt rühren, die Plätzchen damit bestreichen, Ringe daraufsetzen, in die Ringe noch etwas Konfitüre füllen. Gut trocknen lassen.

Nußtaler

125 g geröstete, gemahlene Haselnüsse
250 g Vollweizenmehl
1 gestrichener TL Backpulver
100 g Speisestärke
100 g Vollrohrzucker
1 Msp. Vanille
1 Prise Salz
250 g Butter

Alle Zutaten schnell zu einem glatten Teig verkneten, vier Rollen formen, mit Milch bestreichen und in Kakao wälzen. Die Rollen 1-2 Stunden im Kühlschrank stehen lassen. Danach in dünne Scheiben schneiden und bei Mittelhitze backen.

Nürnberger Lebkuchen

200 g Zuckerrübensirup
150 g Honig
75 g Butter
200 g Mandeln
500 g Vollweizenmehl Type 1700
1 ungespritzte Zitrone
1 EL Zimt
1 Msp. gemahlene Nelken
1 Msp. Kardamom
1 Msp. gemahlene Vanille
1 Prise Salz
1 gehäufter TL Pottasche
etwas Milch

Sirup, Honig und Butter zusammen unter Rühren erhitzen, bis alles zu einer glatten Masse verschmolzen ist. Abkühlen lassen. Mandeln heiß brühen, abziehen, 150 g fein mahlen, Rest für Garnitur beiseite stellen. Mehl und Gewürze in eine Schüssel geben. Gemahlene Mandeln, Honigmasse und die in etwas Milch gelöste Pottasche hinzufügen. Alle Zutaten verkneten und 2 Stunden bei Zimmertemperatur ruhen lassen. Falls der Teig zu weich ist, noch etwas Mehl unterkneten. Teig 1/2 cm dick ausrollen und Rechtecke oder runde Lebkuchen ausstechen und auf ein mit Backpapier belegtes Blech legen. Mit Milch bestreichen und mit den halbierten Mandeln verzieren, die Lebkuchen im vorgeheizten Backofen bei 190 Grad (Gas Stufe 2) etwa 15 Minuten backen.

Pfeffernüsse

200 g Butter
250 g Zuckerrübensirup
250 g flüssiger Honig
200 g süße Sahne
1/2 TL gemahlener Zimt
1/4 TL gemahlene Nelken
1/4 TL gemahlener Pfeffer
200 g Mandeln
je 75 g Zitronat und Orangeat in Stücken
1 gehäufter EL Pottasche
500 g Vollweizenmehl (Type 1700)
2 EL Milch

Die Butter schmelzen und mit dem Zuckerrübensirup und dem Honig verrühren. Dann die Sahne und die Gewürze zugeben. 150 g Mandeln ungeschält reiben, Zitronat und Orangeat würfeln, untermengen. Die Pottasche in der Milch lösen, zugeben und zuletzt das Mehl unterkneten. Den Teig etwa 8 Stunden zugedeckt kühl stellen. Die restlichen Mandeln brühen und schälen. Den Backofen auf 180 Grad vorheizen. Gleichgroße Kugeln formen, auf ein mit Backtrennpapier belegtes Blech legen. Auf Abstand achten, da die Nüsse etwas auseinanderlaufen. Auf jede Kugel eine geschälte Mandel drücken.
Etwa 15-20 Minuten backen.

Soja-Honigplätzchen

125 g Vollweizenmehl
125 g Sojamehl
75 g Sojaschrot
1 TL Backpulver
100 g Vollrohrzucker
1 Päckchen Vanillezucker
1 unbehandelte Orange
1 Prise Salz
2 EL Milch
150 g Butter oder Margarine
4 EL Honig

Weizenmehl, Sojamehl, 50 g Sojaschrot und Backpulver auf eine Arbeitsfläche geben. Zucker, Vanillezucker, abgeriebene Orangenschale und Salz darüberstreuen. In die Mitte eine Vertiefung drücken, die Milch und die Butter in Flöckchen hineingeben und zu einem glatten Teig verarbeiten. 30 Minuten in

den Kühlschrank stellen. Dann auf eine leicht bemehlte Arbeitsfläche den Teig legen, dünn ausrollen. Runde Plätzchen ausstechen und auf ein mit Backpapier belegtes Backblech legen.
Die Hälfte der Plätzchen in der Mitte mit etwas Wasser bestreichen und mit dem restlichen Sojaschrot bestreuen. Im vorgeheizten Backofen bei 200 Grad (Gas Stufe 3) 10-12 Minuten backen. Das Gebäck dann abkühlen lassen.
Die unbestreuten Plätzchen dünn mit Honig bestreichen und mit den anderen Plätzchen abdecken.

Vanillewaffeln
(gebacken)

160 g Butter oder Margarine
200 g Vollrohrzucker
1 TL Vanillepuddingpulver
4 EL Milch
150 g Vollweizenmehl
1 EL Sojamehl
Vanille
1/2 TL Backpulver

Butter und Zucker in einer großen Schüssel schaumig rühren. Backpulver in der Milch auflösen, dazutun. Puddingpulver mit Mehl und Sojamehl sieben. Unter die Buttermischung rühren. Zum Schluß Vanille dazugeben. Alles gut miteinander verschlagen. Soviel Mehl untermischen, daß ein sehr geschmeidiger Teig entsteht, der sich ohne zu kleben, ausrollen läßt. Teig auf einer bemehlten Fläche 1/2 cm dick ausrollen. Kleine runde Plätzchen ausstechen und bei 220-225 Grad backen.

Waffeln

250 g Mehl
1 TL Backpulver
100 g Vollrohrzucker
1 Päckchen Vanillezucker
1/8 l warmes Wasser
1/8 l süße Sahne
2 EL Sojamehl, angerührt mit etwas kalter Milch
1 Prise Salz
125 g zerlassene Butter
100 g feingemahlene Nüsse

Zutaten nacheinander zu einem Teig verrühren. In einem gut gefetteten Waffeleisen zu Waffeln backen. Noch warm servieren.

Zimtherzen

125 g Vollrohrzucker
150 g Butter
1 TL Zimt
1 TL Kakao oder Carobpulver
1 Msp. gemahlener Piment
250 g Vollweizenmehl

Zucker und Butter schaumig rühren. Zimt, Kakao und Piment untermischen. Mehl darauf sieben und alles schnell zu einem glatten Teig verkneten. 1 Stunde ruhen lassen und kalt stellen. Teig etwa 3 mm dick ausrollen, Herzen ausstechen und backen. Etwa 10 Minuten bei 170 Grad (Gas Stufe 1-2).

Zimthörnchen

125 g Vollweizenmehl Type 1700
125 g fein gemahlener Buchweizen
125 g fein gemahlene Haselnüsse
2 TL Zimt
150 g Butter oder Margarine
125 g Honig

Zum Garnieren:
3 gehäufte EL Sesamsamen
1 EL flüssiger Honig

Alle Teigzutaten rasch und gut miteinander verkneten und ca. 1 Stunde im Kühlschrank ruhen lassen. Danach den Teig in 1 cm dicke Rollen formen und in 1 1/2 cm breite Stücke schneiden. Diese zu Hörnchen formen. Danach die Hörnchen mit Honig bepinseln und in Sesam drücken. Auf ein mit Backpapier belegtes Backblech setzen und ca. 10 Minuten bei 200 Grad backen.

Zitronen-Plätzchen

250 g Vollweizenmehl
130 g Vollrohrzucker oder 100 g Honig
150 g Butter
50 g geriebene Mandeln
Saft und Schale einer unbehandelten Zitrone
etwas säuerliche Marmelade

Alle Zutaten rasch zu einem glatten Teig verarbeiten und 1 Stunde kalt stellen. Danach etwa 3 mm dünn ausrollen und runde Plätzchen ausstechen. Auf ein gefettetes Backblech legen und bei 170 Grad 10-15 Minuten hell backen. Abkühlen lassen und mit Marmelade zusammensetzen.

Mandelstangen

125 g Butter
125 g Vollrohrzucker
125 g ganze geschälte Mandeln
250 g Vollweizenmehl
1 TL Zimt

Mehl, Zucker, die in Stücke geschnittene Butter, die ganzen Mandeln und Zimt auf ein Backbrett geben und rasch zu einem glatten Teig verkneten. Etwas kalt stellen. Teig zu mehreren Rollen formen. Mit einem scharfen Messer kleine Stücke abschneiden, auf ein gefettetes Backblech legen und bei 200 Grad hellgelb backen.

Schneesterne

125 g Butter
125 g Vollrohrzucker
125 g geriebene Haselnüsse
200 g Vollweizenmehl
etwas Zimt
1 Prise Salz
1/2 TL Backpulver
ca. 50 g Kokosflocken
etwas Milch
evtl. Marmelade

Butter, Zucker, geriebene Haselnüsse, Mehl, Zimt, Salz und Backpulver zu einem glatten Teig verkneten. Dünn ausrollen, Sterne ausstechen und bei 200 Grad hellgelb backen.
Anschließend mit Milch bestreichen und in Kokosflocken drücken. Evtl. mit Marmelade zusammensetzen.

Milch, Sojamilch und andere Getränke

Selbstgemachte Sauermilch

Joghurt

Wenn Sie gerne Joghurt essen, aber es leid sind, sie immer wieder für teures Geld zu kaufen - machen Sie sie doch einfach selbst!
Sie benötigen:

1-2 l Frischmilch
2-4 EL fertigen Joghurt

Erhitzen Sie die Milch ganz kurz bis zum Siedepunkt und lassen Sie sie dann auf etwa 40 Grad abkühlen. Rühren Sie den fertigen Joghurt mit einem Schneebesen ein. Füllen Sie die Milch in 1/4-1/2 l Schalen oder Joghurtgläser oder Joghurtbecher, die Sie anschließend mit einem Deckel oder Untertassen abdecken. Stellen Sie die Behälter nun an einen warmen Ort, z.B. in die Nähe der Heizung, auf die Heizung (sofern sie warm, aber nicht heiß ist) oder auch in einen Wärmeschrank. Die Temperatur sollte in etwa 40 Grad betragen. Nach etwa 3-4 Stunden ist der Joghurt stichfest. Bei niedrigeren Temperaturen dauert es länger. Lassen Sie aber den Joghurt nicht zu lange stehen, da er zu sauer werden kann.
Nun den Joghurt einige Stunden kalt stellen. Verbrauchen Sie ihn nicht ganz, sondern behalten Sie etwa 2 EL pro Liter Milch für die nächste Runde zurück. Nach etwa 5-6 Runden ist es empfehlenswert, zum "Impfen" wieder neuen Joghurt zu kaufen. Achten Sie beim Joghurtkauf auf rechtsdrehende Milchsäure. Milch und Impfjoghurt sollten sich im Fettgehalt entsprechen.

Dickmilch

Füllen Sie Frischmilch in 1/4 - 1/2 l Schalen, "impfen" Sie sie mit 2 EL fertiger Dickmilch pro Liter Milch und lassen Sie sie etwa 12 Stunden bei Zimmertemperatur stehen, bis die Milch stockt. "Impfen" Sie die nächste "Runde" wieder mit etwas zurückbehaltener, selbstgemachter Dickmilch, in größeren Abständen auch wieder mit gekaufter Dickmilch. Milch und Dickmilch sollten den gleichen Fettgehalt haben.
Selbstgemachte Sauermilch hält sich etwa 3 - 4 Tage im Kühlschrank. Sollte sie Ihnen einmal mißlingen, lassen Sie sich nicht entmutigen, sondern versuchen Sie es mit einer anderen Milchsorte. Hin und wieder gibt es "Milchserien", die für die Sauermilchherstellung ungeeignet sind.
Auch eine zu kühle Raumtemperatur kann für ein Mißlingen verantwortlich sein.

Milch-und Sauermilch-Cocktails

Milch
& Kakao oder Schokoladenpulver oder Carobpulver (Johannisbrotmehl) oder Malzextrakt
& löslicher Kaffee
& zerkleinerte oder pürierte Früchte
& Früchtesirup, Marmelade, Gelee, Fruchtmus
& Fruchtsäfte oder Gemüsesäfte
& Eis (Würfel oder -Creme ohne Ei)
& fein geraspeltes Gemüse
& Honig
& Nüsse oder Nußmus und Honig
& Gewürze
& Kräuter

Milch-Soda

1 l Milch oder 1/2 l Milch, 1/2 l Buttermilch
0,7 l Mineralwasser
1/8 l Fruchtsaft
1/8 l Zitronensaft

Alle Zutaten gut im Mixbecher schütteln oder verquirlen. Gut gekühlt servieren. Verwenden Sie ein genügend großes Gefäß, da die Milch bei Zugabe von Mineralwasser aufschäumt.

Sahne-Soda

4 EL Milch
4 EL Sahne oder Kondensmilch (10 % Fettgehalt)
2 EL Fruchtsirup, -mus oder -gelee
1 TL Zitronensaft
Mineralwasser zum Auffüllen

Alle Zutaten außer Mineralwasser mischen, mit Mineralwasser aufgießen. Ergibt 1 Glas voll. Verwenden Sie bitte ein ausreichend großes Gefäß, da die Milch bei Zugabe von Mineralwasser aufschäumt.

Frucht-Milch-Shake

1-2 gehäufte EL Vanille-Eis (ohne Ei)
250 g Früchte
1-2 EL Honig
(wahlweise 1/8 l Milch)
evtl. 1 EL geschlagene Sahne
ein paar Früchte zum Verzieren

Früchte pürieren oder mit der Gabel fein zerdrücken oder durch ein Sieb passieren. Vanille-Eis mit kalter Milch schaumig schlagen. Evtl. mit Sahne und Früchten garnieren.

Bananenmilch

0,5 l Milch
1/2 Pfd. Bananen (gewogen ohne Schale)
1-2 EL Zitronensaft
1/2-1 EL Honig

Bananen mit der Gabel fein zu Mus zerdrücken, mit den anderen Zutaten verschlagen (Quirl oder Schneebesen).

Variante:
Die Bananenmilch mit etwas Pfefferminze würzen.

Heiße Ingwermilch

4 EL Melasse
etwas Ingwer
1/8 l heißes Wasser
3/8 l heiße Milch

Alle Zutaten in einen Topf geben, unter Rühren erhitzen. Ergibt 4 Gläser.

Mokkamilch Cappucino

0,2 l Milch
2-3 EL Sahne
2 TL Pulverkaffee
2 TL Honig
1/2-1 TL kaltlösliches Schokoladenpulver

Alle Zutaten gut miteinander verquirlen.

Mokka-Vanille-Milch

1 Kaffeetasse Milch
1 TL löslicher Kaffee
1/2 Tütchen Vanillezucker

Kaffee und Vanillezucker unter kräftigem Rühren in der Milch auflösen.

Nuß-oder Mandelmilch

2-3 TL Nuß- oder Mandelmus oder 1 EL gemahlene Nüsse oder Mandeln
1-2 TL Honig
1 Tasse (warme) Milch

Mus mit Honig und Nüssen glattrühren, langsam die Milch unterrühren.

Nuß-Frucht-Mix

2 EL Haselnußmus
1/2 l schwarzer Johannisbeer- oder Traubensaft
1/2 l Milch
Honig nach Geschmack

Nußmus mit etwas Saft glattrühren, nach und nach Saft und Milch einrühren, evtl. süßen. Sofort servieren.

Preiselbeermilch

1-2 EL Preiselbeerkompott oder 1-2 EL andere herbe Marmelade (z.B. Holunderbeeren)
1 EL Honig
1-2 TL Zitronensaft
0,2 l Milch oder Sauermilch

Kompott oder Marmelade, Honig und Saft gut verschlagen, Milch dazugießen, mit dem Schneebesen schaumig schlagen.

Schokomilch

0,2 l Milch
3 EL Sahne oder Kondensmilch (10% Fettgehalt)
30 g kaltlösliches Schokoladenpulver
2-3 TL Honig
evtl. 1 EL geschlagene Sahne
Schokoladenstreusel oder etwas geriebene Schokolade (Block- oder Zartbitter-Schokolade)

Milch, Sahne, Schokoladenpulver und Honig miteinander verquirlen. Evtl. mit einem Sahnehäubchen verzieren. Mit Schokoladenstreuseln bestreuen.

Variante:
Statt Schokoladenpulver Carobpulver (Johannisbrotmehl, ein Süßungsmittel, das man anstelle von Kakao verwenden kann) nehmen.

Malzmilch

Wie Schokomilch, nur statt Schokoladenpulver Malzextrakt (in Pulverform oder flüssig) verwenden. Gut für die Nerven.

Zitronenmilch

1 l Milch
Saft von 2-3 Zitronen
2-3 EL Honig

Milch, Honig und Zitronensaft rasch verquirlen. Sofort servieren (sonst gerinnt die Milch).

Orangenmilch

1 l Milch
Saft von 4 Orangen
oder 1-2 EL Orangenmarmelade (dann keinen Honig)
1-2 EL Honig

Zubereitung wie Zitronenmilch.

Apfel-Buttermilch

1 l Buttermilch
40 g Apfeldicksaft (Apfelkraut)
oder Apfelgelee
oder 2-3 fein geriebene Äpfel
oder 3-4 EL Apfelmus
1 TL Zimt
1 Tütchen Vanillezucker

Buttermilch mit Apfeldicksaft, -mus oder -gelee bzw. Äpfeln verschlagen, Vanillezucker und Zimt unterrühren.

Variante:
Statt Butter- andere Sauermilch verwenden.

Birnen-Buttermilch

Wie Buttermilch mit Äpfeln, nur mit Birnendicksaft oder geriebenen Birnen.

Hagebuttenmilch

Wie Buttermilch mit Äpfeln, nur statt Apfelkraut 40 g Hagebuttenmus oder -marmelade nehmen.

Pflaumen-Buttermilch

Wie Apfel-Buttermilch, nur statt Äpfeln, Apfeldicksaft und Pflaumenmus verwenden.

Bunte Buttermilch

1/8 l Buttermilch
50 g Magerquark
1/8 l Fruchtsaft nach Geschmack (am besten roter)
evtl. etwas Honig

Alle Zutaten gut verquirlen.

Vital-Cocktail

1/2 Becher Joghurt
1 TL Honig
1/2 Tasse Karottensaft
Saft einer Orange
Saft 1/2 Zitrone

Alle Zutaten gut vermischen. Wirkt anregend auf Haut, Haar und Stoffwechsel!

Gurken-Buttermilch

1/2 l Buttermilch
ca. 1/4 fein geraspelte Salatgurke
etwas Kräutersalz
Paprika
Dill
Pfeffer
evtl. Eiswürfel

Alle Zutaten verquirlen. Eiswürfel dazugeben. Sofort servieren.

Quark-Drink Exquisit

250 g Magerquark
250 ml Milch
4 EL Honig (nach Geschmack auch mehr)
150 g Fruchtsaft (= 1 Tasse) nach Wahl
je 1 Prise Ingwer und Kakao

Quark mit Milch, Saft und Honig verschlagen (Schneebesen). Mit etwas Ingwer und Kakao bestreuen. Gut gekühlt servieren.

Soja-Milch-Getränke

Sojamilch

(ergibt ca. 3 l)

300 g Sojabohnen
Wasser
1 Prise Salz
2 EL Honig oder Vollrohrzucker

Die Sojabohnen über Nacht in reichlich Wasser einweichen. Am nächsten Tag mit dem Einweichwasser zum Kochen bringen und weich garen. Die gequollenen Sojabohnen abspülen und abtropfen lassen. Danach mit einem Mixer möglichst fein zerkleinern.
Einen 4-5 l Topf mit 1 1/2 l Wasser aufsetzen, Wasser heiß werden lassen, die Sojabohnenmasse hineingeben und zusätzlich noch 2 l kochendes Wasser zufügen. Mit einer Prise Salz das Ganze fast zum Kochen bringen, dabei öfter umrühren! Den Topf vom Feuer nehmen und abkühlen lassen (etwa 1 Stunde). Ein feinmaschiges Edelstahlsieb auf ein anderes Gefäß setzen und die Sojamilch abgießen. Die zurückbleibende Sojamasse (Okara) gut abtropfen lassen.
Diese Sojamasse nicht wegwerfen! Sie kann anderweitig verarbeitet werden (siehe unten).
Ein Sieb mit einem Tuch auslegen, "Okara" hineingeben und mit einem Tuch auspressen.
Die gewonnene Sojamilch nun mit dem Honig oder Vollrohrzucker unter Rühren nochmals 10 Minuten kochen lassen. Eine Verfeinerung ist mit etwas Curcuma (Gelbwurz) und/oder Vanille möglich.

Okara mit ca. 1/2 l Wasser zum Kochen bringen, 3 EL Vollrohrzucker, je 1 Prise Ingwer, Kardamom, Vanille und 2 EL Rosinen zufügen und weitere 10 Minuten kochen lassen. Evtl. mit etwas Zimt abschmecken.
Diese Masse eignet sich sehr gut als Nachtisch (mit Kompott oder Apfelmus) oder auch als Zugabe zum Müsli und für Kuchen (siehe Sojakuchen).
Okara ungesüßt kann bei Bratlingen oder vegetarischer Wurst (siehe Kap. Brotauf-

striche) weiterverarbeitet werden.
Sojamilch und Okara halten sich in Schraubdeckelgläser abgefüllt 3-4 Tage im Kühlschrank.

Sie können Sojamilch auch fertig oder in Pulverform in Fachgeschäften kaufen. Sojamilch kann grundsätzlich wie Kuhmilch verwendet werden.

Soja-Erdnuß-Shake

1/2 l Sojamilch
1-2 EL Erdnußbutter
1-2 TL Honig zum Süßen

Erdnußbutter gut mit Sojamilch verquirlen. Da Sojabohnen leicht nach Erdnüssen schmecken (die auch Hülsenfrüchte sind), passen diese beiden Zutaten besonders gut zusammen.

Soja-Milch-Shake

3/4 l Sojamilch
50-75 g Honig (evtl. mehr)
ein paar Tropfen Rumaroma
1 Tütchen Vanillezucker
1-2 EL Öl
1 Prise Muskat

Alle Zutaten gut verquirlen.

Soja-Sanddorn-Milch

1/2 l Sojamilch
8 EL honiggesüßten Sanddorn
etwas geriebene Orangenschalen

Alle Zutaten gut mischen.

Soja-Milch-Cocktails

Sie können Sojamilch auch mit pürierten Früchten mischen. Mengenangaben siehe Milch-Cocktails

Gemüse- und Frucht-Cocktails

Folgende Säfte (die auch mit Sauermilch gemischt und mit Kräutern abgeschmeckt werden können) passen besonders gut zusammen:

Apfelsaft

& Aprikosensaft oder -nektar
& Orangensaft (und Zitronensaft)
& Sanddorndicksaft
& Schwarzer Johannisbeersaft oder -nektar
& Traubensaft

Grapefruitsaft

& Ananassaft
& Aprikosensaft oder -nektar
& Schwarzer Johannisbeersaft oder -nektar
& Weißer Traubensaft

Karottensaft

& Ananassaft
& Apfelsaft
& Orangensaft (und Zitronensaft)
& Rote Bete-Saft
& Sanddorndicksaft
& Tomatensaft

Orangensaft

& Ananassaft
& Apfelsaft
& Pfirsichsaft oder -nektar
& roter Traubensaft

Tomatensaft

& Apfelsaft (und Zitrone)
& Karottensaft
& Orangensaft
& Sanddorndicksaft

"Obstler"

1 Tasse Wasser oder Mineralwasser
2 TL Obstessig (nach Wunsch auch mehr)
evtl. 1 TL Honig (nach Geschmack auch mehr)

Alle Zutaten in ein Glas geben (Vorsicht: Mineralwasser schäumt auf!), Honig gut unterrühren.
Regt den Stoffwechsel an und ist erfrischend. Am bestens morgens nüchtern trinken oder auch zwischendurch zum "Auftanken".

Zitronen-Apfel-Cocktail

Saft 1 Zitrone
1 Päckchen Vanillezucker
1/2 l eisgekühlter Apfelsaft

Alle Zutaten gut miteinander verrühren. Vorsicht! Der Apfelsaft schäumt bei Zuckerzugabe auf!

Variante:
Andere Fruchtsäfte nach Wahl nehmen.

Minzenapfel-Cocktail

1/2 l gekühlter Apfelsaft
Saft 1 Zitrone
1 TL fein zerbröselte, getrocknete Pfefferminzblätter (evtl. mehr), (evtl. aus dem Teebeutel)

Säfte mischen, Pfefferminze darin 1/4 Stunde ziehen lassen.

Marmandel-Cocktail

100-125 g rote (Beeren-) Marmelade oder Konfitüre
1/4 l kochendes Wasser
Saft 1 Zitrone
1 EL gemahlene Mandeln oder Mandelmus

Marmelade mit Wasser verrühren, Saft und Mandeln dazugeben, alles gut verquirlen. Heiß oder kalt servieren.

Möhrensaft-Cocktail

400 ml Möhrensaft
1 TL Mandelmus
1 Prise Salz
etwas Honig
Saft 1/2 Zitrone

Alle Zutaten gut mixen, abschmecken, evtl. mit Mineralwasser verdünnen.

Rote Bete Cocktail

200 ml Rote Betesaft
200 ml Apfelsaft
1 TL Zitronensaft
1 Prise Salz
1/4 l Buttermilch

Säfte und Gewürze vermischen, vor dem Servieren die Buttermilch zufügen.

Limonaden

Minzen-Limonade

3/4 l Wasser
3-4 EL Honig (evtl. mehr)
3 Pfefferminzteebeutel
Saft von 3 Zitronen
1/2-3/4 l Mineralwasser

Wasser zum Kochen bringen, Honig darin auflösen, Teebeutel hineinhängen, 3-5 Minuten ziehen lassen. Mit Zitronensaft mischen, kalt stellen. Kurz vor dem Servieren mit Mineralwasser aufgießen.

Aprikosen- oder Pfirsich-Limonade

750 g gut reife Aprikosen oder Pfirsiche
1 l Wasser
Saft von 3 Zitronen
100 g flüssigen Honig

Früchte fein zerdrücken, evtl. durch ein Sieb streichen. Wasser, Zitronensaft und Honig damit verrühren. 3 Stunden kaltstellen. Durch ein feinmaschiges (Leinen- oder Nylon-) Tuch, das man über ein Sieb breitet, abseihen. In gut ausgespülte Flasche füllen, verschließen, im Kühlschrank aufbewahren. Bald verbrauchen.

Beeren-Limonade

Wie Aprikosen-Limonade, nur statt Aprikosen Beerenfrüchte nehmen.

Barley Water
(englische Gersten-Limonade)

3 EL Gerstenkörner oder Gerstengraupen (Rollgerste)
1/2 l Wasser
Saft 1 Zitrone
1-2 TL Honig

Gerste in Wasser zum Kochen bringen. 20 Minuten kochen. Abseihen. (Die Gerste kann als Suppeneinlage weiterverwendet oder anderen Getreidegerichten beigegeben werden). Abkühlen lassen. Mit Zitronensaft und Honig abschmecken. Gut durchrühren. Kalt stellen.
Schmeckt fein. Ist gesund und entwässert (gut für einen Safttag).

Kokos-Trunk

150 g Kokosflocken
1 l Wasser
3/4 l Ananassaft
1/2 ausgepreßte Zitrone
Eiswürfel

Kokosflocken mit Wasser aufkochen, gut 2 Stunden darin ziehen lassen. Durch ein Sieb abgießen und kalt stellen. Mit Saft auffüllen, mit Zitronensaft abschmecken und mit Eiswürfeln servieren.

Bowlen

Alkoholfreie Bowlen

Grundsätzlich können Wein und Sekt in herkömmlichen Bowlenrezepten durch Fruchtsaft und Mineralwasser ersetzt werden, Weißwein und Sekt am besten durch Apfelsaft, Rotwein durch roten Trauben- oder Johannisbeersaft.

Orangen-Zitronen-Bowle

2 l roter Traubensaft
100 g Ahornsirup oder Honig
1 Stange Zimt
5 Gewürznelken
4 ungespritzte Orangen
3 ungespritzte Zitronen
Mineralwasser

Orangen und Zitronen in dünne Scheiben schneiden. Ahornsirup oder Honig im Traubensaft auflösen, Gewürze zugeben und über das Obst gießen. Mehrere Stunden zugedeckt kühl stehen lassen. Vor dem Servieren mit Mineralwasser auffüllen, evtl. Eiswürfel zugeben.

Pfefferminz-Bowle

Pfefferminzteebeutel in eine große Schüssel geben, mit Trauben- oder Apfelsaft übergießen, mehrere Stunden lang stehen lassen. Teebeutel herausnehmen, evtl. mit Honig nachsüßen.

Waldmeister-Bowle

Frischer Waldmeister in 2-3 l Trauben- oder Apfelsaft legen. Nach ca. 1 Stunde herausnehmen. Bowle nach Geschmack mit Honig süßen.

Ananas-Bowle

3 Scheiben Ananas (frisch oder aus der Dose)
2 l Trauben- oder Apfelsaft
etwas Honig
Saft 1 Orange und Zitrone
1 Flasche Mineralwasser

Ananas in Stücke schneiden. Mit Honig, Zitrussäften und 1/2 l Fruchtsaft mindestens 3 Stunden vor Gebrauch ansetzen. Übrigen Saft und Mineralwasser kaltstellen.
Erst kurz vor dem Servieren dazugeben.

Variante:
Statt Ananas Erdbeeren oder andere Früchte, auch Bananen, nehmen.

Erfrischende Sommerbowle

1/2 l heller Traubensaft
1/4 l Orangensaft
1/8 l Zitronensaft
500 g frische Pfirsiche
2 Kiwis
etwas Honig oder Ahornsirup
1 Flasche Mineralwasser
Eiswürfel

Pfirsiche schälen, in kleine Stücke schneiden, mit dem Saft übergießen, nach Geschmack süßen und 3-4 Stunden im Kühlschrank ziehen lassen. Vor dem Servieren mit kaltem Mineralwasser auffüllen, einige Eiswürfel zugeben.
Die Kiwis in dünne Scheiben schneiden und in die Bowle geben.

Punsch

Apfel-Zitrus-Punsch

1/8 l Wasser
150 g Honig
4 Gewürznelken
1/4 Stange Zimt
oder 1 Beutel Glühweingewürz
1/2 l Grapefruitsaft
1/4 l Orangensaft
1/4 l Apfelsaft

Wasser mit Honig und Gewürzen kochen, ca. 5 Minuten ziehen lassen, abseihen bzw. Glühweingewürz entfernen.
Säfte dazugeben, erhitzen, nicht kochen, abschmecken. Gut heiß servieren.

Fruchtpunsch

1 l Apfelsaft oder Johannisbeersaft oder Kirschsaft oder eine Mischung aus allen dreien
1/2 l guter schwarzer Tee aus 3 TL Teeblättern
Schale einer unbehandelten Zitrone
Saft von 1-2 Zitronen oder Grapefruits
Saft von 4 Apfelsinen
Honig zum Süßen

Tee bereiten, höchstens 5 Minuten ziehen lassen, abgießen. Fruchtsäfte dazugeben, ebenso die spiralförmig dünn abgeschälte Zitronenschale und den Honig. Alles gut umrühren, erhitzen, aber nicht kochen! Zitronenschale herausnehmen. Gut heiß servieren.

Variante:
Als kaltes Erfrischungsgetränk reichen.

Sylvester-Punsch

1/2 l doppelt starker Früchtetee
1/2 l schwarzer Johannisbeer- oder roter Traubensaft
spiralförmig abgeschälte Schale einer unbehandelten Zitrone
1/2 Zimtstange
2-3 Gewürznelken
Honig zum Süßen
wahlweise etwas Rumaroma
Saft von einer Orange oder Mandarine

Den Früchtetee zubereiten, mit dem Saft, den Gewürzen und der Zitronenschale erhitzen, süßen und gut ziehen lassen. Abgießen und heiß servieren.

Holunderbeer-Punsch

2 Äpfel
Saft einer Zitrone
1 EL Vollrohrzucker oder Honig
2 Zimtstangen
1/2 l Holunderbeersaft

Äpfel schälen, halbieren, entkernen und fein schneiden. Apfelstückchen mit den Gewürzen in einen Topf geben, mit einer halben Tasse Wasser ca. 3 Minuten dünsten. Holunderbeersaft zufügen und nochmals 2 Minuten erhitzen. Heiß servieren.

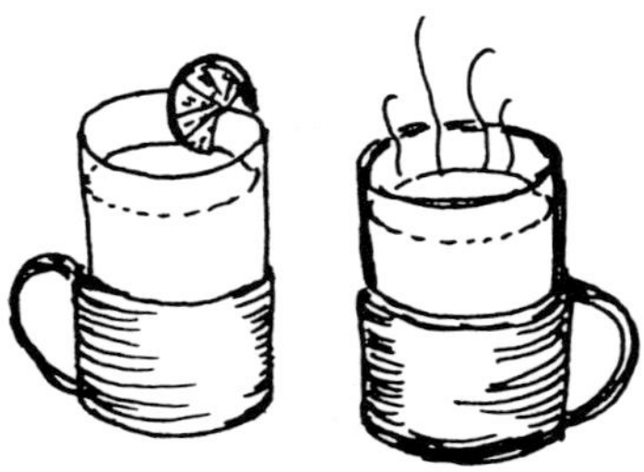

Tee-Punsch

4 TL Teeblätter
1/2 TL ganze Nelken
1 l heißes Wasser
3-4 EL Honig
je 4 EL Orangen- und Zitronensaft

Tee und Nelken mit kochendem Wasser übergießen. 5 Minuten ziehen lassen. Abseihen. Honig und Säfte einrühren.

Variante:
1/2 TL gemahlenen Zimt (zusammen mit den Nelken) und/oder einigen Tropfen Rumaroma an den Punsch geben.

Bunter Teepunsch auf Eis

2-3 EL Teeblätter
1 l kochendes Wasser
1-2 in Scheiben geschnittene Orangen
250 g Erdbeeren
Pfefferminzblätter (frisch oder getrocknet)
Eiswürfel

Tee mit Wasser überbrühen. Nach 5 Minuten abseihen. Abkühlen lassen. Früchte hineingeben. Kalt stellen.
Eiswürfel in Tee-Gläser geben. Punsch darübergießen, mit Pfefferminzblättern verzieren.

Tee

Indischer Tee

0,2 l Wasser
0,1 l Milch
1-2 gestrichene EL Vollrohrzucker
1-2 TL Teeblätter
evtl. etwas gemahlener Kardamom

Wasser, Milch und Zucker bis kurz vor dem Siedepunkt erhitzen, Teeblätter dazugeben, unter Rühren kurz aufkochen lassen. Abseihen. Evtl. mit etwas gemahlenem Kardamom würzen.

Würztee auf Eis oder heiß

1/4 l Milch oder Kondensmilch
1/4 l Wasser
1 TL getrocknete Pfefferminzblätter
je 1 Prise Nelken, Kardamom, Pfeffer, gemahlener Zimt
2-3 EL Honig oder Vollrohrzucker
3 gehäufte TL Teeblätter
evtl. Eiswürfel

Alle Zutaten mischen und aufkochen lassen. 3 Minuten auf kleiner Flamme köcheln lassen. Abseihen.
Heiß oder kalt auf Eiswürfel servieren.

Kalter Würzteemix

(Für 1 Person)

1/8 l kalter Früchtetee
Saft 1/2 Zitrone
2 TL Honig oder Dicksaft
1 TL gehackten, kandierten Ingwer
1 EL gewürfelte Pfirsiche, Aprikosen oder Mangos

Alle Zutaten verrühren, in ein Glas geben und mit Mineralwwaser auffüllen. Evtl. Eiswürfel zugeben.

Zitronen-Melisse-Tee

2 TL Zitronenmelisse
1 TL Brombeerblättertee
knapp 1 l kochendes Wasser
4 EL Zitronensaft
2 EL Honig oder Ahornsirup

Teeblätter mit kochendem Wasser überbrühen und ca. 4 Minuten ziehen lassen. Abgießen. Mit Zitronensaft und Honig abschmecken. Heiß servieren.

Gewürzter Pfefferminztee

1/2 l Wasser
1/2 l Milch
2 Pfefferminzteebeutel oder 1-2 EL getrocknete Pfefferminzteeblätter
4-5 Gewürznelken
1/4 -1/2 TL Zimt
etwas gemahlener Kardamom
1 Päckchen Vanillezucker
1-2 EL Honig

Wasser und Milch mischen, Gewürze und Tee(beutel) dazugeben, alles zusammen aufkochen lassen. Nach 2-3 Minuten evtl. Teebeutel herausnehmen, alles durch ein Sieb gießen, servieren. Pfefferminztee wirkt beruhigend auf Nerven.

Gewürzter Fencheltee mit Früchten

1-2 EL Fenchelsamen
1 l kochendes Wasser
4 Trockenfeigen
7 Trockenpflaumen
1 Päckchen Vanillezucker
1/4-1/2 TL Zimt
4-5 Gewürznelken
Saft 1 Orange (nach Wahl)
1-2 EL Honig

Trockenfrüchte und Gewürze mit Wasser überbrühen, 5 Minuten kochen lassen. Abseihen. Orangensaft und Honig dazugeben, umrühren, servieren. Die aufgequollenen Trockenfrüchte können gut zum Tee gegessen werden.
Der Tee kann ohne Geschmacksverlust auch mehrmals wieder erwärmt und aufgekocht werden.
Fenchel pflegt die Atemwege (auswurfsfördend bei Husten) und wirkt beruhigend auf Magen und Darm.

Gewürzter Johanniskraut-Tee

2 EL getrocknetes Johanniskraut
4-5 Gewürznelken
1/4-1/2 TL Zimt
1 Päckchen Vanillezucker
Saft 1 Orange
Saft 1/2 Zitrone
1-2 EL Honig
1 l Wasser

Johanniskraut und Nelken mit kochendem Wasser überbrühen, 10 Minuten ziehen lassen. Abseihen. Mit den übrigen Zutaten verrühren.
Johanniskraut ist Balsam für die Nerven!

Gewürzter Malventee

2 EL Malventee
1 l kochendes Wasser
Saft 1 Zitrone
2-3 EL Honig oder Ahornsirup
etwas Zimt
1 Msp. Nelke

Malventee mit kochendem Wasser überbrühen, Gewürze zugeben und 5-10 Minuten ziehen lassen. Durch ein Sieb gießen und mit Zitronensaft und Honig abschmecken.

Tee Minzitrona

1 l kochendes Wasser
2 EL Pfefferminztee
Saft von 2 Zitronen
1-2 EL Honig oder Ahornsirup

Tee mit Wasser überbrühen. 3-5 Minuten ziehen lassen. Zitronensaft dazu gießen, Honig hineingeben. Gut umrühren.
Heiß oder kalt servieren.

Menü-vor-schläge

¡Guten Appetit!

Endiviensalat mit Nüssen
Bananengemüse
Reis in Kokosmilch
Ananas-Sahne-Quark

Tomatensuppe supréme
Hirseknödel mit Sauce Espagnole
Sahnequark mit Datteln und Nüssen

Sprossensalat
Pfannkuchen mit Spinat
Frucht-Ambrosia

Chicorée-Salat
Piroggen mit Pilzfüllung
Hirsespeise

Grüner Salat
Soja-Rosinen-Curry
Risotto
Birnen mit Preiselbeer-Nußfüllung

Sellerierohkost mit Birne
Grünkernfrikadellen mit Quark-Dip
Grünkernfladen

Blumenkohlcremesuppe
Nußbraten
Kartoffelbrei
Überbackene Tomaten
Obstsalat

Tomatensalat
Tofuschnitten in Kräuterkruste
Fenchelgemüse in Senfsahne
Petersilienkartoffeln
Apfel Alexandra

Möhrenrohkost mit Nüssen
Ratatouille
Vollkornspaghetti
Hafertraum

Kartoffelcremesuppe
Weizenauflauf

Frittatensuppe
Lauchrollen
Avocadosalat
Tofu-Fruchtcreme

Tomatensuppe
Sauerkrautrohkost mit Ananas
Gefüllte Kohlrabi
Gebackene Kartoffeln
Zitronenquarkspeise

Römischer Salat
Kräuterquark mit Pellkartoffeln
Leinöl und Hefeflocken

Paprika-Radieschen-Salat
Gerstenkornbratlinge
Bohnengemüse in Thymiansahne
Kartoffelbrei

Cocktailsalat
Sellerieschnitzel mit Bananenspinat
Quarkkeulchen

Eisbergsalat
Kohlrouladen in Käse-Risotto
Apfelcharlotte

Bohnensalat
Reis-Sellerie-Frikadellen mit
Schnittlauchsoße
Grießschaum

Balkansalat
Tofugulasch
Polenta
Rhabarbergrütze

Maisschnitten Napoli
Auberginen Parmiganina
Italienischer Fenchelsalat
Bananenquark

Rote Bete-Salat "Milano"
Blumenkohlschnitzel
Bunter Kartoffelsalat
Feines Mohndessert

Grünkernsalat mit Kresse
Gedeckter Spinatkuchen

Register